LA GRANDE ENCYCLOPEDIE DES INSECTES

LA GRANDE ENCYCLOPEDIE DES INSECTES

Texte de Jiří Zahradník

et Milan Chvála

**Adaptation française
de Michel Cuisin**

GRANDES ENCYCLOPÉDIES

Gründ

Garantie de l'éditeur

Pour vous parvenir à son plus juste prix, cet ouvrage a fait l'objet d'un gros tirage. Malgré tous les soins apportés à sa fabrication, il est malheureusement possible qu'il comporte un défaut d'impression ou de façonnage. Dans ce cas, ce livre vous sera échangé sans frais.
Veuillez à cet effet le rapporter au libraire qui vous l'a vendu ou nous écrire à l'adresse ci-dessous en nous précisant la nature du défaut constaté. Dans l'un ou l'autre cas, il sera immédiatement fait droit à votre réclamation.

Librairie Gründ – 60, rue Mazarine – 75006 Paris

455 photographies en couleurs de : Zahradník, J. (295), Nigrin, Z. (80), Havel, L. (63), Říha, P. (11), Vlasák, P. (4), Hlásek, J. (2).
Illustrations en couleurs de Severa, F.
Illustrations en noir et blanc de Váňa, M. (80), Nigrin, Z. (71), Zahradník, J. (8).

Deuxième tirage 1990
Adaptation française de Michel Cuisin
Texte original de Jiří Zahradník et Milan Chvála
Arrangement graphique par Miloš Lang
Première édition française 1989 par Librairie Gründ, Paris

ISBN : 2-7000-2503-2
Dépôt légal : avril 1989
Édition originale 1989 par Artia, Prague

Imprimé en Tchécoslovaquie par TSNP Martin
3/19/05/53-02

Sommaire

Introduction

Quelques mots sur la structure des insectes

Les insectes *(Insecta),* qui sont les plus anciens des Arthropodes (*Arthropoda* : animaux au corps segmenté et aux pattes articulées) ont le corps divisé en trois parties, la tête, le thorax et l'abdomen. Chez les larves cette division est souvent incomplète et, par exemple, la tête peut manquer (larves acéphales), ou bien thorax et abdomen peuvent être presque uniformément segmentés. Chez l'insecte adulte les trois parties sont généralement bien distinctes, mais il arrive qu'elles soient partiellement réduites ou soudées.

La tête *(caput)* résulte de la fusion de six segments présents chez le type primitif. Le front *(frons)* est surmonté par le sommet de la tête *(vertex)* sur lequel se trouvent trois petits yeux simples, ou ocelles *(ocelli).* Les côtés de la tête portent généralement deux grands yeux composés formés de nombreuses facettes ou ommatidies. Toutefois, les yeux peuvent être réduits à un petit nombre de ces éléments ou même manquer. Sur le devant de la tête et au-dessous du front se trouve le clypeus qui cache plus ou moins le labre, ou lèvre supérieure *(labrum)* ; celle-ci recouvre les pièces buccales. Selon les groupes, la forme de la tête varie : elle peut se trouver dans le prolongement de l'axe du corps avec les pièces buccales pointant en avant (type prognathe) ou bien être inclinée vers le bas, perpendiculaire à l'axe du corps (type hypognathe), ou encore être rabattue en arrière et vers le bas (type opistognathe). La tête est parfois très longue, mince et effilée (par exemple, *Hydrometridae*) ou bien elle peut se prolonger en un rostre (Mécoptères).

Les antennes sont des appendices mobiles fixés sur la tête. Leur premier article (scape) est généralement le plus long et possède une musculature particulière dont les autres sont dépourvus. Le deuxième article (pédicelle) relie le scape au reste de l'antenne appelé flagelle qui, chez les insectes primitifs, est très long, fin et composé d'un grand nombre d'articles dont la taille diminue constamment. Ce type d'antenne allongée existe chez les Plécoptères, les blattes, les sauterelles et plusieurs autres groupes. Les antennes ont des formes très variées. Les articles du flagelle sont parfois couverts de poils ou de soies. Les antennes peuvent être pectinées, avec une ou deux rangées de « dents », ou bien le flagelle peut être semblable à une soie et non segmenté (*arista*). Le nombre et la forme des articles antennaires sont toujours des caractères importants pour l'identification.

Les pièces buccales sont situées à l'avant et au-dessous de la tête. Le type originel est l'appareil broyeur, formé de mandibules fortement durcies par la chitine. Leur structure varie considérablement ; elles peuvent être asymétriques, réduites, leur forme et leurs dimensions peuvent différer selon le sexe (par exemple, chez les Coléoptères lamellicornes, le Lucane). Les

Structure du corps d'un insecte : 1 – tête ; 2 – prothorax (ici pronotum) ; 3 – mésothorax ; 4 – métathorax ; 5 – segments abdominaux ; 6 – antenne ; 7, 8, 9 – pattes antérieures, médianes et postérieures.

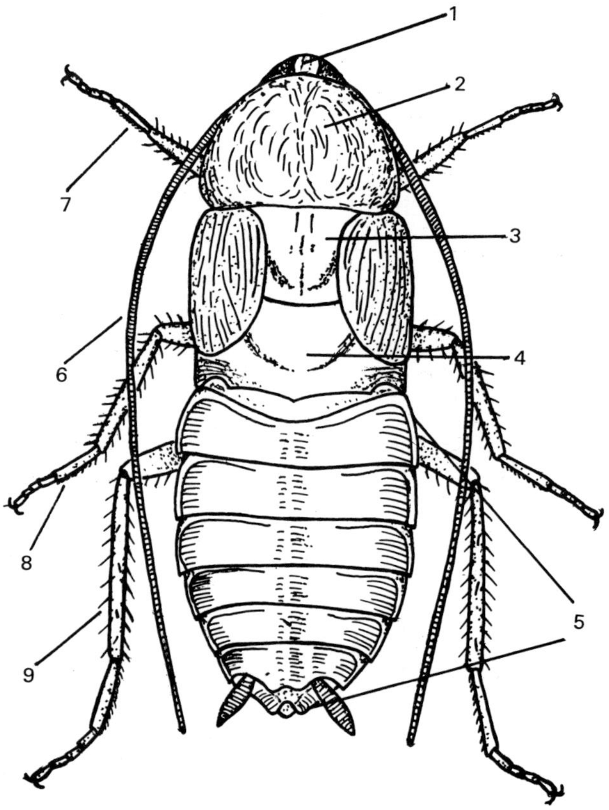

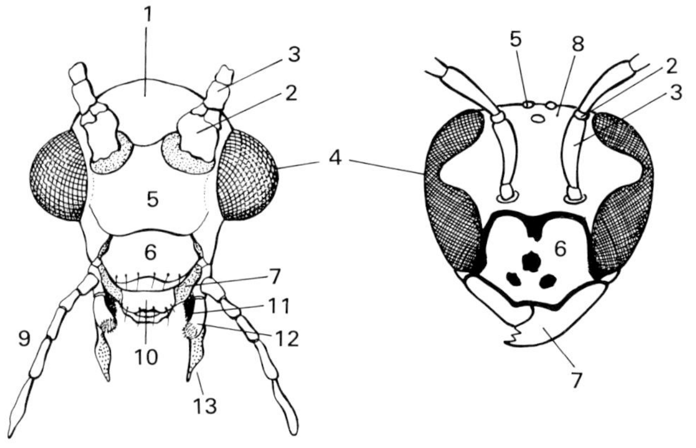

Tête d'insecte (à gauche : Névroptère ; à droite : Hyménoptère) : 1 — vertex ; 2 — scape (1er article de l'antenne) ; 3 — pédicelle (2e article de l'antenne) ; 4 — oeil composé ; 5 — front ; 6 — clypeus (plaque frontale) ; 7 — mandibule ; 8 — ocelle (oeil simple) ; 9 — palpe maxillaire ; 10 — labre (lèvre supérieure) ; 11, 12 — lacinia et galea (parties de la mâchoire inférieure ou maxille) ; 13 — palpe labial.

mâchoires, ou maxilles, situées au-dessous des mandibules, sont formées de deux pièces, le cardo et le stipe qui porte le palpe maxillaire. La bouche est fermée par la lèvre inférieure, ou labium, qui porte les palpes labiaux. Le labre (lèvre supérieure) recouvre plus ou moins les mandibules ; en arrière se trouve l'hypopharynx à la base duquel débouchent les conduits des glandes salivaires.

Outre l'appareil buccal de type broyeur existent aussi les types broyeur-lécheur, piqueur-suceur et suceur-lécheur qui présentent diverses modifications. Chez les insectes piqueurs-suceurs, les pièces buccales sont transformées en stylets (moustiques) ou bien en trompe formée essentiellement de la lèvre inférieure, mandibules et maxilles étant très réduits.

Chez les Hétéroptères et les Homoptères, les pièces buccales sont allongées en stylets formés des mandibules et des mâchoires, l'ensemble étant recouvert par la lèvre inférieure, parfois articulée. Chez les Diptères piqueurs, c'est la lèvre supérieure qui recouvre la trompe. Enfin, chez les Diptères piqueurs les plus évolués comme les Mouches tsé-tsé et *Stomoxys,* la trompe se compose du labre, du labium et de l'hypopharynx, mandibules et mâchoires étant réduites à des vestiges. La trompe des puces a une structure différente.

La forme des pièces buccales diffère plus ou moins du type originel, mais est toujours adaptée au mode de nutrition. Il y a cependant quelques espèces chez lesquelles l'imago (= insecte adulte, insecte parfait) ne prend aucune nourriture et ses pièces buccales sont alors partiellement ou entièrement dégénérées ; c'est le cas des éphémères, de certains papillons *(Lasiocampidae, Lymantriidae)* et de quelques Diptères *(Gasterophilidae).*

La tête est reliée au thorax par un cou *(cervix)* étroit, parfois très souple. Dans certains groupes, par exemple, les libellules, le cou permet à la tête de tourner en tous sens. Le thorax, limité par un exosquelette (= squelette externe) rigide, renferme les muscles des ailes et des pattes. Il comprend trois segments, le prothorax (en avant), le mésothorax (au milieu) et le métathorax (en arrière). Chacun de ces segments porte une paire de pattes thoraciques ; le mésothorax et le métathorax portent chacun une paire d'ailes. La partie supérieure de ces segments, appelée notum, est plus fortement chitinisée que la partie inférieure (sternum) qui peut même être membraneuse ; les côtés du thorax (pleures) sont plus ou moins chitinisés. On distingue le pronotum (qui correspond au prothorax) ; chez les insectes dont les ailes antérieures sont rigides (Coléoptères, punaises, sauterelles, criquets, blattes), il forme souvent une pièce bien délimitée (scutum), avec une plaque plus petite en arrière (scutellum, ou écusson). Chez les Diptères, le mésonotum (notum du mésothorax) est très développé alors que prothorax et métathorax sont très réduits en raison de la disparition de la seconde paire d'ailes. Chez d'autres groupes le prothorax est très allongé et fortement développé (raphidies, mantes) et dans certains, tous les segments thoraciques sont longs (par exemple : les phasmes).

Les pattes des insectes comprennent cinq éléments : la hanche *(coxa),* le trochanter, le

Différents types d'antennes : a — filiforme ; b — dentée ; c — pectinée ; d — antenne de Diptère.

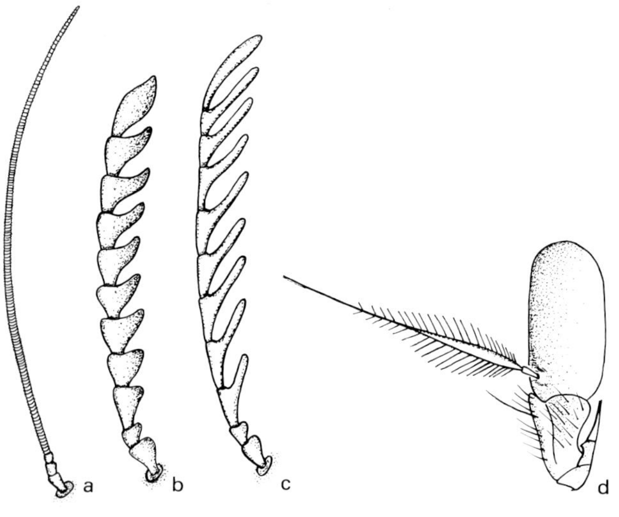

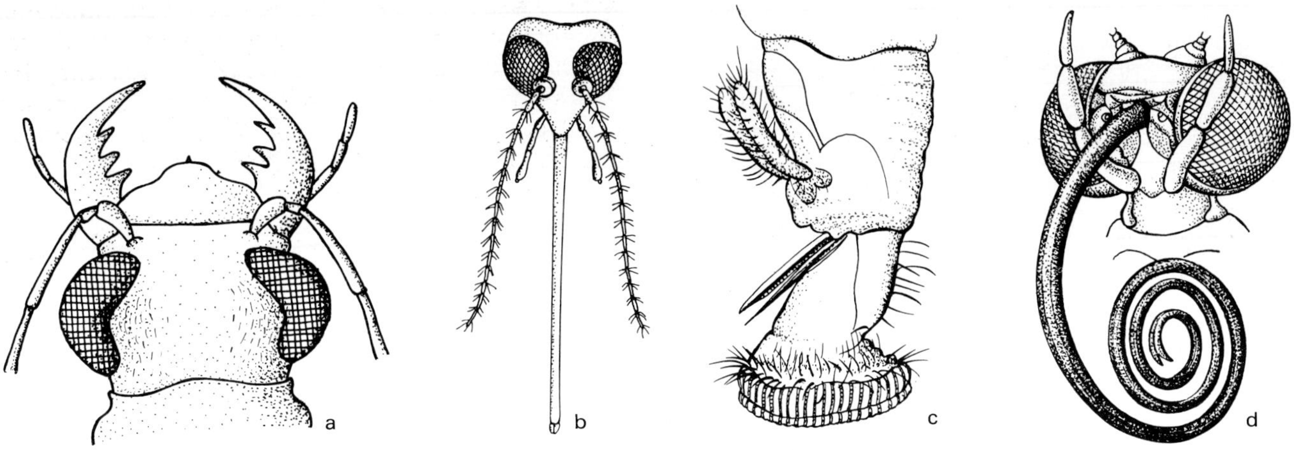

Différents types de pièces buccales : a — broyeur ; b — piqueur-suceur ; c — suceur-lécheur ; d — trompe (papillon).

fémur, le tibia et le tarse divisé en plusieurs articles. Le tarse prend fin par de petites griffes et parfois aussi des coussinets. Les pattes des insectes marcheurs ont de très longues hanches qui augmentent leur force. Les pattes peuvent être réduites (ainsi le tarse peut se souder au tibia en un tibiotarse chez certaines punaises aquatiques) ou complètement atrophiées (par exemple, chez les femelles des Coccides, chez les papillons *Psychidae* et des insectes parasites). Les pattes des espèces prédatrices sont parfois transformées en crochets (exemple : pattes antérieures des mantes). Dans d'autres groupes, les pattes postérieures sont adaptées au saut (exemple : sauterelles, criquets, certains *Chrysomelidae* du genre *Phyllotreta*). Les courtilières ont des pattes puissantes avec lesquelles elles creusent la terre, mais on trouve des adaptations analogues chez certains Hémiptères, Coléoptères et même Hyménoptères.

Les insectes ailés (Ptérygotes) ont en principe deux paires d'ailes membraneuses. A l'origine elles étaient semblables et traversées par un réseau dense de nervures. La spécialisation a entraîné une réduction de cette nervation qui reste un caractère important pour l'identification, souvent jusqu'au niveau du genre et de l'espèce. Le schéma général de la nervation comprend les nervures suivantes à partir du bord costal, antérieur, de l'aile : costale (C), subcostale (Sc), radiale (R), médiane (M), cubitale (Cu), anales (A). Les nervures sont numérotées d'après le nombre de leurs ramifications et les différentes cellules (espaces internervuraux) sont pareillement nommées d'après la nervure bordant leur côté antérieur à moins qu'elles n'aient un nom spécial (par exemple, cellule basale ou discoïdale). Les ailes sont fixées au thorax par des sclérites articulaires qui permettent leurs mouvements. Une spécialisation accrue et l'aptitude au vol de longue durée et rapide ont entraîné une différenciation de la forme des nervures entre les deux paires d'ailes ; l'une de ces deux paires peut être réduite ou même manquer. La réduction peut provoquer un épaississement des ailes antérieures qui perdent leurs facultés voilières et servent à protéger les

Structure d'une patte d'insecte : 1 — hanche (coxa) ; 2 — trochanter ; 3 — fémur ; 4 — tibia ; 5 — tarse prenant fin par une griffe *(unguiculus).*

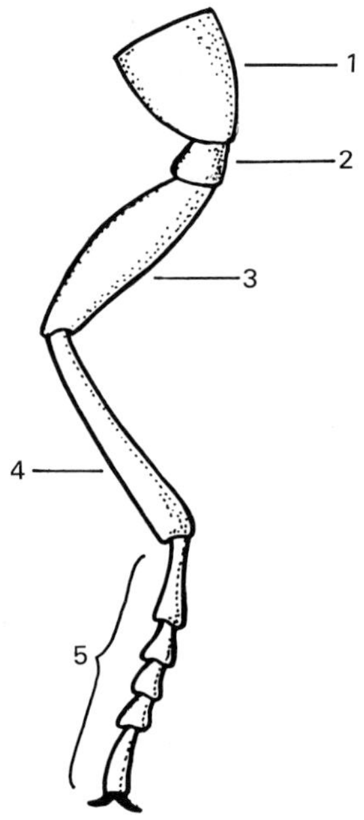

ailes membraneuses de la seconde paire (ce sont les ailes parcheminées, ou *tegmina,* des blattes, sauterelles, criquets et cigales, les hémélytres des punaises et les élytres chitinisés des Coléoptères). A l'opposé, chez les Hyménoptères, les Aphidiens et les éphémères, les ailes postérieures deviennent plus petites ou bien elles sont atrophiées, ou absentes et les antérieures ont conservé leur fonction locomotrice. Chez tous les Diptères et chez les Coccides mâles, les ailes postérieures sont transformées en balanciers, tandis que chez les Strepsiptères ce sont les antérieures qui ont pris cette forme, les postérieures restant membraneuses. Chez les forficules et les staphylins, les ailes antérieures (élytres) sont raccourcies et forment des étuis sous lesquels les postérieures se replient plusieurs fois.

Chez certains insectes, les ailes se sont progressivement atrophiées au cours de l'évolution et ont perdu leur fonction. La transition entre les formes ailées et aptères s'est faite par le raccourcissement des ailes (brachyptérie) ou leur rétrécissement (sténoptérie), ou encore une réduction de taille (microptérie). La diminution progressive de la longueur et des dimensions des ailes menant à leur disparition est typique chez les espèces vivant dans un habitat très particulier, par exemple dans la litière de feuilles mortes, le sable, sur les côtes, dans les troncs, sous l'écorce ou sur les tiges et racines des plantes herbacées. On retrouve l'aptérie chez les espèces dont les adultes vivent en des lieux où les conditions climatiques sont défavorables, par exemple à très grande altitude en montagne. L'aptérie complète est fréquente dans certaines populations d'Homoptères et d'Hyménoptères.

L'abdomen est la troisième partie du corps de l'insecte. Ses segments sont couverts de sclérites plus ou moins distincts (tergites sur la face dorsale, sternites sur la face inférieure). Ses côtés sont délimités par des pleures membraneuses où s'ouvrent les spiracles (ou stigmates) de l'appareil respiratoire. L'abdomen comprend onze segments, dont le nombre peut être réduit ou qui subissent des modifications. Les premiers (1 à 3) sont généralement transformés, car ils fixent l'abdomen au thorax, et les derniers participent à la formation des organes copulateurs et des cerques (présents dans certains groupes), situés à l'extrémité du corps. Chez les Diptères les segments précédant l'orifice génital fusionnent. L'abdomen ne porte aucun membre, mais parfois des appendices spécialisés insérés sur le dernier segment (pinces anales des mâles de libellules). Chez les femelles qui ont un véritable oviscapte, celui-ci résulte de la transformation des expansions (coxopodites) des 8e et 9e segments et de leurs annexes.

L'abdomen, partie la plus molle du corps, possède une musculature faible. Il renferme l'appareil digestif, une partie de l'appareil circulatoire et du système nerveux, ainsi que les organes de l'excrétion et les glandes reproductrices. Tous ces organes sont entourés de graisse blanchâtre et l'ensemble est parcouru par les trachées de l'appareil respiratoire.

Le tube digestif traverse tout le corps et présente, selon les groupes, des modifications en rapport avec le régime alimentaire.

L'appareil respiratoire comprend un réseau de trachées et trachéoles (tubes) présentes dans presque tout le corps et qui fournissent l'oxygène aux différents organes. Les trachées communiquent avec l'extérieur par des ouvertures appelées spiracles ou stigmates. Chez l'embryon on observe l'ébauche de douze paires de stigmates, mais les insectes adultes n'en ont pas plus de dix paires. Selon le nombre de stigmates on distingue plusieurs types de systèmes trachéens ayant une grande valeur pour la détermination, notamment celle des larves.

L'appareil circulatoire des insectes est ouvert ; le sang (hémolymphe) coule dans le vaisseau dorsal, de l'extrémité postérieure du corps vers la tête, puis revient à travers trois sinus séparés par des cloisons. Le sang baigne tous les organes.

Les principaux organes excréteurs sont les tubes de Malpighi, qui s'ouvrent à la limite de l'intestin moyen et de l'intestin postérieur dans la cavité générale. En outre le corps adipeux, les néphrocytes et des cellules des parois intestinales jouent aussi un rôle accessoire dans l'excrétion.

Le système nerveux est formé de ganglions et d'une chaîne nerveuse ventrale.

Mâles et femelles ont un appareil reproducteur complexe *(genitalia)* fréquemment typique de l'espèce en sorte que sa structure est souvent utilisée pour l'identification.

Structure d'une aile d'insecte. Les nervures sont désignées par des symboles internationaux : A_1, A_2 – nervures anales ; C – costale ; Cu – cubitale ; M_1–M_4 – médianes ; R_1–R_5 – radiales ; Sc – sous-costale.

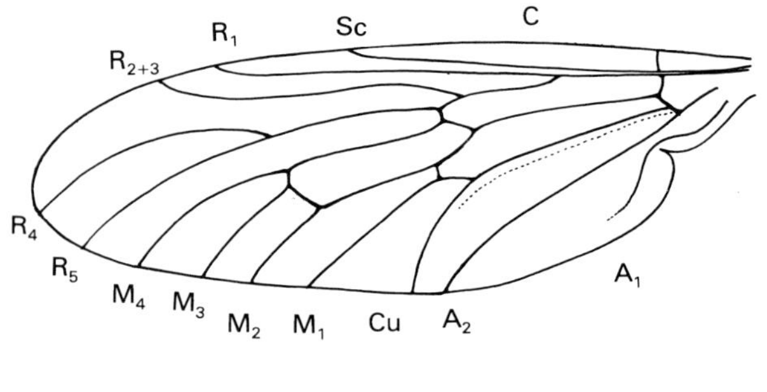

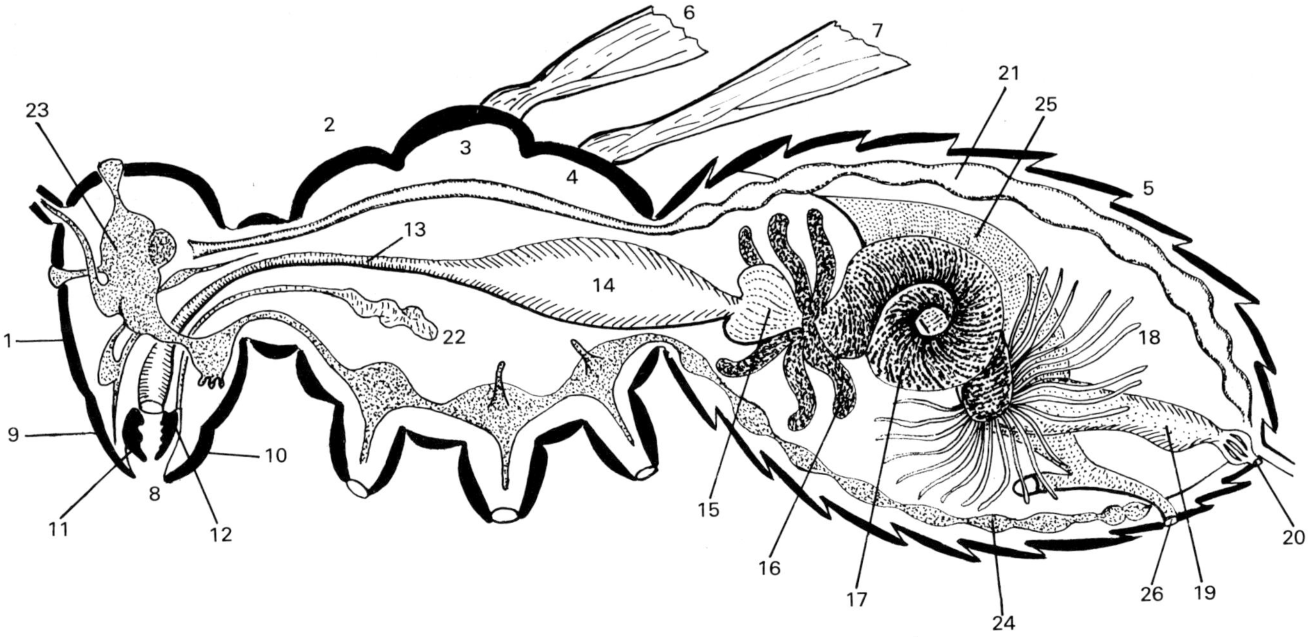

Anatomie d'un insecte : 1 – tête ; 2, 3, 4 – segments thoraciques ; 5 – abdomen ; 6, 7 – 1re et 2e paires d'ailes ; 8 – bouche ; 9 – labre (lèvre supérieure) ; 10 – labium (lèvre inférieure) ; 11 – mandibule (mâchoire supérieure) ; 12 – maxille (mâchoire inférieure) ; 13 – oesophage ; 14 – jabot (ingluvies) ; 15 – estomac ; 16 – lobes de l'intestin moyen ; 17 – intestin moyen ; 18 – tubes de Malpighi ; 19 – intestin postérieur ; 20 – anus ; 21 – vaisseau dorsal ; 22 – glandes salivaires ; 23 – cerveau ; 24 – cordon nerveux central ; 25 – gonade ; 26 – conduit de gonades ;la 2e gonade n'a pas été représentée.

Reproduction, développement et nutrition

En général les insectes ne passent pas toute leur existence dans une seule partie de leur habitat ; le plus souvent ils changent d'endroit car les lieux où ils grandissent, se reproduisent et trouvent leur nourriture à l'âge adulte, sont fréquemment différents. Ainsi la larve de libellule se développe-t-elle dans l'eau, l'imago vole près de l'eau ou à distance et capture d'autres insectes dans l'espace, en forêt ou à grande altitude en montagne. Seuls quelques groupes d'insectes ne changent jamais d'habitat durant leur vie ; il s'agit entre autres de certains Hémiptères et Coléoptères aquatiques qui, sauf de brefs déplacements, ne quittent pas l'eau. Parmi les insectes terrestres du même type on compte les Thysanoures (lépisme, etc.), de nombreux criquets et sauterelles, les forficules, les mantes et certaines punaises terrestres.

Les sites où les insectes se reproduisent sont souvent très éloignés de ceux où ils effectuent leurs métamorphoses. Les adultes se rencontrent en certains endroits, par exemple sous des arbres, dans des clairières ou près de l'eau. Ils peuvent se retrouver à l'aide de leurs yeux (exemple : libellules, éphémères), ou d'un organe auditif (certains Diptères, sauterelles, criquets). Chez maints Lépidoptères les deux sexes se repèrent à l'odeur car les femelles sécrètent des phéromones, substances odorantes que les mâles perçoivent à grande distance. Quand ils cherchent un partenaire, les panorpes et de nombreux Diptères effectuent des mouvements spécifiques leur permettant de trouver un individu de sexe opposé de la même espèce.

La copulation (accouplement du mâle et de la femelle) a une durée variable, de quelques secondes (certains Diptères) à quelques heures (papillons de nuit et de jour, phasmes) et même trois semaines chez des espèces tropicales de ce dernier groupe.

Souvent la femelle ne pond les oeufs fécondés que plusieurs jours après la copulation, le temps pour elle d'absorber des aliments riches en protéines qui permettent la maturation des oeufs dans les ovaires. Si elle pond les oeufs isolément ou en petits groupes, elle mange entre les différents actes de ponte. Cette alternance régulière (alimentation – maturation des oeufs – ponte), appelée cycle gonotrophique, a une grande importance chez les insectes hématophages qui transmettent des agents pathogènes d'un hôte à l'autre.

Les oeufs des insectes ont une forme variable. Ils peuvent être allongés, ovales ou coniques, de diverses couleurs et présenter des sculptures particulières. Certains ont un long pédoncule (Névroptères) et d'autres ressemblent à des graines (phasmes). Ils sont pondus isolément ou en groupes, parfois dans l'eau, dans des amas d'une substance sécrétée par des glandes annexes (éphémères) ou dans une capsule spéciale (oothèque), comme chez les blattes, criquets et mantes. Ils sont déposés à l'air libre (cas de la plupart des oeufs sphériques) ou dans des fouillis végétaux (oeufs allongés), dans des matières organiques (animales ou non), ou encore sur ou dans un hôte.

On distingue deux types principaux de développement chez les larves des insectes ailés (Ptérygotes), les métamorphoses incomplètes (insectes hémimétaboles) et les métamorphoses complètes (insectes holométaboles). Les premiers (encore appelés exoptérygotes) représentent un mode de développement plus primitif et progressif. Les larves ressemblent fortement aux adultes et au cours de leur évolution elles acquièrent peu à peu des ailes rudimentaires. L'âge adulte et par conséquent la maturité sexuelle sont acquis après la dernière mue (ecdysis) larvaire. Ce mode de développement existe chez les insectes ailés primitifs, des éphémères et des Odonates aux Homoptères. Toutefois, parmi ces derniers on trouve des types intermédiaires, par exemple chez les Coccides une prénymphe et une nymphe apparaissent au cours du développement. Les larves des insectes hémimétaboles sont appelées naïades dans le cas des espèces aquatiques, mais parfois aussi nymphes.

Les larves des insectes aux métamorphoses complètes (endoptérygotes) diffèrent des précédentes par leur aspect de vers et l'absence d'ébauches alaires. Elles ne ressemblent absolument pas aux adultes, vivent généralement en des lieux distincts et n'ont pas la même alimentation.

Schéma du développement des insectes hémimétaboles (à métamorphoses incomplètes) : oeuf ; quelques stades larvaires assez semblables ; imago.

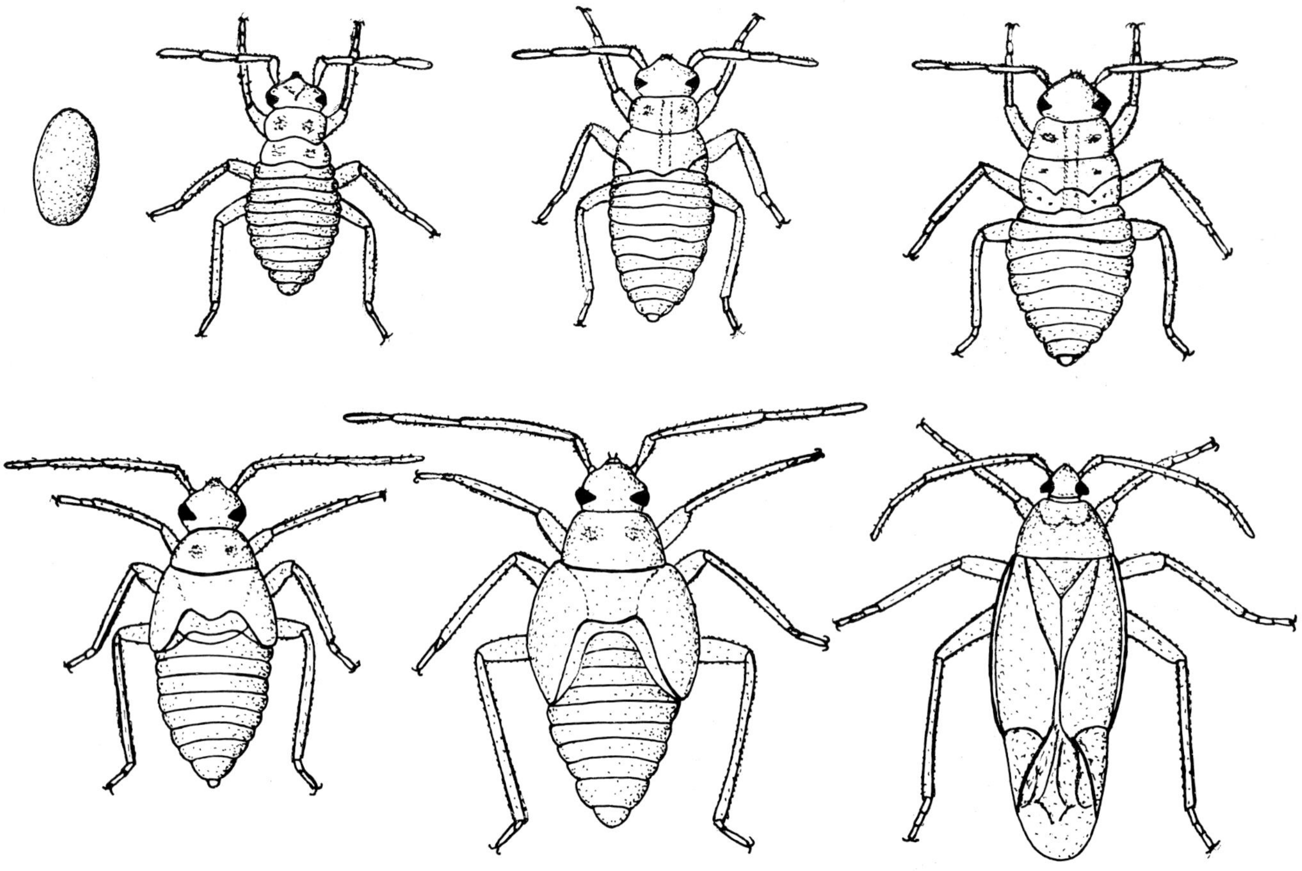

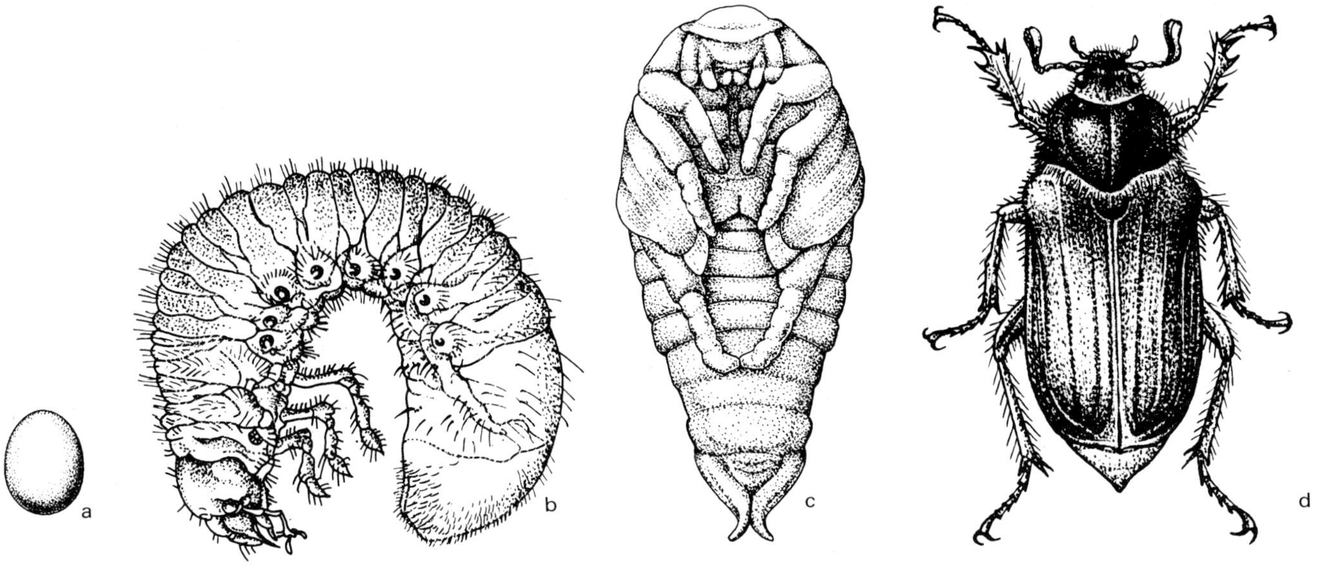

Schéma du développement des insectes holométaboles (à métamorphoses complètes) : a – oeuf ; b – larve (ici une larve au dernier stade) ; c – nymphe ; d – imago.

Les larves des Coléoptères, les chenilles, les larves des tenthrèdes et les asticots des mouches en sont quelques exemples bien connus. Le dernier stade larvaire se transforme en nymphe de laquelle naît l'insecte adulte.

Larves et imagos se distinguent par la position de leur tête et de leurs pièces buccales par rapport à l'axe du corps. Les larves campodéiformes (carabes) ont une tête prognathe et les larves éruciformes (chenilles) une tête hypognathe. Les larves ont une capsule céphalique bien développée (larves eucéphales), une tête atrophiée (larves hémicéphales) ou absente (larves acéphales) ; dans ce cas-là, leurs pièces buccales sont incorporées au premier segment thoracique. Selon le degré de développement de leurs membres on distingue les larves oligopodes aux pattes thoraciques bien constituées, et les larves polypodes qui ont aussi des « fausses » pattes (sur leurs segments abdominaux) ressemblant à des appendices branchiaux (larves aquatiques) ou à des pseudopodes (chenilles, larves de tenthrèdes et de Mécoptères). Les larves des Diptères, celles des insectes qui vivent dans les plantes, les larves « sociables » et les larves parasites sont apodes, c'est-à-dire dépourvues de pattes. Au cours de leur développement les larves des insectes subissent plusieurs mues (ecdysis) et prennent différentes formes ou instars. Un instar (également appelé stade) est la phase de croissance comprise entre deux mues. En général, chez les insectes les plus primitifs, et même à l'intérieur d'un ordre, la durée du développement peut être très longue, et le nombre de mues (donc d'instars ou stades) varie fortement. En revanche, chez les ordres les plus évolués, le nombre d'instars et la durée de la vie larvaire sont constants.

On trouve des larves d'insectes presque partout, car elles vivent sur des substances d'origine végétale ou animale, fraîches ou en décomposition. Les larves qui se nourrissent sur les végétaux pourrissants sont dites saprophages ; celles qui vivent sur les excréments sont coprophages et les nécrophages habitent dans les charognes. Les larves parasites présentent de nombreuses variations depuis celles qui vivent sur les hôtes (ectoparasites) jusqu'à celles qui habitent dans leur corps (endoparasites), ou dans l'organisme d'un autre parasite (hyperparasites). Les larves phytophages vivent directement sur les plantes, sur des parties de leur organisme, dans des produits d'origine végétale ou bien à l'intérieur des tissus végétaux ; en l'occurence les unes percent les tissus en y creusant des « mines » (galeries sinueuses rongées entre les deux lames d'une feuille) et les autres, par leur présence provoquent la formation de galles. Les Aphidiens changent de plante-hôte durant leur développement et ceci correspond à l'alternance de générations sexuées et asexuées (parthénogénétiques), ovipares et vivipares, ailées et aptères.

A l'issue du dernier instar, la larve se transforme en nymphe immobile qui subit de profondes transformations internes aboutissant à la formation de l'imago. C'est ce que l'on observe chez les Névroptères, Raphidioptères, Mégaloptères, Hy-

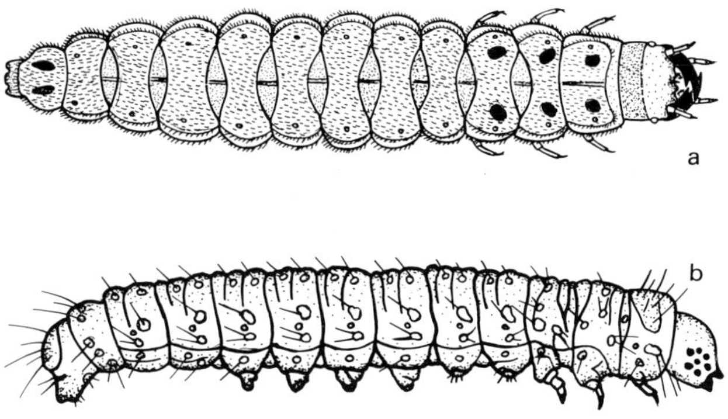

Larves d'insectes : a — campodéiforme ; b — éruciforme (chenille).

ménoptères, Coléoptères, Strepsiptères, Mécoptères, Trichoptères, Lépidoptères, Diptères et Siphonaptères. La nymphe (chrysalide chez les papillons, pupe chez les Diptères) est donc la forme immobile des métamorphoses chez les insectes holométaboles. On en distingue deux types essentiels ; les nymphes libres (exarates = *pupae liberae*) ont des appendices (antennes, ailes et pattes) libres et certaines ont des mandibules mobiles, souvent fonctionnelles, à l'aide desquelles elles se fraient activement un chemin à travers leur enveloppe (cas de différents Trichoptères, Mécoptères et Névroptères). Les nymphes mummiformes *(pupae obtectae)* n'ont pas d'appendices libres et seuls les emplacements des antennes, des pattes et des ailes sont visibles à la surface sous forme d'étuis. Chez les Diptères cyclorrhaphes, les nymphes sont du type coarctate ; ce sont de vraies pupes enfermées dans la dernière peau larvaire (exuvie) durcie, en forme de tonnelet, appelée puparium. On trouve des nymphes d'insectes presque partout, sur le sol, sur les plantes, dans des cocons ou suspendues à la végétation, sur les clôtures, les murs, souvent loin de la source de nourriture des larves. La nymphose peut être fort courte et durer seulement quelques jours, mais très souvent la nymphe hiberne et parfois vit plusieurs années.

Selon leur régime les insectes adultes, ou imagos, sont qualifiés de phytophages, zoophages ou omnivores. Les phytophages ont des pièces buccales broyeuses (ils se nourrissent alors de substances végétales dures), suceuses ou lécheuses quand ils se nourrissent de liquides produits par les tissus végétaux. On retrouve la même structure chez les espèces zoophages prédatrices, selon qu'elles mordent leurs proies avec leurs puissantes mandibules ou sucent leurs liquides corporels. Ce dernier type a évolué pour donner les insectes piqueurs-suceurs (hématophages).

Différents types de nymphes : a — pupa libera ; b — pupa obtecta.

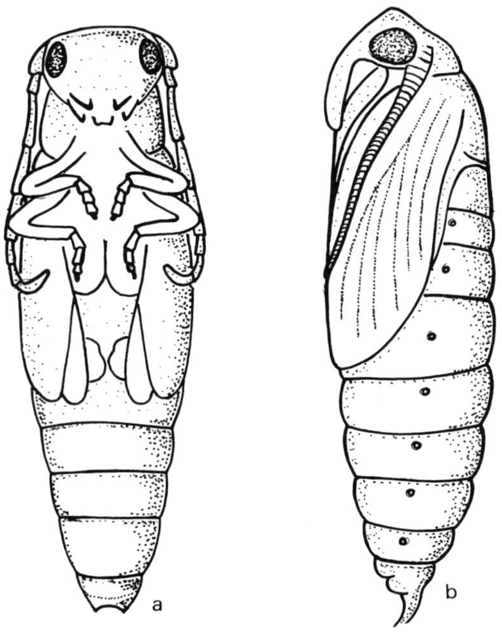

Quelques détails sur la vie des insectes...

En raison de leur incroyable diversité et de certaines particularités extraordinaires, les insectes constituent un groupe animal exceptionnel. Au nombre des aspects les plus curieux de leur existence il faut citer les migrations régulières — paraissant quelques fois sans but — effectuées par des représentants de presque tous les ordres dont les imagos volent bien. On en connaît des exemples depuis les temps les plus reculés. Des représentations d'Orthoptères datant de l'époque de l'Égypte pharaonique illustrent certainement des criquets migrateurs dont les nuages font disparaître la végétation et causent des dégâts considérables. En Europe, les coccinelles entreprennent aussi des migrations régulières et ceux qui ont assisté à ces déplacements massifs en été ne sont pas près de les oublier. Sur notre continent européen les migrations les plus régulières sont toutefois celles des papillons diurnes et nocturnes. Celles des espèces qui se déplacent vers le nord chaque année pour renforcer ou renouveler les populations vivant sous des latitudes élevées, sont étudiées et cartographiées depuis longtemps. Cependant, aucune n'égale les performances des grands papillons de la famille des *Danaidae* qui vivent en Amérique et sont apparentés aux *Nymphalidae.* A chaque printemps, ces papillons migrent d'Amérique du Sud et d'Amérique centrale vers le Canada ; en automne, ils repartent vers le sud pour passer l'hiver sur les mêmes arbres. Leurs quartiers d'hiver sont protégés par la loi et les millions de papillons entassés sur les arbres constituent une véritable attraction pour les touristes.

Les signaux sonores émis par les insectes sont généralement destinés à attirer l'attention d'un partenaire à l'époque de la reproduction. Les chants diurnes, crépusculaires ou nocturnes des grillons, sauterelles et cigales sont bien connus, mais les insectes produisent aussi des sons inaudibles pour l'oreille humaine, émis par les mâles pour attirer les femelles. Ainsi, les minuscules mouches de la famille des *Chloropidae,* qui vivent sur les joncs, frappent les tiges de ces plantes et ces signaux déclenchent une réponse immédiate de l'autre sexe. Les signaux acoustiques émis par les espèces proches de ces mouches ont été enregistrés et analysés avec un oscillographe ; on a constaté que les différences interspécifiques de hauteur et de fréquence étaient stupéfiantes. Parmi les autres manifestations acoustiques remarquables on connaît également celles des vrillettes, Coléoptères dont les larves vivent dans les meubles et les planchers. Enfin, il convient de mentionner les sons produits par la vibration des ailes des moucherons *(Trichoceridae),* dont les mâles et femelles ont des récepteurs sur leurs antennes pennées ou dentées, qui leur permettent de distinguer les sujets de sexe opposé dans un « nuage ».

A propos de la reproduction nous avons mentionné l'importance de l'odorat pour la recherche d'un partenaire chez les Lépidoptères. Les femelles de nombreuses espèces sécrètent des phéromones sexuelles qui font venir les mâles de plusieurs kilomètres à la ronde. Les phéromones sont spécifiques et pour garantir cette spécificité, celles des espèces apparentées ou vivant ensemble dans un même habitat présentent des différences de composition. La formule chimique de certaines d'entre elles est connue et on a déjà synthétisé celles d'espèces jouant un rôle important en agriculture. La phéromone femelle ne sert pas seulement à attirer les mâles ; on connaît aussi plusieurs espèces prédatrices ou parasites capables de percevoir celles de leurs proies ou de leurs hôtes potentiels. Ainsi, les *Tachinidae* (mouches) et les *Braconidae* (guêpes) parasites peuvent percevoir les phéromones des *Ipidae* et n'ont aucune difficulté à les trouver pour pondre leurs oeufs dans leur corps ou dans leurs galeries.

Une autre particularité remarquable de certaines espèces est leur aptitude à se rendre invisibles pour leurs ennemis ou à les effrayer. Dans le premier cas, la coloration de l'insecte ressemble à celle du milieu ambiant (coloration cryptique) ; cette adaptation est fréquente chez certains *Geometridae* (papillons) et dans d'autres groupes. La mimèse est également un moyen de défense efficace : ainsi les chenilles de géomètres ressemblent à des morceaux de brindilles, d'autres insectes imitent des feuilles, un papillon immobile dans la végétation ressemble à une feuille morte, etc. Certaines espèces (comme plusieurs Coléoptères Cérambycides et des mouches Syrphides) ont la même coloration que celle d'insectes dangereux comme les guêpes (exemple de mimétisme). Les couleurs et dessins d'avertissement (aposématiques) existent chez certains papillons sous forme d' « yeux » présents sur leurs ailes. Ils évoquent ceux de certains oiseaux rapaces (hiboux) et doivent écarter les oiseaux insectivores. Enfin, faire le mort est également un bon moyen de passer inaperçu.

Si l'on compare certaines réalisations des insectes avec celles de l'homme, on constate que les premiers utilisent des techniques que le second a mis des milliers d'années à apprendre et à maîtriser, d'autres lui étant encore inconnues. Avec le bois, les guêpes faisaient du papier bien avant que l'homme mette au point les premiers papyrus. Sur le plan des constructions, l'homme est encore en retard si l'on considère la taille gigantesque de certaines termitières et la petitesse de leurs bâtisseurs. De même, certains insectes ont une connaissance absolument étonnante de la symétrie : les alvéoles de cire des abeilles et les cellules en papier des guêpes et frelons le montrent fort bien. Bien avant que l'homme n'invente la première tarière, des larves de Coléoptères se foraient un passage dans le bois, et les femelles des rhysses et des sirex perçaient des trous dans le bois avec leur ovipositeur, fin et pointu comme une aiguille. Beaucoup d'insectes ont manifestement un sens de l'exactitude mathématique ; c'est le cas d'*Attelabus nitens* quand il découpe des morceaux de feuille pour préparer le nid destiné à ses oeufs. Enfin, bien avant l'homme, des insectes ont produit de la lumière : les vers luisants et diverses larves de mouches sont capables d'émettre une lumière froide d'intensité considérable ; or, l'homme n'a pas encore réussi à maîtriser parfaitement la production de cette sorte de lumière...

Chez certains groupes d'insectes les soins prodigués à la progéniture sont remarquables. Les uns font des provisions destinées à la nourriture des larves (cas des nécrophores). Un exemple unique de soins est la construction de cellules remplies de larves paralysées d'autres insectes qui servent de stocks d'aliments pour les futures larves. Là encore les insectes ont précédé l'homme qui, à l'origine, ne faisait pas de réserves. Les insectes élaborent toutes sortes de matériaux : ils sécrètent de la cire, de la laque, des fils de soie, divers acides et composés organiques ayant une formule chimique complexe et des pigments remarquables. Enfin, les insectes sociaux forment des communautés où règne une stricte division du travail.

Combien y a-t-il d'espèces d'insectes ?

La classe des insectes est la plus importante du règne animal en ce qui concerne le nombre des espèces. Ils forment à peu près 80% des animaux connus et pourtant un très grand nombre n'ont pas encore été décrits. Les estimations portent le total des espèces à 800 000 – 1 000 000, mais les nombres proposés par différents spécialistes varient et on pense qu'il doit y avoir environ 2 000 000 d'espèces actuellement vivantes. Beaucoup, surtout en Amérique du Sud, en Afrique et en Asie tropicales, n'ont pas encore été découvertes et même en Europe, si la distribution des insectes est assez bien connue, on trouve encore chaque année de nouvelles espèces, de sorte que le nombre total augmente constamment. Les ordres les plus récents, ceux des insectes holométaboles, sont les plus importants, et le plus riche en espèces est celui des Coléoptères ; c'est aussi le plus grand ordre du règne animal avec un total de 350 000 à 400 000 espèces. Les Lépidoptères (papillons de jour et de nuit) viennent en second avec environ 150 000 espèces. Les Hyménoptères pourvus de deux paires d'ailes membraneuses viennent au troisième rang (plus de 100 000 espèces) et les Diptères (une seule paire d'ailes membraneuses), jadis peu étudiés, auraient environ 80 000 espèces. Dans tous les cas il s'agit du nombre des espèces présentes dans le monde entier.

En Europe centrale on compte environ 14 000 espèces d'Hyménoptères, 8 000 de Diptères, 7 000 de Coléoptères et 6 000 de Lépidoptères. En France on estime qu'il y a, au total, environ 60 000 espèces d'insectes dont au moins 9 500 Coléoptères.

Les plus grands et les plus petits insectes

Les plus petits insectes appartiennent à la famille des *Scelionidae* (Hyménoptères) puisqu'ils mesurent seulement 0,2 mm de long et les plus grands sont des Coléoptères, des Lépidoptères (aux très larges ailes) et des phasmes. Certains ordres sont essentiellement composés d'espèces aux dimensions réduites : poux, Aphaniptères, thrips, Psocoptères. A l'opposé, d'autres comprennent surtout de grandes espèces : mantes, phasmes et (sauf exceptions) Odonates. Il y a très peu d'ordres chez lesquels les espèces ont à peu près la même taille, et dans la majorité on rencontre des insectes ayant moins d'un millimètre et de véritables géants. Chez les Coléoptères par exemple, certains *Staphylinidae* et *Pselaphidae* ont un millimètre de long et à l'opposé les plus grands Longicornes et l'Hercule atteignent 20 cm de long. On observe des différences analogues chez les Lépidoptères, les plus petits, à peine visibles, faisant partie des microlépidoptères et les plus grands comme les ornithoptères et les *Morpho,* les Saturnides et les sphinx étant diurnes ou nocturnes.

Répartition des insectes

La zoogéographie est la science qui étudie la distribution des animaux, donc des insectes, et qui rassemble les renseignements relatifs aux différentes espèces et aux unités systématiques plus vastes. Elle requiert l'aide d'autres disciplines comme l'entomologie (zoologie), la géographie, l'écologie, la climatologie et la paléontologie, grâce auxquelles elle obtient une image aussi complète que possible de la situation, délimite les grandes régions zoogéographiques et précise la répartition actuelle des espèces dans telle ou telle contrée.

La division la plus vaste est la région zoogéographique, subdivisée en sous-régions, provinces et districts. On distingue dans le monde six régions zoogéographiques délimitées par des barrières naturelles (mers, déserts, montagnes) et possédant chacune une faune caractéristique avec des espèces ou des groupes endémiques, c'est-à-dire qui lui sont propres. Les régions paléarctique et néarctique sont situées dans l'hémisphère Nord, les régions néotropicale, éthiopienne (africaine), orientale (Indo-Malaisie) et australienne dans l'hémisphère Sud.

La région paléarctique couvre l'Europe (Islande incluse), le nord de l'Afrique (y compris le Sahara

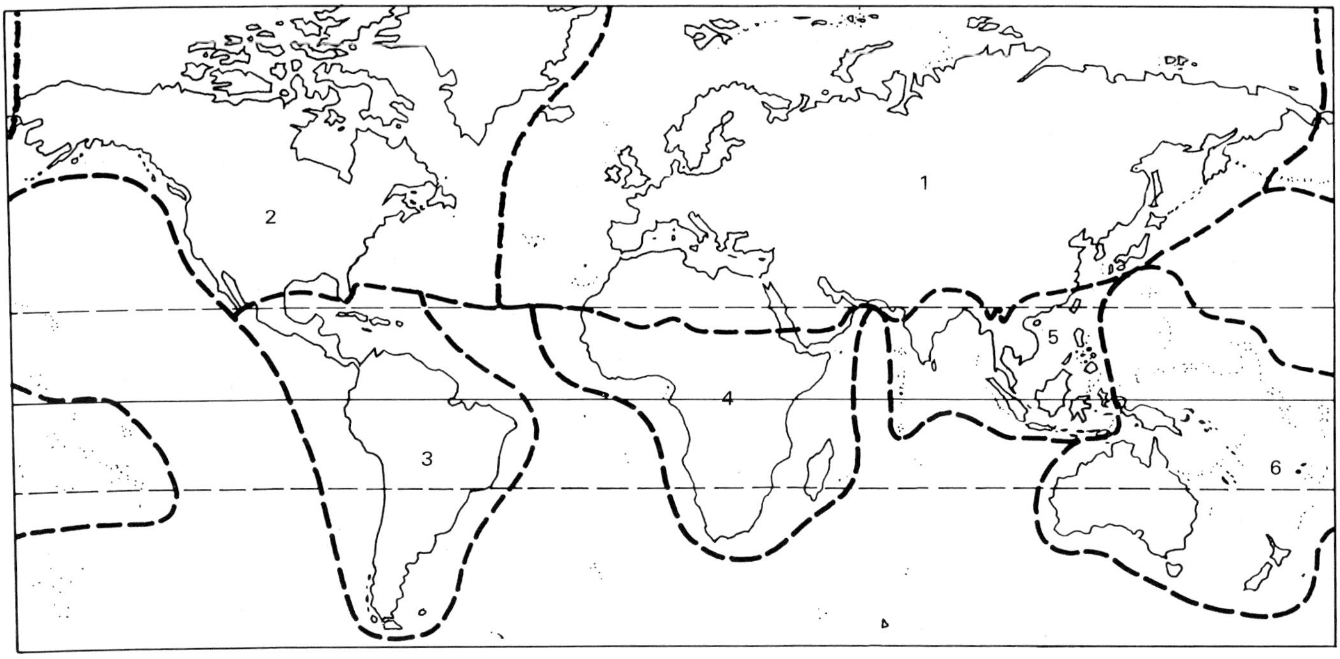

Les grandes régions zoogéographiques du monde : 1 — paléarctique ; 2 — néarctique ; 3 — néotropicale ; 4 — éthiopienne ; 5 — orientale ; 6 — australienne.

et les îles Canaries), la majeure partie du nord de l'Arabie et de l'Asie (avec le Japon) au nord du Pakistan, de l'Inde, du Tibet et du sud-est de la Chine. Très nettement circonscrite, elle est limitée à l'ouest, au nord et à l'est par la mer, au sud par le Sahara, les régions sèches du Proche-Orient et l'Himalaya. La seule contrée où elle soit peu isolée se trouve au contact du sud-est de la Chine.

La région néarctique comprend toute l'Amérique du Nord (y compris le Groenland), et dans le sud elle s'étend jusqu'aux déserts du Mexique septentrional. Avec la région paléarctique (et notamment la sous-région euro-sibérienne) elle occupe toutes les régions froides et tempérées de l'hémisphère Nord. Du point de vue faunistique ces deux régions ne diffèrent pas beaucoup et parfois on les réunit sous le nom de région holarctique, c'est pourquoi la distribution de certains taxons (unités systématiques : espèces, familles, etc.) répandus dans tout l'hémisphère Nord est qualifiée d'holarctique ou circumpolaire.

Les régions zoogéographiques de l'hémisphère Sud sont beaucoup moins bien séparées, mais elles sont caractérisées par un grand nombre d'espèces endémiques. La région néotropicale recouvre toute l'Amérique centrale et du Sud, y compris le Mexique ; en Amérique centrale et dans les Caraïbes se trouve la zone intermédiaire assez floue où les faunes néarctique et néotropicale se mêlent, mais où existent aussi des espèces endémiques. L'Afrique au sud du Sahara forme, avec Madagascar, la région éthiopienne, nettement délimitée bien que certains de ses éléments pénètrent par le sud de l'Arabie dans les régions paléarctique (Iran) et orientale (Pakistan). La région orientale va de l'Inde à la Malaisie et l'Indonésie, et est contiguë à la région australienne qui englobe l'Australie, la Nouvelle-Guinée, la Tasmanie, la Nouvelle-Zélande, la Polynésie et, selon certains spécialistes, les îles Hawaii qui sont, avec d'autres îles du Pacifique, quelquefois placées dans la région orientale. D'autre part, la faune de la Nouvelle-Zélande diffère profondément de celle de l'Australie et comporte des animaux apparentés à des espèces vivant dans l'extrême sud de l'Amérique du Sud, c'est-à-dire dans la région néotropicale.

La région paléarctique, qui nous intéresse le plus, est subdivisée en quatre sous-régions : la sous-région euro-sibérienne avec les contrées tempérées d'Eurasie et la toundra ; au sud, se trouvent d'ouest en est les sous-régions méditerranéenne, centro-asiatique et paléarctique orientale. Chacune comprend des zones, provinces et districts ; ainsi, dans la sous-région euro-sibérienne on distingue la zone des forêts (actuellement remplacées par une « steppe » cultivée), la zone des steppes (plaine de Hongrie, certaines parties de la Slovaquie orientale et de la Moravie) et plusieurs zones correspondant aux massifs montagneux. La distribution des différents taxons est caractérisée par un adjectif zoogéographique (exemple : espèces méditerranéennes, euro-sibériennes, holarctiques) ou géographique (exemples : espèces européennes, centro-européennes, sibériennes) accolé à leur nom. La distribution de chaque espèce et la surface de son aire de répartition sont essentiellement déterminées par ses exigences écologiques. Ainsi, les espèces qui supportent le froid vivent dans le nord ou à forte altitude, et celles qui sont adaptées à un milieu chaud et sec (espèces xérothermiques) vivent dans les habitats steppiques du sud. Selon leurs exigences on distingue les espèces liées à un habitat très particulier et qui sont donc très spécialisées (sténobiontes) ; elles sont présentes dans une aire limitée. A l'opposé, les espèces capables de s'adapter à des conditions variées (eurybiontes) ont une répartition beaucoup plus vaste et peuvent même être cosmopolites.

Il est évident que nos connaissances sur la répartition d'une espèce dépendent de l'intensité des études entreprises à son sujet. Si nous connaissons sa biologie et ses exigences écologiques, son habitat et les conditions climatiques dont elle a besoin, nous pourrons déterminer la région où elle peut vivre et où elle trouvera la satisfaction de ses besoins. Cette zone potentielle diffère de l'aire effectivement occupée et qui est connue. En effet, l'espèce peut habiter l'intégralité de son aire potentielle et ne pas y être connue parce que l'on n'a pas fait de recherches intensives ; elle peut aussi ne pas y vivre encore, mais si elle y est introduite elle en colonisera probablement toute l'étendue. On peut citer à ce sujet plusieurs espèces euro-sibériennes introduites par l'homme en Amérique du Nord et qui s'y sont répandues très vite car elles y ont trouvé des conditions répondant à leurs exigences.

La zoogéographie dynamique s'intéresse aussi à l'expansion des espèces ou des groupes d'animaux appelés, dans ce cas, « éléments faunistiques ». Elle étudie donc surtout le foyer d'origine des espèces et les directions que celles-ci ont suivi au cours de leur dispersion. Si une espèce est qualifiée de méditerranéenne, ceci signifie qu'elle habite dans la sous-région méditerranéenne. Si l'on parle d'un élément méditerranéen, son aire actuelle peut aussi inclure l'Europe centrale, la région méditerranéene étant considérée comme sa patrie. De même, on parle d'éléments « pontiques » pour les espèces dont le foyer d'origine se trouve autour de la mer Noire, ou d'éléments orientaux (espèces d'origine orientale, indo-malaise) qui se sont avancés à l'ouest dans la région paléarctique.

La distribution des animaux est donc fondée sur des divisions zoogéographiques plus ou moins vastes. En l'occurence, les unités politico-administratives (États) n'interviennent pas, car elles sont complètement artificielles en ce qui concerne la répartition des espèces. Néanmoins, quand on fait l'inventaire d'une faune (celle des insectes en général ou d'un ordre particulier) on dresse, par exemple, la liste des espèces présentes en Suisse ou dans l'un de ses cantons. En Grande-Bretagne ce type d'étude est pratiqué depuis fort longtemps et les listes établies sont constamment mises à jour pour l'ensemble du pays comme pour chaque comté. Elles ont beaucoup d'importance, car elles permettent de connaître l'aire de chaque espèce, étant fondées sur une étude intensive de la faune locale. Sans ces détails nous n'obtiendrions jamais un tableau complet de la distribution des différents taxons.

Importance des insectes pour l'homme

Dans le chapitre sur le nombre des insectes nous avons dit que ceux-ci représentent 80% de la faune mondiale. Il s'ensuit que beaucoup ont des relations directes ou indirectes avec l'homme et l'on a distingué parmi eux des espèces utiles et des espèces nuisibles. Un fort pourcentage d'insectes (sans doute la majorité) n'ont aucune importance pour l'homme et sont souvent qualifiés d'indifférents. En réalité, aucune espèce n'est entièrement dépourvue d'influence, même du point de vue humain, car malgré leur insignifiance apparente, toutes ont un rôle dans la nature. Même si leurs activités ne modifient pas l'aspect du paysage, elles font partie intégrante des réseaux alimentaires dans lesquels l'homme est impliqué.

Le plus utile de tous les insectes est l'Abeille domestique, qui pollinise les fleurs et transforme le nectar en miel à la suite de fermentations complexes. Cette espèce est élevée par l'homme depuis des millénaires. Les Abeilles fournissent aussi de la cire, sécrétée par des glandes spéciales pour fabriquer les cellules des rayons. La gelée royale est une autre production de grande valeur (c'est l'aliment des larves des reines et des reines), car elle contient toutes sortes de substances (vitamines, etc.) utilisées en diététique.

Bombyx mori est un papillon de nuit qui a joué un grand rôle dans l'histoire humaine puisque ses chenilles, les célèbres « vers à soie », produisent la soie. C'est la seule espèce élevée à cette fin, mais d'autres papillons sauvages ont des chenilles qui sécrètent également des fibres utilisées pour faire des tissus, comme le tussor. La soie de Chine était jadis renommée dans le monde entier et son existence est prouvée depuis cinq mille ans. L'industrie de la soie se développa en Europe au VIe siècle seulement, époque où des oeufs de *Bombyx,* pris en Chine, furent transportés en cachette dans des baguettes creuses. L'élevage du ver à soie est relativement facile : il suffit d'avoir des étagères et une quantité suffisante des feuilles de mûrier dont il se nourrit. La soie forme le cocon dans lequel la chenille s'enferme, avant de se transformer en chrysalide ; on tue celle-ci dans le cocon avec de l'air chaud, et le fil est dévidé avant de subir un traitement spécial. Au XIXe siècle l'industrie de la soie fut très importante en Europe et notamment en France, où Pasteur étudia une maladie du ver à soie, la pébrine, qu'il réussit à combattre. La polyédrose est une autre maladie d'origine virale ; on l'appelle aussi grasserie. Depuis, les fibres artificielles créées par l'homme ont supplanté la soie et l'industrie de cette dernière a beaucoup régressé. D'autres produits tirés des insectes ont connu un sort analogue, par exemple les colorants issus de certains Coccides employés dans l'industrie textile et cosmétique, et la laque naturelle fournie par *Laccifer lacca,* Coccide vivant au Moyen-Orient et en Inde.

Parmi les insectes les plus utiles on compte ceux qui pollinisent les fleurs, car sans eux la production de fruits serait probablement très faible. Les plus connus sont en premier lieu l'Abeille domestique et les autres abeilles, y compris les bourdons ; viennent ensuite les papillons de jour et de nuit, et enfin certains Diptères et Coléoptères qui ont aussi beaucoup d'importance à cet égard. Nous ne comprenons pas toujours le rôle exact de tous ces insectes mais, par exemple, il n'y aurait pas de figues si une toute petite guêpe n'existait pas. Quelques insectes pollinisateurs, comme les bourdons, sont protégés par la loi dans certains pays.

Le nombre des insectes indirectement utiles à l'homme est considérable. On y trouve, par exemple, les espèces qui limitent les effectifs des espèces phytophages ; sans elles ces dernières réduiraient à néant les efforts des agriculteurs pour produire nos aliments. Citons parmi elles les mangeurs de pucerons comme les larves et imagos des Névroptères, les coccinelles, les mouches Syrphides et les espèces dont les larves sont des parasites internes des pucerons, en particulier celles de la famille des *Aphidiidae.* De même, les espèces qui détruisent les Lépidoptères, Coléoptères et Diptères nuisibles, tels les Ichneumonides *(Ichneumonidae, Braconidae),* les mouches Tachinides et les Chalcidiens (guêpes) sont extrêmement utiles. La même remarque vaut pour les fourmis dont le rôle a récemment fait l'objet d'importantes études ; enfin, les mouches et Coléoptères saprophages et nécrophages contribuent à éliminer les substances organiques en décomposition, de sorte que leur présence est indispensable au bon fonctionnement de la nature.

A l'opposé on trouve nombre d'espèces nuisibles chez les insectes. Les plus redoutables sont les phytophages, notamment ceux qui vivent aux dépens des plantes cultivées et des arbres fruitiers. Ce sont par exemple les larves et les imagos des pucerons (certaines espèces attaquent les plantes de grande culture) et d'autres Homoptères, comme les Coccides et les cicadelles. Toutes les plantes cultivées ont leurs parasites naturels qui, s'ils pullulent, causent des pertes considérables, soit directement, soit en transmettant des maladies virales. On peut citer parmi eux le Doryphore parasite des pommes de terre, *Hylemyia brassicae* et plusieurs Coléoptères sur les betteraves à sucre, *Eurygaster maura* (Hémiptères), des chenilles de *Noctuidae* et des larves de Diptères (par exemple, la Mouche de Hesse et *Mayetiola destructor*) sur les céréales. Des Coléoptères (nombreux charançons) et des chenilles (*Gastropacha, Euproctis,* etc.) endommagent les arbres fruitiers, les fruits eux-mêmes étant rongés par les chenilles de tordeuses et les larves de *Tephritidae (= Trypetidae),* qui sont des mouches. Les bruches du haricot et du pois sont les principaux ravageurs des Légumineuses, et les chenilles des piérides endommagent de nombreuses plantes cultivées dans les jardins. En forêt et surtout dans les monocultures de résineux, certains *Ipidae* (scolytes), les chenilles de la Nonne, certaines tenthrèdes et divers pucerons peuvent provoquer de véritables désastres, tandis que dans les régions subtropicales et tropicales les criquets sont un véritable fléau.

Certains insectes nuisibles vivent dans les bâtiments, boulangeries, moulins, entrepôts, magasins où, si la température est optimale, ils peuvent vivre longtemps et se nourrir toute l'année de toutes sortes d'aliments. Les principaux sont des chenilles de *Pyralidae,* les *Tenebrionidae* et les *Ptinidae,* mais la Blatte orientale et la Blatte germanique sont importunes par leur seule présence car elles ne causent aucun dommage sérieux. Certaines espèces se développent dans les fourrures, les tissus de laine et autres textiles, par exemple, les mites et les *Dermestidae,* tandis que les vrillettes et les larves de quelques Longicornes abîment les meubles, les planchers et les poutres. On ne saurait passer sous silence les minuscules Mouches du vinaigre qui non seulement sont gênantes dans les maisons et les magasins où elles vivent aux dépens de substances fermentées, d'aliments variés et de confitures, mais transportent sur notre nourriture des levures qui hâtent sa décomposition.

Les insectes jouent aussi un très grand rôle dans les domaines sanitaire et épidémiologique. Non seulement ils harcèlent hommes et gros animaux en suçant leur sang, mais peuvent aussi transmettre une série de maladies. Quand ils sont très nombreux les insectes piqueurs rendent la vie en plein air presque impossible aux hommes et aux bestiaux (chevaux, vaches). Souvent, les vaches ne peuvent brouter, et leur production de lait s'en trouve fortement réduite. Les hypodermes abîment la peau de leurs hôtes en forant des trous de respiration et de sortie pour leurs larves. Certaines espèces synanthropes pondent sur la viande et les autres produits carnés : la Mouche domestique est insupportable en raison de son abondance, surtout dans les régions chaudes et tempérées. En outre, elle transporte divers agents pathogènes sur ses pattes et ses pièces buccales, et les transmet. Les larves des mouches Calliphorides et d'autres familles voisines peuvent provoquer des maladies de la peau et des sinus nasaux (myiases) chez les personnes peu soucieuses d'hygiène, en Europe et sur d'autres continents.

Les insectes hématophages sont les plus dangereux, car ils transmettent activement diverses maladies. Dans les régions tropicales et subtropicales ils constituent toujours une menace grave pour la santé de l'homme et des animaux domestiques. Ainsi la malaria, transmise par un moustique du genre *Anopheles,* est toujours la plus répandue des maladies dans le monde. Les Mouches tsé-tsé transmettent des trypanosomiases, dont la plus grave est la maladie du sommeil, et celles du genre *Phlebotomus* véhiculent les agents responsables du kala-azar et des leishmanioses, maladies très graves. Les puces véhiculent la peste bubonique en suçant le sang des rongeurs et de l'homme. Les épidémies de peste, encore fréquentes au XVIIIe siècle, ont laissé des traces dans toutes les villes et tous les villages d'Europe. Des moustiques transmettent le virus de la fièvre jaune et, avec des mouches (simulies), servent d'hôtes intermédiaires aux filaires *(Filarioidea),* vers nématodes qui provoquent l'éléphantiasis dans diverses parties du corps ou la filariose de la conjonctive. Les épidémies de typhus qui éclataient jadis dans les armées en temps de guerre étaient causées par les excréments des poux qui pénétraient dans la peau de ceux qui se grattaient. Des punaises tropicales du genre *Triatoma* transmettent la maladie de Chagas (sorte de trypanosomiase grave). On pourrait allonger la liste des maladies ainsi transmises par des insectes. Les Punaises des lits sont peu dangereuses, bien que des études en laboratoire aient montré qu'elles sont susceptibles de véhiculer des agents pathogènes ; en fait elles sont surtout très importunes et laissent des traces rouges sur la peau. L'inventaire des insectes nuisibles à l'homme serait incomplet si l'on ne mentionnait pas ceux qui possèdent des glandes à venin. La réaction des personnes allergiques à la piqûre des guêpes, des abeilles ou des frelons, peut être très violente et plusieurs piqûres simultanées peuvent mettre leur vie en danger.

Clé dichotomique de détermination des ordres d'insectes

Vu la multitude des espèces d'insectes, il n'est pas aisé de déterminer une espèce particulière. Il est beaucoup plus facile de déterminer l'ordre auquel appartient l'insecte considéré. Le système suivant a souvent été utilisé et éprouvé sur le terrain. Comme toutes les clés de détermination, elle consiste en une indication de base et une alternative. Ainsi lorsque l'on a une identification à faire, il est recommandé d'envisager les deux possibilités, puis de se décider pour l'une ou l'autre. Si l'indication de base ou son alternative ne correspond pas au nom de l'ordre auquel appartient l'insecte, il faut continuer en suivant le numéro de droite jusqu'à ce que l'on arrive au nom.

Exemple : Prenez n'importe quelle Mouche domestique commune partout et déterminez l'ordre auquel elle appartient. L'indication de base 1 a pour alternative : « aptère » ou « ailé ». Dans notre cas, l'insecte est ailé, donc nous allons au numéro 26 dont l'indication de base est la suivante : une paire d'ailes ou deux paires d'ailes. Notre spécimen possède une seule paire d'ailes et nous continuons au numéro 27 dans lequel nous sélectionnons l'alternative où la Mouche a des ailes antérieures développées et des ailes postérieures filiformes, puis nous allons au numéro 28. Les ailes de notre spécimen sont membraneuses et nous regardons le numéro 31. Des deux possibilités nous en choisissons une, car les ailes sont petites ce qui nous conduit au numéro 32 disant que l'insecte donné appartient à l'ordre des Diptères, car son indication correspond à notre Mouche.

Grylloblattodea et *Zoraptera,* deux ordres rares, ne sont pas inclus dans le système de détermination suivant.

Selon les critères de classification contemporains, parmi les Aptérygotes ne sont classés que les *Archaeognatha* et *Zygentoma.* En raison des traditions établies et des divergences d'opinions, les *Protura, Diplura* et *Collembola* ont été maintenus dans notre clé.

1 Insecte aptère ou à ailes vestigielles seulement 2

— Insecte ailé 26

2 Pas d'antennes 3

— Présence d'antennes, même réduites 4

3a Pattes antérieures relevées vers l'avant ; corps mince, allongé ; non coloré ou jaunâtre — environ 2 mm de long... Ordre des Protoures — *Protura*

3b Antennes, yeux, pattes et pièces buccales absents. Corps cylindrique. Insectes vivant dans les segments abdominaux d'autres insectes, surtout Hyménoptères (Guêpes), moins souvent Homoptères (Cicada) ou Orthoptères. Relativement rares... Ordre des Strepsiptères — *Strepsiptera,* femelles de la famille des Stylopidés

4 Pattes postérieures à fémur développé, adaptées au saut. Corps comprimé latéralement. Grands insectes qui vivent libres (non parasites). Se trouvent souvent dans les serres chaudes des jardins. Moeurs nocturnes... Ordre des Ensifères — *Ensifera,* Sauterelles

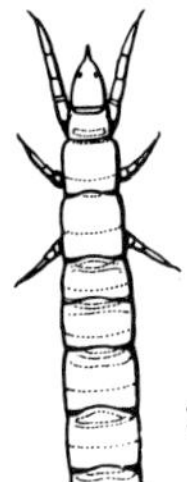
3a

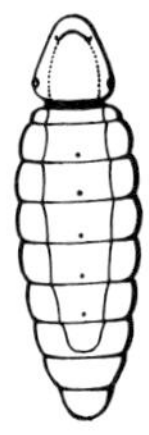
3b

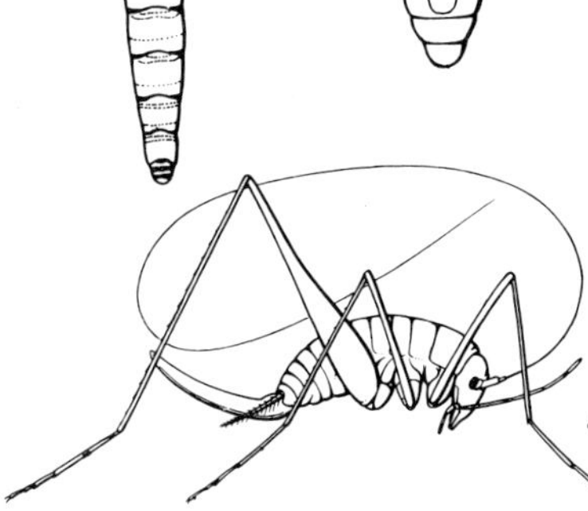
4

– Les pattes postérieures ne se distinguent pas des autres paires (sauf chez les Puces parasites, voir 15) 5

5 Appendices terminaux bien développés 6

– Pas d'appendices terminaux ou très courts ou peu visibles 10

6 Appendices longs et filiformes ou lamellés et forts 7

– Appendices formant des pinces 9

7 Trois appendices terminaux. Corps rétréci vers l'arrière. Petits et courant vite. Certaines espèces vivent sur les pentes caillouteuses (ordre des *Archaeognatha*), au voisinage de l'homme (insectes nocturnes, dans les salles de bains, les garde-manger), dans les fourmilières (ordre des *Zygentoma*)

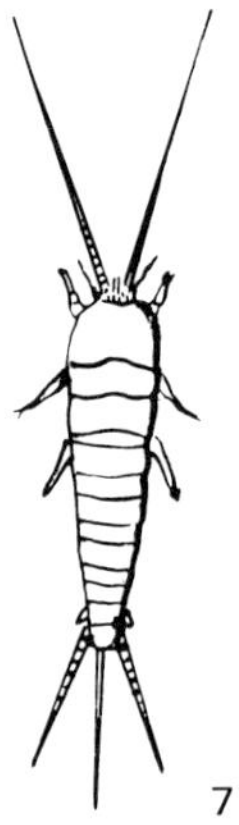
7

– Deux appendices terminaux 8

8a Corps allongé, étroit, jaunâtre. Insectes vivant sous les écorces et dans le sol... Ordre des Diploures – *Diplura,* famille des Campodéidés

8b Corps plat et large. Tête recouverte par le prothorax en forme de bouclier. Pièces buccales broyeuses. Grands, corps le plus souvent foncé, antennes longues. Dimorphisme sexuel : la femelle a des ailes rudimentaires, le mâle, deux paires d'ailes. Synanthropes. Moeurs nocturnes... Ordre des Blattariés – *Blattaria*

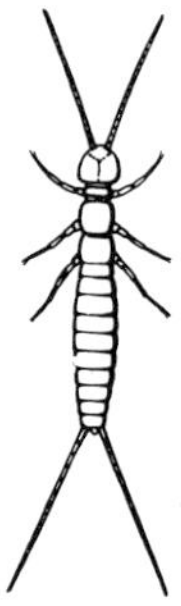
8a

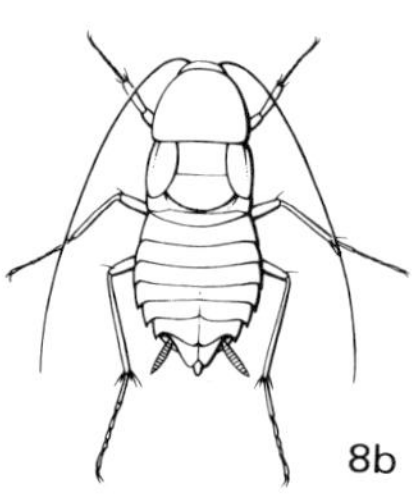
8b

9a Tarse à trois articles. Grands insectes... Ordre des Dermaptères

9b Tarse à un article. Petits insectes recouverts d'une peau fine et non pigmentée. Seuls le dernier segment abdominal et les appendices sont sclérotisés, de couleur sombre. Vivent dans le sol. Rares en Europe centrale, abondants au sud de l'Europe... Ordre des Diploures – *Diplura,* famille des Japygidés

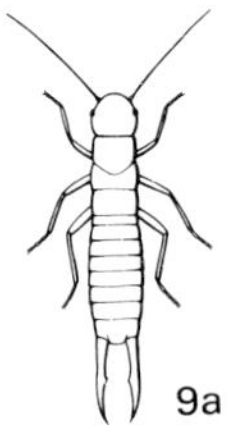
9a

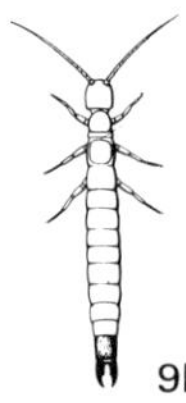
9b

10 Un organe de saut (furca) sur la face ventrale de l'abdomen. Abdomen formé de six segments. Corps long de 0,3–6 mm (exceptionnellement plus). De couleur terne (bleu-gris, gris, blanchâtre ou jaunâtre) ou parfois vive. Fréquentent surtout les lieux humides : dans le sol, sous les feuilles mortes et les débris de plantes, sous la mousse, les pierres, les écorces, etc. Abondants presque partout (même dans la neige)... Ordre des Collemboles – *Collembola*

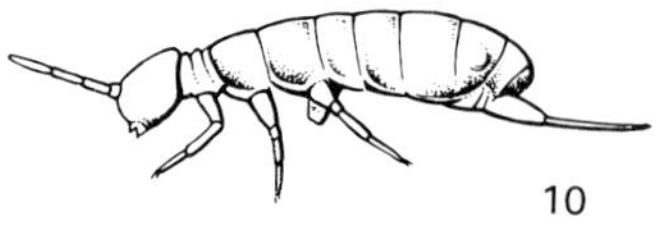
10

– Pas d'organe de saut. Si l'insecte saute, ce n'est qu'à l'aide de ses pattes 11

11 Corps en forme de bâton, long de plusieurs cm, tête très petite. Ne vivent pas dans les régions assez froides comme le nord et le centre de l'Europe. Souvent élevés en laboratoire... Ordre des Phasmidés – *Phasmida*

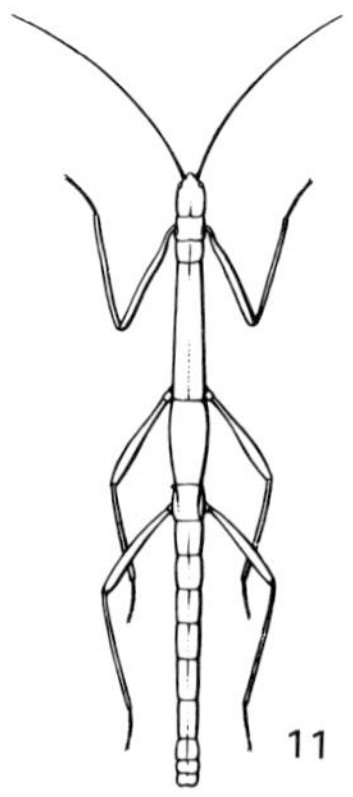
11

– Corps de forme différente 12

12 Tête prolongée par un rostre terminé par des pièces buccales broyeuses... Ordre des Mécoptères – ou Panorpes *Mecoptera*

– Tête non prolongée par un rostre. Pièces buccales de différents types 13

13 Insecte recouvert d'un manteau cireux, formant parfois bouclier, ou ayant lui-même la forme d'un bouclier et immobile pendant sa vie adulte. Bouclier arrondi, allongé ou piriforme et de couleur terne (grisâtre, brunâtre et même blanchâtre). Corps souvent jaune, blanc ou carmin. (Mâles ailés, voir 32)... Ordre des Homoptères – *Homoptera,* sous-ordre des *Coccinea* (Cochenilles)

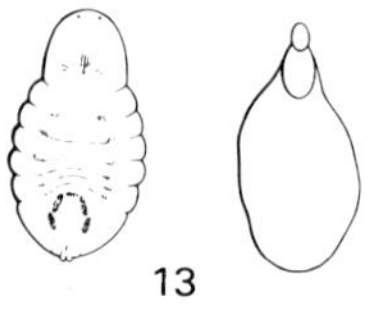
13

– Insecte mobile 14

14 Tarse des pattes antérieures renflé, contenant des glandes à soie. Insectes vivant dans des tubes en soie tissée, seulement dans les régions chaudes du globe – sud de l'Europe et des États-Unis, régions tropicales. Quelques espèces seulement. (Mâle le plus souvent à quatre ailes, voir 34)... Ordre des Embioptères – *Embioptera,* femelles

14

– Tarse ne possédant pas de glandes à soie 15

15 Corps très comprimé latéralement, de quelques mm de long, garni de nombreux poils épais. Très courtes antennes. Pièces buccales piqueuses-suceuses. Espèces généralement ternes (brun, brun-noir, jaunâtre). Se déplacent en sautant. Parasites des Mammifères et des Oiseaux. Hématophages... Ordre des Siphonaptères – *Aphaniptera,* Puces, Aphaniptères.

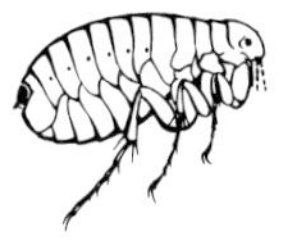

15

– Corps moins comprimé latéralement 16

16 Tarse à vésicule protubérante. Petits insectes, généralement noirs ou jaunes, vivant sur les fleurs, sous les feuilles, etc... Ordre des Thysanoptères – *Thysanoptera,* Thrips

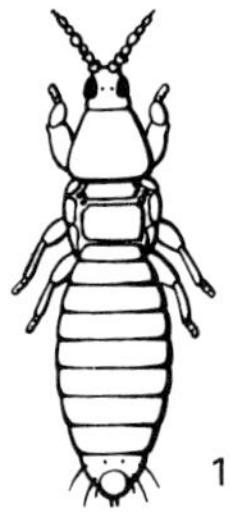

16

– Tarse sans vésicule protubérante 17

17 Tête très développée 18

– Tête proportionnée aux autres parties du corps 21

18 Pièces buccales piqueuses. Pattes terminées par un tarse transformé en pince forte pour saisir poils et cheveux. Corps 1 à 5 mm de long, poilu, généralement blanchâtre ou brunâtre. Tête plus petite que le thorax. Parasites des mammifères... Ordre des Anoploures – *Anoplura,* Poux

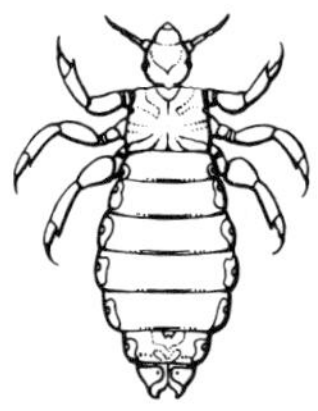

18

– Pièces buccales broyeuses 19

19 Pas d'yeux. Antennes ne dépassant pas la longueur de la tête et du thorax. Corps lisse. Vivent en colonie formée de castes dont les membres diffèrent morphologiquement et biologiquement (voir 54 – individus ailés). Dans le bois, surtout au sud et à l'ouest de l'Europe... Ordre des Isoptères – *Isoptera,* Termites, ouvriers et soldats

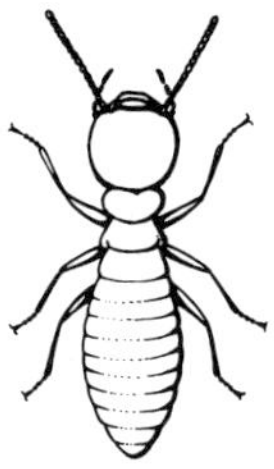

19

– Présence d'yeux, même très petits 20

20a Antennes courtes, prothorax distinct. Insectes très aplatis vivant surtout dans les plumes des oiseaux, rarement dans le pelage des mammifères... Ordre des Mallophages – *Mallophaga,* Poux des oiseaux

20b Antennes longues et filiformes. Grande tête portée par un petit cou. Corps souvent aplati, lisse, long de plusieurs mm. Pièces buccales adaptées à mordre. Insectes vivant dans des matériaux secs, envahissant les collections zoologiques. (Beaucoup d'espèces sont ailées, voir 52)... Ordre des Psocoptères – *Psocoptera,* Poux des livres

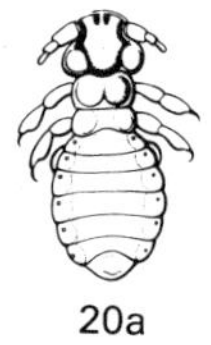

20a

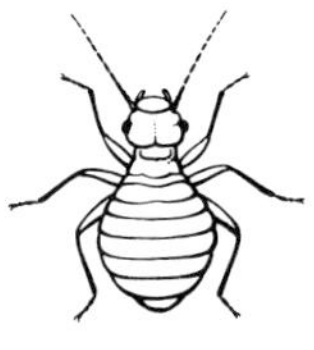

20b

21 Corps recouvert d'écailles. Ailes vestigielles visibles. Insectes robustes et poilus. Certaines espèces apparaissent au début du printemps, d'autres vers la fin de l'automne. (Presque toutes ont deux paires d'ailes, voir 46)... Ordre des Lépidoptères – *Lepidoptera,* femelles de la famille des Géométridés, Psychidés, etc.

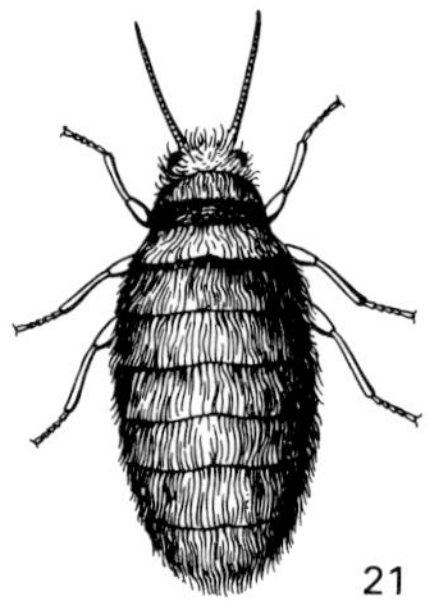

21

– Corps non recouvert d'écailles 22

22 Abdomen relié au thorax par un pédoncule mince. Insectes noirs, brun-noir, bruns ou jaunes, vivant généralement en colonies : ouvrières aptères, femelles et mâles ont des ailes que les femelles perdent secondairement... Ordre des Hyménoptères – *Hymenoptera,* famille des Formicidés (Fourmis)

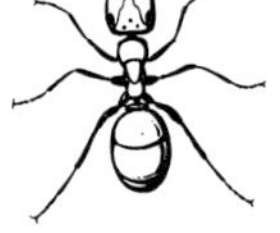

22

– Abdomen largement relié au thorax ou étroitement relié, mais sans pédoncule 23

23 Tarse à deux ou trois articles 24

– Tarse à cinq articles 25

24a Corps très plat, brunâtre. Insectes parasitant les animaux à sang chaud. (La plupart des membres de cet ordre possèdent deux paires d'ailes, voir 38)... Ordre des Hétéroptères – *Heteroptera,* famille des Cimicidés

24b Corps généralement bombé recouvert d'une peau délicate. Antennes souvent longues. Insectes parasites des plantes... Ordre des Homoptères – *Homoptera,* Pucerons et Cochenilles

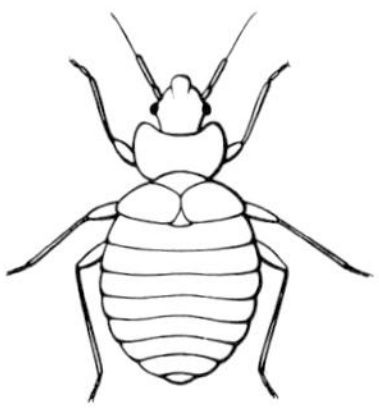
24a

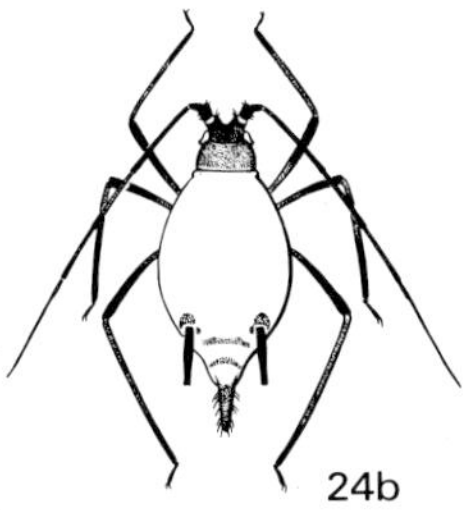
24b

25a Courtes antennes. Pattes terminées par des griffes bien visibles. Insectes vivant généralement dans le pelage des mammifères, parfois dans la neige... Ordre des Diptères – *Diptera*

25b Corps lisse, en forme de larve. Abdomen distinctement segmenté. Organes lumineux sur la face inférieure du corps (la plupart des espèces ont deux paires d'ailes, voir 41)... Ordre des Coléoptères – *Coleoptera,* femelles de la famille des Lampyridés (vers luisants)

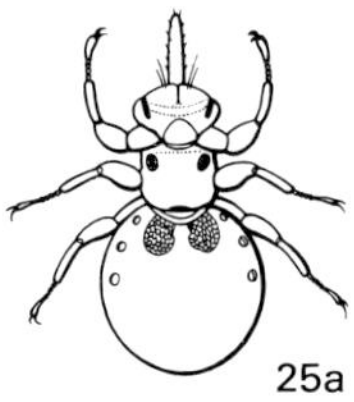
25a

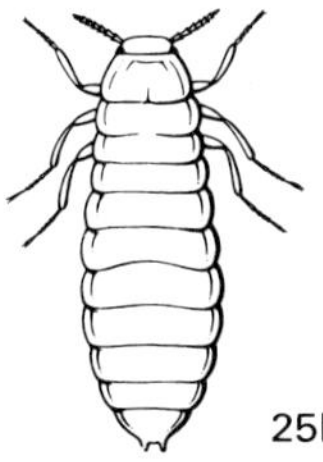
25b

26 Une seule paire d'ailes bien développées. Ailes postérieures, parfois ailes antérieures, vestigielles ou absentes 27

– Deux paires d'ailes bien développées 33

27 Ailes antérieures réduites à de petits appendices en forme de massue. Ailes postérieures grandes par rapport au corps, se repliant en éventail... Ordre des Strepsiptères – *Strepsiptera,* mâles (dans les pays tropicaux vivent des insectes allongés, en forme de bâton, aux ailes antérieures réduites à de petits appendices et aux grandes ailes postérieures se dépliant comme un éventail... Ordre des Phasmidés – *Phasmida*)

– Ailes antérieures développées, ailes postérieures absentes ou réduites à de petites écailles ou à de petits appendices épineux 28

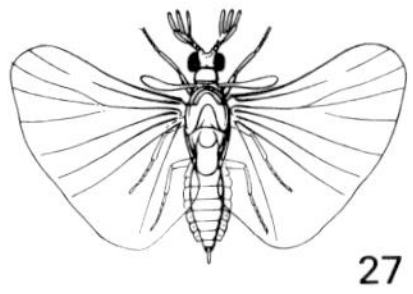
27

28 Ailes dures ressemblant à des élytres 29

– Ailes membraneuses 31

29 Pattes postérieures à tarse développé, adaptées au saut. Grands insectes. Vivent sur les plantes... Ordre des Ensifères et Caelifères (Grillons et Acridiens) – *Ensifera* et *Caelifera*

– Pattes postérieures semblables aux autres 30

30 A l'extrémité postérieure du corps se trouve une pince formée de deux cerques. Ailes antérieures très courtes ressemblant à des élytres, ne recouvrant pas l'abdomen... Ordre des Dermaptères – *Dermaptera* ou Perce-oreilles

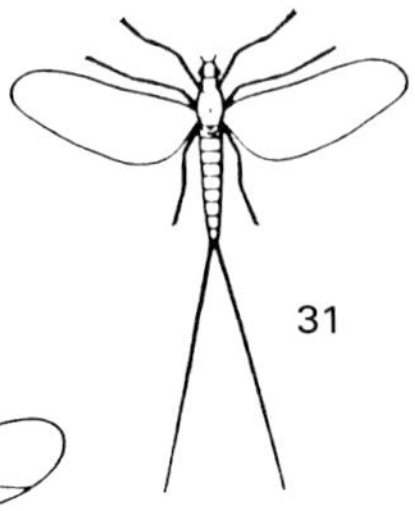
31

– Pas de cerques. Les ailes antérieures formant les élytres et bien développées, couvrent l'abdomen... Ordre des Coléoptères – *Coleoptera*

31 Ailes bien développées, très nervurées, verticales au repos. Extrémité postérieure du corps munie de deux à trois cerques ou filets caudaux... Ordre des Ephéméroptères – *Ephemeroptera.* Ailes généralement petites 32

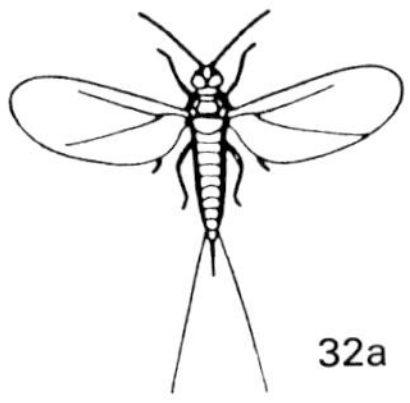
32a

32a Nervation très réduite (une seule nervure). Deuxième paire d'ailes transformée en balanciers. Yeux généralement simples. Pièces buccales atrophiées... Ordre des Homoptères – *Homoptera,* ♂ des Cochenilles

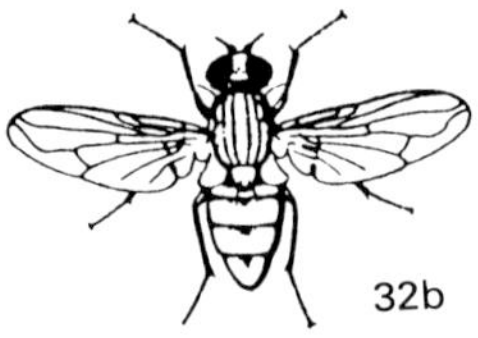
32b

32b Nervation relativement complexe. Deuxième paire d'ailes transformée en balanciers. Grands yeux composés, souvent très colorés (rouges, verts ou rayés)... Ordre des Diptères – *Diptera*

33 Ailes étroites bordées de franges et ressemblant à des plumes. Petits insectes jaunes ou sombres vivant dans les fleurs et sur les plantes (dans des *Asteraceae*), souvent en grand nombre... Ordre des Thysanoptères – *Thysanoptera,* Thrips

– Ailes sans franges 34

33

34 Tarse des pattes antérieures renflé par la présence de glandes à soie. Quatre ailes de même taille... Ordre des Embioptères – *Embioptera,* mâles

– Pas de glandes à soie sur le tarse des pattes antérieures. Ailes de même taille ou de taille différente 35

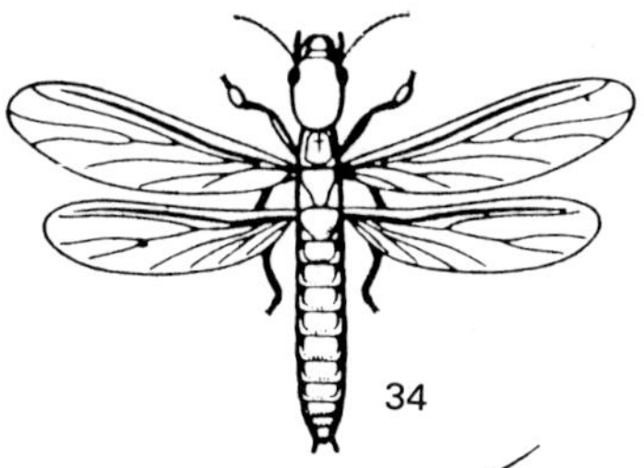

34

35 Pattes postérieures à fémur fort développé. Grands Insectes adaptés au saut. Ailes antérieures plus étroites et plus dures que les ailes postérieures, se repliant sous les ailes antérieures 36

– Pattes postérieures ne se distinguant pas des autres paires 37

36a Antennes longues (autant ou plus que le corps) composées de plus de trente articles (sauf chez la Courtilière aux pattes antérieures très fortes et fouisseuses). Tarse à trois ou quatre articles. Femelles à ovipositeur plus ou moins long (tarière)... Ordre des Ensifères – *Ensifera,* Sauterelles et Grillons

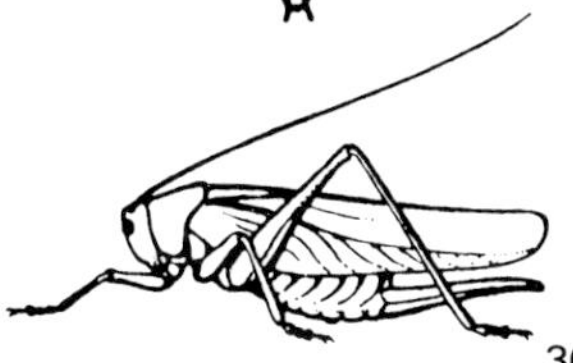

36a

36b Antennes courtes, moins de trente articles, ne dépassant pas la tête et le premier segment thoracique. Tarse à trois articles. Pièces buccales à grandes mandibules. La plupart des espèces sont brunâtres, les ailes postérieures sont souvent colorées (rouges, bleues, jaunes). Vivent dans l'herbe, surtout en été et en automne... Ordre des Acridiens – *Caelifera,* Criquets

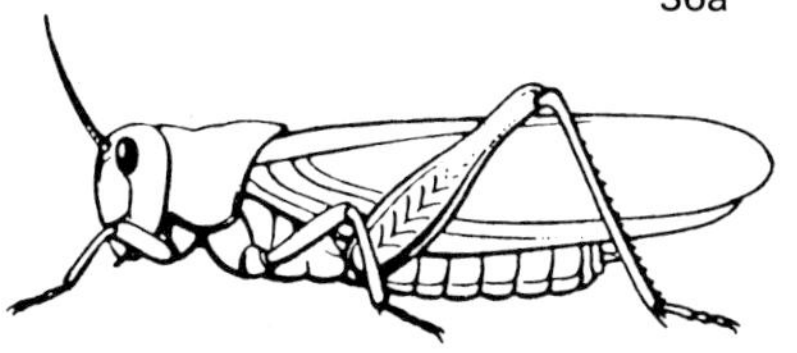

36b

37 Ailes antérieures et postérieures de forme et de consistance très différentes 38

– Ailes antérieures et postérieures de consistance légèrement différente ou semblable. Peuvent être de taille différente 43

38 Ailes antérieures dures à la base et membraneuses vers le bout (hémélytres). Pièces buccales piqueuses. Corps vert, brun ou multicolore. Vivent en général sur les plantes, parfois dans l'eau. Émettent souvent une odeur désagréable... Ordre des Hétéroptères – *Heteroptera,* Punaises

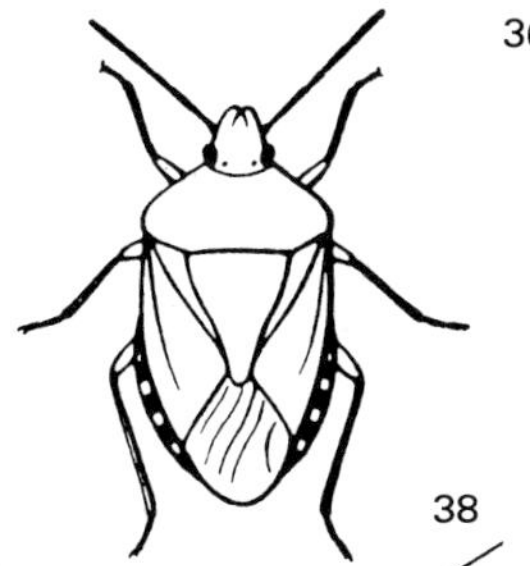

38

– Ailes antérieures dures sur toute leur surface et beaucoup plus épaisses que les ailes postérieures 39

39 Pattes antérieures ravisseuses garnies d'épines. Grands insectes... Ordre des Mantodes – *Mantodea*

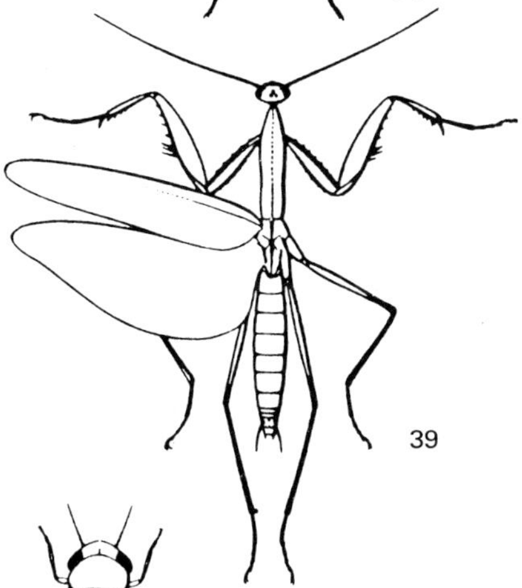

39

– Pattes antérieures non ravisseuses 40

40 Ailes se repliant en toit au-dessus de l'abdomen, souvent très colorées. Tibias des pattes postérieures longs et souvent épineux. Insectes sauteurs. Tête dirigée obliquement vers l'arrière. Pièces buccales piqueuses-suceuses. Insectes vivant sur les plantes... Ordre des Homoptères – *Homoptera,* sous-ordre des Cicadaires

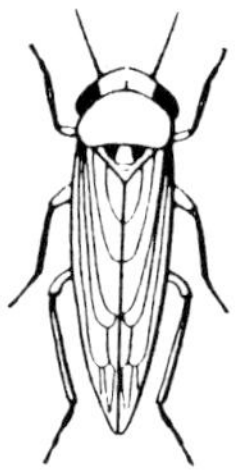

40

– Ailes ne formant pas un toit en se repliant. Insectes occasionnellement sauteurs 41

41 Extrémité postérieure de l'abdomen sans appendice. Ailes antérieures transformées en élytres durs et épais se rejoignant en une ligne droite au milieu du dos, et recouvrant généralement, mais pas toujours, tout le corps. Ailes postérieures membraneuses, repliées sous les élytres. Colorés, ont parfois des reflets métalliques. Beaucoup d'espèces sont noires. De 1 mm à plusieurs cm de long. Vivent sur les plantes, sous les écorces, les pierres, dans les caves, dans l'eau, dans les habitations... Ordre des Coléoptères – *Coleoptera*

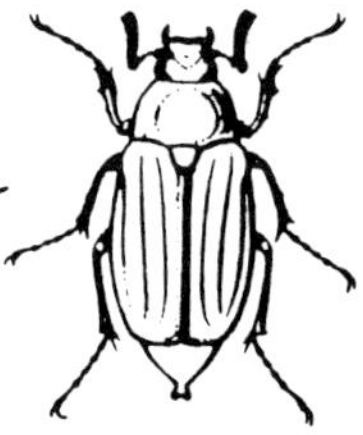

41

– Appendices terminaux développés 42

42a Appendices terminaux formant une pince arquée. Élytres petits et durs ne recouvrant pas du tout l'abdomen. Ailes postérieures membraneuses repliées sous les élytres. Vivent sous les pierres, l'écorce des arbres, dans les appartements, près de l'eau... Ordre des Dermaptères – *Dermaptera,* Perce-oreilles

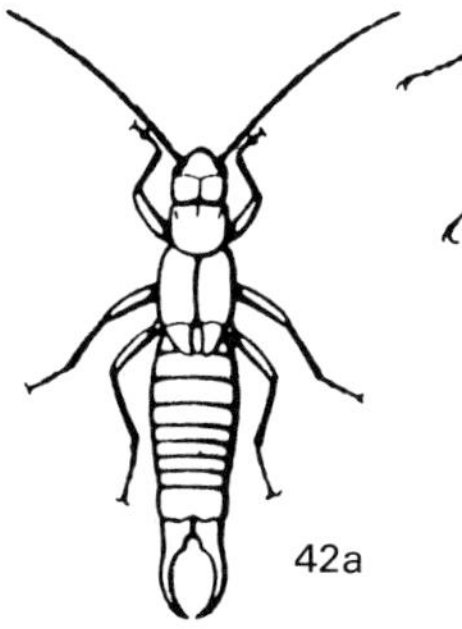

42a

42b Appendices terminaux longs et dépassant largement. Ailes postérieures membraneuses recouvertes par des ailes antérieures plus épaisses. Longues antennes. Grands insectes courant vite. Vivent dans les bois, au voisinage de l'homme (appartements, garde-manger, boulangeries, hôpitaux, etc.)... Ordre des Blattodes – *Blattodea*

43 Tête prolongée d'un rostre à pièces buccales broyeuses à l'extrémité... Ordre des Mécoptères – *Mecoptera,* Panorpes

– Tête non prolongée d'un rostre à pièces buccales broyeuses 44

44 Prothorax très allongé, plusieurs fois plus long que large 45

– Prothorax peu allongé 46

45a Pattes antérieures semblables aux autres paires. Tête plate et mobile... Ordre des Raphidioptères – *Raphidioptera,* Raphidies

45b Pattes antérieures ravisseuses... Ordre des Planipennes – *Planipennia,* famille des Mantispidés

46 Ailes couvertes de nombreuses petites écailles différemment colorées. Dichroïsme et dimorphisme sexuels fréquents. Pièces buccales (quand elles existent) formées d'un tube fin, enroulé sous la tête. Insectes se trouvant sur les fleurs, sur les troncs d'arbres, etc.... Ordre des Lépidoptères – *Lepidoptera,* Papillons

– Ailes non écailleuses 47

47 Ailes transparentes, souvent diversement colorées 48

– Ailes couvertes d'une poudre cireuse et blanchâtre. Insectes petits ou minuscules 56

48 Partie postérieure de l'abdomen terminée par deux ou trois longs cerques filiformes 49

– Cerques courts et épais, ou pas de cerques 50

49 Cerques longs et minces, segmentés et environ deux fois plus longs que le corps. Antennes très courtes. Pattes antérieures plus longues que les deux autres paires (plus longues chez le mâle que chez la femelle). Corps très lisse. Ailes dressées au-dessus du corps au repos. En grand nombre près de l'eau... Ordre des Ephéméroptères – *Ephemeroptera*

– Deux cerques. Ailes postérieures plus grandes que les ailes antérieures. Au repos repliées à plat sur l'abdomen... Ordre des Plécoptères – *Plecoptera*

50 Antennes courtes, peu visibles. Corps très long (25 mm ou plus), bleu, jaune, vert ou rouge, rayé de noir. Grande tête, ailes à peu près égales. Vivent près de l'eau, dans les forêts... Ordre des Odonates – *Odonata,* Libellules

– Antennes relativement plus longues ; quand elles sont courtes, le corps est épais et large 51

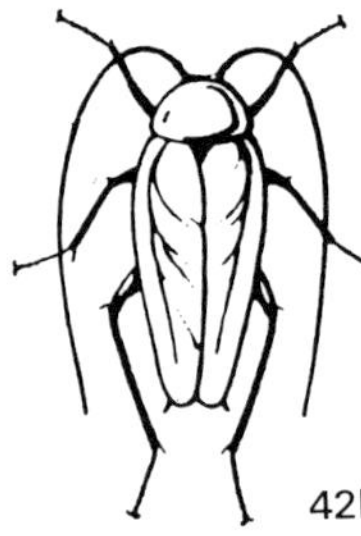
42b

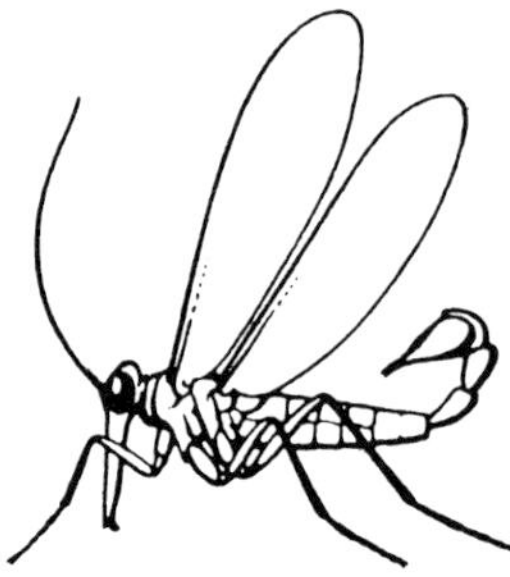
43

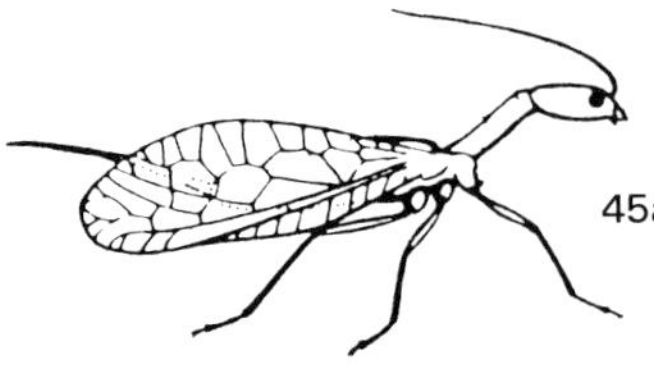
45a

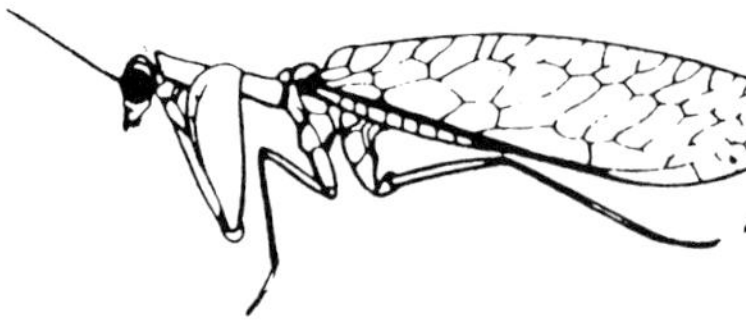
45b

46

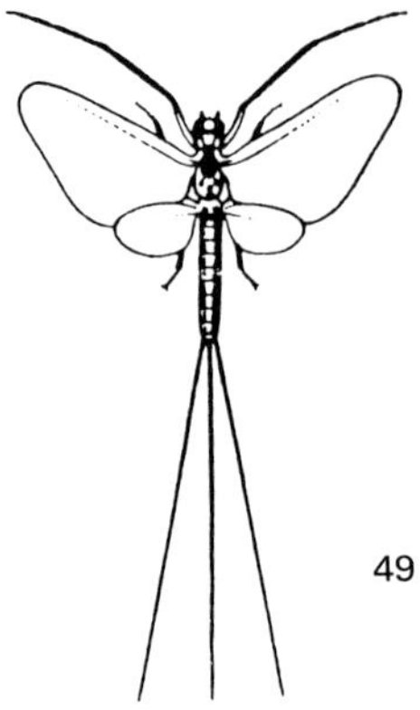
49

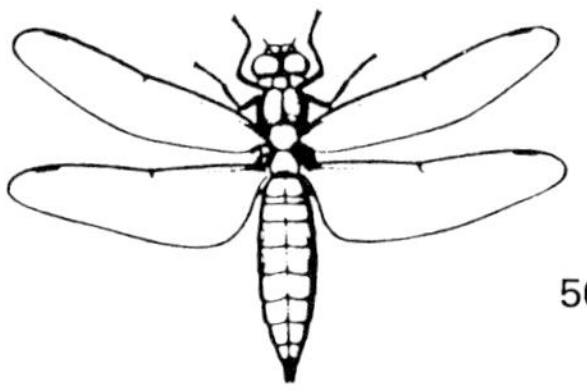
50

51 Ailes avec une épaisse couche de poils fins, moins souvent écailles (différentes des écailles de Papillons). Ailes antérieures plus petites que les ailes postérieures et parfois plus épaisses. Insectes communs au voisinage de l'eau... Ordre des Trichoptères – *Trichoptera,* Phryganes

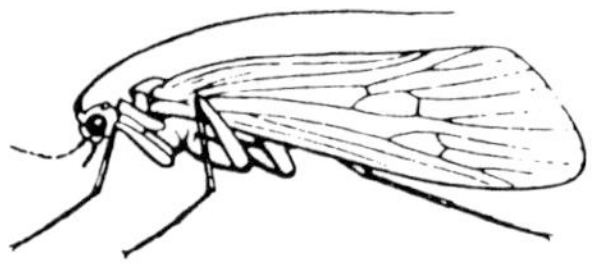

51

– Ailes sans poils, membraneuses, transparentes, de couleur variée ou sombre. Nervation complexe ou simple 52

52 Tarse de un à trois articles. Ailes de taille variable.
a) Pièces buccales du type piqueur-suceur, situées sous le corps et pointant vers l'arrière. Chez certaines espèces, le dernier segment de l'abdomen forme une queue (ou cauda), sur les côtés cornicules (siphunculus). (Pucerons, sous-ordre des *Aphidinea*) Chez d'autres, queue et cornicules absentes (Cicades, sous-ordre des *Cicadinea*)... Ordre des Homoptères – *Homoptera*

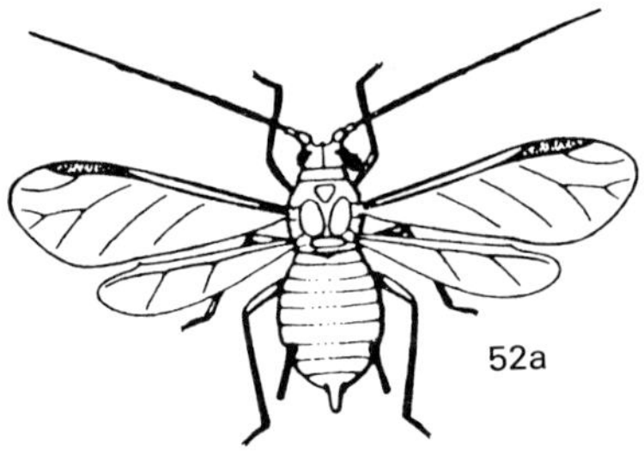

52a

b) Pièces buccales broyeuses. Insectes petits ou minuscules avec un corps mou. Grande tête à antennes très longues. Au repos, ailes repliées en toit... Ordre des Psocoptères – *Psocoptera,* Poux des livres

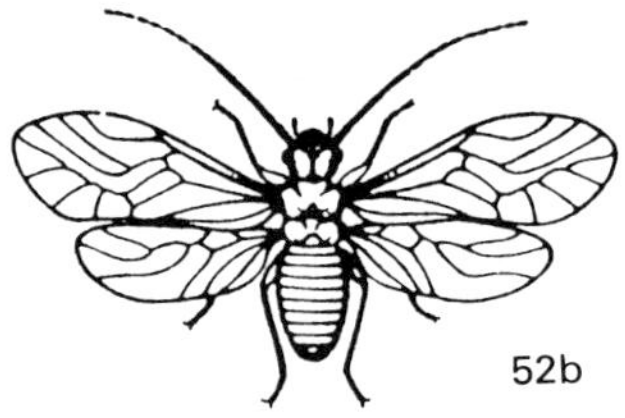

52b

– Tarse de quatre à cinq articles 53

53 Quatre ailes de même taille 54

– Ailes postérieures plus petites que les ailes antérieures. Insectes de taille variée, corps parfois rayé très visiblement, mince ou robuste. Chez certaines espèces, abdomen largement relié au thorax. Tarière chez quelques espèces. Certains groupes vivent en colonies (Guêpes, Abeilles, Bourdons, Fourmis). Souvent, insectes pollinisateurs... Ordre des Hyménoptères – *Hymenoptera*

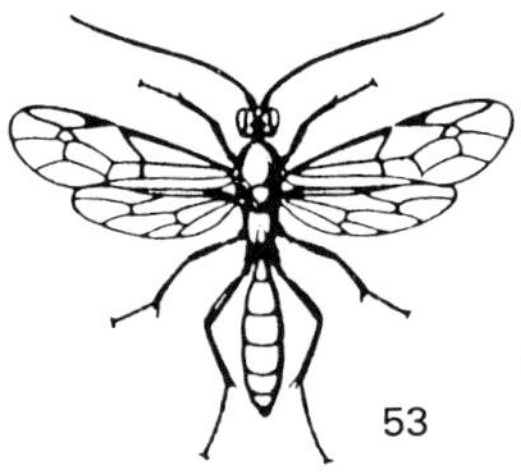

53

54 Nervation des ailes consistant surtout en nervures longitudinales. Au repos, ailes se repliant à plat sur le corps. Antennes pas plus longues que tête et thorax réunis. Insectes sociaux formant des castes. Aptères pour la plupart (cf. 19). Se nourrissent de cellulose... Ordre des Isoptères – *Isoptera,* Termites, mâles et femelles

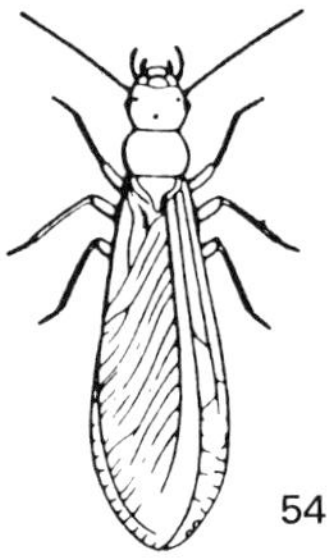

54

– Nervation complexe des ailes : nombreuses nervures longitudinales et transversales. Au repos, ailes se repliant en toit au-dessus du corps. Antennes filiformes ou renflées en massue 55

55a Pièces buccales dirigées vers l'avant. Ailes brun foncé. Antennes longues et filiformes. Vivent à proximité de l'eau... Ordre des Mégaloptères – *Megaloptera*

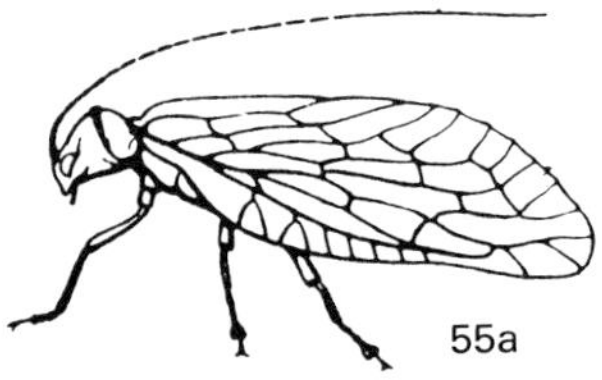

55a

55b Pièces buccales dirigées vers le bas. Ailes transparentes vertes, brunes ou bariolées, ornées parfois de points jaunes et noirs. Antennes filiformes ou renflées en massues. Pendant l'hiver vont souvent dans les habitations... Ordre des Planipennes – *Planipennia*

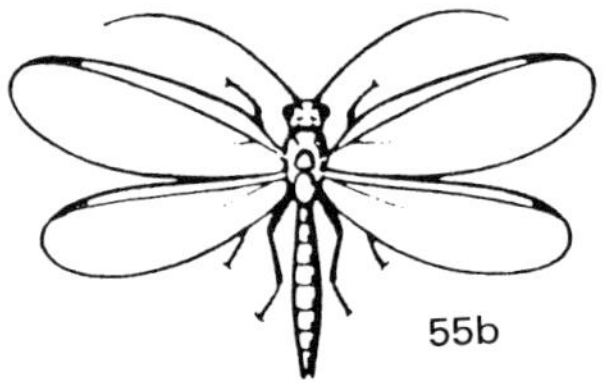

55b

56 Antennes formées de sept articles, tarse formé de deux articles. Nervation des ailes très simple. Pièces buccales du type piqueur-suceur. Petits insectes aux ailes blanches. Se trouvent la plupart du temps sur la face inférieure des feuilles d'arbres et de buissons... Ordre des Homoptères – *Homoptera,* sous-ordre des Aleyrodinés

– Antennes formées d'au moins quatorze articles. Tarse de cinq articles. Nervation des ailes relativement complexe. Pièces buccales broyeuses... Ordre des Planipennes – *Planipennia,* Coniopterygidés

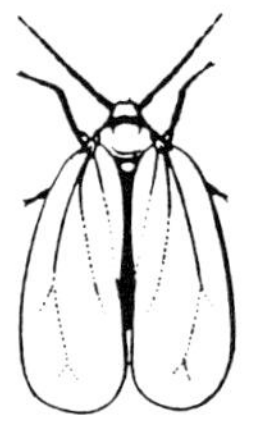

56

Descriptions illustrées

Les indications relatives au nombre des espèces en France ont été – sauf exceptions – tirées des ouvrages suivants : Berland (1976), Chopard (1965), Herbulot (1965, 1967), Martinez (1983), Sainte-Claire Deville et Méquignon (1935), Séguy (1951). Voir l'Orientation bibliographique pour les références précises, où les titres ont été groupés d'après les différents ordres d'insectes.

Toutes les photos représentent des insectes vivants.

Symboles utilisés:

▲ espèce nuisible

■ espèce utile

♂ mâle

♀ femelle

☿ ouvrière

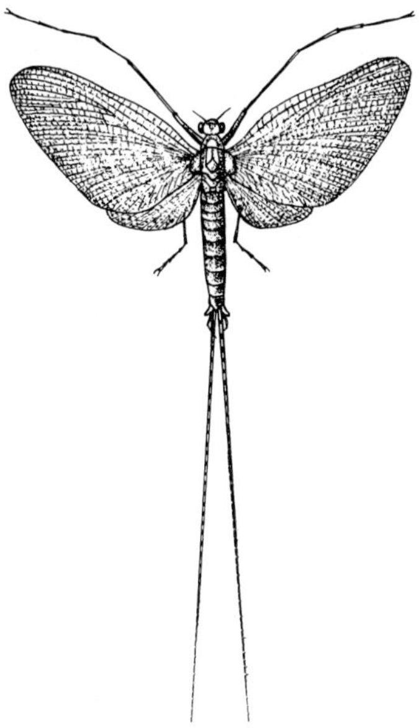

Sous-classe des Aptérygotes — Insectes aptères (= sans ailes)

Cette sous-classe comprend les insectes les plus primitifs, dépourvus d'ailes donc incapables de voler, contrairement aux autres. Beaucoup ont un corps argenté ne dépassant guère 20 mm de long et prenant fin par trois longs appendices caudaux filamenteux, correspondant à deux cerques et à un long processus situé entre eux. Ils diffèrent des Protoures, Diploures et Collemboles (souvent classés parmi les insectes sans ailes) par leurs pièces buccales visibles en avant de la capsule céphalique. Ils comprennent deux ordres, les Archaeognathes et les Zygentomes, jadis réunis dans l'ordre des Thysanoures.

Sous-classe des Ptérygotes — Insectes ailés

Elle réunit tous les insectes sauf les deux ordres précédents. Tous ont à l'origine des ailes leur permettant de voler. Certains groupes sont secondairement devenus aptères en perdant leurs ailes durant l'évolution (phylogenèse) : ce sont surtout des insectes parasites, les poux, Mallophages, puces et beaucoup d'autres.

Archaeognathes

Petits insectes finement chitinisés, dont le corps est revêtu d'écailles et terminé par de très longs appendices abdominaux. Ils se développent progressivement et les différents stades larvaires ne diffèrent de l'imago que par leurs dimensions. Les Archaeognathes ont une longévité voisine de trois ans. Ils ont des yeux composés bien développés et sont surtout actifs aux heures chaudes de la journée où on peut les trouver dans les lieux secs et pierreux. Ils se déplacent par bonds. Sur les quelque 250 espèces connues, plus de 30 vivent en Europe centrale.

Zygentomes

Plus petits que les Archaeognathes, ils ne dépassent pas 12 mm de long. Leurs appendices abdominaux sont plus courts, leur corps est plus large à l'avant. Ils ne sautent pas. Leurs yeux sont atrophiés et ils sont actifs surtout dans l'ombre et la nuit. Leur corps a une structure analogue à celle des insectes ailés. Ils possèdent des mâchoires pourvues de deux processus articulaires, et les côtés élargis de leurs segments thoraciques préfigurent des ailes. Seules quelques-unes des 300 espèces connues et réunies dans une seule famille vivent en Europe.

Éphéméroptères — Éphémères

Les éphémères sont les plus primitifs de tous les insectes ailés. Le corps des larves et des imagos prend fin par des appendices filamenteux et les ailes ne s'articulent pas encore complètement avec le thorax de sorte qu'elles ne peuvent être pliées longitudinalement au-dessus de l'abdomen. Les éphémères volent bien et longtemps. Durant leur brève existence les adultes ne mangent rien et se rassemblent en grands essaims à proximité de l'eau. Les larves, aquatiques, possèdent des appendices branchiaux mobiles sur les flancs. On connaît environ 2 000 espèces d'éphémères dans le monde, dont plus de 200 vivent en Europe.

Archaeognathes

Famille des *Machilidae*

Tout petits insectes aptères à l'origine, mesurant environ 20 mm de long, dont le corps est revêtu d'écailles qui se chevauchent et forment un dessin noir et blanc sur fond gris. Le corps est cylindrique, légèrement rétréci postérieurement et convexe dorsalement. Les *Machilidae* ont de grands yeux ronds situés antérieurement et formés de nombreuses ommatidies. Les pièces buccales de type broyeur sont hypognathes et les mandibules sont puissantes. Les *Machilidae* ont plusieurs caractères primitifs : ainsi les palpes maxillaires ont encore sept segments et le labium a une structure très archaïque, avec des traces de sa forme originelle double. On peut y ajouter la présence de styles sur les hanches des pattes médianes et postérieures, et d'un long filament central entre les deux cerques plus courts. La croissance – avec plusieurs stades larvaires – est très lente ; l'imago vit deux à trois ans. Le mâle féconde la femelle en transférant ses spermatozoïdes, inclus dans un sac (spermatophore), avec ses pièces buccales. Les *Machilidae* vivent sur les légumes, les algues, les lichens, le mycélium des champignons et les débris végétaux. Plus de 30 espèces sont connues en Europe centrale.

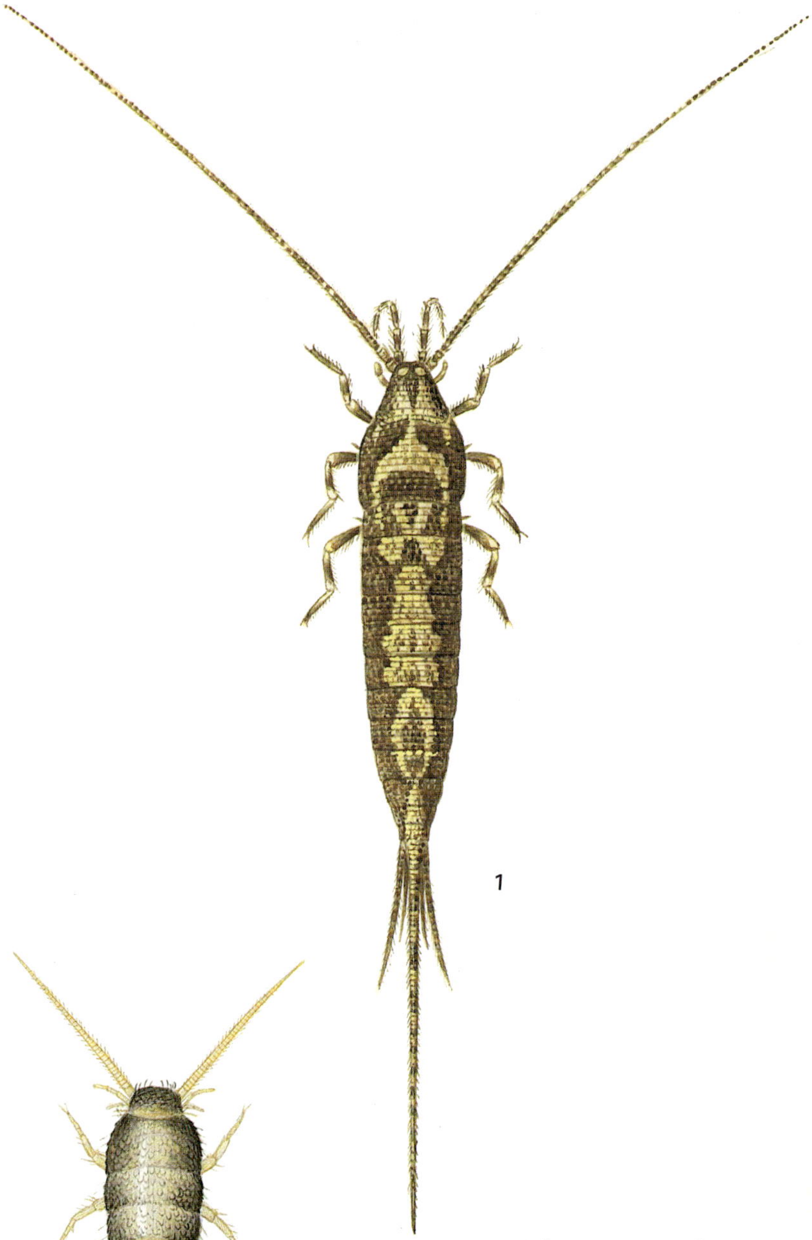

1

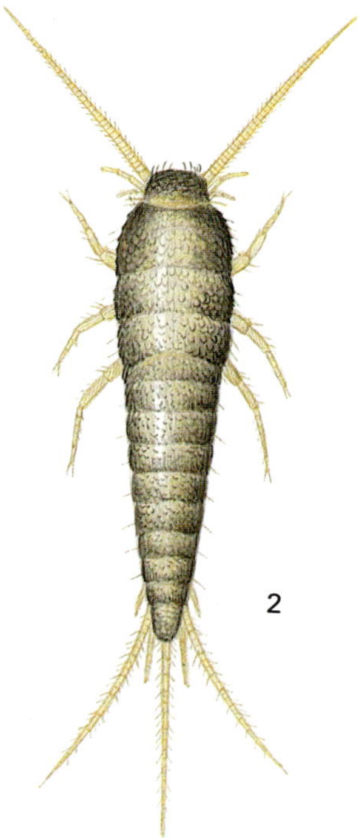

2

1 *Lepismachilis y-signata* Krat.
Machilidae

Diffère nettement des autres membres de la famille par ses yeux de couleur jaune paille, avec un liseré externe brun roux d'où part un dessin en forme de « y » allant au centre de l'oeil. Le corps est brun avec des taches bigarrées. Insecte souple, qui saute bien. Vit dans les endroits pierreux et est actif par temps chaud et ensoleillé. Commun en Europe centrale et méridionale.

Famille des *Lepismatidae*

Par rapport aux *Machilidae* ces insectes ont un corps plus aplati et plus large antérieurement, très étroit à l'extrémité postérieure. Leurs yeux sont très réduits. On les distingue au premier coup d'oeil par leur filament caudal central plus court à peine plus long que les cerques. Ils ont aussi de longues antennes, mais certains caractères primitifs des *Machilidae* font défaut chez eux. Ainsi leurs palpes maxillaires ont au maximum cinq ou six segments et leurs hanches sont dépourvues de style. Ce sont des animaux nocturnes, incapables de sauter. Cinq espèces seulement vivent en Europe centrale et plusieurs en Europe occidentale.

2 Lépisme, Poisson d'argent
Lepisma saccharina L.
Lepismatidae

Le corps (7 à 10 mm de long) est recouvert d'écailles argentées et de poils fins, épars. Cette espèce est active la nuit dans les pièces humides (salles de bains, toilettes) des maisons. Elle peut endommager les livres, les papiers peints, les tableaux, car elle réussit à digérer la cellulose et peut donc vivre aux dépens du bois et du papier. Les Lépismes ne s'accouplent pas ; le mâle se contente de déposer un spermatophore que la femelle absorbe. Le développement est lent (3 ans avec 14 stades larvaires) et les imagos vivent 2 ans durant lesquels leur croissance se poursuit. La première année ils subissent de trois à cinq mues. Dans le sud de l'Europe et parfois aussi dans les régions chaudes de l'Europe centrale, le Lépisme vit à l'extérieur, sous l'écorce des arbres et sous les pierres ; ailleurs il se tient près de l'homme et sa présence est liée à celle de son hôte.

2

Éphéméroptères

Famille des *Ephemeridae*

Cette famille comprend les grands éphémères aux ailes tachetées de brun et aux longs appendices caudaux (un filament central et deux cerques plus longs que le corps). Les ailes antérieures (grandes et triangulaires) et postérieures (petites) sont transparentes, avec sur le bord de courtes nervures intermédiaires et des dessins bruns formés de points foncés. Les larves-nymphes atteignent 20 à 25 mm et sont blanc jaunâtre à brunâtre. Leurs pattes élargies, adaptées au fouissement, sont revêtues de grands poils. Elles vivent dans la boue, la vase, le sable des eaux stagnantes et courantes. Elles possèdent des mâchoires non dentées, fines, longues et prognathes. Les appendices caudaux sont à peu près de la même longueur, mais plus courts que le corps. Les branchies abdominales, formées de deux ensembles d'aspect plumeux, sont rabattues sur la face dorsale de l'abdomen. *Ephemera* est le seul genre vivant en Europe centrale où il est représenté par quatre espèces très semblables. D'autres genres vivent en France.

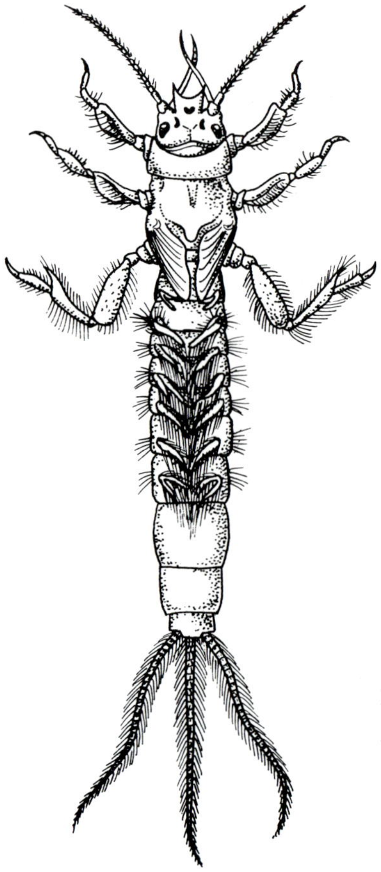

Ephemera danica, larve.

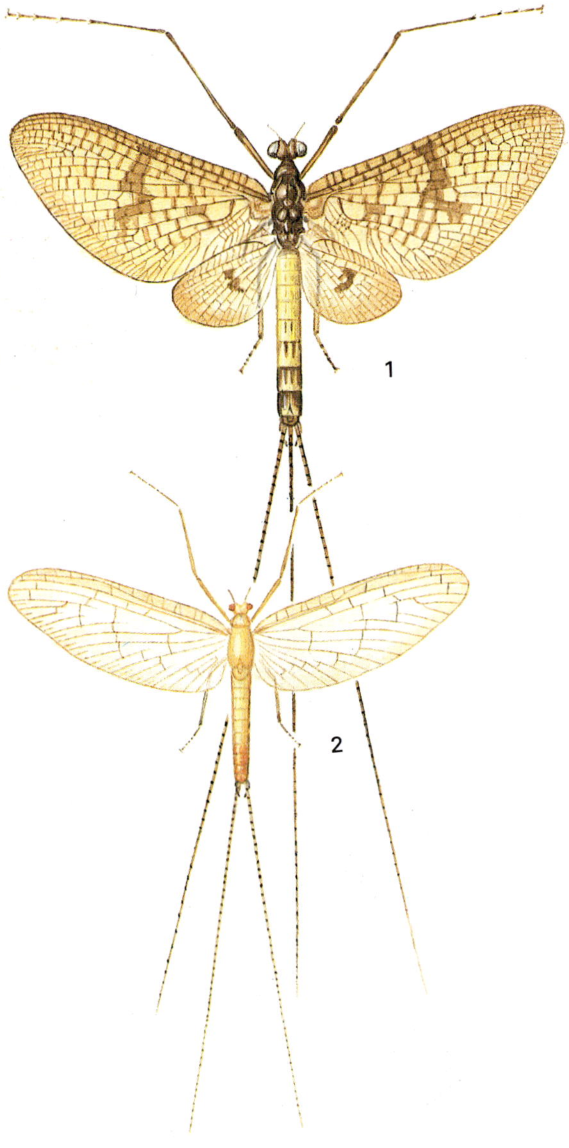

1 *Ephemera danica* MÜLL.
Ephemeridae

Le mâle mesure seulement 15 à 18 mm, la femelle 18 à 24 mm. Les cerques atteignent 40 mm (mâle) et 25 mm (femelle). Diffère des autres espèces par la nuance brun verdâtre des dessins brun foncé de ses ailes et par son abdomen très clair, à la base blanc ivoire (chez les autres espèces l'abdomen est brun et tacheté de foncé). Cette espèce est commune de mai à août dans les lieux humides proches de l'eau. Les mâles ne se rassemblent pas en essaims compacts mais volent isolément au-dessus des prairies, effectuant des mouvements rythmiques de haut en bas, près du sol, l'après-midi et le soir. Les insectes adultes (imagos) ne mangent rien et vivent environ 24 heures. Les larves se tiennent dans les ruisseaux, les rivières dont le fond sablonneux est recouvert d'une mince couche de vase. Leur développement dure deux ans ; on peut rencontrer presque toute l'année des larves dont la croissance est achevée. Distribution : de la Laponie à la Méditerranée. Très commun en Europe centrale.

Famille des *Baetidae*

Cette famille contient des espèces aux ailes fines ; les postérieures font souvent défaut.

2 *Cloeon dipterum* L.
Baetidae

Espèce ovovivipare dont les larves habitent des eaux stagnantes. Largement répartie dans l'Eurasie.

Famille des *Heptageniidae*

Famille réunissant de nombreuses espèces d'éphémères de taille moyenne, aux ailes transparentes dépourvues de marques (la deuxième paire est plus petite que la première). Les imagos ont deux cerques mais pas de filament central tandis que les larves en ont un sauf exceptions (genre *Epeorus*). Les larves sont très aplaties. Leurs yeux sont situés sur le dessus de la tête, leurs pattes sont insérées latéralement et leurs appendices caudaux sont très courts. Leur structure les rend donc capables de vivre sous des pierres dans les eaux courantes. Plus de 25 espèces existent en Europe centrale.

3 *Rhitrogena semicolorata* CURTIS
Heptageniidae

Longueur du corps : mâle, 8 à 11 mm ; femelle, 9 à 12 mm. Espèce brun roussâtre, sauf l'abdomen qui est un peu plus clair. Le mâle a les ailes brunes ou brun foncé (leur moitié basale au moins est de cette couleur), mais celles des femelles sont plus claires. Les imagos volent de mai à juin (jusqu'en août en montagne). On les voit souvent en grand nombre près des cours d'eau rapides, mais en plaine on les trouve plutôt près des petits ruisseaux. Les larves se développent entre septembre et le printemps suivant (jusqu'en été dans les montagnes et les fleuves). Cette espèce existe en Europe centrale, méridionale et aussi en Grande-Bretagne, mais fait défaut en Scandinavie.

3

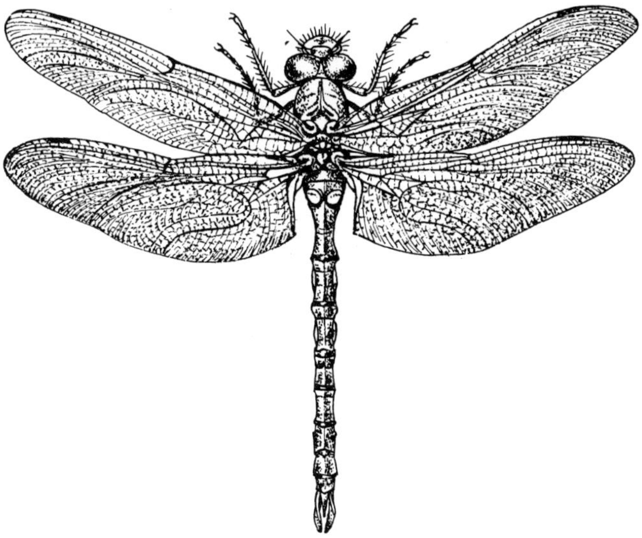

Odonates — Libellules et demoiselles

Les Odonates sont des insectes connus depuis l'ère paléozoïque. Comme les éphémères ils ne peuvent plier leurs ailes à plat sur l'abdomen. Les deux paires d'ailes possèdent un réseau très dense de nervures. Chez les Zygoptères (demoiselles), elles ont la même forme et la même nervation, tandis que chez les Anisoptères (libellules) les postérieures sont plus grandes et ont une nervation différente. Les libellules volent bien mieux que les demoiselles et, d'une façon générale, sont plus robustes et s'éloignent à plus grande distance des lieux où elles se sont développées. L'envergure des Zygoptères européens ne dépasse pas 70 mm, celle des Anisoptères excède 110 mm, mais les plus grandes libellules tropicales actuellement vivantes atteignent 190 mm d'envergure, les plus petites seulement 19 mm. Les fossiles montrent que les Odonates paléozoïques atteignaient 600 mm d'envergure.

Libellules et demoiselles ont une tête mobile pourvue de grands yeux composés, de courtes antennes en forme de soies et des pièces buccales broyeuses puissantes. Ce sont des insectes prédateurs, qui capturent leurs proies en vol le plus souvent. Leur thorax nettement incliné et leurs grosses pattes, situées à l'avant du corps, sont des adaptations à leur comportement de chasse. Les larves ont une lèvre inférieure (labium) très caractéristique appelée « masque », qui est une arme redoutable, projetée en avant très rapidement pour saisir les proies. Les larves sont aquatiques et se nourrissent surtout d'autres insectes vivant dans l'eau ; elles prennent parfois le frai des poissons.

Plécoptères — Perles

Bien qu'ayant déjà des sclérites alaires complètement développés, les perles sont des insectes primitifs. Le mode d'articulation des ailes avec le thorax leur permet de les plier à plat sur l'abdomen. Au repos, elles tiennent leurs ailes grisâtres repliées très étroitement (parfois presque comme un tube) au-dessus de leur abdomen long et cylindrique. Les imagos ont deux paires d'ailes membraneuses à nervation très dense, mais les espèces montagnardes ont assez souvent des ailes atrophiées ou même sont aptères. Peu chitinisées, de couleur terne, grise ou jaunâtre, les perles mesurent de 5 à plus de 50 mm de long. Elles ont de grandes antennes filamenteuses et des pièces buccales broyeuses mais faibles. Elles se nourrissent de plantes et d'animaux et vivent près de l'eau. Elles volent lentement et les femelles des grandes espèces, qui sont très peu actives, passent la majeure partie de leur existence sur la végétation riveraine.

Les larves, aquatiques, ont deux cerques de longueur variable ; elles ressemblent à celles des éphémères, mais leurs appendices branchiaux ne sont pas situés sur les côtés de l'abdomen : on les trouve en effet sur la tête près des pièces buccales, sur les côtés du thorax (près des hanches) et autour de l'anus. La plupart vivent dans les eaux douces riches en oxygène des ruisseaux rapides et des torrents, et sont répandues surtout dans les montagnes. Sur 2 000 espèces connues, une centaine vivent en Europe.

Odonates

Famille des *Calopterygidae*

Cette famille, la plus primitive de l'ordre, réunit des espèces de taille moyenne, qui ressemblent aux demoiselles mais en diffèrent par leurs larges ailes aux couleurs généralement métalliques. Les deux paires ont les mêmes taille, forme et nervation. Les imagos volent lentement et de façon saccadée près de l'eau ; les mouvements des deux paires d'ailes ne sont pas synchronisés. L'accouplement dure quelques minutes. Le mâle saisit le prothorax de la femelle avec la paire supérieure de ses appendices abdominaux, la paire inférieure restant pendante. Les femelles ont un ovipositeur (ou oviscapte) bien développé et pondent les oeufs après la copulation, sans que les mâles les accompagnent. On trouve les larves principalement sur des plantes aquatiques. Leurs longues pattes sont disposées latéralement et elles diffèrent de celles des demoiselles par leur premier segment antennaire très long et la possession d'un bref appendice médian, en forme de lame, à l'extrémité du corps. On connaît environ 350 espèces, mais 4 seulement vivent en Europe.

1 Caloptéryx vierge
Calopteryx virgo L.
Calopterygidae

Longueur du corps : environ 50 mm, envergure dépassant 70 mm. Espèce aux brillantes couleurs : le mâle a le corps d'un bleu verdâtre métallique, les pattes noires et les ailes à reflets vert bleuâtre, tandis que la femelle a les ailes plus claires avec une tache blanche (ptérostigma) et le corps d'un vert métallique qui devient cuivré vers l'extrémité.

Les imagos volent de fin avril à début septembre. Ils fréquentent les berges des rivières et des ruisseaux où la végétation riveraine est abondante, mais man-

1

quent au bord des eaux stagnantes. Ils vivent seulement une ou deux semaines. Les mâles volent beaucoup plus que les femelles qui restent posées sur les plantes et ne deviennent actives que pour s'accoupler et pondre. Les mâles passent souvent la nuit sur la végétation où ils se réunissent en grand nombre, les ailes pliées au-dessus de l'abdomen. Chaque femelle pond jusqu'à 300 oeufs sur des plantes aquatiques et s'enfonce souvent dans l'eau à cet effet. Le mâle ne l'accompagne pas. Les larves prédatrices éclosent environ trois semaines plus tard. Elles mènent une existence aquatique assez discrète dans la végétation en des recoins tranquilles ou sous les berges. Au bout de deux ans et après deux hivers elles mesurent 30 mm. Le moment venu elles sortent de l'eau et les imagos éclosent sur la végétation riveraine. Cette espèce eurasiatique vit en Europe depuis le cercle polaire jusqu'à la Méditerranée.

2♂

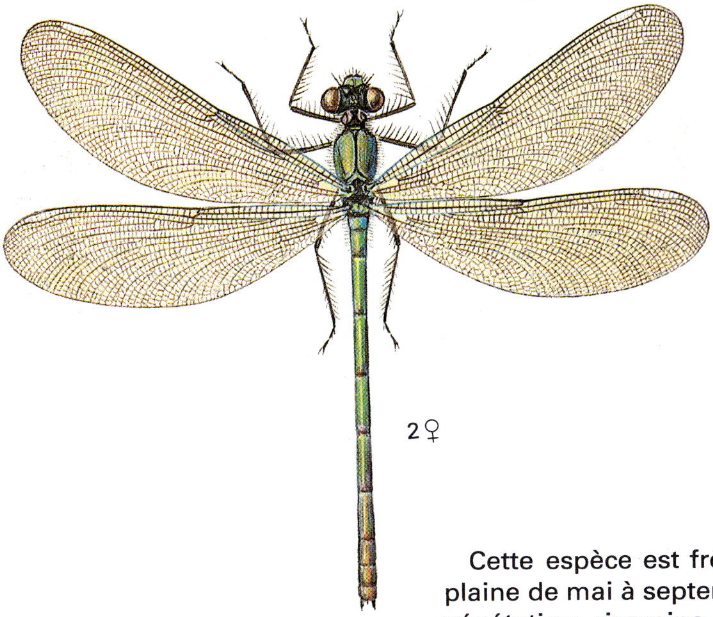

2♀

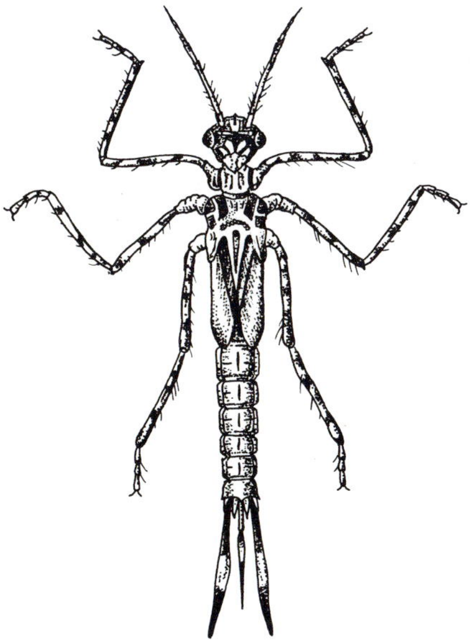

Calopteryx virgo, larve.

2 Caloptéryx éclatant
Calopteryx splendens (HARR.)
Calopterygidae

Elle a la même taille que l'espèce précédente et la même coloration, mais avec davantage de vert ; en outre les marques des ailes diffèrent. Les ailes des mâles portent une bande médiane bleu verdâtre d'aspect variable, mais bien nette ; chez les femelles, les ailes sont faiblement teintées de vert.

Cette espèce est fréquente en plaine de mai à septembre sur la végétation riveraine des cours d'eau lents et larges. Les mâles survolent les plantes à faible hauteur quand ils cherchent les femelles. Après un bref vol nuptial le couple se pose sur la végétation des berges, mais les oeufs (jusqu'à 300) sont pondus sur des plantes aquatiques, souvent audessous de la surface. Le développement dure deux ans pendant lesquels la larve passe deux hivers et atteint 30 mm de long, y compris l'appendice abdominal. Cette espèce euro-sibérienne existe aussi en Afrique du Nord. A la différence de la précédente, elle s'élève jusqu'à 1 000 m en montagne.

Odonates

Famille des *Lestidae*

Les membres de cette famille ressemblent fortement aux demoiselles mais au repos on les reconnaît facilement à leurs ailes tenues à moitié ouvertes, transparentes comme celles des demoiselles, densément nervurées (les cellules ont généralement 5 côtés) et possédant un point sombre bien net (ptérostigma).

Ce sont des insectes très sveltes (cas des mâles en particulier) dont l'abdomen est extrêmement fin. Les larves vivent dans l'eau stagnante (généralement celle des étangs) ou dans les ruisseaux. Elles ont un très long masque : replié sous la tête, il atteint la 3e paire de pattes sur le thorax. Les appendices lamellaires situés à l'extrémité du corps ont tous à peu près la même taille ; ils sont arrondis au bout et leurs nervures latérales sont perpendiculaires par rapport à la nervure centrale longitudinale (elles sont obliques chez les demoiselles). Sur la centaine d'espèces connues, huit vivent en Europe.

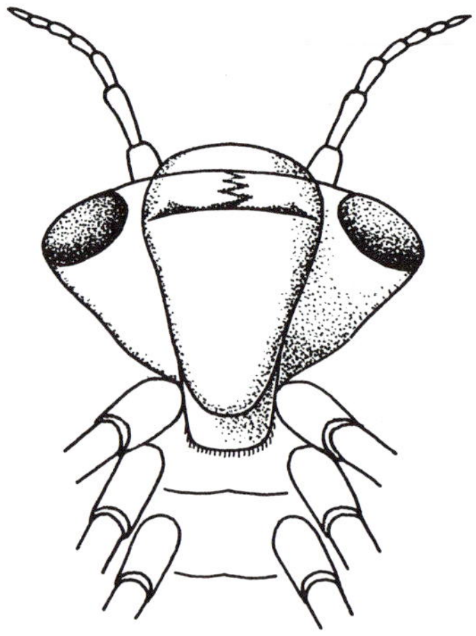

Coenagrion puella, tête de larve.

1 Leste vert
Lestes viridis VAN DER LINDEN
Lestidae

Grande espèce d'environ 45 mm de long et presque 60 mm d'envergure. Corps très mince (surtout chez les mâles), vert métallique chez les deux sexes ; pattes noires. Les ailes, transparentes, luisantes, ont un ptérostigma brun clair.

Les imagos se montrent de juillet jusqu'à fin octobre, ou presque, et vivent 2–3 mois, soit davantage que ceux des *Calopteryx.* L'accouplement a lieu en automne et la copulation dure environ 20 minutes. Tout en étant unie au mâle, la femelle pond quelque 200 petits oeufs allongés sur la végétation dominant l'eau (généralement une branche de saule ou d'aulne). Les oeufs restent en place durant l'hiver et au printemps les larves, longues de 2 mm, éclosent et tombent dans l'eau. Leur développement est très rapide et à 9–10 semaines elles mesurent presque 30 mm. Au treizième stade elles achèvent leur croissance. Elles vivent surtout dans l'eau stagnante (mares, étangs), mais se rencontrent aussi dans les cours d'eau lents. Les imagos volent mal, mais s'éloignent de l'eau.

Cette espèce méridionale, commune dans tout le bassin méditerranéen, y compris l'Afrique du Nord, atteint également l'Europe centrale et, à l'est, le Moyen-Orient.

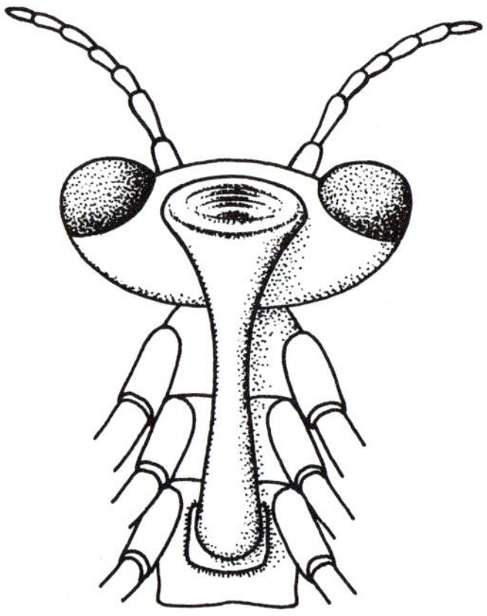

Lestes viridis, tête de larve.

Famille des *Coenagrionidae* (antérieurement *Agrionidae*)

Les membres de cette famille ont les ailes transparentes comme du verre, densément nervurées, avec des cellules quadrangulaires. Au repos, les ailes sont pliées au-dessus de l'abdomen. Ces élégants insectes, généralement bleus, volent mal et ne s'éloignent jamais de l'eau. Les larves ont un masque court qui atteint seulement les hanches de la première paire de pattes. Les appendices abdominaux ont des nervures latérales obliques et ramifiées. Quatorze espèces vivent en Europe.

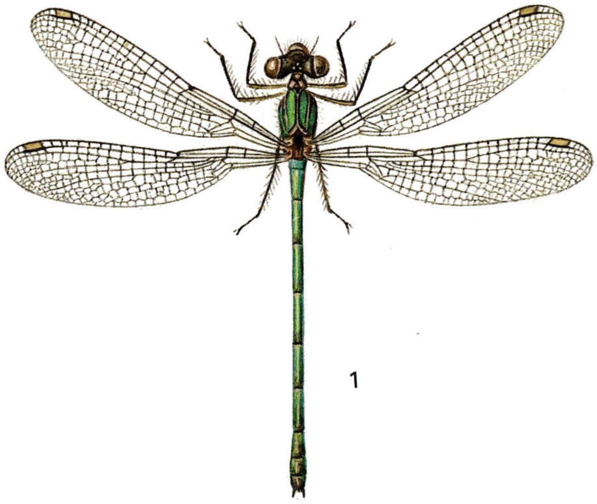

1

2 Agrion jouvencelle

Coenagrion puella L.
Coenagrionidae

Longueur du corps atteignant 35 mm ; envergure de 40 à 50 mm. Le mâle a l'abdomen bleu taché de noir ; chez la femelle il est bleu à vert jaunâtre, également marqué de noir. Les imagos volent près des eaux stagnantes ou lentes, de mai à septembre. Durant la longue copulation les femelles pondent leurs oeufs sur la face inférieure des feuilles de plantes aquatiques. Les larves éclosent au bout de 2–3 semaines et hibernent. Elles vivent parmi les plantes aquatiques et, ayant achevé leur croissance, mesurent environ 20 mm, y compris les appendices abdominaux. Commune partout en Europe (elle manque en Scandinavie) cette espèce s'élève jusqu'à 1 800 m en montagne.

Présente dans l'ouest de la région paléarctique, elle est répandue en Europe, en Afrique du Nord et au Proche-Orient.

2

Odonates

Famille des *Aeschnidae* — Libellules

Grands insectes sveltes brillamment colorés, dont la tête est en grande partie cachée par les énormes yeux (ils se touchent sur le front) qui ont une coloration particulière chez les sujets vivants (voir la photo d'*Aeschna cyanea* — **3**). Transparentes, les ailes sont densément nervurées et celles de la seconde paire sont plus longues et plus larges que celles de l'autre paire. Le triangle situé à la base des deux paires d'ailes est équilatéral ou bien a un grand axe longitudinal. Les libellules volent fort bien sur de grandes distances, et les femelles en particulier peuvent être observées loin de l'eau. Les mâles survolent les clairières des forêts et les prairies, même après le crépuscule. Au repos, les ailes sont étalées latéralement. De grande taille, les larves atteignent 60 mm à la fin de leur développement ; leur abdomen est dépourvu d'appendices laminaires ; leur masque aplati recouvre seulement la moitié postérieure de la face inférieure de la tête. Treize espèces vivent en Europe.

3

1

1 Aeschne des joncs
Aeschna juncea L.
Aeschnidae

Grande espèce (longueur du corps : 70 à 80 mm ; envergure : 90 à 105 mm). Les yeux sont bleus chez les mâles et brun olive chez les femelles. Le thorax est brun avec deux étroites bandes jaune à vert jaunâtre, obliques, sur les côtés. Chez les mâles, l'abdomen est brun foncé à noir avec des taches bleues (grandes) et vert jaunâtre (petites). Chez la femelle il est brun rougeâtre avec des dessins semblables à ceux du mâle, mais il arrive que les taches soient jaunes.

Vit dans les tourbières de montagnes, les lacs, étangs, mares, marais salés. Fréquente près de l'eau mais s'en éloigne aussi, et visite les lisières et les clairières des forêts. Excellents voiliers, les imagos sont visibles de juin à octobre. La femelle pond le soir sur des plantes aquatiques. Les oeufs passent l'hiver et les larves éclosent en avril ou en mai. Elles ont 13 mues successives et hibernent au moins deux fois mais le plus souvent trois fois. L'imago éclôt au printemps de la quatrième année. On connaît aussi des exemples où le développement a duré cinq ans.

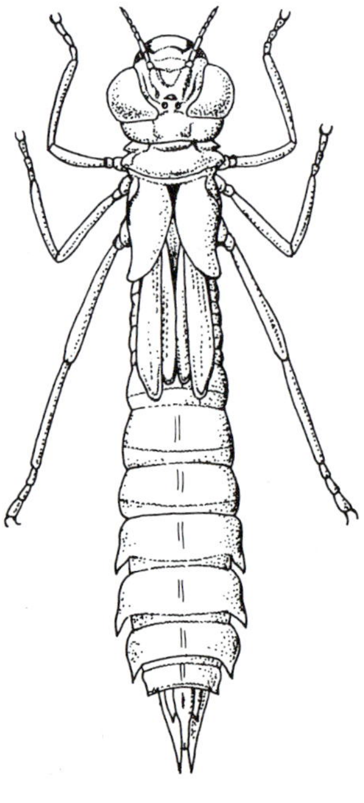
Anax imperator, larve.

Dans le nord de l'Europe cette libellule s'avance jusqu'au cercle polaire arctique, près de la mer du Nord et dans la Baltique. En Europe centrale elle fréquente les montagnes jusqu'à 2 200 m.

2 Anax empereur

Anax imperator LEACH

Aeschnidae

De même taille que la précédente espèce elle a des yeux vert jaunâtre dans leur partie supérieure et parfois bleu verdâtre. Chez les deux sexes le thorax est d'un vert olive uni, les pattes sont noires sauf les fémurs rougeâtres. Les ailes sont transparentes chez les mâles et parfois teintées d'or chez les femelles. Le corps des mâles est bleu clair, tacheté de brun foncé, celui de la femelle étant vert bleuâtre marqué de brun rougeâtre.

On voit cette libellule entre juin et août près des étangs, mares et réservoirs où vivent les larves, mais elle vole aussi très loin de l'eau dans les forêts, et en montagne jusqu'à plus de 1 200 m. La femelle pond sur des plantes aquatiques. Durant leur première année les larves atteignent au maximum 60 mm de long ; elles vivent sur des plantes proches des rives et hibernent sur le fond. Durant la dernière nuit de leur existence elles sortent de l'eau, et l'imago quitte l'enveloppe larvaire. Cette espèce habite l'Europe depuis la Méditerranée jusqu'à l'Angleterre et la Baltique ; à l'est elle atteint l'Asie centrale et au sud l'Afrique du Nord.

Famille des *Corduliidae*

Cette famille comprend des espèces assez grandes ou grandes, dont le corps présente des reflets métalliques. Les grands yeux composés se touchent sur le vertex et les ailes postérieures sont plus larges à la base que les antérieures. Les mâles se distinguent de ceux des autres familles par de petites protubérances latérales (oreillettes) situées sur le deuxième segment abdominal. Les larves ressemblent étroitement à celles des *Libellulidae :* elles ont un corps trapu, épais et leur masque, élargi à l'extrémité, recouvre toute la face inférieure de la tête. Quelques détails distinguent ces espèces des *Libellulidae.* Volant fort bien, les imagos rappellent les grandes espèces de la famille des *Aeschnidae* et s'aventurent loin de l'eau où se développent les larves. Au repos les ailes sont étalées horizontalement. Neuf espèces vivent en Europe.

Cordulie bronzée
Cordulia aenea L.
Corduliidae

Le corps de cette libellule est d'un beau vert métallique ; il mesure 50 à 55 mm de long (envergure : 65 à 75 mm). Chez les sujets vivants les yeux sont vert émeraude. Les imagos volent rapidement et en été on peut les rencontrer à grande distance de l'eau dans les clairières des forêts et sur les lisières, en montagne audelà de 1 000 m. Ils déploient une grande activité par les chaudes journées ensoleillées, mais on peut voir les mâles voler tard dans la soirée. Prédatrice, cette libellule capture d'autres insectes en vol. L'accouplement a généralement lieu dans l'espace : le mâle saisit la tête de la femelle avec ses appendices abdominaux ; unis de la sorte, le mâle se trouve en avant de la femelle et tous deux forment un « tandem » avant la copulation. Celle-ci commence quand la femelle glisse son abdomen sous le corps du mâle et fixe son orifice génital à l'appareil copulateur de son partenaire, situé sous le second segment abdominal. L'accouplement dure 10–15 minutes et prend fin dans la végétation. En volant, la femelle laisse tomber plusieurs fois des oeufs dans l'eau et les larves éclosent trois semaines plus tard. Leur développement est long et elles passent deux ou trois hivers. Très carnivores elles se nourrissent surtout de larves d'autres insectes aquatiques, de vers annélides et souvent de petits crustacés *(Asellus aquaticus).* Elles vivent dans toutes les eaux douces, mais surtout celles qui sont stagnantes (mares, étangs). Elles capturent les proies avec leur masque qu'elles projettent brusquement en avant. Ayant achevé leur développement elles quittent l'eau, s'attachent fermement sur un arbre, un piquet ou des plantes. Quand l'imago sort de l'enveloppe larvaire, il reste suspendu verticalement tout à côté de cette dépouille ou dessus, les ailes tournées vers le bas. A mesure que l'air et l'hémolymphe pénètrent dans les nervures, ses ailes se déploient et se raidissent. Le corps de l'imago fraîchement éclos (immature) est d'abord mou et incolore, mais au contact de l'air la chitine se durcit rapidement et il acquiert sa coloration naturelle.

Cette espèce est répandue dans toute la région paléarctique jusqu'à l'Extrême-Orient, et de l'Afrique du Nord au cercle polaire arctique. Dans les milieux boisés on peut également observer *Gomphus vulgatissimus,* de même taille, noir avec des dessins jaune vif ; les yeux, comme ceux des membres de la famille des *Gomphidae,* sont nettement séparés. Les larves semblent préférer les eaux courantes.

Odonates

Famille des *Libellulidae*

De taille moyenne (40 à 50 mm), ces libellules ont de grands yeux qui se touchent dans leur partie antérieure. Leur corps est aplati dorso-ventralement et leurs ailes ont généralement des taches ou des bandes brunes ou jaunes. Le triangle situé sur leurs ailes postérieures a la forme d'un V long et étroit. Elles volent bien, fréquentent le bord de l'eau, les clairières herbeuses et capturent leurs proies en vol. Les mâles parcourent souvent leur territoire en volant à faible hauteur au-dessus de l'eau et tournant leur tête très mobile en tous sens. Les larves ont un masque en forme de pelle qui recouvre la face inférieure de la tête, un corps assez plat et de longues pattes qui dépassent largement l'abdomen en arrière. Cette famille, surtout représentée sous les tropiques, est forte d'une trentaine d'espèces en Europe.

1 Libellule à quatre taches
Libellula quadrimaculata L.
Libellulidae

Longueur du corps : 40 à 50 mm ; envergure : 70 à 85 mm. Chez les sujets vivants, les yeux sont vert olive (partie supérieure brune) et les pattes noires. Les ailes sont jaune d'or à la base ; à cet endroit les postérieures ont une tache noire liserée de jaune et parfois elles sont entièrement nuancées de brun foncé. Au milieu du bord antérieur de chaque aile (sur le *nodus*) il y a une petite tache noire qui a valu son nom à l'espèce. On voit les imagos de mai à août, surtout près des eaux stagnantes (souvent tourbeuses), mais aussi le long des cours d'eau lents. L'accouplement est très bref (de quelques secondes à une minute) et la femelle pond 20 à 40 oeufs tout en volant au-dessus de l'eau. Ponte et copulation sont répétées plusieurs fois. Les larves, qui éclosent au bout de deux à quatre semaines, hibernent deux fois. Leur développement dure deux ans et elles ont 13 mues.

Espèce holarctique, connue en Amérique du Nord, est répandue presque partout en Eurasie. Elle s'élève à 1 200 m en montagne et atteint le cercle polaire arctique.

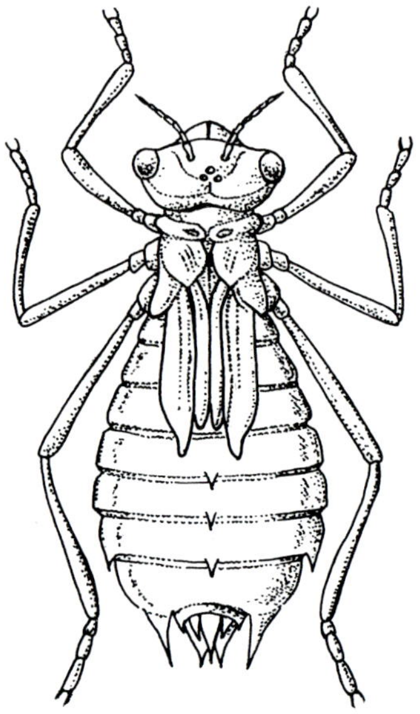

Libellula quadrimaculata, larve.

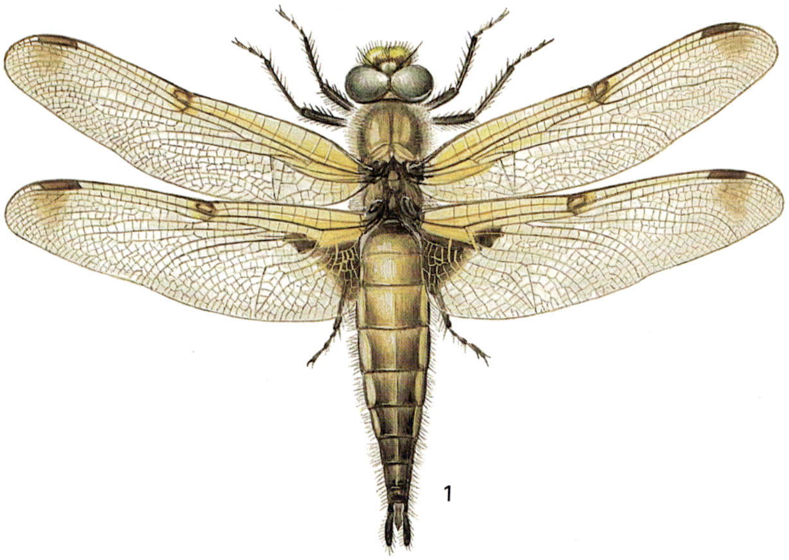

1

2 Sympètre jaune
Sympetrum flaveolum L.
Libellulidae

Petite espèce d'environ 35 mm de long et 50 à 60 mm d'envergure. Chez les sujets vivants les yeux sont gris à la base, brun roux en haut chez les mâles et brun avec les côtés jaunâtres chez les femelles. Les pattes sont noires, marquées de jaune. Les ailes sont jaunâtres à la base et

2

à ce niveau les postérieures ont une tache jaune qui s'étend parfois sur la moitié basale ; toutefois il arrive, surtout chez les femelles, qu'il n'y ait pas de marques jaunes.

On rencontre les imagos de fin juin à septembre, généralement loin de l'eau. Les larves vivent dans l'eau stagnante jusqu'à 2 000 m d'altitude, parmi les plantes aquatiques. La copulation dure environ quinze minutes. La femelle pond tout en volant et souvent elle est encore unie au mâle. Les oeufs tombent dans l'eau ou sur la terre humide à proximité. S'ils sont pondus avant le début d'août, les larves écloront au bout de huit à dix semaines ; dans le cas contraire l'éclosion a lieu l'année suivante. Le développement est rapide et il y a 11 stades larvaires en une année. Cette espèce, largement répandue dans la région paléarctique, est connue dans toute l'Europe. Elle s'élève jusqu'à près de 3 000 m en montagne, et à l'est elle atteint le Kamtchatka.

Plécoptères

Famille des *Perlidae*

Cette famille comprend les plus grandes et les plus primitives des perles carnivores vivant en Europe centrale. Elles atteignent 30 mm de long et possèdent une grosse tête aplatie pourvue de longues antennes filamenteuses, des mandibules atrophiées, et un large prothorax. Au repos, leurs ailes très nervurées sont pliées à plat au-dessus de l'abdomen qui prend fin par deux longs cerques. De grande taille, brun jaunâtre, les larves vivent sous des pierres dans les eaux courantes. Elles ont aussi des vestiges de mâchoires et leur troisième segment tarsien est plus long que les autres. Quelques espèces seulement vivent en Europe.

1 *Perla burmeisteriana* CLASSEN
Perlidae

Grande espèce de 16 à 21 mm également connue sous le nom de *Perla abdominalis.* Sa tête est brun foncé et ses yeux, situés sur le vertex (dessus), sont entourés d'un triangle presque noir. Le mésothorax et le métathorax sont d'un noir lustré, et les ailes ont une teinte fumée foncée. Les imagos apparaissent au début du printemps et de l'été sur la végétation proche des fleuves et des torrents. Ils volent mal et lentement. Les larves prédatrices sont jaunes avec des dessins brun noirâtre ; en général, elles hibernent trois fois. Leurs pattes puissantes, insérées sur les côtés du corps, sont bordées de poils serrés. Les branchies, de couleur pâle, duveteuses, se trouvent sur les bords du thorax, à la base des hanches et autour de l'anus, entre les grands cerques. *Perla burmeisteriana* vit dans les régions tempérées et chaudes de l'Europe et en Afrique du Nord.

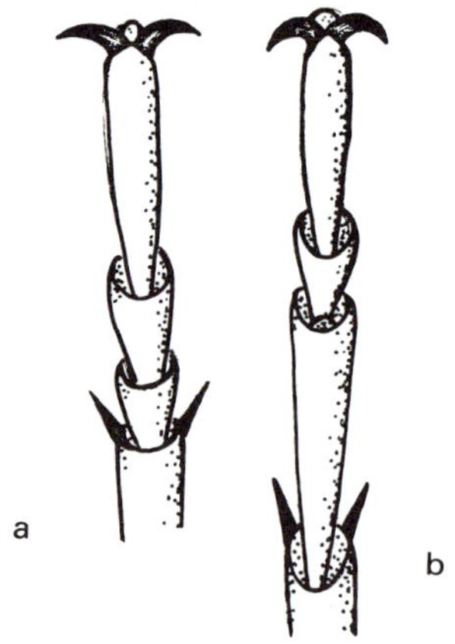

Articles du tarse des genres *Perla* (a) et *Nemoura* (b).

Famille des *Nemouridae*

Les membres de cette famille mesurent seulement 5 à 10 mm. Ils sont entièrement gris ou gris noirâtre, ont des mandibules bien développées et des cerques très courts à un seul article. Plus clair, l'abdomen est entièrement caché par les ailes noirâtres. Les *Nemouridae* sont caractérisés par leur second article tarsien court, et les premier et troisième qui sont longs. Près de l'apex (extrémité) de la première paire d'ailes les nervures dessinent la lettre X. Vivant près de l'eau, les imagos volent mieux que les grands membres de la famille des *Perlidae.* Ils se nourrissent de lichens et d'algues unicellulaires. Les petites larves gris noirâtre, au corps arrondi, vivent surtout dans l'eau courante. Leurs cerques sont filamenteux et longs, et leurs fourreaux alaires sont nettement tournés vers l'extérieur. Elles mangent principalement des algues et des diatomées. On en connaît plus de vingt espèces.

2 *Nemoura cinerea* RETZIUS
Nemouridae

Perle gris noirâtre à brun foncé, longue de 6 mm, avec un point plus clair au milieu de la tête et le

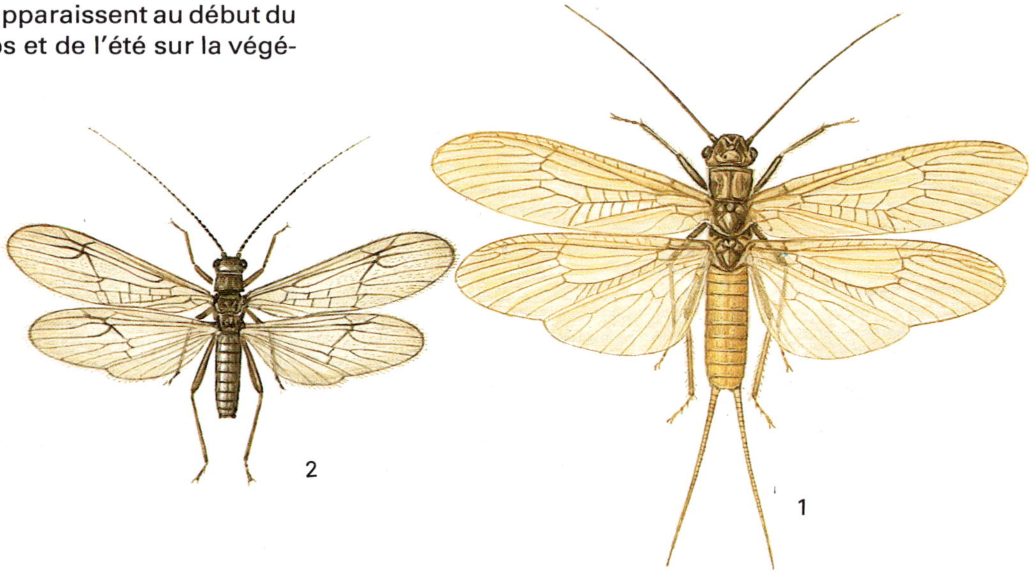

pronotum pourvu d'un liseré un peu plus pâle. On peut voir les imagos pendant la belle saison, d'avril à début septembre. Ils se tiennent au bord des eaux et se réunissent souvent en grand nombre sur la végétation. Ils sont actifs dans la journée. A la différence des autres perles, celle-ci n'est pas exigeante sur la qualité de l'eau ; ainsi, les larves gris noirâtre vivent-elles dans les eaux claires des torrents, dans celles des ruisseaux et des rivières, ainsi que dans les eaux dormantes polluées. Leur développement dure un an et elles hibernent une seule fois. Distribution : toute l'Europe, de la péninsule Ibérique jusqu'à la Finlande et la Scandinavie.

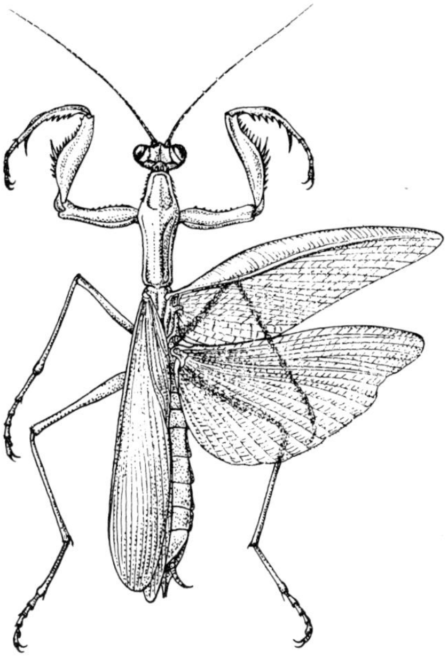

Dermaptères — Perce-oreilles

Les perce-oreilles ou forficules constituent un groupe très homogène d'insectes bruns ou jaunâtres. Les espèces européennes atteignent 25 mm de long au maximum, mais sous les tropiques certaines sont bien plus grandes et plus brillamment colorées. Le développement est progressif, et les larves sont reconnaissables à leur taille inférieure et à leur coloration terne, grisâtre. Les forficules ont une tête arrondie pourvue de grandes antennes filiformes, des pièces buccales broyeuses et, à l'extrémité du corps, des cerques très remarquables en forme de pinces. Les ailes antérieures sont transformées en élytres courts, simples *(tegmina),* qui recouvrent les ailes postérieures membraneuses, pliées longitudinalement en éventail. Les forficules sont omnivores et les larves ainsi que les imagos fréquentent les mêmes habitats. Les femelles s'occupent des oeufs et des jeunes larves. Bien qu'ils soient nocturnes, les forficules ont des yeux bien développés. Quelques espèces seulement vivent en Europe bien qu'on en connaisse presque 1 300 dans le monde. Les *Hemimerina,* aveugles et aptères, parasites des rongeurs désertiques, étaient jadis placés dans l'ordre des Dermaptères ; aujourd'hui on les classe dans un ordre à part.

Blattodea — Blattes

Les blattes sont en grande partie des insectes tropicaux ayant un corps aplati, de longues antennes filiformes et des pièces buccales broyeuses. Leurs pattes épineuses sont adaptées à la course, et leurs ailes antérieures sont transformées en élytres *(tegmina)* parcheminés, ayant la même longueur que les ailes postérieures membraneuses. En Europe vivent quelques espèces brunâtres mesurant 10 à 25 mm de long, mais sous les tropiques existent des blattes plus grandes et plus vivement colorées. On connaît environ 3 500 espèces. Du point de vue évolutif, les blattes sont des insectes très anciens puisqu'elles existent, sans avoir changé ou presque, depuis l'époque du Carbonifère. Elles sont extrêmement résistantes et peuvent rester trois mois sans manger, un mois sans eau, vivant de colle, papier ou savon. Elles supportent 48 heures de congélation et tolèrent des doses de radiations ionisantes beaucoup plus élevées que la limite admise pour l'homme.

Mantodea — Mantes

Les mantes sont très étroitement apparentées aux blattes bien que les différences morphologiques soient considérables. Les membres des deux ordres ont une tête opisthognathe, des pièces buccales broyeuses, de longues antennes filiformes, des *tegmina* parcheminés, des ailes postérieures membraneuses, et l'abdomen pourvu d'organes génitaux semblables, avec des cerques courts mais segmentés. Les mantes sont reconnaissables à leur prothorax nettement allongé et très mobile, muni de pattes « ravisseuses » puissantes, utilisées pour capturer les proies et insérées sur sa partie antérieure. Au total, on connaît près de 2 000 espèces de mantes dans le monde. Les plus grandes, sous les tropiques, atteignent 160 mm de long. Mantes et blattes sont souvent placées dans un même ordre (Dictyoptères).

Les Embioptères, *Grylloblattidae,* Isoptères (termites) et Zoraptères sont apparentés, eux aussi, aux blattes, forficules et mantes, mais ne seront pas décrits dans ce livre.

Dermaptères

Famille des *Forficulidae*

Cette famille réunit les forficules ou perce-oreilles, qui mesurent environ 15 mm de long et possèdent les principaux caractères distinctifs des Dermaptères. Le second article tarsien bilobé les distingue des autres familles. Les imagos sont d'un brun foncé brillant, mais les larves sont ternes. On reconnaît les femelles au fait que leurs appendices abdominaux sont presque parallèles.

1 Perce-oreille

Forficula auricularia L.

Forficulidae

Cet insecte est noirâtre à brun roux et brillant ; il mesure 10 à 16 mm de long et ses antennes ont quinze articles. Les *tegmina* et le bord du pronotum sont jaunâtres. Le mâle a des cerques en forme de croissant, alors que ceux de la femelle sont pratiquement rectilignes. Très commune, cette espèce vit presque partout et on peut la rencontrer à peu près toute l'année. L'accouplement a lieu en automne. Les oeufs sont pondus dans des logettes souterraines par groupes de 20 à 80, parfois au cours de la même saison, mais le plus souvent pendant l'hiver ou le prin-

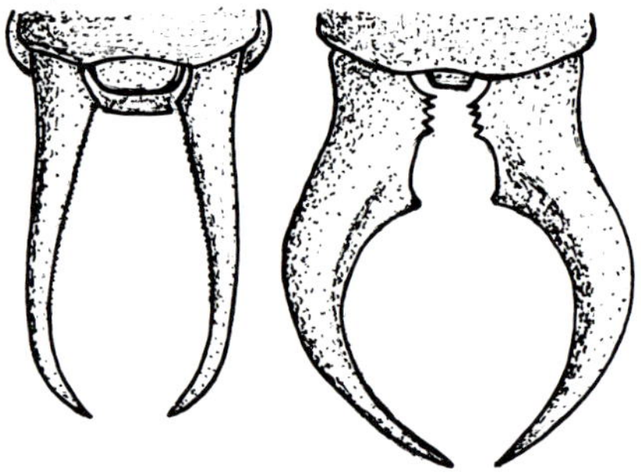

Appendices abdominaux (forceps) des perce-oreilles : mâle à droite, femelle à gauche.

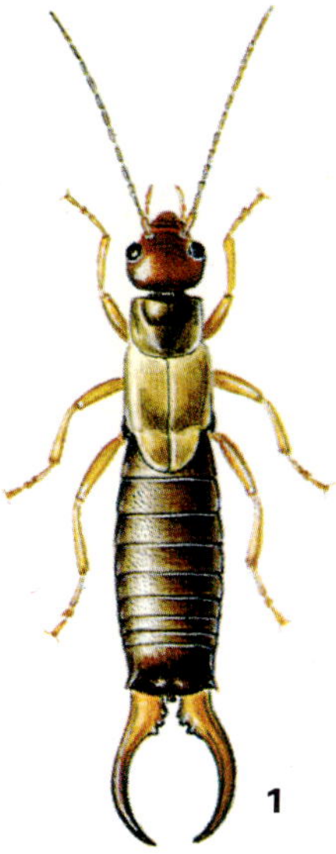
1

temps suivant. La femelle les surveille et garde également les larves aptères. Celles-ci sont gris terne et ont des cerques rectilignes. La nouvelle génération d'imagos apparaît en juillet. Les forficules cherchent leur nourriture (racines, bourgeons, fleurs, feuilles et fruits, insectes morts ou vivants), dans la soirée et la nuit. Ils sont utiles car ils détruisent beaucoup de pucerons, mais d'un autre côté ils sont vecteurs de maladies virales qui atteignent les plantes. On raconte encore que les forficules percent le tympan ; cette légende vient du fait qu'ils recherchent l'abri d'une cavité obscure quand on les dérange, or le conduit auditif de l'homme n'est-il pas sombre ? Espèce cosmopolite, probablement d'origine européenne.

Famille des *Blattidae*

Ces insectes de taille moyenne à grande, bruns ou presque noirs, sont nocturnes. Imagos et larves fréquentent les mêmes habitats. Chez les femelles, les ailes antérieures sont souvent atrophiées et peuvent même manquer. Même si elles sont ailées, les blattes volent très peu. Quinze espèces vivent en France.

2 Blatte orientale, Blatte commune
Blatta orientalis L.
Blattidae

La Blatte orientale, brun foncé à brun noirâtre, mesure 20 à 25 mm de long. Le mâle ailé est plus petit que la femelle aptère (elle a seulement de brefs *tegmina*). Espèce commune dans les maisons, les boulangeries, les hôtels et autres bâtiments bien chauffés où elle vit aux dépens de toutes sortes de débris d'aliments et autres substances comestibles. La femelle dépose ses oeufs dans des capsules (oothèques) et les larves en sortent au bout de trois mois. Le premier stade ressemble à une larve et les cinq autres à l'imago. Au total, le développement dure quatre ans. Cette espèce cosmopolite est originaire de l'Orient. Presque partout elle est accompagnée par la Blatte germanique *(Blattella germanica),* d'origine asiatique, et chez laquelle mâle et femelle ont des ailes.

2

Mantodea

Famille des *Mantidae*

Les membres de cette famille ont tous les mêmes caractères essentiels à savoir un prothorax allongé, une petite tête et la première paire de pattes transformée pour la capture des proies (pattes dites « ravisseuses »). Les hanches des pattes antérieures sont libres et allongées ; fémurs et tibias, eux aussi allongés sont épineux sur leur face interne et peuvent se replier comme un canif. Les deux autres paires de pattes servent à la locomotion. La tête est triangulaire, très mobile et porte trois ocelles sur le vertex. Les grands yeux composés sont situés sur les côtés et les antennes s'insèrent devant eux.

Les mantes religieuses sont souvent colorées en vert ou en brun. Elles se tiennent immobiles sur la végétation, à l'affût d'une proie, le haut du corps dressé et les pattes antérieures repliées comme si elles priaient, d'où leur nom dans toutes les langues. Quand une proie passe à leur portée, elles détendent les pattes antérieures et la saisissent. Les mantes religieuses capturent et mangent toutes sortes d'insectes, arthropodes et même de petits oiseaux. Les individus de grande taille dévorent leurs congénères plus petits et la femelle mange le mâle durant la longue copulation. Comme elle l'absorbe tête la première, l'accouplement n'est pas interrompu car il est contrôlé par le dernier ganglion abdominal. Les oeufs sont placés dans des capsules (oothèques) blanchâtres ou brunâtres, fixées sur des plantes. Au premier stade larvaire – pronymphe vermiforme – succède très rapidement le second où la larve ressemble déjà à l'insecte adulte. Le développement dure un an et le nombre de stades larvaires varie entre trois et douze. Les larves habitent les mêmes milieux que les imagos. Les nombreuses espèces de cette famille sont présentes surtout dans les zones tropicales et subtropicales, et une seule vit en Europe centrale.

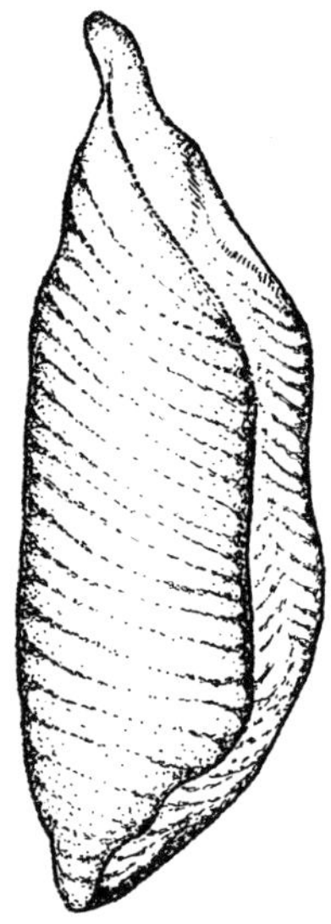

Mante religieuse ; cocon avec oeufs.

Mante religieuse
Mantis religiosa L.
Mantidae

Insecte de couleur variant du vert au brun. Le mâle mesure 40 à 60 mm, la femelle atteint 75 mm de long. Espèce typique des friches, broussailles et lieux herbeux. On peut rencontrer les imagos de la fin de l'été jusqu'en automne, mais la présence de l'insecte est surtout trahie par ses oothèques spongieuses, qui mesurent 10 à 30 mm et que l'on trouve en automne sur les plantes. Les oeufs passent l'hiver à l'intérieur et les larves éclosent à la fin du printemps et en été. Plus actives que les imagos, elles en diffèrent aussi par leurs courtes ailes rudimentaires et leur abdomen relevé de façon caractéristique. Très prédatrices, comme les adultes, elles se nourrissent d'insectes variés (surtout sauterelles et criquets).

Cette espèce est largement répandue dans plusieurs régions zoogéographiques en Europe, dans les régions chaudes d'Asie, en Afrique, Amérique du Nord et Australie. Thermophile, elle ne vit en Europe que dans les milieux chauds et secs. Au sud du continent, elle vit dans la région méditerranéenne, parfois avec certaines espèces thermophiles apparentées. En Europe centrale le nombre d'espèces ainsi que celui des localités s'abaisse. La Mante pénètre au sud de la Moravie, au sud et à l'est de la Slovaquie, en Autriche et en Suisse, sporadiquement en Allemagne (Kaiserstuhl et Sarre) où elle est mentionnée sur la liste des animaux menacés d'extinction. On la rencontre dans certaines localités en Pologne, elle vit en Belgique ; en France elle atteint la latitude de Paris et la dépasse çà et là. Elle n'est pas présente sur les îles Britanniques. Représentante typique de la faune méridionale, la Mante religieuse est strictement protégée dans certains pays d'Europe centrale et il est interdit de la collecter à n'importe quel stade de son développement.

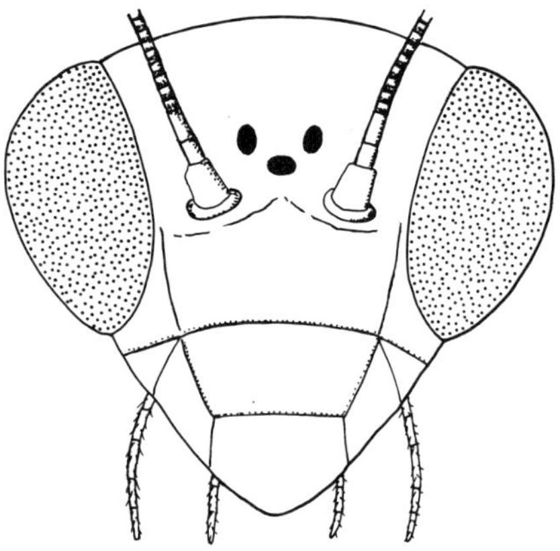

Mantis religiosa, tête.

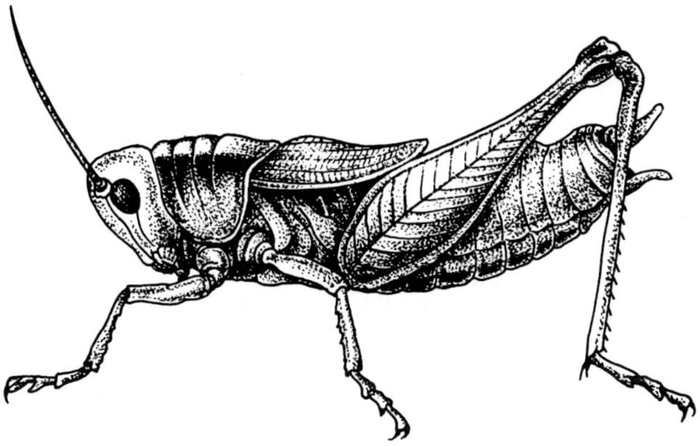

Ensifères (grillons et sauterelles) — Caelifères (criquets et autres espèces aux antennes courtes)

Tout récemment encore ces deux ordres étaient réunis en un seul, celui des Orthoptères (insectes à ailes droites) qui, au début du XXe siècle, incluait aussi des groupes voisins comme les blattes *(Blattodea)*, les mantes *(Mantodea)* et les phasmes *(Phasmida)*. De nos jours tous ces insectes forment un superordre des Orthoptéroïdes caractérisé par la possession de pièces buccales broyeuses (mandibules puissantes), d'antennes filiformes à nombreux articles et d'ailes transformées. Les antérieures ne sont pas de véritables élytres, mais on les appelle couramment *tegmina*. Sous une forme plus ou moins simplifiée, elles ont gardé leur nervation originelle. Elles sont étroites et recouvrent les ailes postérieures membraneuses sur toute leur longueur. Ces dernières sont très larges, notamment dans leur partie arrière, et très densément et finement nervurées. Chez l'insecte au repos elles sont pliées comme un éventail au-dessous des *tegmina*.

Bien que les Orthoptéroïdes aient en commun certains caractères externes, l'ordre des Orthoptères réunissait des insectes très différents des points de vue morphologique et évolutif, de sorte qu'il était impossible de les maintenir ensemble dans une classification moderne. Il en est résulté que les sauterelles *(Tettigonoidea)*, les gryllacrides *(Gryllacridoidea)* et les grillons *(Gryllodea)* ont été placés dans un ordre (Ensifères), et que les criquets et autres espèces à antennes courtes *(Acridoidea)* ainsi que les tridactyles *(Tridactyloidea)* en ont formé un autre, celui des Caelifères (= Célifères). Dans certaines classifications ces deux ordres sont regroupés sous le nom de *Saltatoria*, terme qui traduit leur aptitude au saut.

Les Ensifères sont aisément reconnaissables à leurs longues antennes filiformes, plus grandes que le corps, à l'imposant oviscapte des femelles et à la structure particulière des organes stridulants et auditifs. Chez les sauterelles, les organes auditifs sont situés sur les tibias de la première paire de pattes et ont l'aspect d'ouvertures arrondies ou de fentes de forme variée. Les sauterelles et les grillons stridulent en frottant leurs élytres l'un contre l'autre. Seuls les mâles peuvent striduler. Les espèces dont les ailes sont courtes se servent de leurs moignons alaires pour produire des sons. Les *Gryllacridoidea*, qui vivent principalement sous les tropiques, ne stridulent pas. Sur les quelque 8 000 espèces de cet ordre, environ 65 vivent en France.

L'ordre des Caelifères comprend des espèces aux antennes courtes, formées au maximum de 30 articles, et qui ne dépassent pas la moitié de la longueur du corps. Les ailes postérieures membraneuses sont souvent de couleur différente et parfois rouges ou bleues. Les femelles ont un oviscapte court et épais ; elles enfouissent leur oothèque dans la terre. Les organes acoustiques sont situés sur les côtés du premier segment abdominal, et les mâles stridulent en frottant leurs tibias postérieurs sur leurs élytres. Les membres de cet ordre, herbivores, peuvent causer de très graves dégâts dans les récoltes. Les criquets migrateurs mettent en danger l'agriculture de nombreuses régions tropicales. Sur les 7 000 espèces connues, une centaine vivent en France.

Ensifères

Famille des *Tettigoniidae* — Sauterelles

Cette famille comprend surtout des sauterelles mesurant plus de 60 mm de long. Elles ont des antennes filiformes plus longues que le corps, une tête hypognathe et de puissantes pièces buccales broyeuses. Le pronotum, nettement séparé de l'abdomen, et les ailes antérieures parcheminées *(tegmina)* ont généralement une couleur ou des taches typiques. Les ailes postérieures, utilisées pour voler, ont la forme d'un éventail et une cellule anale bien développée. Les ailes sont souvent atrophiées (espèces brachyptères), voire absentes (espèces aptères). Les deux premières paires de pattes servent à marcher ; la troisième, beaucoup plus longue, est utilisée pour sauter. Chez certaines espèces tropicales les premières pattes sont « ravisseuses », comme chez les mantes, et employées pour capturer les proies. L'abdomen prend fin par des cerques courts à un seul article et, chez les femelles, par des styles non segmentés. L'oviscapte est épais et long. Les tarses ont tous quatre articles. Chez les deux sexes les tibias des pattes antérieures portent un organe auditif en forme de fente et les mâles ont un appareil stridulant à la base des ailes. Les imagos sont en grande partie prédateurs et en partie herbivores, cas des femelles surtout. Le développement dure un an. Les oeufs, pondus dans la terre, sous l'écorce ou dans des tissus végétaux, y demeurent un hiver entier. Les larves subissent 6 ou 7 mues (ecdysis) ; elles fréquentent les mêmes habitats que les adultes, mais leur régime comporte surtout des pucerons et d'autres insectes, ainsi que des plantes. Le nombre total des espèces de cette famille serait voisin de 5 000, dont 40 vivent en Europe centrale.

1 Grande Sauterelle

Tettigonia cantans FUESSLY
Tettigoniidae

Belle sauterelle de 23 à 38 mm de long. Ses élytres verts sont tachetés de brun à la base et relativement courts. Pliées au-dessus de l'abdomen les ailes atteignent seulement l'extrémité des fémurs postérieurs. L'oviscapte (ou ovipositeur), rectiligne sauf à l'extrémité où il est légèrement incurvé, dépasse largement les ailes en arrière.

Les imagos se montrent entre juillet et octobre, surtout vers la fin de l'été et en automne. Ils sont

1 ♀

prédateurs et saisissent leurs proies en sautant dessus. Les femelles pondent dans la terre, les larves se développent au printemps et en été.

2 Dectique verrucivore
Decticus verrucivorus L.
Tettigoniidae

Brune ou verte, cette sauterelle mesure de 25 à plus de 40 mm de long. Ses *tegmina* sont tachetés de brun. Très abondant de juin à août, ce dectique occupe des habitats variés, surtout les champs et les prairies, dans les plaines et jusqu'à 1 500 m en montagne. Il fréquente les lieux herbeux et s'élève bien plus haut que les sauterelles vertes. Il se déplace davantage en marchant qu'en volant, et épie ses proies comme la Grande Sauterelle verte. Les femelles ont un grand oviscapte ; elles pondent leurs oeufs dans la terre où ils restent tout l'hiver. Espèce euro-sibérienne largement répandue.

Famille des *Gryllidae* – Grillons

Dans la classification les grillons sont très proches des vraies sauterelles à longues antennes. Leur corps brun ou noir, massif, une grosse tête ronde et de grandes antennes filiformes les caractérisent. Les deux paires d'ailes sont généralement bien développées, mais chez les mâles l'organe stridulant occupe une grande partie de la surface de la première paire. L'organe auditif se trouve sur les pattes antérieures, comme chez les sauterelles, mais les tarses ont seulement trois articles. Les longues pattes postérieures servent pour le saut. Les fémurs sont très épais et des épines bordent les tibias. Toutefois, les grillons ne sautent pas de la même façon que les sauterelles et en cas de danger ils bondissent sur de plus courtes distances. Leur abdomen relativement court se termine par deux longs cerques non articulés et ciliés. Les femelles ont un long oviscapte très mince. La famille est représentée par 19 espèces en France.

1 Grillon champêtre
Gryllus campestris L.
Gryllidae

Espèce d'un noir brillant mesurant environ 20–25 mm. Grosse tête ronde plus large que le pronotum. Les ailes sont transparentes et celles de la première paire *(tegmina)* sont jaunes à la base. Le corps est lisse.

Le Grillon champêtre aime les lieux chauds et secs. Il vit surtout dans les champs et les prairies, où les mâles signalent leur présence par leur chant caractéristique. Étant donné que les larves – comme celles de tous les vrais grillons – se développent pen-

1

dant l'hiver, les imagos apparaissent dès le printemps et sont visibles de mai à août. Les insectes adultes vivent dans de petits terriers et on peut fréquemment voir les mâles à l'entrée de ces abris. Larves et adultes mangent des aliments d'origine animale et végétale.

Cette espèce habite l'Europe occidentale, méridionale et centrale, la région méditerranéenne, y compris l'Afrique du Nord, et l'ouest de l'Asie. Dans les contrées les plus chaudes de l'Europe centrale on la trouve en compagnie de *Gryllus bimaculatus,* espèce très semblable mais plus grande (elle dépasse 30 mm) avec la tête plus petite (pas plus large que le pronotum) et deux grandes taches jaunes très évidentes à la base des *tegmina.*

2 Grillon domestique
Gryllulus domesticus L.
Gryllidae

Le Grillon domestique (longueur : 15 à 20 mm) est brun ou gris brun, fréquemment nuancé de jaunâtre. Sa tête jaune est agrémentée de bandes foncées. Tout son corps est revêtu de poils fins. Espèce commensale de l'homme, ce grillon vit dans les maisons tout au long de l'année. Jadis on le trouvait davantage dans les hôtels, hôpitaux, etc., c'est-à-dire dans les bâtiments chauffés tout l'hiver mais depuis quelques décennies la diffusion du chauffage central et du chauffage urbain lui a permis de se répandre malgré sa sensibilité aux insecticides. Polyphage il mange à la fois des plantes et des animaux qu'il trouve toujours en quantité suffisante dans les habitations.

Originaire de l'Asie Mineure et de l'Afrique du Nord, il est devenu cosmopolite. On l'élève dans les laboratoires et les jardins zoologiques pour servir de nourriture aux animaux d'expérience ou à ceux que l'on garde en captivité. Les autres membres du genre *Gryllulus* vivent dans la nature.

Ensifères, Caelifères

Famille des *Gryllotalpidae* – Courtilières

Les courtilières sont remarquablement adaptées à l'existence souterraine. Elles ont une petite tête prognathe, un grand pronotum concave en avant et convexe en arrière, lobé sur les côtés. Les antennes sont courtes et la première paire d'ailes (pourvue d'un organe stridulant chez les mâles) est plus courte que la seconde. Les ailes en forme d'éventail sont plus longues que les *tegmina.* Tous les tarses ont trois articles. Les pattes de la première paire sont adaptées au fouissement : très puissantes, avec des tibias élargis qui ressemblent à des pelles, elles évoquent les pattes de la Taupe. Les courtilières (ou taupes-grillons) sont incapables de sauter et se servent de leurs seconde et troisième paires de pattes pour marcher. Cette famille, dont on connaît environ 45 espèces réparties dans le monde, est représentée par une seule en Europe centrale et occidentale.

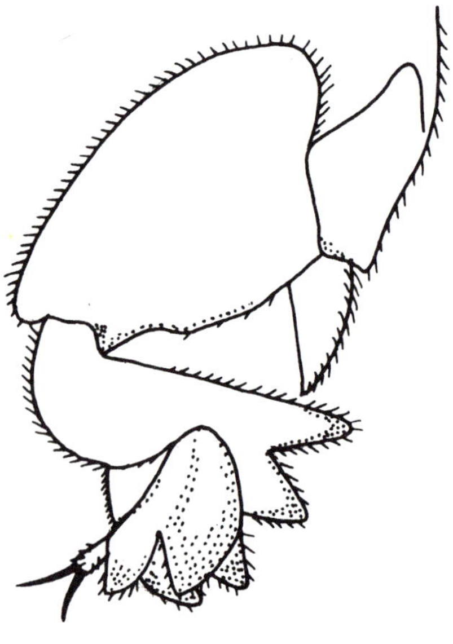

Gryllotalpa gryllotalpa, patte antérieure.

1 Courtilière, Taupe-grillon

Gryllotalpa gryllotalpa L.
Gryllotalpidae

La Courtilière adulte atteint 60 mm de long et est active d'avril à octobre. Elle vit dans les terrains frais, est commune dans les jardins et les prairies, ainsi qu'au voisinage des étangs et des cours d'eau. L'accouplement se produit en mai ou en juin. La femelle creuse des terriers et pond jusqu'à 400 oeufs dans une grande chambre souterraine. Elle s'occupe attentivement de sa ponte ; en outre elle ne se contente pas de la garder, mais surveille aussi les larves pendant près d'un mois. Les Courtilières sont actives pendant la nuit et les mâles commencent à émettre leur chant dès que l'obscurité arrive. Ils sont attirés par la lumière et, dans le sud de l'Europe, on les voit venir autour des lampes allumées. La Courtilière est polyphage. Elle endommage les racines des plants dans les pépinières forestières et les plantules dans les couches, les serres, les jardins et les champs. Cependant elle consomme aussi des larves d'autres insectes, des vers de terre et des mollusques. Les larves passent l'hiver à grande profondeur dans le sol et muent deux fois au printemps avant de se transformer en imagos. Distribution : toute l'Europe – y compris la Scandinavie – jusqu'à l'Oural, l'Afrique du Nord et l'Asie Mineure.

2

Famille des *Tetrigidae* (= *Tettigidae, Acrydiidae*)

Petits criquets mesurant 15 mm et différant des véritables criquets par leur pronotum remarquablement développé et l'absence d'organes stridulants et auditifs (tympanaux). Leur pronotum, extrêmement long et effilé, recouvre toute la partie dorsale de l'abdomen. Ils ont une coloration brune ou gris brun ; la surface de leur corps est granuleuse ou tuberculée et les ailes postérieures membraneuses (utilisées pour voler) sont repliées en éventail au-dessous des brefs *tegmina.* Les deux premières paires de pattes sont courtes ; la troisième paire, plus longue, sert à sauter. Comme chez les autres membres de l'ordre, les antennes sont fines et courtes. Cette famille surtout tropicale est représentée en Europe centrale par une dizaine d'espèces.

2 *Tetrix subulata* L.

Tetrigidae

Petite espèce atteignant 10 mm de long, souvent présente en grand nombre dans les prairies humides, marécageuses et près des cours d'eau et des étangs. La première génération d'imagos apparaît d'avril à juin, la seconde entre août et octobre. Les oeufs sont pondus dans la terre et les larves se développent en hiver. Larves et imagos sont phytophages.

Cette espèce, que l'on distingue difficilement des autres membres du genre *Tetrix,* est répandue dans toute la région paléarctique.

1

Caelifères

Famille des *Acrididae* — Criquets

A la différence des *Tetrigidae,* les *Acrididae* ont un corps robuste, cylindrique, avec un bref pronotum atteignant seulement le métathorax. Les espèces françaises atteignent 75 mm mais sous les tropiques d'autres mesurent 100 mm et 200 mm d'envergure. Les antennes ne représentent jamais plus de la moitié de la longueur du corps. Les organes auditifs (tympanaux) se trouvent sur les côtés du premier segment abdominal. Les mâles stridulent en frottant leurs fémurs postérieurs contre leurs ailes ou leur abdomen. Le prothorax est fortement développé et le pronotum possède des côtes longitudinales dont la structure est un caractère important pour l'identification. Les deux paires d'ailes dépassent l'extrémité de l'abdomen. La coloration des *tegmina* et des ailes postérieures membraneuses est également un bon critère d'identification. Les deux premières paires de pattes servent à la marche, les longues pattes postérieures étant adaptées au saut. Les criquets bondissent avec une grande agilité et en outre volent très bien et sont capables de parcourir de grandes distances dans l'espace. Leur abdomen prend fin par des cerques très courts, mais les mâles n'ont pas de styles. Chez les femelles, l'oviscapte est court et épais. Les oeufs sont pondus en groupes dans des fissures du sol et la femelle les entoure d'une sécrétion visqueuse qui, en se desséchant, forme une enveloppe protectrice. La ponte reste ainsi enfermée pendant tout l'hiver. Les criquets sont végétariens et, avec leurs puissantes mâchoires, ils font des dégâts parfois considérables dans les champs. Environ 80 espèces vivent en France.

1 *Psophus stridulus* L.
Acrididae

Espèce de taille moyenne mesurant 20 à 35 mm de long. Corps brun foncé à brun rougeâtre. Les *tegmina* ont parfois deux bandes transversales plus claires. Les ailes postérieures rouge écarlate sont bordées de brun foncé du côté externe et les pattes — y compris les tibias postérieurs — sont brun noir. La côte médiane du pronotum est continue. Insecte commun, quelque peu thermophile, que l'on trouve dans les prairies et sur les pentes ensoleillées entre août et octobre. Dérangé, il s'envole, décrit une grande courbe et se pose. En vol on le reconnaît aisément à ses ailes postérieures rouge vif et aux craquements qu'il fait entendre au départ. Cette espèce euro-sibérienne est également présente en Scandinavie.

2 Criquet italien
Calliptamus italicus L.
Catantopidae

Espèce aux ailes postérieures rougeâtre à rose, qui peut endommager les cultures dans les régions chaudes d'Europe centrale. Ses *tegmina* sont finement pointillés de taches claires et ses tibias postérieurs sont rouges ou jaunes. Il vit en Europe centrale, méridionale et en Afrique du Nord, mais son aire de répartition atteint la Mongolie à l'est.

2

1

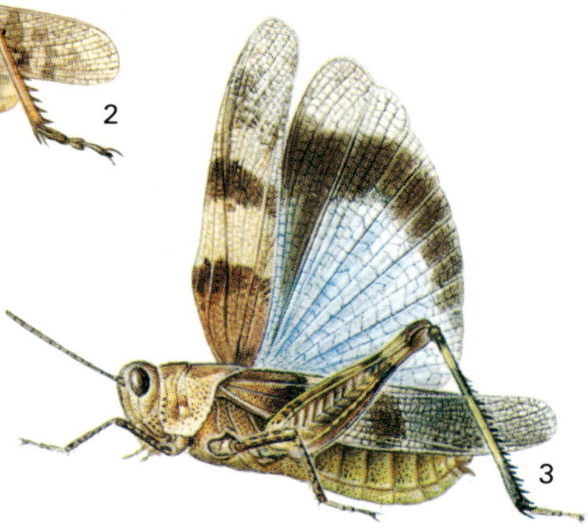
3

3 Oedipode

Oedipoda caerulescens L.

Acrididae

Espèce de coloration très variable mesurant 15 à 25 mm de long. Corps gris noirâtre, longs et étroits *tegmina* gris traversés par deux bandes sombres, l'une au milieu et l'autre à la base. La couleur des ailes varie du bleu clair ou bleu ciel au gris, jaune ou rose, avec une bordure noire et l'extrémité claire. La côte médiane du pronotum est interrompue en son milieu par un profond sillon. Les pattes sont brunes mais il y a un anneau jaune en haut des fémurs postérieurs, et à la base des tibias.

Les imagos se montrent de juillet à octobre, surtout dans les terrains chauds, sablonneux ou pierreux, ou dans les clairières bien exposées au soleil. Ils sont fréquents sur les collines calcaires, où ils font preuve d'une grande activité durant les journées chaudes et ensoleillées. Les sujets qui ont des *tegmina* gris clair sont presque invisibles dans la pierraille, mais quand ils s'envolent leurs ailes postérieures bleues trahissent immédiatement leur présence.

Très largement répandue en Europe, cette espèce vit depuis le sud de la Scandinavie jusqu'à la région méditerranéenne ; elle atteint l'Afrique du Nord au sud et l'Asie centrale à l'est.

Criquet migrateur
Locusta migratoria L.
Acrididae ▲

L'un des plus grands acridiens européens puisqu'il atteint 60 mm de long. Ses ailes dépassent l'extrémité de l'abdomen d'au moins 10 mm. La coloration du corps est très variable. Les *tegmina*, étroits et longs, sont généralement d'un brun grisâtre foncé avec des taches brun foncé ; les ailes membraneuses sont transparentes et seul leur bord antérieur a un étroit liseré brun. Les antennes sont presque de la même longueur que la tête et le pronotum réunis. La crête longitudinale et médiane du pronotum est interrompue en son milieu par une dépression transversale peu profonde.

Normalement le Criquet migrateur est sédentaire (phase solitaire) mais dans certaines circonstances, par exemple quand il pullule ou que la nourriture devient rare, et le plus souvent dans les lieux très humides, une phase grégaire apparaît. Les causes exactes du développement de cette phase n'ont pas été entièrement élucidées, mais toutes les espèces chez lesquelles elle existe sont nuisibles ; elles présentent un véritable fléau pour les régions situées dans l'axe de leurs migrations. Les deux phases diffèrent par leur morphologie et leur coloration. La phase solitaire du Criquet migrateur est verte ou brun verdâtre avec des *tegmina* tachetés alors que la phase grégaire est brun jaunâtre ou brune.

Cette espèce comprend plusieurs formes géographiques. En général elle habite le sud de l'Europe et de l'Asie mais la phase grégaire a également pénétré en Europe centrale, notamment dans la partie inférieure du bassin du Danube, lors d'invasions au Moyen Age et au début de l'époque moderne. Les plus graves invasions ont été enregistrées aux XIe, XIVe et XVIe siècles. De nos jours cette espèce est rare en Europe centrale où l'on voit cependant des sujets isolés ou égarés dans les contrées chaudes entre août et octobre.

Les migrations de *L. migratoria* sont fréquemment confondues avec celles d'autres espèces dont les formes grégaires se réunissent en nuages gigantesques qui causent des dégâts extraordinaires au Moyen-Orient et en Afrique. Le nombre des insectes présents dans ces troupes serait compris entre 700 millions et deux milliards. Les criquets dévorent toute la végétation qui se trouve sur leur passage. Dans les pays affectés par ces invasions, des institutions scientifiques étudient les causes du développement des sujets grégaires et publient des prévisions de leurs mouvements. Les mesures préventives comprennent l'aspersion aérienne des récoltes avec des insecticides, mais une fois que le nuage de criquets s'est envolé, la seule méthode de lutte consiste à appeler l'armée qui détruit les insectes avec des lance-flammes, car les récoltes sont déjà anéanties.

Le Criquet grégaire *(Schistocerca gregaria)*, qui atteint 90 mm de long, est particulièrement redouté. Vivant dans les prairies en Afrique du Nord et au Moyen-Orient il se montre sous sa forme

grégaire presque partout en Afrique, en Asie centrale jusqu'à l'Inde, et dans le sud de l'U.R.S.S. Il lui arrive de venir en Espagne, au Portugal et on l'a même signalé sur les îles Britanniques. Ses nuages volent à la vitesse de 20 km-heure et peuvent franchir près de 2 000 km sans s'arrêter. Manifestement, c'est cette espèce qui fut représentée sur les temples de l'Égypte pharaonique et dont la présence était déjà signalée en Europe au VIe siècle avant J.-C. Il y a plusieurs autres criquets migrateurs présentant deux phases, notamment en Afrique, en Asie et en Amérique.

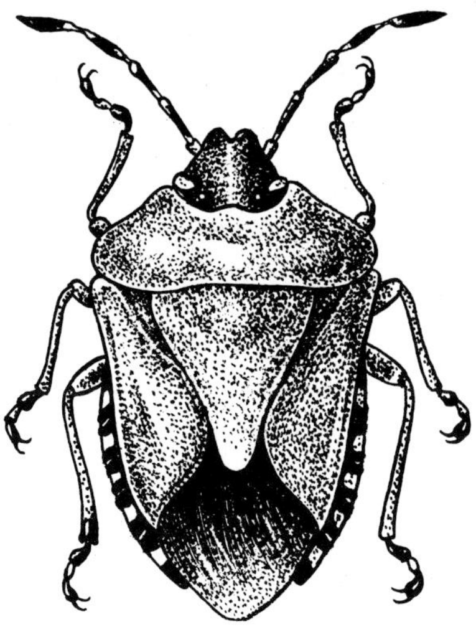

Hétéroptères — Punaises terrestres et aquatiques

Les punaises forment un vaste groupe d'insectes hémimétaboles dont l'aspect et le genre de vie varient beaucoup. En général les larves ressemblent étroitement aux imagos, les seules différences se trouvant dans leurs courtes ailes rudimentaires, qui grandissent lentement, et leur inaptitude à la reproduction. Elles vivent dans les mêmes milieux que les adultes (ceci vaut aussi pour les punaises aquatiques). Tout comme les Coléoptères aquatiques, les imagos des espèces qui vivent dans l'eau ne quittent jamais celle-ci. La dispersion des individus est assurée par les fréquents envols des imagos.

Entre autres caractères communs, les punaises ont des ailes antérieures appelées hémélytres. Les deux tiers situés près du corps sont parcheminés, la partie distale (membrane), c'est-à-dire la plus éloignée du corps, montrant souvent des vestiges de la nervation originelle. La membrane est généralement claire ou foncée alors que le reste de l'aile est, d'habitude, vivement coloré comme l'insecte. On y distingue plusieurs parties appelées *embolium, cuneus, corium* (ou corie) et *clavus.* La structure d'un hémélytre est visible sur le dessin d'une aile antérieure d'un *Anthocoridae.*

Le prothorax porte une large plaque (écusson, ou *scutum*), et la face dorsale du mésothorax en possède une plus petite, le *scutellum.* Les punaises ont un appareil buccal piqueur-suceur transformé en rostre, court et épais chez les espèces aquatiques, long et mince chez les espèces terrestres. Dans ce dernier cas il est replié sous la face inférieure de la tête et atteint souvent le niveau du thorax. Le nombre et la forme des articles antennaires, et le nombre d'articles des tarses, sont de bons caractères d'identification.

Du point de vue systématique on répartit les punaises entre trois sous-ordres qui diffèrent par leur morphologie et leur écologie. Les Hydrocorises (punaises aquatiques) réunissent des espèces vivant en permanence dans l'eau ; ces insectes ont de brèves antennes à peine visibles et leurs pattes postérieures sont modifiées pour nager. Les membres du sous-ordre des Amphibiocorises (punaises amphibies) vivent sur l'eau ou à côté. On trouve dans ce groupe les hydromètres et les gerris. La face inférieure de leur corps est revêtue de poils hydrofuges. Ils ont de brèves antennes filiformes et, en général, une glande odoriférante impaire. La plupart des punaises font partie du sous-ordre des Géocorises (punaises terrestres) aux coloris et à la forme variés. Toutes ont de grandes antennes et en général deux glandes odoriférantes situées sur la face inférieure du corps, entre les hanches postérieures. Leur sécrétion, qui répand une odeur désagréable, est bien connue de ceux qui ont essayé de manger des baies sur lesquelles des punaises étaient passées.

On rencontre des punaises toute l'année et dans les habitats les plus variés. Avec leur rostre elles aspirent les liquides d'origine végétale ou animale et, bien qu'elles puissent faire beaucoup de dégâts dans les cultures, elles détruisent des insectes ravageurs. A ce titre nombre de punaises prédatrices sont utiles, mais celles qui sont hématophages (par exemple, la Punaise des lits) sont nuisibles, car elles peuvent aussi transmettre des maladies ; c'est le cas des réduves appartenant aux genres *Triatoma* et *Rhodnius.* Certaines espèces ressemblent à des fourmis, d'autres vivent dans les termitières et d'autres encore sont des ectoparasites des chauves-souris et des oiseaux. L'ordre des Hétéroptères réunit environ 50 000 espèces dont plus de 1 000 vivent en Europe centrale, et 2 000 en France.

Famille des *Notonectidae* — Notonectes

Le plus souvent il s'agit de punaises aquatiques de taille moyenne, qui volent très bien et qui possèdent un corps lisse, caréné et convexe sur le dos. Leurs hémélytres sont généralement bien développés et leur membrane n'est pas nervurée. Les courtes antennes sont reléguées en arrière des yeux, le rostre est court et épais. Les notonectes font une provision d'air dans les sillons de la face ventrale de leur abdomen. Ils nagent le ventre en l'air et leurs larves, blanchâtres à verdâtres, se comportent de la même façon. Ils fréquentent pour la plupart les eaux stagnantes profondes et sont de grands prédateurs. Au total on en connaît près de cinq cents espèces, dont six seulement vivent en Europe centrale.

1 Notonecte glauque
Notonecta glauca L.
Notonectidae ▲■

Cette punaise, qui mesure 14 à 16 mm de long, a les hémélytres jaune à jaune roussâtre, et un scutellum noir. On rencontre aussi des sujets plus foncés. Le Notonecte glauque vit dans les eaux douces et préfère celles qui sont riches en végétaux, car ceux-ci fournissent beaucoup d'oxygène. On le trouve en plaine et en montagne. Il nage avec ses longues pattes postérieures mais il peut également fort bien voler et se déplace souvent. Les imagos apparaissent en août, passent l'hiver, se montrent à nouveau au printemps et vivent jusqu'en juin. L'accouplement a lieu dès le milieu de mars et les oeufs sont pondus sur des plantes. Les larves muent cinq fois avant de devenir des imagos. Ceux-ci sont de grands prédateurs. Guidés par leur vue et les vibrations de l'eau ils chassent toutes sortes d'animaux aquatiques et ceux qui sont tombés dans l'eau. Ils détruisent les larves des moustiques *(Culicidae)*, mais dévorent aussi le frai des poissons.

Cette espèce euro-sibérienne vit dans toute l'Europe. A l'est son aire de répartition atteint le lac Baïkal et le Tibet ; au sud l'espèce occupe tout le nord-ouest de l'Afrique.

Famille des *Nepidae* — Nèpes, « scorpions d'eau »

Ces grandes punaises aquatiques (longueur : 15 à 45 mm) ont un grand tube respiratoire à l'extrémité postérieure du corps. Elles transportent leur provision d'air sous les ailes. Leurs pattes antérieures « ravisseuses » ont la forme de pinces, les deuxième et troisième paires servant à la locomotion. La membrane de leurs hémélytres est parcourue d'un fin réseau de nervures. Leurs courtes antennes sont insérées dans un repli situé sous les yeux. Elles ont un rostre court. Les nèpes marchent aussi bien sur le fond d'un plan d'eau que sur les plantes aquatiques. On en connaît environ 300 espèces, dont la plupart vivent sous les tropiques. *Nepa cinerea* et *Ranatra linearis* (la Ranâtre) vivent en Europe et en France.

2 Scorpion d'eau, Nèpe cendrée
Nepa cinerea L.
Nepidae

Le mâle mesure 15 à 18 mm, la femelle 20 à 23 mm, et le tube respiratoire atteint 9 à 12 mm. Cette espèce vit dans les eaux douces de préférence peu profondes, boueuses, et aussi dans les étangs. Les imagos sortent parfois sur les berges. Les petites larves mangent les insectes tombés à la surface de l'eau tandis que les plus grandes et les imagos se nourrissent sur le fond où, généralement camouflés par des débris et de la vase, ils épient leurs proies (surtout d'autres insectes aquatiques mais aussi de jeunes alevins). La Nèpe peut être observée presque toute l'année. Elle passe souvent l'hiver en dehors de l'eau sur les berges, et s'accouple en avril et en mai. Le développement larvaire (5 stades) dure 6–8 semaines, et la nouvelle génération d'adultes apparaît au début d'août. Bien qu'elles aient de grandes ailes, les Nèpes ne volent pas. Distribution : toute l'Europe et l'Asie jusqu'au fleuve Amour. Vit aussi en Afrique du Nord.

Hétéroptères

Famille des *Hydrometridae* — Hydromètres

Ces petites punaises au corps étroit ressemblent un peu aux phasmes ; elles ont des antennes filiformes et leurs trois paires de longues pattes fines ont à peu près les mêmes dimensions. La tête est beaucoup plus longue que le pronotum ; les yeux sont situés sur ses côtés, presque au milieu. On connaît des espèces aptères et d'autres pourvues d'ailes. Chez les premières les hémélytres ne sont pas différenciés en clavus, corium et membrane. La face inférieure du corps est revêtue d'une couche de poils argentés, veloutés, hydrofuges, c'est-à-dire qui repoussent l'eau. Les hydromètres vivent près de l'eau, sur les plantes aquatiques ou bien marchent sur l'eau calme près des berges. On les trouve dans les mares et les étangs. Sur les 120 espèces connues dans le monde, 2 seulement vivent en Europe.

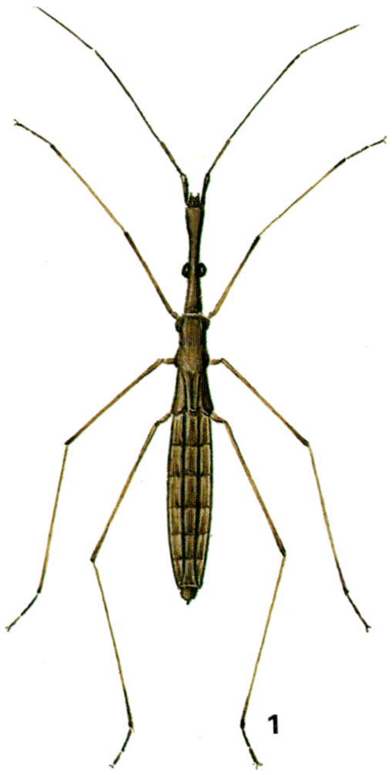

1

1 Hydromètre
Hydrometra stagnorum L.
Hydrometridae

Cette espèce mesure environ 10 mm de long. Son corps est noir et terne. En général les ailes sont atrophiées mais chez certains sujets elles sont courtes. L'Hydromètre vit près des rives des cours d'eau, là où l'eau est calme, mais on la rencontre également dans les étangs et les mares. Avec ses longues pattes elle marche lentement sur les plantes aquatiques ou à la surface de l'eau. Les imagos hibernent. Ils s'accouplent en mai ou début juin, et les femelles pondent de longs oeufs étroits sur des plantes aquatiques ou des pierres, à la surface de l'eau ou juste au-dessous. Les imagos de la génération qui a passé l'hiver survivent jusqu'en juillet, mais les larves de la nouvelle génération apparaissent dès le début de juin. Le développement larvaire dure environ trois semaines. Imagos et larves sont prédateurs et capturent leurs proies soit juste au-dessous de l'eau après avoir perçu les vibrations du liquide, soit à la surface ou sur les rives. Ils se nourrissent principalement de daphnies et de larves de moustiques, mais également d'autres Arthropodes flottant à la surface. Ils les piquent avec leur rostre. Distribution : Europe et Afrique du Nord, à l'est jusqu'au Moyen-Orient.

Famille des *Gerridae* — Gerris

Beaucoup plus agiles que les hydromètres, ces punaises aquatiques se déplacent rapidement à la surface de l'eau, à distance des berges. On les trouve sur les eaux courantes, stagnantes et même en mer (genre *Halobates*). Elles ont une tête courte, de fines antennes et un corps relativement trapu, fusiforme, pourvu d'une couche de poils hydrofuges sur la face ventrale. Les pattes antérieures, très courtes, servent à saisir les proies ; celles des deuxième et troisième paires, très longues, se meuvent simultanément, les médianes « ramant » et les postérieures assurant les changements de direction. Ces insectes avancent sur l'eau en s'appuyant par l'extrémité de leurs tarses bi-articulés et, à chaque coup, peuvent avancer d'un mètre au maximum. Ils peuvent également bondir sur l'eau. En revanche ils sont très maladroits sur la terre ferme. Dans une seule et même espèce on trouve des sujets macroptères capables de voler et d'autres aptères, avec toutes sortes d'intermédiaires. Les imagos hibernent toujours. Cette famille est répandue surtout dans les régions orientale et australienne. Dix espèces existent en Europe centrale.

2 Gerris
Gerris paludum Fabr.
Gerridae

Grande espèce sombre qui mesure 14 à 16 mm et se distingue aisément de ses voisines par la bande jaune située de chaque côté du pronotum. Elle fréquente la surface des fleuves, rivières, lacs, étangs, et a deux générations par an. Les imagos de la première ont des ailes courtes, ceux de la seconde des ailes plus grandes. On peut observer les larves du printemps à la fin de l'été. Cette espèce se nourrit d'autres insectes tombés sur l'eau et possède des organes sensoriels qui enregistrent les vibrations du liquide produites par la chute des victimes. Le mâle attire la femelle en émettant des vibrations et défend un territoire à l'époque de la reproduction et de la ponte, en utilisant également des émissions acoustiques. Distribution : la région paléarctique et une fraction de la région orientale (T'ai-wan).

2

Hétéroptères

Famille des *Nabidae*

De taille moyenne, sveltes, ces punaises dont la longueur moyenne va de 5 à 12 mm (en Europe centrale), sont généralement brun jaunâtre à brun roux. Elles ont des antennes filiformes et un rostre allongé. Les sujets ayant des ailes courtes sont nombreux. Larves et imagos sont prédateurs. Les oeufs sont déposés sur des plantes. Sur les 350 espèces connues, 18 vivent en Europe centrale.

1 *Himacerus apterus* FABR.
Nabidae

Insecte brun à brun roux. Le mâle mesure 8–8,5 mm, la femelle 9 à 11 mm. Les antennes, fines, ont au moins la même longueur que le thorax et l'abdomen pris ensemble. Les sujets microptères sont les plus communs, mais chez les femelles les ailes atteignent parfois l'extrémité de l'abdomen.

Cette espèce est particulièrement abondante aux abords des bois de feuillus et mixtes. Les imagos se montrent dès la fin de juillet et parfois jusqu'à fin octobre, mais on les voit surtout en août sur les arbres à feuilles caduques, et souvent aussi sur les conifères. Les oeufs, déposés dans le bois tendre, éclosent l'année suivante en mai ou juin. Les larves, brun foncé, se développent en juillet et en août. Comme les imagos elles se nourrissent de petits acariens et insectes capturés sur les arbres (il s'agit surtout de petites chenilles, de pucerons et de punaises de la famille des *Miridae*). Cette espèce existe dans le nord et le centre de la France. Elle vit en Europe centrale.

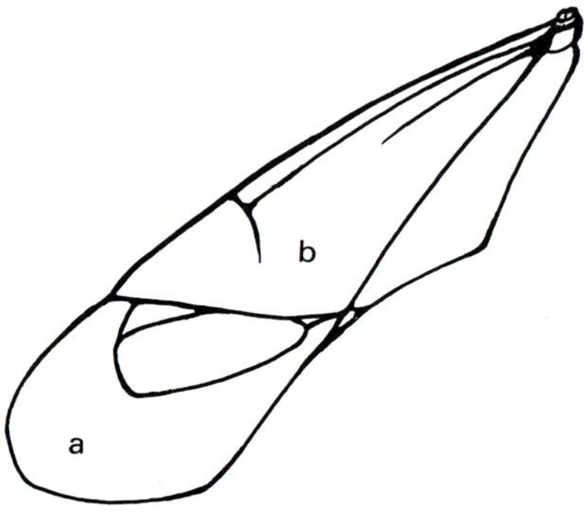

Hémélytre d'une punaise : a – partie membraneuse ; b – partie chitinisée.

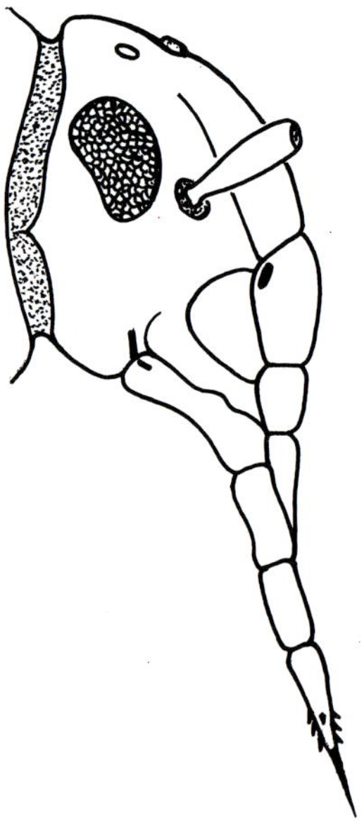

Rostre d'une punaise.

Famille des *Anthocoridae*

Punaises ayant un corps aplati, allongé ou ovale, et atteignant 5 mm de long. Leur tête prognathe est effilée. Elles sont généralement d'un brun ou d'un noir brillant parsemé de taches claires. Leurs hémélytres ont un cuneus et une membrane à 4–5 nervures simples. Elles mangent de petits Arthropodes, mais à l'occasion des plantes aussi. Certaines espèces ont tendance à être hématophages. Cette famille réunit plus de 450 espèces, dont une quarantaine vivent en Europe centrale.

2

2 *Anthocoris nemorum* L.

Anthocoridae ▲■

Cette punaise, qui mesure 3,4 à 4,5 mm de long, diffère des autres du même genre par la longueur de ses antennes, qui dépassent le scutum et le scutellum pris ensemble ; elle se distingue aussi par son pronotum noir et par les 3ᵉ et 4ᵉ articles antennaires qui ont la même longueur. Les hémélytres sont entièrement brillants ; le corium est blanchâtre, avec un point noir sur fond jaune, le clavus est généralement jaune et le cuneus est presque noir.

Présente tout au long de l'année, cette punaise est la plus répandue et la plus abondante du genre *Anthocoris.* Elle dépose ses oeufs sur la face inférieure des feuilles, et les larves apparaissent fin mai. Les imagos d'été se montrent à partir de juin, ceux d'automne dès septembre. En été, le développement exige environ huit semaines. L'accouplement a lieu en automne. Cette punaise – mais surtout les femelles – hiberne généralement sous les écorces, dans les feuilles mortes ou les touffes d'herbe et, au printemps, est déjà active en mars. On peut alors la voir sur les saules en fleurs. Plus tard on la rencontre partout sur les troncs et les feuilles des arbres, sur les buissons et les plantes herbacées, en particulier les orties. Elle se nourrit de pucerons, de psylles, d'acariens et d'autres petits Arthropodes et, en cas de disette, on l'a vue aspirer le sang de l'homme. Distribution : la région paléarctique.

Hétéroptères

Famille des *Cimicidae* – Punaise des lits, Punaises hématophages

Ces punaises brun jaunâtre ou brunes, au corps très aplati et aptère, ont une tête prognathe avec un rostre situé sur sa face inférieure. Pendant la copulation le mâle injecte les spermatozoïdes dans une poche spéciale (l'organe de Ribag), d'où ils gagnent les ovaires en traversant la cavité générale du corps de la femelle. Les imagos et les larves aspirent le sang des mammifères et des oiseaux. Cette famille comprend quelque 80 espèces, dont 5 vivent en Europe centrale et parasitent des chauves-souris et des oiseaux, ainsi que l'homme (une espèce). Aucune n'a beaucoup d'importance du point de vue épidémiologique.

1 Punaise des lits
Cimex lectularius L.
Cimicidae ▲

Cette petite punaise brune ou marron mesure de 3,5 à 8 mm et diffère des espèces voisines par la structure des poils du thorax, la forme du pronotum et le rapport entre la longueur de la tête et celle des articles antennaires. La Punaise des lits est un insecte nocturne qui suce le sang, seulement dans l'obscurité. Le jour elle se cache dans les fentes des planchers, dans les lits ou derrière les tableaux. Si on la dérange ou si on allume de la lumière elle file pour se dissimuler et il est difficile de la capturer. Sa piqûre, douloureuse, laisse des traces rouges sur la peau ; toutefois, la réaction dépend de la sensibilité de la victime. Les larves et les imagos peuvent absorber le double de leur poids de sang mais les premières sont capables de se passer de nourriture pendant trois mois et les seconds encore plus longtemps. Si la température ambiante ne descend pas au-dessous de 13–15 °C, le développement est continu. S'il fait froid, la croissance s'arrête et la Punaise des lits hiberne sous forme d'oeufs ou de petites larves. Au printemps, après une période de froid, les adultes sont inféconds. Ayant absorbé du sang les femelles fécondées pondent un à quinze oeufs dans leur retraite diurne et si elles peuvent prendre du sang régulièrement, tous les trois ou quatre jours, elles pourront continuer leur ponte durant près de six mois. En cas de nécessité elles se contentent de sang de Souris ou de celui d'animaux familiers. On ignore quel est le foyer d'origine de cet insecte qui est devenu cosmopolite, car l'homme l'a propagé dans le monde entier.

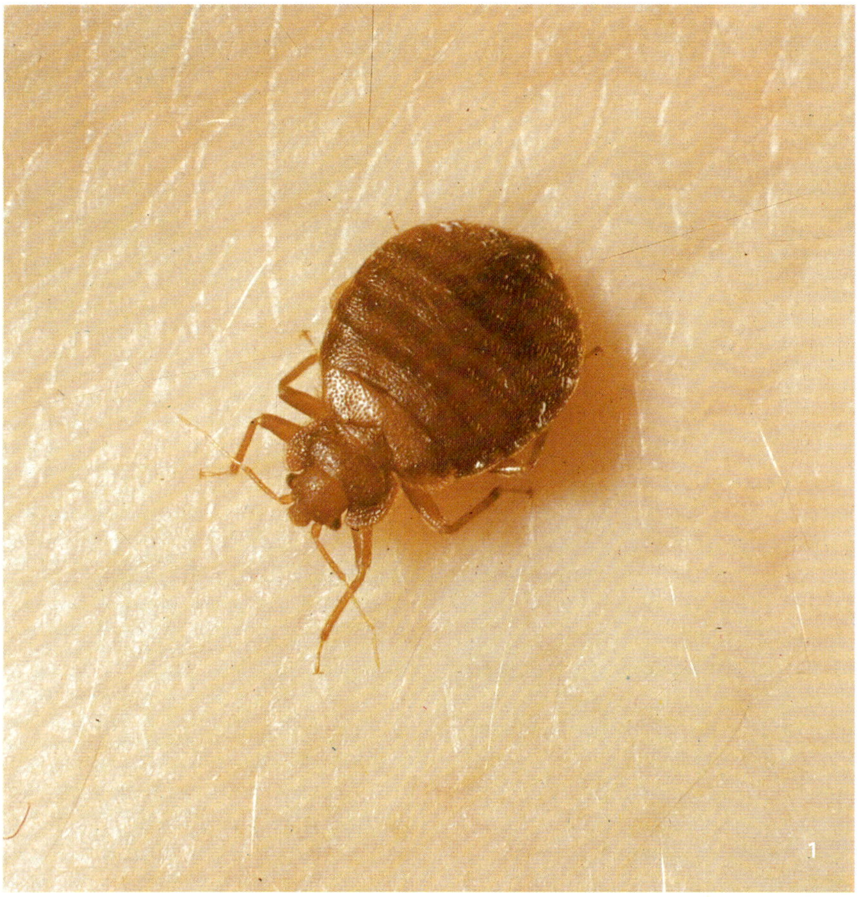
1

Famille des *Miridae*

Cette famille comprend des punaises assez petites, faiblement chitinisées. Certaines vivent en grand nombre sur les plantes herbacées. C'est le groupe le plus riche en espèces. La tête est généralement hypognathe et les hémélytres ont un clavus, un corium, un cuneus et une membrane nettement distincts. Leur régime est zoophage ou phytophage. Certaines espèces ont une salive toxique qui endommage les plantes et d'autres transmettent des virus qui leur sont nuisibles. Plusieurs espèces myrmécophiles vivent en association avec des fourmis. On observe des variations dans la structure de l'aile et des changements de coloration individuels ou cycliques. Au total, cette famille réunit 7 500 espèces dont 350 habitent l'Europe centrale.

2 *Leptopterna dolabrata* L.
Miridae

Grande punaise mesurant de 7 à 9,7 mm. Le mâle est brun avec des marques plus claires, d'abord jaunes mais devenant orange au bout de trois semaines ; ses ailes sont toujours bien développées. Chez la femelle, de couleur verdâtre, les ailes sont tantôt très courtes, tantôt normales, avec toutes sortes d'intermédiaires. Les imagos vivent dans l'herbe des lieux humides (par exemple, les fossés) où on les trouve souvent en grand nombre. On les voit de juin à août, époque où les mâles effectuent de brefs déplacements en volant. Les oeufs passent l'hiver et les larves, jaune verdâtre, finement tachetées de noir, éclosent dans la deuxième quinzaine de mai. Elles sont phytophages comme les imagos.

Cette espèce holarctique est commune partout en Europe. En Amérique du Nord elle fait de sérieux dégâts dans les herbages quand elle pullule.

Famille des *Reduviidae* — Réduves

Les réduves sont très dissemblables, qu'il s'agisse de la structure de la tête, du rostre, des organes génitaux (et du mode de fécondation), et de l'aspect général enfin. Elles sont en majorité prédatrices et capturent leurs proies avec leurs pattes antérieures — souvent très spécialisées — ou avec leur rostre puissant. La sous-famille des *Triatominae* compte aussi des espèces qui aspirent le sang de l'homme et qui transmettent des maladies graves. Cette famille, essentiellement tropicale, réunit plusieurs milliers d'espèces, mais moins de 20 existent en Europe centrale.

1 *Rhinocoris iracundus* Poda
Reduviidae

Grande espèce de 14 à 18 mm, vivement colorée en rouge et en noir. Son rostre, long et incurvé, a un segment basal rouge. Le corps est luisant et finement velu ; les antennes et la tête sont noires. Le pronotum, de couleur noire, présente un profond sillon longitudinal et une tache rouge, centrale, en forme de rein. Le corium des hémélytres est rouge foncé et la membrane noire. Le bord de l'abdomen est échancré, quadrillé de noir, et les pattes sont en grande partie rouges.

Espèce commune dans les lieux chauds et ensoleillés. Les imagos de l'unique génération annuelle vivent de fin mai à septembre ; les larves hibernent. Les uns et les autres sont carnivores et se tiennent principalement sur les buissons et autres végétaux de grande taille où ils capturent d'autres insectes dont ils aspirent les sucs internes. Les imagos volent au milieu de la journée, quand il fait beau et chaud.

Cette punaise est répandue dans la majeure partie de l'Europe ; à l'est, elle atteint l'Iran.

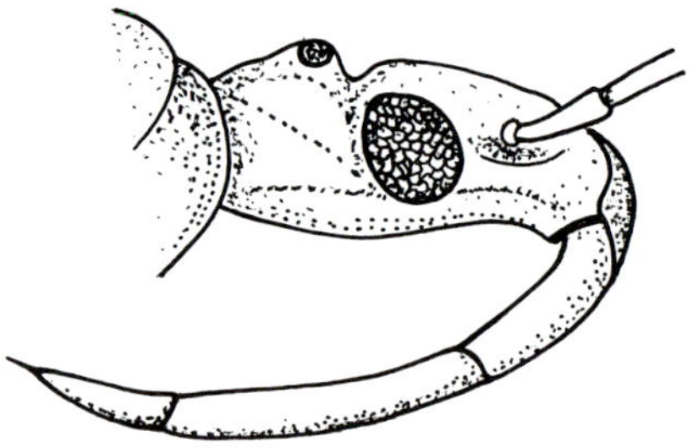

Rhinocoris iracundus, tête et rostre.

Reduvius personatus, insecte semblable mais tout noir, est cosmopolite ; il vit dans les habitations mais aussi en pleine nature dans les arbres creux. Active la nuit, cette punaise aspire les liquides internes d'autres insectes. Ses larves se camouflent avec des débris variés et de la poussière.

Famille des *Lygaeidae*

Les espèces d'Europe centrale et occidentale sont de taille réduite ou moyenne. Leur corps ovale ou allongé est de coloration très variée. Certaines espèces peuvent facilement être confondues avec d'autres punaises car elles ressemblent aux membres de familles différentes. Les hémélytres ont un corium et un clavus bien distincts, et la membrane a cinq nervures au maximum. Il s'agit essentiellement d'espèces phytophages, rarement prédatrices ou saprophages. Mises à part quelques espèces granivores, elles n'ont aucune importance économique. Sur les 3 000 espèces, près de 150 vivent en Europe centrale.

2 Punaise écuyère

Lygaeus equestris L.

Lygaeidae

Espèce vivement colorée, mesurant 10 à 12 mm. La tête est rouge ; il y a une tache noire à côté de l'oeil. Le scutum est rouge, bordé de noir, et le scutellum est entièrement noir. Les antennes, le rostre et les pattes sont noirs, mais les hémélytres sont en grande partie rouges avec une petite tache sur le clavus et une plus grande, transversale, sur le corium. La membrane est noire, bordée ou tachetée de blanc, avec une grande marque arrondie au milieu.

Du printemps à l'automne cette punaise absorbe la sève de diverses plantes. Il lui arrive aussi d'endommager les choux-fleurs, les souillant de ses excréments et piquant les fleurs. Elle a tendance à rechercher la chaleur et la sécheresse. On la trouve souvent en grand nombre sur le dompte-venin. Les imagos hibernent. Cette espèce vit dans toute l'Europe, en Afrique du Nord et dans les régions tempérées de l'Asie. *Lygaeus saxatilis,* autre espèce européenne, a la membrane d'un noir uni. On la rencontre également au bord des champs. Par leur forme et leur coloration, les punaises du genre *Lygaeus* ressemblent un peu aux membres de la famille des *Pyrrhocoridae.*

Famille des *Pyrrhocoridae* — Pyrrhocores

Les espèces européennes sont de taille moyenne, de forme ovale ou allongée, et vivement colorées. Souvent elles sont brachyptères ou même aptères. Quand les hémélytres sont présents, la membrane est densément nervurée. Ces insectes sont polyphages et souvent grégaires. Des 300 espèces connues, présentes surtout dans l'Ancien Monde, deux seulement vivent en Europe centrale.

1 Soldat

Pyrrhocoris apterus L.
Pyrrhocoridae

C'est la plus connue des punaises européennes. En grande partie rouge, elle mesure 10 à 12 mm. La tête et le scutellum sont noirs ; le scutum a le centre taché de noir et les hémélytres ont le clavus noir et le corium rouge, avec une tache noire arrondie au milieu. Les antennes, les pattes et l'abdomen sont noirs. Les sujets brachyptères sont fréquents, mais ceux qui ont de grandes ailes sont incapables de voler. Très grégaire cette punaise vit partout, sauf en montagne. Le plus souvent on la trouve à la base du tronc des tilleuls, mais aussi sur la mousse, dans l'herbe, sous les pierres, même dans les grandes villes. Elle est polyphage, mais mange surtout des graines (celles des tilleuls et des mauves), et dévore aussi des oeufs d'autres insectes et des insectes morts. Les imagos apparaissent en août et sont visibles tardivement en automne. Ils hibernent en groupes importants. L'accouplement a lieu en avril ou en mai. Les larves se développent entre juin et octobre ; plus petites que les imagos elles sont

1

2

2 *Aelia acuminata* L.

Pentatomidae

Cette punaise (environ 10 mm de long) ainsi que les deux autres espèces du genre, a un contour très caractéristique. La moitié antérieure du corps a la forme d'un triangle partant de l'extrémité de la tête (plate et triangulaire elle aussi) et allant aux deux coins du scutum. A l'autre extrémité du corps le scutellum atteint la membrane. Plus allongée et plus étroite que les autres *Pentatomidae,* cette espèce est jaune pâle ou brun clair, luisante et finement tuberculée ; en outre son corps est entièrement traversé de bandes foncées longitudinales. Les bords de l'abdomen et les antennes sont jaunes.

Très abondants dans l'herbe, les imagos passent l'hiver sous des feuilles mortes ou dans la mousse. Ils s'accouplent au printemps et les femelles pondent des rangées d'oeufs sur les feuilles des graminées. Les larves qui éclosent au bout de 7 à 10 jours achèvent leur croissance en un peu plus d'un mois. Les jeunes sont jaunes avec des rayures longitudinales foncées ; ils quittent les graminées sauvages pour gagner les céréales dont ils attaquent les feuilles et les épis. Ils font beaucoup de dégâts les années où ils pullulent. Après la moisson les imagos restent encore dans les champs et vivent aux dépens des plantes adventices, puis rejoignent les graminées et, à la fin de l'été, cherchent un endroit favorable pour hiberner.

Cette espèce paléarctique est commune en Europe, Afrique du Nord et Asie sauf dans les régions chaudes du sud. La croissance et l'écologie d'*Eurygaster maura,* insecte très nuisible, sont semblables. Elle a à peu près la même taille (10 mm), mais est plus large et de coloration très variable, puisqu'elle peut être gris clair ou brun roux et noire. Elle se distingue en outre par son très long scutellum qui recouvre l'abdomen tout entier.

Hétéroptères

1 *Dolycoris baccarum* L.
Pentatomidae

La couleur de fond de cette punaise (longueur : 10 à 12 mm) est le brun jaunâtre. Toutefois le scutum et le corium des hémélytres sont rougeâtres, le scutellum qui atteint la membrane est clair, cette dernière est gris blanchâtre et porte six nervures. Les antennes sont noires, annelées de jaune, et il y a deux taches noires sur les côtés de chaque segment de l'abdomen ; les bords de celui-ci paraissent donc quadrillés puisqu'ils dépassent les ailes latéralement. Le second article des antennes est deux fois plus long que le troisième, et ce détail est un caractère important pour l'identification.

Dolycoris baccarum est fréquente sur plusieurs plantes. On la voit souvent sur les fraises sauvages et les myrtilles qu'elle rend impropres à la consommation par l'homme en raison de la sécrétion de ses glandes odoriférantes. Les imagos hibernent ; ils s'accouplent en juin, souvent en rassemblements importants. De couleur brune les oeufs sont pondus en groupes d'une trentaine sur des feuilles. Les larves ont cinq stades et la nouvelle génération d'imagos apparaît au milieu d'août. Brun foncé et velues, les larves diffèrent nettement des adultes. Elles font beaucoup de dégâts dans les céréales, surtout en injectant leur salive toxique avant d'aspirer les liquides végétaux. Il leur arrive aussi de manger des pucerons ou des oeufs d'autres insectes. Cette espèce est répandue dans toute la région paléarctique et une partie des régions orientale et néotropicale.

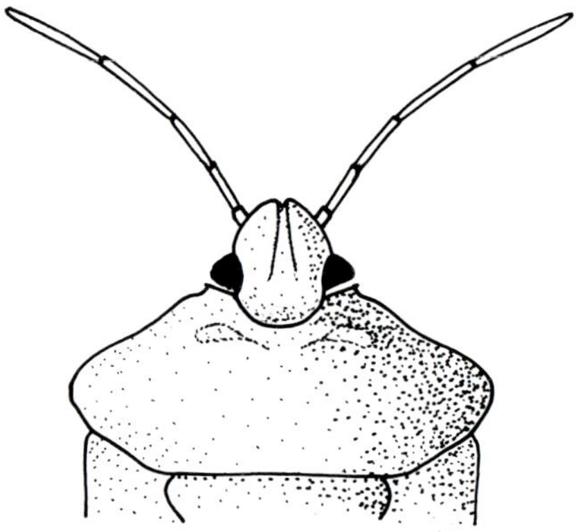

Palomena prasina, tête et scutum.

2 Punaise verte
Palomena prasina L.
Pentatomidae

Longueur : 12 à 14 mm. La femelle est un peu plus grande que le mâle. Cette belle punaise est l'un des plus grands Hémiptères d'Europe centrale. Les côtés de l'abdomen sont marqués de taches transversales jaunes ; en outre la membrane des hémélytres est brun foncé avec des nervures très visibles. L'ensemble du corps est couvert de tout petits points. En automne, avant l'hibernation, les imagos devien-

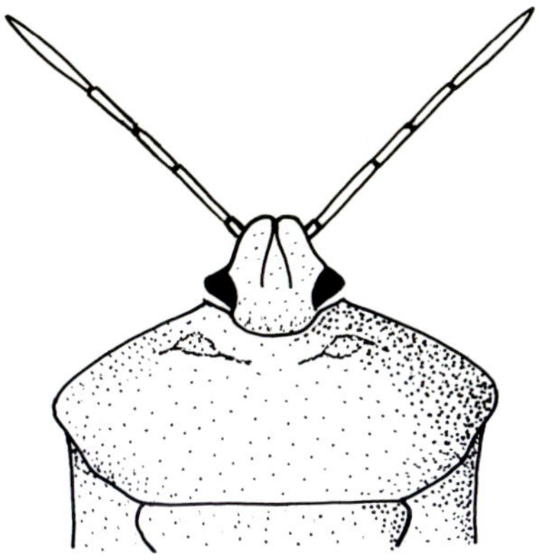

Palomena viridissima, tête et scutum.

nent brun ou brun rougeâtre et au printemps ils retrouvent leur élégante coloration verte. Le rostre, long et fin, replié sur la face ventrale, atteint le niveau des hanches postérieures.

Cette espèce largement distribuée est très commune dans les régions tempérées de l'Europe à la lisière des forêts, dans les prairies et les parcs. Les imagos vivent sur des arbres à feuilles caduques et des plantes herbacées. On les trouve très souvent sur les orties et diverses fleurs. Au printemps ils reprennent leur activité au mois de mai, toutefois ils ne s'accouplent et ne pondent qu'au début de l'été. Les oeufs, au nombre d'une centaine au maximum, sont déposés en petits groupes. Les larves passent par cinq stades nettement séparés par la taille et le coloris ; leur croissance prend fin début septembre, ou même en octobre et dans ce cas elles deviennent foncées comme les adultes. Le sexe des larves du cinquième stade est déjà reconnaissable car les femelles sont plus grandes que les mâles.

La Punaise verte est répandue dans toute l'Europe y compris les îles Britanniques. Au nord elle atteint le 67e parallèle. En Europe centrale on trouve aussi *Palomena viridissima,* espèce un peu plus petite mais très semblable ; son corps est bombé, le deuxième article des antennes est plus long (chez *P. prasina,* les deuxième et troisième ont la même longueur) et le scutum a le bord externe convexe (il est légèrement concave chez *P. prasina*). *P. viridissima* manque en Grande-Bretagne et vit moins loin dans le nord de l'Europe. Elle existe en France.

Hétéroptères

1 Punaise du chou

Eurydema oleraceum L.

Pentatomidae ▲

Insecte aplati, ovale, mesurant de 5 à 7,5 mm de long et de couleur verte ou noir bleuâtre métallisé finement tacheté de blanchâtre, jaune ou rouge. Le scutum foncé porte une marque claire longitudinale. Il peut y avoir deux taches latérales allongées sur le grand scutellum, et l'extrémité de l'abdomen porte trois marques arrondies, une sur chacun des coriums et la troisième au bout du scutellum. Le bord du corium est généralement noir comme les antennes et les pattes. Les sujets éclos depuis peu, donc immatures, ont un anneau clair au milieu des tibias ; de même la face inférieure de leur corps est claire et ne devient noire qu'après la fin de l'hiver. La variabilité de la coloration est un trait distinctif de cette espèce, la couleur dépendant du sexe (les mâles sont plus foncés que les femelles), de la température, de la saison et du type d'habitat fréquenté. Très commune cette punaise vit dans différents milieux, mais se tient surtout sur les Crucifères. Quand elle pullule elle peut endommager les plantes cultivées, notamment les différentes sortes de choux. Les imagos passent souvent beaucoup de temps à rechercher un endroit où ils hiberneront par terre, dans une touffe d'herbes ou sous des feuilles mortes. Au printemps ils entrent en activité au mois de mai et souvent s'assemblent en grand nombre pour les accouplements. Le développement larvaire dure environ sept semaines et la nouvelle génération apparaît fin juillet. Dans les régions au climat tempéré ou chaud il y a normalement deux générations annuelles, mais une seule plus au nord. Les larves sont parfois carnivores et s'entretuent. Elles sont parasitées par des mouches de la famille des *Tachinidae.*

La Punaise du chou est commune en France. En Europe centrale c'est la plus fréquente des six espèces du genre *Eurydema.* Distribution : toute la région paléarctique.

2 Punaise des bois

Pentatoma rufipes L.

Pentatomidae

Punaise mesurant 13 à 15 mm de long. Corps ovale et assez plat. Les antennes et les pattes sont longues ; le rostre, grand et fin, atteint le bord postérieur du deuxième sternite sur la face ventrale du corps. Cette punaise est brun noirâtre, luisante, et son corps est finement granuleux. Les

1

2

bords externes étroits du scutum et la grande tache située au bout du scutellum effilé sont jaunes ou rouges. Pattes et antennes sont brun orangé. La Punaise des bois est facilement reconnaissable, car les coins antérieurs de son scutum sont allongés latéralement. La membrane des hémélytres a six nervures.

Espèce commune dans les bois de feuillus et mixtes, dans les jardins et les vergers. Les imagos se tiennent généralement dans la cime des arbres, surtout les chênes, mais aussi les bouleaux et d'autres essences à feuilles caduques. Ils vivent aussi sur les arbres fruitiers et, s'ils sont nombreux, peuvent faire des dégâts sensibles. Souvent ils se nourrissent aussi d'autres insectes morts. Les oeufs sont pondus sur des feuilles d'arbres et les larves hibernent, généralement sous l'écorce, quand elles se trouvent au deuxième stade. Il arrive, mais rarement, que des imagos hibernent eux aussi. Les larves poursuivent leur croissance à partir d'avril (quelquefois plus tôt) et les premiers imagos apparaissent en juillet. Les femelles vivent généralement plus longtemps que les mâles et on les trouve encore au début de novembre, ou même au printemps suivant.

Cette punaise euro-sibérienne est commune presque partout en Europe ; au nord elle s'avance jusqu'au milieu de la Scandinavie.

Homoptères — cigales, pucerons, cochenilles, aleurodes et psylles

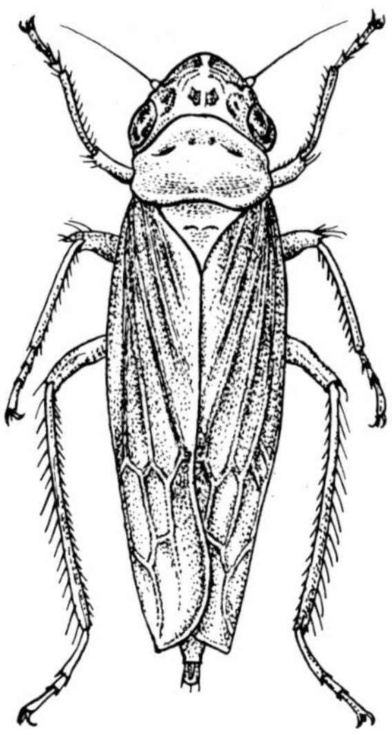

Il s'agit probablement de l'ordre d'insectes le plus hétérogène en ce qui concerne la morphologie, le cycle vital et les métamorphoses. Toutefois, ses membres ont deux caractères communs : d'une part leur appareil buccal piqueur-suceur et d'autre part leur dépendance vis-à-vis des plantes-hôtes.

La majorité des Homoptères sont des insectes petits ou très petits, mesurant seulement quelques millimètres de long. Seul un faible nombre ont des dimensions supérieures. Leurs antennes, de longueur variable, portent des organes sensoriels. En plus des yeux composés certains ont des ocelles ; d'un autre côté, les yeux composés peuvent être atrophiés. Les ailes membraneuses, repliées en forme de toit au-dessus du corps, ont une nervation souvent très simple. Il y a généralement deux paires d'ailes, mais souvent celles de la seconde paire sont réduites à des moignons et il arrive que l'insecte soit aptère. De nombreux Homoptères sont capables de sauter mais beaucoup restent fixés sur la plante-hôte durant toute leur vie. Un grand nombre d'espèces possèdent des glandes sécrétant une substance cireuse qui les protège contre les prédateurs et les intempéries. Enfin, certaines espèces enferment leurs oeufs dans une capsule cireuse.

Les Homoptères vivent sur des plantes et se nourrissent de leur sève. Ils rejettent de grandes quantités d'excréments sucrés qui recouvrent les feuilles d'un enduit poisseux, servant de substrat aux spores de certains champignons microscopiques. Suivant leurs rapports avec la ou les plantes-hôtes, on distingue les Homoptères polyphages (qui vivent sur de nombreuses espèces végétales non apparentées), oligophages (parasitant des espèces d'un même genre ou d'une même famille) et enfin monophages (vivant sur une seule espèce végétale).

Bien qu'essentiellement de type hémimétabole, la croissance des Homoptères se fait de différentes façons. La larve ressemble à l'imago et se nourrit aussi sur les végétaux. La plupart des espèces d'Homoptères sont univoltines, c'est-à-dire ont une seule génération par an, mais certaines sont multivoltines. L'alternance de générations sexuées et asexuées, et les changements de plantes-hôtes, sont également caractéristiques de certaines espèces. Beaucoup ont des populations extrêmement importantes qui recouvrent les plantes-hôtes (pucerons, cochenilles) et certaines sont dangereuses pour les plantes cultivées et ornementales.

On répartit les Homoptères entre six sous-ordres, dont cinq sont représentés en Europe : cicadelles et cigales *(Cicadinea)*, psylles *(Psyllinea)*, aleurodes *(Aleurodinea)*, pucerons *(Aphidinea)* et coccides, ou cochenilles *(Coccinea)*. L'ordre est parfois divisé en deux ordres distincts, les *Auchenorrhyncha* (cigales, cicadelles) et les *Sternorrhyncha* (tous les autres sous-ordres). Il y a plus de 50 000 espèces d'Homoptères dans le monde, 2 500 en France, et chaque année on en découvre et décrit beaucoup de nouvelles. Les ordres suivants, non décrits dans ce livre, sont apparentés aux Homoptères : psoques et alliés (Psocoptères), mallophages ou poux des oiseaux *(Mallophaga)*, poux des éléphants *(Rhynchophthirina)*, anoploures *(Anoplura)* et thrips *(Thysanoptera)*.

Homoptères

Famille des *Cixiidae*

Cette famille groupe des espèces mesurant seulement quelques millimètres de long. Leurs ailes antérieures sont transparentes et souvent tachetées. Des glandes abdominales sécrètent des fibres cireuses. Certaines espèces sont vectrices de virus.

1 *Cixius nervosus* L.
Cixiidae

Cixius nervosus est l'une des plus communes parmi les quelque quinze espèces de ce genre vivant en Europe centrale. Elle est également très commune en France. L'une des plus grandes, elle mesure 6,5 à 8,5 mm de long. On trouve les imagos sur les arbres et les buissons à feuilles caduques, souvent les saules marsaults, aulnes, frênes, etc., dont ils aspirent la sève. On les rencontre depuis le mois de juin jusqu'au milieu de l'automne. *Cixius nervosus* vit dans une grande partie de la région paléarctique.

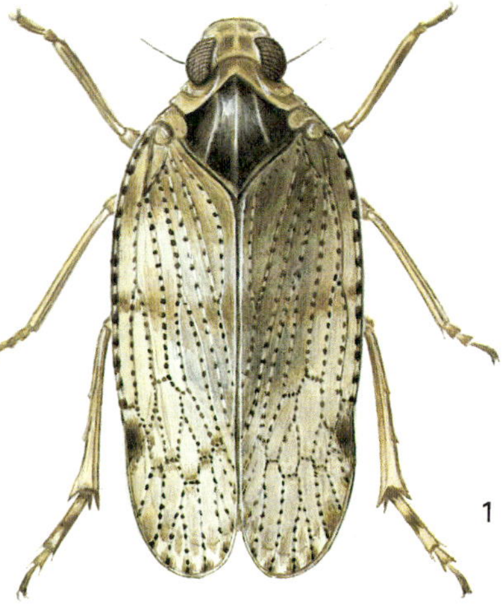

1

Famille des *Cicadidae* — Cigales

Cette famille comprend des espèces thermophiles bien connues, surtout dans le sud de l'Europe, car elles émettent un chant puissant. Il serait difficile d'imaginer les régions tropicales et subtropicales sans le chant des cigales.

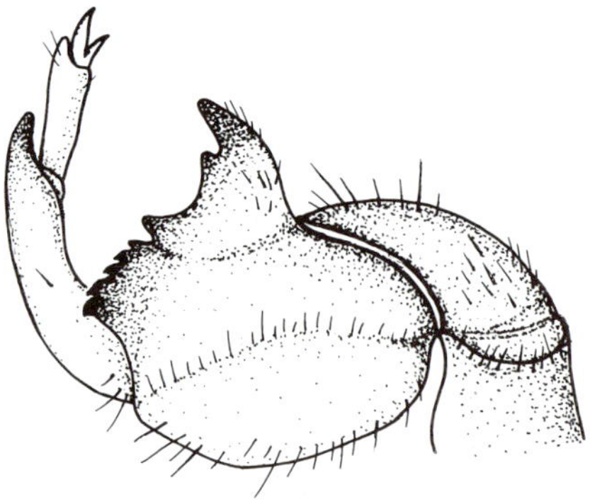

Cicadetta montana, patte fouisseuse de larve.

2 Cigale des montagnes
Cicadetta montana Scop.
Cicadidae

L'une des plus grandes cigales d'Europe centrale, puisqu'elle mesure 16 à 27 mm de long et que ses ailes antérieures ont une envergure de 45 à 52 mm. Seul le mâle émet des sons que l'on a comparés au bourdonnement des grandes mouches de la famille des *Syrphidae.* Il les produit grâce à un organe spécial situé à la base de l'abdomen. Il s'agit d'une membrane munie de deux muscles insérés sur elle et ayant la forme de la lettre V. Il comprend aussi un sac amplificateur qui occupe une grande partie de l'abdomen. La contraction des muscles fait vibrer la membrane (appelée timbale) qui engendre les sons. Certains chercheurs ont comparé ces émissions sonores au bruit obtenu en enfonçant plusieurs fois de suite le couvercle d'une boîte de conserve fermée. Mâle et femelle possèdent un organe auditif (tympanal) très complexe sur la face ventrale de l'abdomen.

Les cigales aiment la chaleur et vivent donc à basse altitude sur les coteaux ensoleillés, plus ou moins couverts de buissons, à la lisière des bois ou dans les clairières, en plaine. Elles ont une prédilection pour les vignobles. Les imagos se tiennent sur la végétation. Ils sont très craintifs et il est difficile de les capturer quand le temps est ensoleillé. Ils se nourrissent de liquides de divers tissus végétaux et les obtiennent en enfonçant leur rostre dans les plantes. Les femelles pondent leurs oeufs dans les rameaux et, avec le temps, les ouvertures sont obturées par des cicatrices. Les larves quittent les arbres pour rejoindre la terre et, après la première mue, acquièrent les adaptations nécessaires à une existence souterraine. Leurs pattes antérieures se transforment partiellement en pelles qui évoquent celles des courtilières ; les insectes s'en servent pour creuser des galeries. Leur forme est un bon critère pour l'identification des espèces. Les larves absorbent les liquides contenus dans les racines de différentes plantes. Leur croissance achevée elles sortent à l'air libre, grimpent sur les grandes plantes et s'y accrochent fermement. Leur peau dorsale se fend et les imagos apparaissent. Les exuvies (enveloppes larvaires) restent collées sur la plante jusqu'à ce que le vent et la pluie les fassent disparaître. La Cigale des montagnes est répandue dans une grande partie de la région paléarctique mais n'est plus commune et les dégâts qu'elle peut faire sont devenus insignifiants.

2

Homoptères

Famille des *Cercopidae* — Cicadelles

Cette famille rassemble des Homoptères de taille moyenne ou petite. Les espèces ne sont pas très nombreuses mais on trouve parmi elles certaines des plus communes et des plus largement répandues de tout l'ordre. Selon leur coloration on peut les répartir entre deux groupes : dans le premier, les ailes sont brunes et dans l'autre, elles sont noires avec des taches rouges. Les larves se développent sur des plantes ligneuses ou herbacées, à l'air libre ou dans la terre. Comme les imagos elles se nourrissent de liquides végétaux à l'aide de leur rostre. Elles s'entourent d'une masse d'écume (parfois appelée « crachat de coucou ») qui les protège des prédateurs et leur garantit une température et une humidité adéquates. Les larves produisent cette écume de la façon suivante : la face ventrale de l'abdomen comporte une cavité reliée aux trachées par les spiracles. La larve rejette de l'air, prélevé dans cette cavité, dans ses excréments liquides qui se transforment en écume. L'air est aspiré dans la cavité par l'extrémité de l'abdomen qui dépasse à la surface.

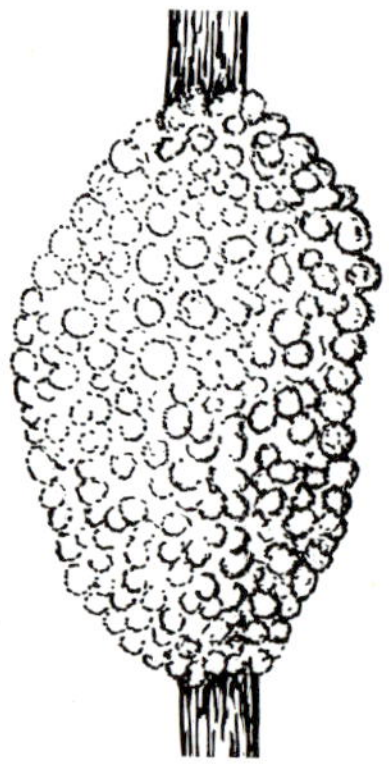

Écume de larve de *Cixius*.

1 Cicadelle de l'aulne
Aphrophora alni FALL.
Cercopidae

L'un des Homoptères les plus communs (longueur : 8 à 11 mm). On la distingue des espèces voisines par les deux taches claires de ses ailes antérieures. Elle vit dans les clairières, à la lisière des bois, dans les jardins, des plaines à la montagne. Les premiers imagos apparaissent au début de juin et on voit les derniers à la fin d'octobre. Ils se tiennent sur les branches des arbres et des buissons, notamment des saules, bouleaux, aulnes, peupliers, etc. Les imagos percent l'écorce des jeunes rameaux et des branches avec leur rostre et pratiquent des rangées régulières de trous au niveau desquels les tissus végétaux se gonflent un peu et provoquent la formation d'anneaux. La femelle pond entre juillet et octobre, surtout dans les tissus âgés de diverses plantes. La larve, de couleur gris terne à blanc jaunâtre avec deux taches noires sur le dessus de la tête, s'enfouit dans une masse d'écume. A la fin du printemps et au début de l'été, elle se nourrit à la base de plantes herbacées (plantains, violettes, épervières, fraisier sauvage, menthes, tussilage, etc.) et de jeunes plantes ligneuses. Cette espèce est répandue en Europe et en Asie orientale.

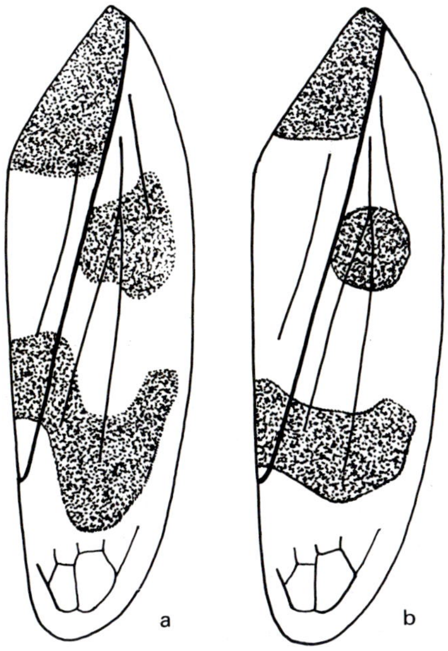

Marques des ailes antérieures de *Cercopis vulnerata* (a) et *C. sanguinolenta* (b).

2 *Cercopis vulnerata* ILLIG.

Cercopidae

Cette espèce (également appelée *C. sanguinea*) est commune et mesure 8 à 10 mm de long environ. Elle ressemble fortement à *C. sanguinolenta* mais s'en distingue aisément par la forme de la dernière tache rouge présente sur sa première paire d'ailes. Chez *C. vulnerata* elle ressemble à un S et son côté postérieur est presque parallèle au bord de l'aile, alors que chez *C. sanguinolenta* elle est seulement faiblement incurvée.

Cercopis vulnerata vit dans les clairières, sur les pentes couvertes de buissons (collines, montagnes) alors que *C. sanguinolenta* fréquente les parties chaudes des plaines. C'est en juin et en juillet qu'elle se montre en grand nombre. Elle se tient sur les plantes herbacées et les broussailles mais à l'occasion, attaque les arbres fruitiers. Quand on la dérange, elle s'éloigne un peu en bondissant. Comme celle des autres cicadelles la larve grandit dans une masse d'écume protectrice. Elle vit aux dépens des racines de diverses plantes. Cette espèce existe dans presque toute l'Europe.

Homoptères

1 Cicadelle écumeuse
Philaenus spumarius L.
Cercopidae

Cette espèce, l'une des plus communes parmi les petits Homoptères, est caractérisée par l'extrême variabilité de sa coloration. On en connaît plus de vingt types reliés par des formes intermédiaires ; chez quelques-uns seules les femelles ont été décrites. La couleur jaune, plus ou moins teintée de brunâtre est fréquente. Certains sujets sont presque unicolores alors que d'autres sont fortement tachetés. Il arrive que les marques se fondent pour former des bandes transversales sur le dernier tiers des ailes ou bien il y a deux bandes obliques sur les ailes et il existe même des individus ayant des rayures longitudinales foncées sur les ailes.

Peu visible, cette petite cicadelle mesure seulement 5 à 6 mm de long et vit surtout dans les prairies, les champs et les jardins. On la trouve communément en plaine et en basse montagne. Les imagos apparaissent au début de juin et se montrent jusque tard en automne, puis disparaissent dès les premières gelées. Ils aspirent les liquides végétaux, notamment ceux de plusieurs espèces herbacées et souvent aussi d'arbrisseaux.

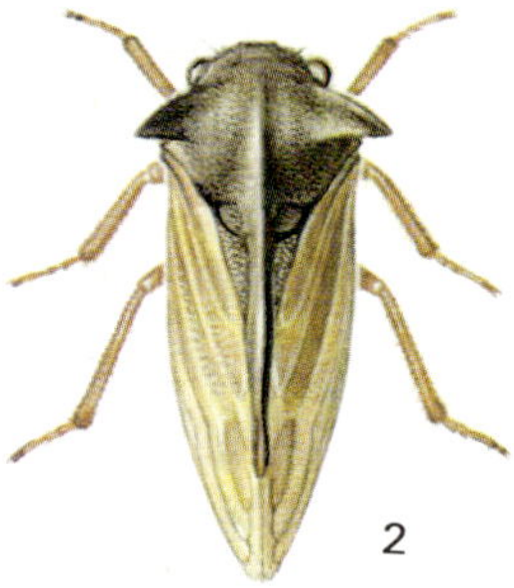
2

1

Les premiers oeufs sont pondus à la fin de juillet mais la majorité en septembre et en octobre. La femelle s'occupe un peu de la ponte puisqu'elle cherche des cachettes pour les oeufs, par exemple des fissures de toutes sortes de plantes herbacées à ras de terre ou bien l'espace situé entre la gaine d'une feuille de graminée et le chaume. L'importance de chaque groupe d'oeufs varie : il y en a parfois seulement un, parfois jusqu'à trente. La femelle les recouvre d'écume blanche. Les oeufs passent l'hiver et les larves éclosent en avril ou en mai de l'année suivante. D'abord jaune verdâtre elles jaunissent et, comme les imagos, ont un régime polyphage. Elles se tiennent à l'abri de l'écume qu'elles produisent.

Cette cicadelle est répandue dans les régions paléarctique et néarctique. En Europe on la trouve de la Méditerranée au nord du continent.

2

Famille des *Membracidae* — Membracides

Les membres de cette petite famille sont aisément reconnaissables grâce à la forme de leur pronotum pourvu d'épines. Les espèces européennes ne sont pas très spectaculaires mais celles des régions tropicales ont des excroissances d'une diversité stupéfiante.

2 *Centrotus cornutus* L.
Membracidae

Cet Homoptère mesure 7 à 9 mm de long et vit dans les forêts d'arbres à feuilles caduques en plaine et sur les collines. Il se montre de mai à août. Aimant la chaleur et le soleil il se tient sur les grandes plantes herbacées, les buissons et les arbres. On le trouve ainsi sur les chardons, la fléole, les ronces, plusieurs espèces de saules, peupliers, bouleaux, le noisetier, etc. dont il boit la sève. C'est une espèce univoltine dont les larves hibernent deux fois. Elle est répandue dans une grande partie de l'Europe mais manque dans le nord.

Famille des *Callaphididae*

Cette famille réunit des pucerons qui vivent entièrement sur une espèce ou quelques espèces végétales apparentées. Certains produisent des couches de cire au dessin décoratif et d'autres laissent d'importants dépôts de miellat. Aucun de ces insectes n'est migrateur mais comme les autres pucerons ils ont de nombreux prédateurs, les larves et imagos des coccinelles, les mouches syrphides et les Névroptères les mangent ; en outre de petits Hyménoptères parasites *(Braconidae, Aphidiidae)* contribuent aussi à réduire leurs populations.

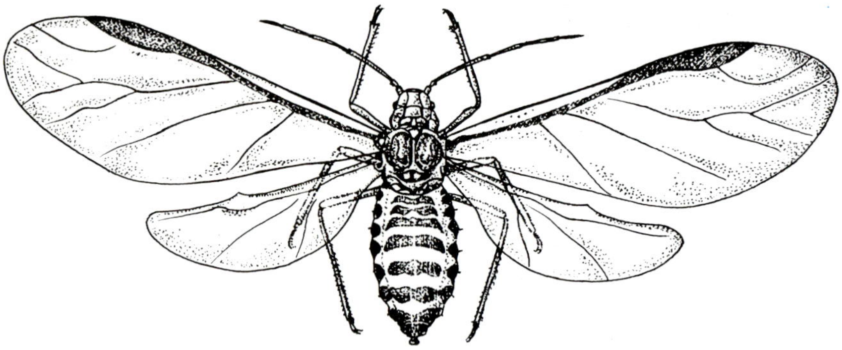

Phyllaphis fagi, femelle ailée.

1 Puceron du hêtre
Phyllaphis fagi L.
Callaphididae

Ce puceron vit sur le hêtre. Au printemps les femelles « fondatrices » *(fundatrix)* sortent des oeufs qui ont passé l'hiver. Elles sont ailées et mesurent environ 3 mm de long. En mai elles mettent au monde 50 à 80 larves qui se fixent principalement le long des nervures principales de la face inférieure des jeunes feuilles et sur les pousses. Leur corps est revêtu de longs filaments cireux blanc bleuâtre. En général elles sont présentes en grand nombre

1

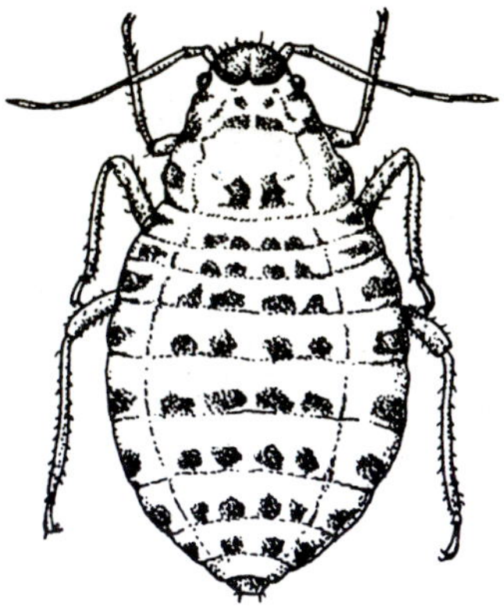

Phyllaphis fagi, femelle aptère.

et leurs excroissances cireuses leur donnent l'aspect de petites touffes de coton. En prélevant la sève elles entraînent une déformation des feuilles. Durant la période de croissance du hêtre leur nombre augmente ; elles gagnent la cime des arbres et en octobre des mâles ailés et des femelles aptères (sans ailes) apparaissent. Les premiers mesurent seulement 1,2 mm de long, les secondes atteignant 3 mm. Après la fécondation – qui a lieu jusqu'à la fin d'octobre – les femelles pondent 10 à 16 oeufs d'hiver qu'elles déposent dans les fissures de l'écorce des branches ou sur les écailles des bourgeons. Ces oeufs passent la mauvaise saison et les larves qui éclosent au printemps se transforment en fondatrices. Ainsi le cycle vital de ce puceron se déroule entre le printemps et l'automne. Cette espèce est répandue en toute l'Europe et le Proche-Orient ; elle a été emportée en Amérique du Nord.

2 *Callaphis juglandis* Goeze
Callaphididae

Cette espèce a de vives couleurs ; ainsi la femelle ailée vivipare, qui mesure 2,8 à 3 mm, a les yeux rouge vif, la tête brun noir, le thorax brun noirâtre et ses ailes membraneuses ont des nervures liserées de noir ; son abdomen jaune est orné de quatre barres transversales noires et de petits points foncés, arrondis parsèment ses flancs. En dehors de ces femelles ailées vivipares il existe aussi des femelles aptères. *Callaphis juglandis* se développe et vit à la surface des feuilles de noyer. Les pucerons se rassemblent le long de la nervure centrale des feuilles, souvent en grand nombre. *Chromaphis juglandis,* qui lui est apparenté et lui ressemble, se tient sur la face inférieure des feuilles et vit plutôt solitairement. Bien que la première de ces deux espèces soit très commune et puisse être trouvée presque partout sur les noyers cultivés, elle n'a aucune importance économique. Des fourmis l'exploitent très souvent pour en obtenir du miellat. Distribution : toute l'Europe.

Homoptères

Famille des *Aphididae* — Pucerons proprement dits

Ces pucerons ont un mode de développement très compliqué. Certaines espèces passent toute leur existence sur la même plante-hôte mais d'autres émigrent sur une espèce végétale très différente quand elles ont atteint un certain stade de développement. Beaucoup font des dégâts importants sur les arbres fruitiers, les légumes et les plantes d'ornement. Il s'agit de la plus grande famille d'aphidiens. Leur identification est souvent très difficile.

1 *Myzus cerasi* F.
Aphididae ▲

Ce petit puceron, qui ne mesure pas plus de 2 mm, est bien connu car il parasite les cerisiers et les griottiers, suçant la sève des feuilles et des pousses. Les femelles aptères et les larves de couleur noire apparaissent en premier, les femelles ailées se montrant en juin. En juillet ces dernières quittent la plante-hôte et s'installent sur toutes sortes de végétaux herbacés (gaillet, euphraises et aspérule) sur lesquels éclôt la génération suivante. Certains individus de celle-ci regagnent un cerisier en automne et c'est là que des femelles se développent. Les mâles grandissent sur des plantes herbacées et, de là, volent jusqu'aux cerisiers pour s'accoupler. Après la fécondation les femelles pondent à la fin de l'automne sur les parties ligneuses de l'arbre. Les oeufs s'ouvrent au printemps et les larves qui en sortent formeront la base de la nouvelle génération.

Ce puceron est très dangereux car il endommage la plante-hôte en absorbant la sève, en l'empoisonnant et en la recouvrant de miellat. Sur les feuilles ce dernier forme un enduit brillant, collant, sur lequel se développent des micro-organismes fongiques. En outre, les piqûres des pucerons entraînent une déformation et

1

le dessèchement des feuilles, y compris celles de la nouvelle génération. Les jeunes arbres sont particulièrement menacés par cet insecte.

Les principaux ennemis naturels de ce puceron sont les coccinelles et leurs larves (Coléoptères), les larves de mouches syrphides *(Syrphidae)*, les chrysopes *(Chrysopidae)*, les *Ichneumonidae* et *Braconidae* et les cantharides *(Cantharidae)*. *Myzus cerasi* est répandu dans le monde entier.

2 Puceron du chou
Brevicoryne brassicae L.
Aphididae ▲

Ce puceron vit et se développe exclusivement sur les Crucifères et, à la différence de mainte autre espèce, il n'émigre pas. Les femelles aptères apparaissent au début du printemps, se reproduisent très vite et en juin on observe déjà de grandes colonies sur les plantes, en particulier à la surface supérieure des feuilles et sur les tiges. Plus tard, les pucerons envahissent aussi les inflorescences. Il arrive que seize générations se succèdent au cours d'une seule période de végétation. Des femelles ailées mesurant environ 2 mm de long se montrent à la fin de juin et en juillet et se fixent sur d'autres Crucifères. Enfin, dans la seconde partie de l'automne, les femelles fécondées déposent des amas de deux à quatre oeufs dans les fentes des tiges de diverses Crucifères. Le Puceron du chou aspire les liquides de sa plante-hôte, l'empoisonne, rejette du miellat à la surface des feuilles qu'il déforme et laisse des taches jaunes sur elles. Si l'attaque est massive le chou périt. Des coccinelles (larves et imagos), des syrphes et des chrysopes (larves) ainsi que des *Braconidae*, sont les principaux prédateurs de cette espèce dont la distribution est cosmopolite.

Homoptères

Famille des *Adelgidae*

Les membres de cette famille vivent sur les conifères et surtout les épicéas. La majorité des espèces sont très petites puisque certaines mesurent moins d'un millimètre de long. Leur cycle de développement est complexe car il y a alternance de générations sexuées et asexuées et souvent aussi un changement de plante-hôte. Ces insectes passent facilement inaperçus bien que leur revêtement cireux trahisse leur présence ; en revanche, on remarque les galles qu'ils contribuent à former sur les rameaux. Plusieurs espèces font d'importants dégâts dans les forêts de conifères. Leurs effectifs sont limités par divers insectes prédateurs dont les plus efficaces sont des coccinelles (*Anatis ocellata, Aphidecta obliterata,* etc.).

1

1 Puceron du mélèze
Adelges laricis VALL.
Adelgidae ▲

En Europe, il existe plusieurs espèces voisines qu'il est très difficile de distinguer. Pour les déterminer correctement il est indispensable de connaître leur genre de vie. Le Puceron du mélèze habite dans les forêts mixtes d'épicéas et de mélèzes. Il produit des galles de forme caractéristique à la surface desquelles subsistent quelques débris d'aiguilles. Ces galles sont engendrées par les fondatrices qui mesurent environ 2,5 mm de long. Au printemps, ces femelles piquent les rameaux d'épicéa et une galle se forme à l'emplacement de la piqûre. Elles pondent près de 150 oeufs. Après leur éclosion les larves pénètrent dans les galles et y grandissent. Dans la seconde quinzaine de juin les galles s'ouvrent, les larves en sortent, muent et se métamorphosent en imagos qui émigrent sur un mélèze. La même année et l'année suivante ces adultes engendrent plusieurs générations sur le mélèze, mais le cycle prend fin à nouveau sur l'épicéa où se forme la génération de sexués (mâles et femelles). Les femelles fécondées pondent des oeufs isolés dans les crevasses de l'écorce des branches et les larves qui en sortent passent l'hiver avant de se transformer en fondatrices au printemps.

Le développement d'*Adelges tardus,* espèce voisine très semblable, se déroule entièrement sur l'épicéa et les galles s'ouvrent beaucoup plus tardivement. *Adelges laricis* est répandu dans toute l'Europe et a été entraîné en Amérique du Nord.

2

2 *Sacchiphantes abietis* L.
Adelgidae ▲

Étroitement apparenté à *S. viridis,* ce puceron lui ressemble beaucoup. Les galles de ces deux insectes ont la même forme et leurs différents stades présentent également de très fortes similitudes. Seuls leur mode de vie et leur croissance les séparent, *S.abietis* vivant seulement sur les épicéas, tandis que *S.viridis* se développe partiellement sur les épicéas et partiellement sur les mélèzes. Au printemps les fondatrices provoquent la formation de galles divisées en un grand nombre de logettes et situées à la base de jeunes rameaux d'épicéa. Elles pondent des oeufs verdâtres et, après leur éclosion, les larves se fraient un chemin dans les galles où elles poursuivent leur développement. La galle mesure 15 à 30 mm de long et est traversée par la pousse sur laquelle elle est fixée. Sa surface est finement velue et se hérisse bientôt de courtes épines. On trouve très fréquemment de nombreuses galles sur les jeunes pousses d'une même année. Les galles mûrissent en août, époque où les larves sortent de leurs chambres. Ces dernières muent sur la galle, deviennent des imagos ailés qui s'établissent sur les aiguilles pour pondre. Les larves qui sortent des oeufs passent l'hiver et deviendront des fondatrices. Distribution : l'Eurasie et l'Amérique du Nord.

Famille des *Ortheziidae* — Cochenilles

Ce sont les cochenilles les plus anciennes du point de vue évolutif. Comme les autres, elles présentent un dimorphisme sexuel très net. Si un mâle et une femelle sont placés côte à côte il faudrait être un expert pour reconnaître qu'il s'agit de membres de la même espèce.

1

1 *Orthezia urticae* L.
Ortheziidae

Cet insecte peu remuant a un étrange aspect car il est revêtu de cire blanche. Le sac ovigère, de forme tubuleuse, qui apparaît à l'extrémité de l'abdomen de la femelle pendant la période de reproduction et qui abritera les oeufs, se compose de la même substance. La femelle mesure 2,5 à 3,5 mm de long et 10 mm avec le sac ovigère. Très fragile, la cire se détache facilement du corps. Les nymphes possèdent un revêtement semblable. La femelle est toujours aptère mais le mâle a des ailes et peut parcourir de petites distances en volant. Il diffère aussi de la femelle par la possession d'yeux composés et par d'autres détails biologiques notamment son mode de développement.

Cette cochenille vit au bord des bois (notamment près de l'eau), sur les berges des rivières et des étangs, là où pousse en abondance sa plante-hôte favorite, la grande ortie. On la trouve aussi sur d'autres plantes herbacées comme les mélampyres, les stellaires, etc. Femelles et larves se tiennent principalement sur les tiges mais peuvent aussi se fixer sur les feuilles. Les mâles ont des pièces buccales très atrophiées et, durant leur brève existence, ne prennent aucune nourriture. Il n'y a qu'une seule génération par an. Les nymphes hibernent. *Orthezia urticae* est répandue dans une grande partie de la région paléarctique.

Famille des *Cryptococcidae*

Cette famille qui a été distinguée tout récemment réunit de très petites cochenilles. Les femelles sont recouvertes de fils de cire très fins.

2 *Cryptococcus fagisuga* Lindg.
Cryptococcidae ▲

Le mâle de cette minuscule cochenille (elle mesure moins d'un millimètre de long) est encore inconnu. La femelle, de couleur jaune, ne ressemble pas à un insecte mais plutôt à une toute

2

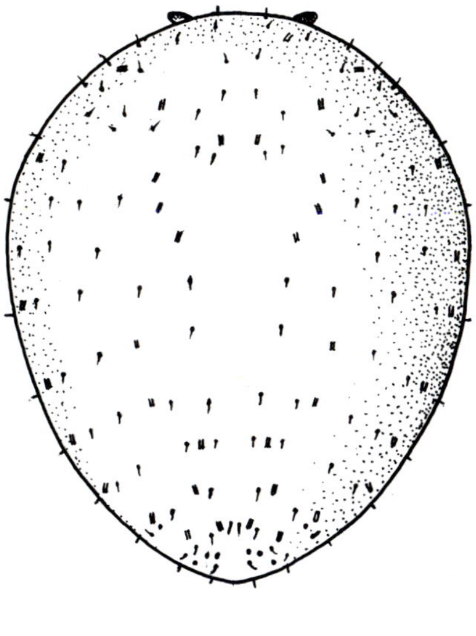

Cryptococcus fagisuga, femelle.

petite vésicule sans yeux ni ailes. Les deux premières paires de pattes manquent entièrement et la troisième est atrophiée ; il en va de même pour les antennes. Enfoncées dans les tissus de la plante, les pièces buccales restent en place et ne peuvent en être retirées, c'est l'une des raisons (l'autre étant l'absence virtuelle de membres) pour lesquelles la femelle ne peut pas se déplacer.

C. fagisuga vit dans la plupart des hêtraies jusqu'en montagne et parasite les hêtres en grand nombre. Les insectes sont entassés les uns contre les autres sur le tronc, les branches et les parties des racines situées à l'air libre ; à distance on voit les touffes blanches de leur revêtement cireux. Entre la fin de juin et celle de juillet, la femelle pond une vingtaine d'oeufs. Les larves, qui éclosent au bout de 5 ou 6 semaines, sont de très petite taille mais elles sont mobiles et c'est à ce stade que l'espèce peut coloniser de nouveaux arbres. Elles ne couvrent que de petites distances mais le vent et la pluie les entraînent plus loin. Beaucoup meurent mais les survivantes se transforment en femelles qui fondent de nouvelles générations. Il n'y a qu'une seule génération par an et les larves hibernent. *Cryptococcus fagisuga* existe dans toute l'Europe, en Asie Mineure, en Asie centrale et en Amérique du Nord.

Famille des *Diaspididae*

Groupe de petites espèces très semblables du point de vue morphologique. Les femelles, aptères, se cachent sous un « manteau » ou bouclier de cire et de chitine. Les mâles ont des ailes. De nombreuses espèces sont nuisibles.

1 *Chionaspis salicis* L.

Diaspididae

Bien qu'il s'agisse d'une espèce très commune et abondante, de nombreux entomologistes amateurs ignorent son existence. Les femelles qui ne ressemblent pas du tout à des insectes et mesurent seulement 1,5 mm, sont jaunes dans leur jeunesse puis deviennent rouges et sont revêtues pendant toute leur existence d'un bouclier de cire et de chitine. Complètement immobiles, elles ne possèdent ni membres ni yeux et leurs antennes sont réduites à de minuscules protubérances. Chez les mâles, les deux petites ailes ont une nervation très simplifiée ; ils ont des yeux, des antennes, des pattes mais pas de pièces buccales. Leur existence étant éphémère ils n'ont pas besoin de nourriture.

Chionaspis salicis est polyphage et parasite différents arbres, arbustes et arbrisseaux à feuilles caduques aussi bien en plaine

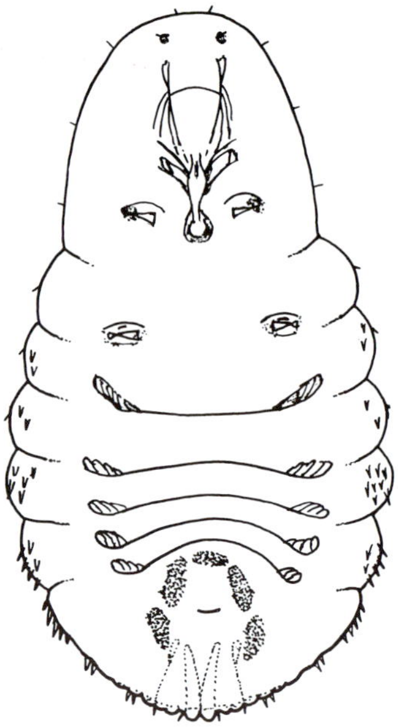

Chionaspis salicis, femelle.

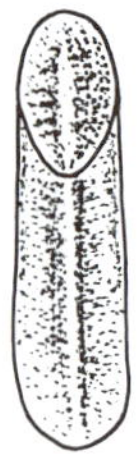

Chionaspis salicis, bouclier du mâle.

1

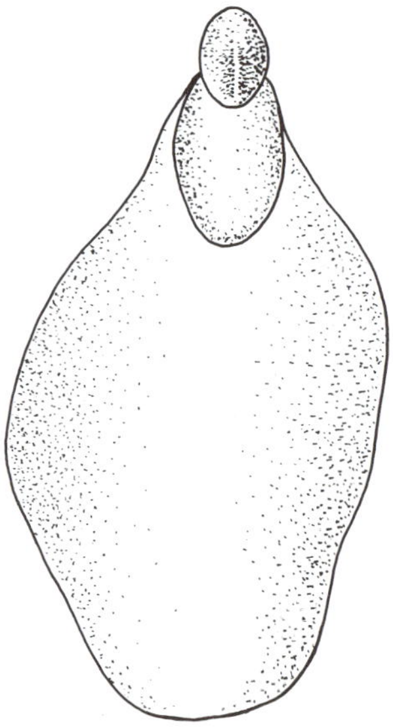

Chionaspis salicis, bouclier de la femelle.

qu'en montagne. On le trouve très communément sur les aulnes, frênes, tilleuls et myrtilles dont il attaque aussi bien les baies que les tiges. Il pullule parfois à tel point que la plante-hôte en est presque recouverte. Les femelles et les larves se nourrissent de sève qu'elles aspirent avec leur rostre. A la fin de l'été, la femelle pond sous son bouclier une soixantaine d'oeufs rouge cramoisi et meurt. Les oeufs passent l'hiver à l'abri et les minuscules larves hexapodes qui en sortent à la fin du printemps peuvent se déplacer activement. Elles marchent sur la plante puis se fixent en un endroit précis où elles muent et se transforment en nymphes immobiles, absolument incapables d'effectuer le moindre mouvement. Il est alors possible de préciser celles qui deviendront des mâles et celles qui donneront des femelles. Chez les premières le développement continue, les stades suivants étant ceux de prénymphe et nymphe chez laquelle l'ébauche des futures ailes, pattes et antennes est visible. Finalement les imagos mâles sortent de ces nymphes. Le développement des femelles est plus simple puisque l'imago sort directement de la larve. Mâles et femelles grandissent sous un bouclier protecteur produit par la larve et achevé par la prénymphe chez le mâle. Cette carapace a un aspect très différent selon le sexe. *Chionaspis salicis* est répandu dans toute la région paléarctique.

Famille des *Coccidae* — Coccides

Les femelles adultes ont un corps aplati ayant l'aspect d'un écusson ou bien elles sont convexes. Dans l'un et l'autre cas elles sont aptères alors que les mâles ont des ailes. Cette famille renferme de nombreuses espèces qui font des dégâts dans les cultures.

2

2 *Parthenolecanium corni* BOUCHÉ
Coccidae ▲

Mâle et femelle sont d'aspect très différent. En effet la jeune femelle est aplatie, d'un brun grisâtre allant jusqu'au roux avec des rayures, mais la femelle âgée gonfle, devient plus sombre et son corps se durcit. Elle mesure alors de 2,5 à 6 mm. Le mâle est jaune et a des ailes. Les femelles et les larves aspirent la sève des plantes. Polyphage, cette espèce parasite de nombreuses plantes-hôtes et est particulièrement abondante sur les robiniers et les pruniers. En mai ou juin, la femelle pond de quelques centaines à plusieurs milliers d'oeufs sous son corps et ne tarde pas à mourir; son cadavre sert d'abri aux oeufs et aux larves qui en sortent. Ces dernières se dispersent sur la plante et muent en automne avant de passer l'hiver sous forme de larves secondaires. *Parthenolecanium corni* est presque cosmopolite. Les années où elle pullule, elle cause de sérieux dégâts dans les régions où l'on cultive des arbres fruitiers.

Homoptères

Famille des *Aleyrodidae*

C'est une famille importante en raison de la complexité du développement. Les aleurodes vivent sur des plantes et le meilleur moyen de les identifier consiste à examiner le puparium, c'est-à-dire l'abri cireux produit par le dernier stade larvaire.

1 *Aleurochiton aceris* Mod.
Aleyrodidae

Cette espèce est également connue sous le nom d'*A.complanatus.* L'imago ressemble à une petite mouche blanche d'environ 2 mm de long couverte d'une poudre de grains de cire blanche, sécrétée par l'insecte et répandue sur son corps. On a davantage de chances de trouver l'abri de l'avant-dernier stade du développement, c'est-à-dire le puparium, qui mesure 1,5 mm de long et que l'on identifie assez facilement. On en connaît deux types, hivernal et estival. Le premier (visible sur la photo) est formé de cire blanche alors que celui d'été a une coloration ressemblant à celle des feuilles du voisinage.

Cette espèce se rencontre en plaine et en montagne jusqu'à la limite atteinte par les plantes-hôtes, en l'occurence les érables dont elle parasite les feuilles en aspirant la sève avec son rostre. A l'éclosion les larves se dispersent dans le feuillage et, à la fin de leur croissance, construisent le puparium d'où sortira l'imago. Ces aleurodes ont deux générations. Les pupariums d'hiver que l'on voit sur les feuilles dès le mois de juillet, tombent à terre en automne avec leur support et y restent attachés jusqu'en avril de l'année suivante. Les imagos qui en sortent engendrent la génération d'été qui se développe très rapidement. A la différence des pupariums hivernaux, ceux de l'été ne sont visibles que durant une très brève période et abritent la génération d'hiver. *Aleurochiton aceris* est répandu dans une grande partie de l'Europe.

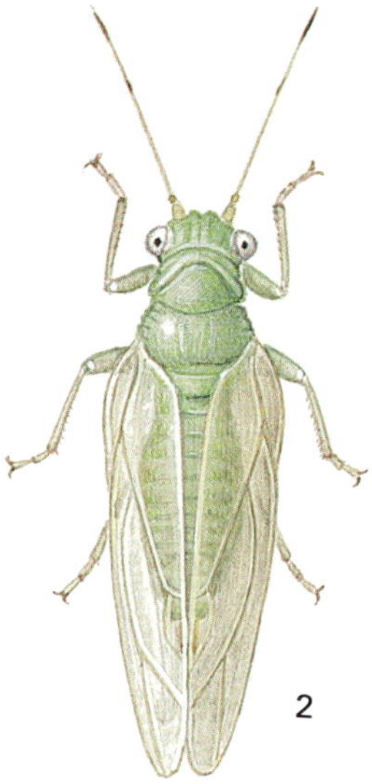

2

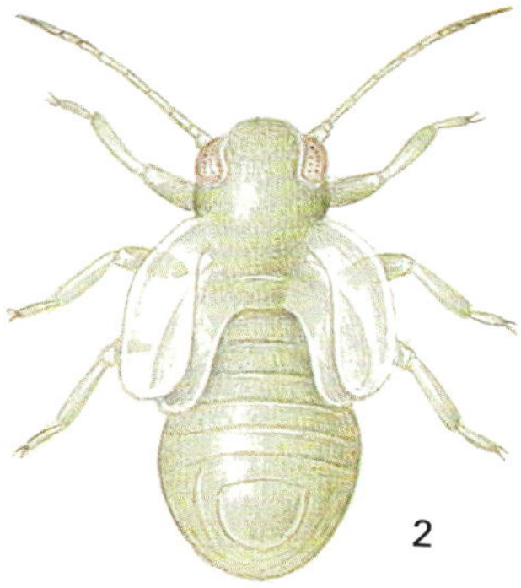

2

1

Famille des *Psyllidae* — Psylles, saltipèdes

Les membres de cette famille ont un aspect très variable. De faible taille ils vivent — souvent en groupes — sur des plantes. Les larves se trouvent à l'air libre ou dans des galles. Elles produisent une cire souvent abondante.Certaines espèces sont redoutées par les agriculteurs.

2

2 Psylle du pommier

Psylla mali SCHM.

Psyllidae ▲

Avant d'atteindre la maturité cette petite espèce (3 mm) est d'un vert vif. Au printemps, les femelles plus âgées sont jaunes puis deviennent jaune brunâtre en été, mais la face supérieure de leur abdomen est rouge bordée de noir. Les vieux mâles sont jaunâtres. Isolés ces insectes passeraient inaperçus, mais étant donné qu'en général ils vivent en groupes importants, ils attirent l'attention. On les trouve principalement sur les pommiers, dont imagos et larves absorbent la sève. En automne, les femelles pondent leurs oeufs dans l'écorce à proximité des bourgeons. Les larves qui éclosent au printemps, s'installent sur les bourgeons floraux et foliaires qu'elles recouvrent partiellement d'un enduit gluant, de miellat et de morceaux de cire. Il en résulte que les fleurs ne peuvent éclore et que les feuilles attaquées sont déformées. Étant donné qu'il peut y avoir jusqu'à 100 larves sur une seule inflorescence, les dégâts peuvent devenir considérables. Après avoir mué cinq fois, les larves gagnent la face inférieure des feuilles de pommier et se transforment en imagos qui laissent derrière eux un amas d'exuvies (dépouilles larvaires). Les imagos ne restent pas sur les pommiers, mais s'en vont sur d'autres végétaux pour quelque temps. Toutefois, en automne ils regagnent ces arbres pour pondre. Cette espèce a une seule génération annuelle.

Le Psylle du pommier est presque cosmopolite. Ses larves font des dégâts sensibles dans les vergers.

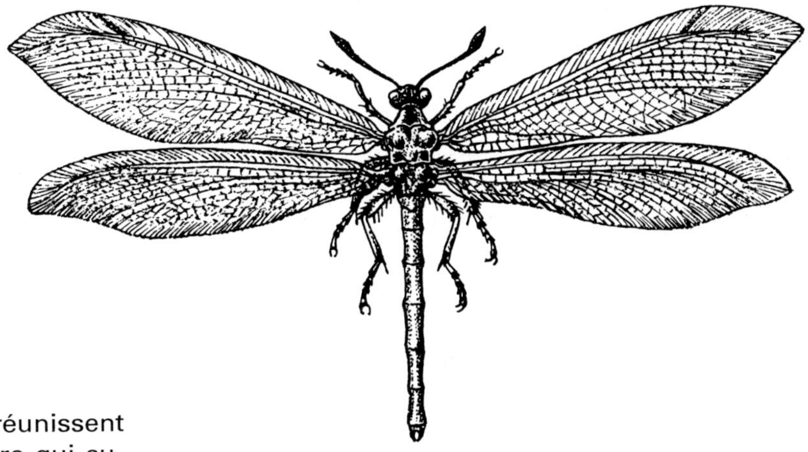

Mégaloptères — Sialis

Cet ordre et tous ceux qui lui succèdent réunissent des insectes holométaboles, c'est-à-dire qui subissent des métamorphoses complètes caractérisées par l'existence de trois stades successifs, larvaire, nymphal et imaginal. Les sialis adultes ont deux paires d'ailes membraneuses de couleur gris à brun foncé que parcourt un réseau dense de nervures foncées. Au repos ces ailes se replient en forme de toit au-dessus de l'abdomen. L'envergure des espèces européennes oscille entre 20 et 40 mm, mais chez certains sialis d'Amérique du Nord et d'Asie elle atteint 150 mm. Les larves se développent dans l'eau. Elles possèdent sur les côtés de l'abdomen sept ou huit paires de longs appendices branchiaux. Prédatrices, elles sont pourvues de pièces buccales de type broyeur avec de longues mandibules. Les quelque deux cents espèces de cette famille sont réparties de façon à peu près uniforme sur tous les continents.

Raphidioptères — Raphidies

De taille moyenne, les raphidies ont une envergure inférieure à 40 mm et sont caractérisées par leur prothorax très long et fin, leur grande tête, leurs antennes filiformes et leurs ailes transparentes, toutes membraneuses et densément couvertes de nervures noires qui rappellent celles des Névroptères. Sur le bord antérieur, près de l'extrémité des ailes se trouve une tache très visible, le ptérostigma, souvent typique pour l'espèce. Chez les femelles, le corps brillant et noir prend fin par un long ovipositeur. Le très long prothorax existe aussi chez les larves et les nymphes. Prédatrices, les larves qui ressemblent à celles des Coléoptères, se tiennent généralement sous l'écorce des arbres où elles dévorent d'autres insectes, en particulier les larves de Coléoptères xylophages. Cet ordre, peu important du point de vue numérique, est répandu dans le monde entier à l'exception de l'Australie. On connaît environ 150 espèces.

Névroptères

Ordre important dont les membres ont deux paires d'ailes membraneuses qui, généralement, ont un réseau très dense de nervures. Autrefois cet ordre comprenait les sialis et les raphidies mais selon certaines classifications les Névroptères devraient être appelés Planipennes. Les larves ont un corps épais, assez court et de longues mandibules en croissant. Très prédatrices, elles se nourrissent d'autres insectes (par exemple, des pucerons pour certaines). Les Névroptères sont un groupe très hétérogène comprenant de très petits insectes mesurant seulement 3 mm (par exemple, les *Coniopterygidae*), des espèces de taille moyenne comme les chrysopes, les extraordinaires *Nemopteridae* du sud de l'Europe aux ailes postérieures transformées en longs rubans, les grands fourmilions du genre *Palpares* dont l'envergure dépasse 200 mm et enfin les *Ascalaphidae* semblables à des papillons et les *Mantispidae* qui évoquent les mantes religieuses et qui parasitent des araignées. Les larves de certaines familles vivent dans l'eau. Cet ordre compte environ 3 000 espèces connues dans le monde mais moins de cent vivent en Europe centrale. Ce sont des insectes nettement thermophiles.

Mégaloptères – Sialis

Famille des *Sialidae*

Insectes gris noirâtre à brunâtre mesurant environ 15 mm de long et 23 à 33 mm d'envergure ; antennes filiformes, pièces buccales de type broyeur, pattes adaptées à la marche. Les ailes sont fumées, gris foncé et ont de nombreuses nervures noires. En Europe centrale cet ordre n'a que trois représentants appartenant au genre *Sialis* et très semblables les uns aux autres. *S. lutaria* est la seule espèce qui soit vraiment commune.

1 Sialis de la vase
Sialis lutaria L.
Sialidae

Les imagos sont visibles de fin avril jusqu'en juin sur la végétation riveraine où les larves se développeront ultérieurement. Les adultes volent lentement, maladroitement et, au repos, tiennent leurs ailes disposées en toit au-dessus de l'abdomen. Dans la journée, ils se posent sur les troncs, sur des pierres ou des végétaux palustres mais deviennent actifs dans la soirée sans toutefois s'éloigner jamais de l'eau. La femelle pond sous les feuilles ou des pierres de la berge et les larves gagnent l'eau rapidement. Elles préfèrent les eaux stagnantes ou lentes, séjournent sur la vase près des rives et dévorent les larves d'autres insectes (aquatiques) surtout celles des éphémères et des chironomes. Elles possèdent de puissantes mandibules et sont reconnaissables aux longs appendices branchiaux articulés et ciliés de leur abdomen, terminé par un appendice impair. Leur développement, ponctué de six à dix mues, dure deux ans. Celles qui en sont au dernier stade sortent de l'eau, se débarrassent de leurs appendices ciliés et respirent l'air à l'aide de trachées. La nymphose a lieu au printemps sous des touffes d'herbes, des pierres ou dans une souche, à une certaine distance de l'eau. La nymphe est libre (exarate), quelque peu mobile avec des membres et des ailes déjà formés. Cette espèce eurasiatique est connue dans toute l'Europe, sauf le nord de la Finlande et la Scandinavie.

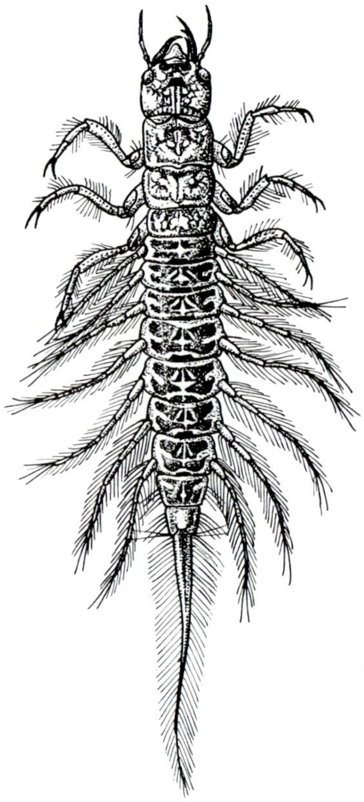

Larve de sialis (genre *Sialis*).

Famille des *Raphidiidae*

Ces étranges insectes qui mesurent 20 à 30 mm de long, ont un corps effilé, plus ou moins aplati et un prothorax allongé, des antennes très fines et des ailes transparentes, pliées en toit au-dessus de l'abdomen et parcourues par un réseau dense de nervures noires. Les fe-

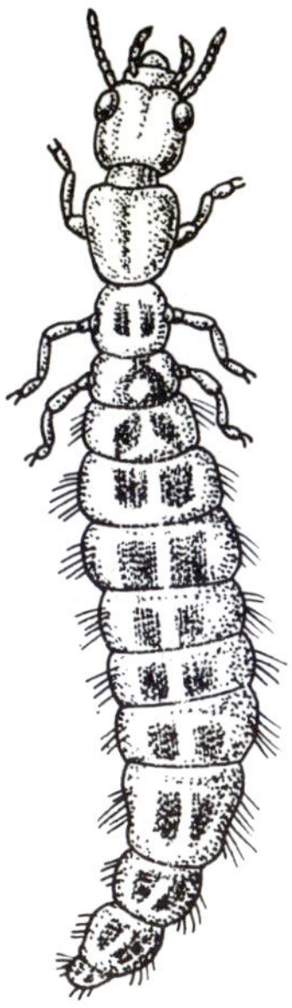

Larve de raphidie (genre *Raphidia*).

melles ont un grand ovipositeur. Les larves campodéiformes ressemblent aux imagos car elles ont aussi un prothorax allongé comme la partie postérieure de la tête. Le corps est aplati dorso-ventralement. Elles vivent sous les écorces et se nourrissent surtout aux dépens des larves d'insectes corticoles et xylophages. Une bonne dizaine d'espèces existent en Europe centrale.

2 Raphidie
Raphidia notata FABR.
Raphidiidae

Elle se distingue des autres *Raphidia* par la grande tache noire (ptérostigma) de ses ailes, qui est traversée par deux nervures. Chez *Raphidia flavipes,* également commune, le ptérostigma est brun jaunâtre ou jaune d'or.

Espèce très fréquente, n'ayant qu'une génération annuelle, la Raphidie se montre de mai au début du mois d'août. Les imagos sont actifs dans la journée et volent bien. On les trouve généralement sur les pierres, les feuilles des arbres (très souvent les chênes et les épicéas) surtout dans les lieux chauds exposés au sud. La femelle pond ses oeufs sous l'écorce des arbres.

Les larves passent deux hivers et se nymphosent au printemps à l'abri de l'écorce. Leurs pattes et leurs ailes sont libres mais pendant un certain temps elles paraissent léthargiques. Au bout d'une dizaine de jours elles rampent à l'air libre, cherchent un nouvel abri et, l'ayant trouvé, restent à nouveau immobiles jusqu'à ce que l'imago éclose. Espèce largement répandue dans les régions tempérées et froides de l'Europe mais absente du sud.

Névroptères

Famille des *Hemerobiidae* — Hémérobes

Petits insectes mesurant 15 à 20 mm d'envergure et moins de 10 mm de long. Ils ont de très larges ailes arrondies et, comme celles des chrysopes, densément nervurées. La structure des larves est typique des Névroptères. Brunes à grises elles ont un abdomen allongé, ovale, et de grandes mandibules incurvées. Elles se nourrissent essentiellement de pucerons, acariens, cochenilles et ont par conséquent une activité bénéfique. On les distingue des larves de chrysopes *(Chrysopidae)* par leur corps plus mince, moins velu et surtout parce qu'elles ne le camouflent pas avec des restes d'aliments et autres débris.

1 *Hemerobius humulinus* L.
Hemerobiidae

Espèce de 5 à 7 mm de long et 15 à 20 mm d'envergure aux grandes antennes filiformes, aux anneaux foncés et possédant une zone sombre de chaque côté du prothorax. Commune au bord des bois de feuillus, sur les coteaux couverts de buissons et dans les taillis. Les imagos volent peu et rampent sur la végétation. Il y a deux générations qui apparaissent d'avril à octobre. Les femelles déposent leurs oeufs sur des plantes et les larves se développent très rapidement : au bout de deux ou trois semaines elles se tissent un cocon dans lequel elles se nymphosent. Etant donné que leurs métamorphoses ne sont pas synchronisées dans les différentes populations, on peut en rencontrer au printemps et presque tout l'été. Distribution : holarctique (toute l'Eurasie et l'Amérique du Nord).

1

Famille des *Osmylidae*

Les membres de cette famille ont de grandes ailes tachées de brun et mesurant 40 à 50 mm d'envergure. Le corps a environ 25 mm de long. A la différence des autres Névroptères, les osmyles ont trois ocelles sur le haut de la tête. Leurs antennes sont longues et filiformes. Les pièces buccales sont hypognathes et les mandibules asymétriques. Les larves vivent au bord de l'eau, sous des pierres ou sur la végétation mouillée mais ne sont pas franchement aquatiques. Deux espèces seulement vivent en Europe.

2 Osmyle *Osmylus fulvicephalus* Scop.
Osmylidae

Les imagos ont 40 à 50 mm d'envergure. On les trouve, le plus souvent isolément, de mai à août, sur la végétation riveraine dans les lieux ombragés. Ils manifestent une préférence pour les vallées humides et encaissées. Dans la journée, ils se tiennent sur des plantes, s'éloignent à quelques mètres en volant lentement si on les dérange et se posent. C'est le soir, après le coucher du soleil, qu'ils déploient la plus grande activité. Ils sont attirés par les lumières si elles sont assez proches de leur habitat. Ils ne s'éloignent jamais des lieux où se développent les larves, c'est-à-dire les cours d'eau non canalisés entourés d'une végétation luxuriante. Prédatrices, les larves peuvent rester sous l'eau le temps de capturer celles d'autres insectes, mais elles sont incapables de nager. Après avoir hiberné, elles se nymphosent au printemps en s'enfermant dans des cocons de couleur pâle, placés sur les berges. Cette espèce est répandue dans toute l'Europe à l'exception des régions les plus septentrionales de la Finlande et de la Scandinavie. A l'est elle atteint le Caucase. On l'appelle parfois *Osmylus chrysops* dans les ouvrages anciens.

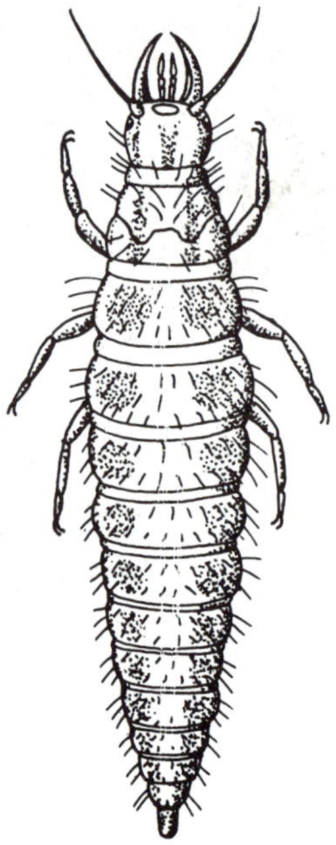
Larve de chrysope (genre *Hemerobius*).

2

Famille des *Chrysopidae* — Chrysopes

De couleur vert pâle ces insectes mesurent environ 30 mm d'envergure. Ils ont de grandes antennes filiformes, foncées et de beaux yeux à reflets d'or (chez les sujets en vie). Leur tête hypognathe porte de puissantes mandibules ; leurs ailes translucides sont traversées par un réseau très dense de nervures claires. Au repos, les ailes sont repliées en toit. Les chrysopes se ressemblent beaucoup entre elles. Les principaux caractères d'identification se trouvent dans la nervation et la couleur des ailes ainsi que dans les ponctuations de la tête et du thorax.

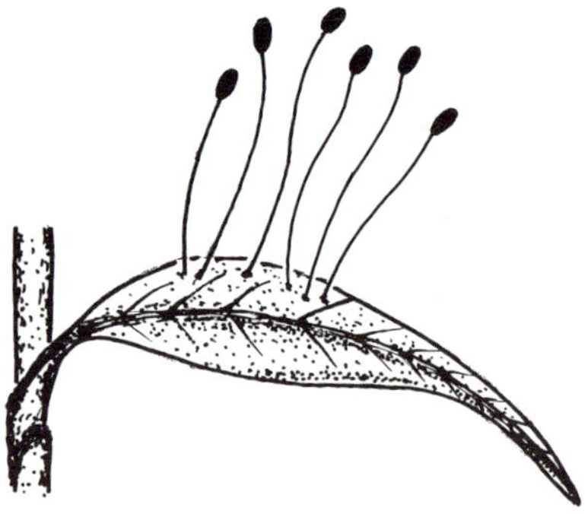

Oeufs de chrysope avec pédicelle.

1 Chrysope vulgaire
Chrysopa carnea STEPH.
Chrysopidae ■

Envergure : 25 à 30 mm. C'est l'espèce la plus commune de l'ordre. En Europe centrale les imagos se montrent presque toute l'année car il y a deux générations. Les membres de la seconde passent l'hiver et on peut les rencontrer partout ; ainsi, très souvent, ils hibernent en grand nombre dans les maisons (chambres et couloirs non chauffés), derrière les rideaux, dans les fentes des murs, etc., mais au premier soleil printanier ils s'en vont. Les oeufs sont pourvus d'un petit support très fin. Les larves sont visibles de juin au commencement d'août et celles de la deuxième génération en septembre. Leurs métamorphoses comprennent trois stades. Elles ont de grandes mandibules assez minces et, comme les imagos, se nourrissent d'autres insectes mais surtout de pucerons. Une seule larve peut détruire 300 à 400 pucerons au cours de sa période de croissance (une pullulation de pucerons entraîne rapidement une multiplication de chrysopes). Les larves se recouvrent de fragments de nourriture et d'autres débris qui leur servent de camouflage. Leur orifice anal étant fermé, elles se débarrassent de leurs excréments au moment où elles muent. La Chrysope vulgaire est répandue dans le monde entier à l'exception de l'Australie.

1

Famille des *Myrmeleontidae* — Fourmilions

Insectes surtout tropicaux et subtropicaux ayant de longues ailes étroites, transparentes, souvent pourvues de marques caractéristiques et dont les courtes antennes sont en massue.

2 Fourmilion
Myrmeleon formicarius L.
Myrmeleontidae

Cette espèce, la plus répandue en Europe, mesure de 65 à 85 mm d'envergure. Ses ailes sont transparentes, sans marques, mais avec un ptérostigma blanc près de l'extrémité. Les imagos sont visibles de juin au début de septembre. Ils sont actifs dans la soirée, volant lentement près de la terre. De prime abord, on pourrait les confondre avec les Odonates des genres *Lestes* ou

Coenagrion (Zygoptères), mais la forme de leurs antennes évite toute méprise. Ils vivent dans les endroits chauds, sablonneux ou sur les versants des vallées orientées au sud. La femelle pond dans le sable. Les larves sont plus connues que les imagos en raison de leur genre de vie et aussi parce qu'on les voit plus fréquemment. Trapues, robustes, elles sont grises ou gris brun et possèdent de longues mandibules creuses, incurvées, avec lesquelles elles aspirent les liquides internes de leurs proies (d'autres insectes). De septembre au début de l'été, elles vivent au fond de petits entonnoirs creusés dans le sable, attendant le passage d'une victime (surtout des fourmis). Ces larves sont très agiles et si on les retire de leur trou, elles se déplacent en avant ou en arrière rapidement et de façon saccadée. Si un insecte tombe dans l'entonnoir, le Fourmilion projette du sable avec sa tête, ce qui accélère la chute de la proie. La larve passe l'hiver et au printemps se nymphose dans un cocon qu'elle recouvre de ses excréments et de grains de sable. Cette espèce habite les contrées froides et tempérées de l'Europe et de l'Asie mais fait défaut sur les îles Britanniques.

2

2

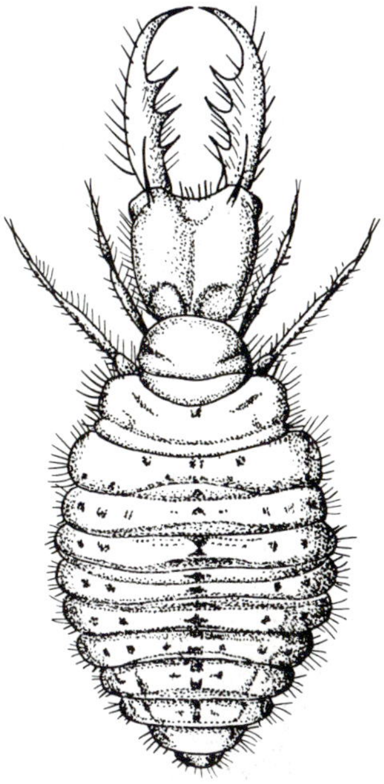

Larve de Fourmilion (genre *Myrmeleon*).

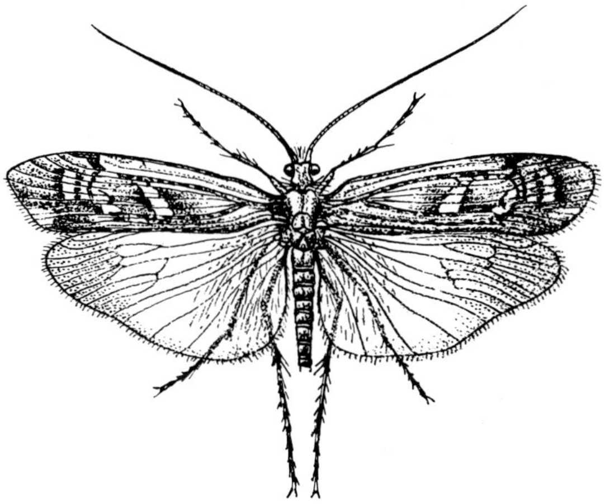

Mécoptères — Panorpes ou mouches-scorpions

Le caractère le plus remarquable des panorpes est la forme de leur tête prolongée en un rostre plus ou moins vertical au bout duquel se trouvent les pièces buccales. Quand les ailes sont présentes, les deux paires sont membraneuses, avec une base étroite et généralement des marques typiques de l'espèce. Les espèces brachyptères et complètement aptères sont également nombreuses. Larves et imagos sont généralement omnivores, se nourrissant de débris végétaux, de substances organiques en décomposition et d'animaux. Les larves, de type éruciforme, ressemblent à des chenilles et parfois à celles des Coléoptères. Outre les trois paires de pattes thoraciques elles possèdent souvent des fausses pattes bien développées. Elles vivent dans la litière de feuilles mortes ou dans la terre. Les panorpes européennes font partie de trois familles. En dehors des *Panorpidae* et des *Boreidae* (illustrés ici), la famille des *Bittacidae* réunit des espèces qui par leurs dimensions et leur aspect ressemblent aux tipules (*Tipulidae,* Diptères), tout en ayant la tête à angle droit et le rostre des autres panorpes ainsi que deux paires d'ailes (les tipules en ont seulement une paire). Au total on connaît environ 350 espèces de Mécoptères, dont neuf vivent en Europe centrale.

Trichoptères — Phryganes

A première vue les phryganes évoquent de tout petits papillons assez pâles (la plus grande espèce atteint 60 mm d'envergure). Leurs ailes ainsi que leur corps et ses appendices sont recouverts de poils très fins et ce détail leur a valu leur nom (en grec *trichos* = poil et *pteron* = aile). Les poils colorés des ailes dessinent des motifs particuliers, généralement typiques de l'espèce mais les phryganes sont généralement grises ou brunes, de couleur unie et leurs ailes sont plus ou moins fumées. La longueur des antennes filiformes et le nombre d'éperons des tibias sont des caractères distinctifs des espèces. Bien que les pièces buccales soient de type broyeur, elles sont utilisées pour sucer et aspirer. Les phryganes absorbent les liquides de végétaux palustres. Ce sont des insectes essentiellement crépusculaires et nocturnes ; la nuit ils sont très souvent attirés par les lumières. Les larves sont aquatiques, ont des pièces buccales broyeuses et sont prédatrices ou phytophages. A l'aide de la sécrétion de glandes labiales, les unes construisent des pièges (filets) pour capturer leurs proies, ce sont les larves dites campodéiformes ; les autres (larves éruciformes) se préparent un fourreau de soie qui les protège ; elles le revêtent de matériaux variés d'origine organique ou non (morceaux de feuilles, brindilles, grains de sable). L'aspect de ces fourreaux est propre à chaque espèce de sorte que l'on peut déterminer celle-ci d'après son abri. Les larves se nymphosent à l'intérieur ou dans un cocon, dans l'eau. Les nymphes (libres) sont très mobiles. Les phryganes sont adaptées à la vie dans les eaux douces, stagnantes ou vives. On en connaît plus de 3 000 espèces dans le monde et plus de 250 vivent en Europe centrale.

Mécoptères

Famille des *Panorpidae* — Panorpes, mouches-scorpions

Insectes de taille moyenne et ayant environ 30 mm d'envergure. Tête prolongée par un rostre pourvu de pièces buccales de type broyeur. Les ailes, étroites et longues, s'élargissent un peu à l'extrémité et portent des taches brunes ou noires caractéristiques. Audelà du sixième segment, l'abdomen se rétrécit brusquement : chez les femelles il porte un ovipositeur et chez les mâles, un gros appareil copulateur évoquant la « queue » d'un scorpion car il est recourbé. Les panorpes volent mal. Elles s'accouplent à terre après avoir effectué des « danses » nuptiales. Les larves éruciformes ont trois paires de pattes thoraciques et huit paires de fausses pattes. On les trouve sous les feuilles mortes ; comme les imagos elles se nourrissent de substances organiques en décomposition (plantes et petits insectes). Elles se nymphosent dans une galerie souterraine et les nymphes ont des appendices libres. On connaît environ 150 espèces de panorpes dans le monde ; cinq vivent en Europe centrale et six en France.

1 Panorpe commune
Panorpa communis L.
Panorpidae

Cette espèce mesure 25 à 35 mm d'envergure. La tête est noire sauf le rostre brun, le thorax noir est tacheté en plus clair sur la face dorsale. Les taches brun noir des ailes translucides sont formées de marques souvent réunies. La raie transversale n'est pas divisée en points et va directement au bord postérieur de l'aile. Les imagos sont communs presque partout de mai jusqu'en août ou au début de septembre. Ils préfèrent les lieux humides et sont fréquents dans les prairies, les fourrés, les sous-bois, les parcs et les jardins. Espèce européenne et sibérienne présente jusque dans le nord de la Finlande et en Scandinavie.

1

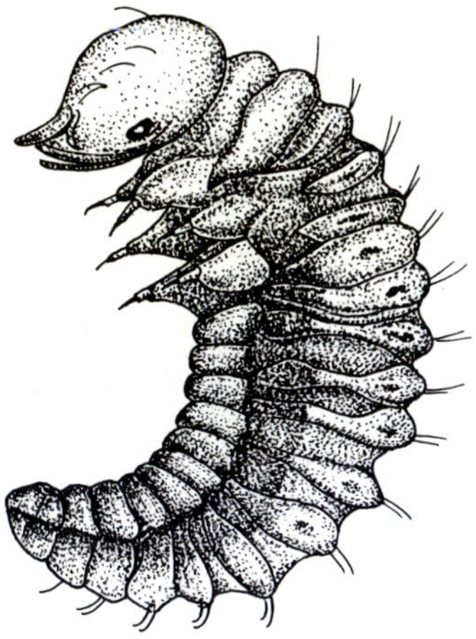

Boreus hiemalis, larve.

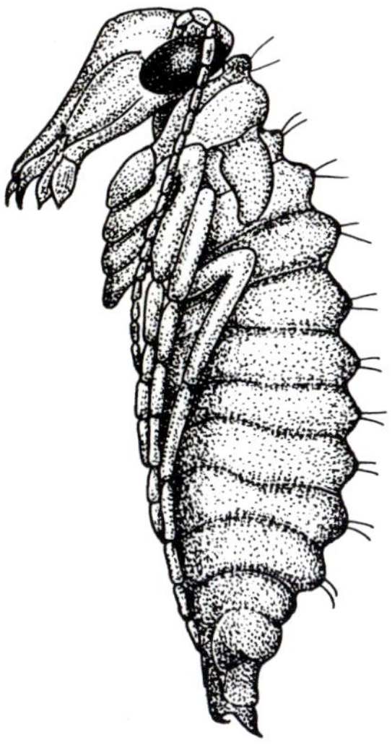

Boreus hiemalis, nymphe.

Famille des *Boreidae* — Bories

Petits insectes, mesurant 2 à 5 mm de long. Ils ont un grand rostre, de longues antennes filiformes et de gros yeux composés. Chez les femelles aptères l'ovipositeur est épais ; leurs ailes sont remplacées par de petites écailles. Les ailes des mâles sont transformées en organes crochus, utilisés pour maintenir la femelle pendant l'accouplement. Les pattes sont grêles et celles de la paire postérieure, plus longues que les autres, sont utilisées pour sauter. Les bories vivent en hiver, depuis la fin de l'automne jusqu'au début du printemps. Ils bondissent souvent sur la neige et simulent la mort s'ils sont menacés. Phytophages, ils se nourrissent surtout de mousse. Les larves ressemblent à celles des Coléoptères. Les nymphes ont des appendices libres et rament à l'air libre peu avant l'époque où les imagos éclosent. Une quinzaine d'espèces de l'unique genre *Boreus* sont connues dans la région holarctique.

2 *Boreus hiemalis* L.

Boreidae

Le mâle mesure 2,5 à 3,5 mm et la femelle de 4 à 5 mm. Tous deux ont le corps brun, assez fortement chitinisé, à reflets métalliques. La tête et l'abdomen sont bronzés, le thorax étant plus foncé. Les imagos apparaissent entre octobre et début avril. En hiver ils restent actifs aux températures supérieures à 0 °C, mais périssent s'il fait plus de 20 °C. Ils s'accouplent au début de l'hiver ; les oeufs sont pondus dans la mousse et les larves éclosent au début d'avril. Elles s'enfoncent d'abord dans la terre et vivent sur de petites racines ; elles passent l'hiver et se nymphosent en septembre de l'année suivante.

Cet insecte vit dans le nord et le centre de l'Europe ; il manque dans le sud et la région méditerranéenne. Deux espèces semblables, également actives en hiver, existent en Europe centrale. Ces insectes vivent aussi en France.

2

Trichoptères – Phryganes

Famille des *Phryganeidae*

Grands insectes atteignant 60 mm d'envergure. Les ailes antérieures sont généralement beaucoup plus sombres et fortement tachetées. Les antennes épaisses sont plus longues que le corps. Chez les larves (appelées « porte-bois »), sub-éruciformes, la tête forme un angle obtus avec l'axe du corps. Avec des fragments de plantes disposés en spirale ou en anneaux, les larves se construisent un fourreau atteignant 60 mm de long. Le notum de leur premier segment thoracique est fortement chitinisé, alors que les deuxième et troisième sont mous. Ces larves aquatiques sont prédatrices. Elles se nymphosent dans leur fourreau. La famille des *Phryganeidae* comprend un peu plus de cent espèces, dont une dizaine vivent en Europe centrale.

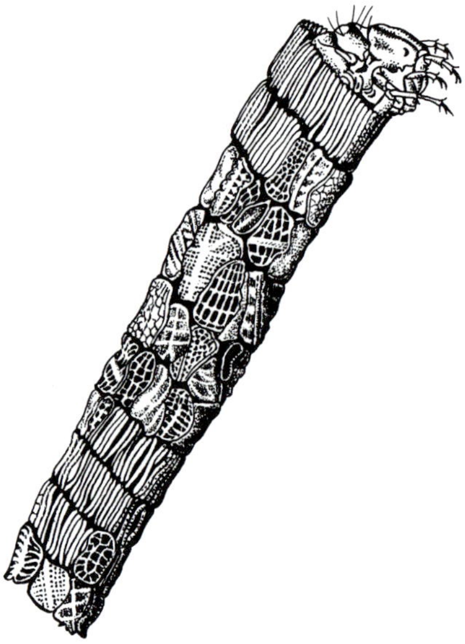

Fourreau d'une larve de phrygane du genre *Phryganea.*

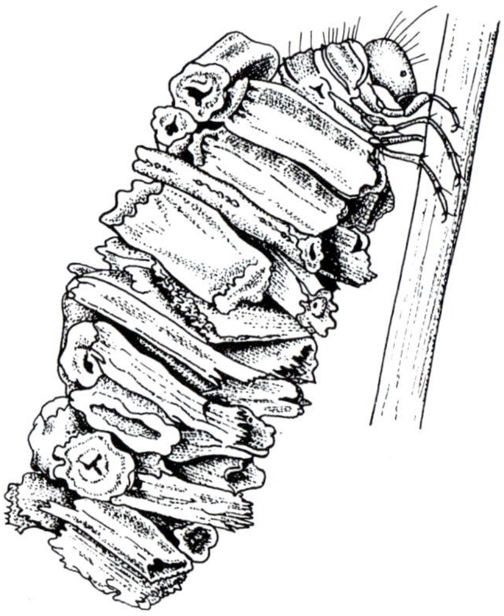

Fourreau d'une larve de phrygane du genre *Limnephilus.*

1 *Phryganea grandis* L.
Phryganeidae

La plus grande espèce d'Europe occidentale et centrale, avec 40 à 60 mm d'envergure et 15 à 20 mm de long. Les ailes antérieures sont grises, tachetées de brun, avec un réseau plus clair ; les postérieures sont d'un brun grisâtre. Les imagos se montrent surtout en mai et juin. Dans la journée, ils se reposent sur les troncs d'arbres, des pierres ou la végétation herbacée et entrent en activité après le coucher du soleil. Ils s'approchent souvent des lumières. La larve atteint 30–40 mm de long. Sa tête jaune clair est striée de lignes brun rougeâtre. Elle édifie un fourreau cylindrique recouvert de débris végétaux (surtout des joncs). Elle vit dans les eaux stagnantes, est carnivore et peut dévaster le frai des poissons. Commune dans toute l'Europe, cette espèce atteint la Finlande au nord.

Famille des *Limnephilidae*

Très vaste famille comprenant à la fois des insectes de grande et faible taille, aux ailes généralement fumées, sans marques distinctives, mais ayant de longues antennes filiformes. La tête des larves éruciformes est perpendiculaire à l'axe longitudinal du corps ; sur la face inférieure de son prothorax la larve possède une protubérance conique. Le notum des deux premiers segments thoraciques est fortement chitinisé, le troisième a trois plaques chitineuses. La première paire de pattes est plus courte que les autres. Les larves se nourrissent de substances végétales et se cachent dans un fourreau de forme et dimensions variables. Elles fréquentent les eaux de toute nature, en plaine et en montagne. Le fourreau est recouvert de fragments de végétaux, grains de sable, coquilles de mollusque, débris divers. Sur les quelque 800 espèces connues, plus de 90 vivent en Europe centrale.

2

2 *Limnephilus rhombicus* L.
Limnephilidae

Phrygane roussâtre mesurant 10 à 17 mm de long et 30 à 45 mm d'envergure. Ses antennes filiformes sont presque aussi longues que ses ailes. Les ailes antérieures sont brun clair, translucides, avec des marques brun foncé indistinctes. Les pattes sont brunes. Espèce abondante partout près de l'eau, entre mai et août. Les larves dépassent 20 mm de long ; leur tête brun brillant porte des rayures foncées. Le fourreau, irrégulier, assez épais, est recouvert de débris de plantes disposés de façon désordonnée. Les larves sont très communes dans les eaux boueuses à végétation riche, mais vivent aussi près des berges des ruisseaux et des petites rivières. Elles existent même dans les mares qui se dessèchent en été. Espèce holarctique présente dans toute l'Europe et en Sibérie, y compris en Finlande et en Scandinavie, en Asie centrale et en Amérique du Nord.

Lépidoptères — Papillons

Avec les Coléoptères, les Lépidoptères sont l'un des ordres d'insectes les plus riches en espèces et sont très recherchés par les collectionneurs. Leurs couleurs et leurs dessins, la diversité de leurs formes et la facilité avec laquelle on peut, en général, les élever, expliquent l'intérêt qu'ils suscitent chez de nombreux amateurs. Les Lépidoptères ont deux paires d'ailes membraneuses généralement revêtues d'écailles imbriquées qui sont, en fait, des poils aplatis et dilatés. Les poils d'origine sont remplis d'air ou de pigments mais les couleurs les plus vives résultent de la diffraction de la lumière et du micro-relief des écailles. Certains Lépidoptères ont des ailes plus ou moins translucides et nues alors que chez d'autres elles sont atrophiées ou même absentes, cas des femelles de *Psychidae,* de certains *Geometridae* et *Lymantriidae.* Selon la façon dont les ailes antérieures et postérieures sont couplées on distingue trois types de Lépidoptères : le type jugate réunit les espèces possédant à la base du bord postérieur de l'aile antérieure un lobe ou joug *(jugum)* qui la relie à la surface de l'aile postérieure. Dans le type frénate, une ou plusieurs soies raides (frein, ou *frenulum*) situées à la base du bord antérieur de l'aile postérieure se placent sous un ensemble de poils *(retinaculum)* sur le dessous de l'aile antérieure. Enfin, dans le type amplexicaule les ailes antérieures et postérieures sont réunies par la pression exercée par la base du bord antérieur de l'aile postérieure sur l'autre aile.

Seuls les papillons les plus primitifs ont des mandibules et des mâchoires fonctionnelles et vivent principalement sur les lichens et les mousses. Chez la plupart, les pièces buccales sont transformées en une longue trompe spiralée à l'aide de laquelle les papillons aspirent leurs aliments liquides (surtout le nectar des fleurs). Dans certains groupes la trompe est atrophiée et les insectes ne mangent rien. Les chenilles (larves des Lépidoptères) ont trois paires de pattes thoraciques relativement peu développées, généralement quatre paires de fausses pattes abdominales et, à l'extrémité de l'abdomen, une paire de pattes « anales ». Les fausses pattes peuvent manquer (sauf la dernière paire) comme chez les géomètres et chez les chenilles mineuses elles n'existent plus. Les chenilles ont des pièces buccales broyeuses et se nourrissent principalement de feuilles mais aussi de tiges, racines, fruits, d'aliments humains, de textiles et de fourrures. Certaines font d'importants dégâts dans les maisons et c'est surtout dans les cultures, les vergers et les forêts que leur activité déprédatrice peut devenir spectaculaire si elles pullulent. L'époque où la Nonne anéantissait des forêts de conifères dont le bois servait de matériau de construction ou de combustible, n'est pas très éloignée.

On divise l'ordre des Lépidoptères en quatre sous-ordres, en prenant comme critères la structure des pièces buccales, celle de l'orifice génital des femelles et la nervation des ailes. Pour des raisons pratiques on peut aussi distinguer les Macrolépidoptères (papillons de jour et grands papillons de nuit) et les Microlépidoptères (petits papillons nocturnes) ou encore les papillons diurnes (Rhopalocères) et les papillons nocturnes (Hétérocères). Au total, le nombre d'espèces est évalué à 150 000 dans le monde dont 4 750 au moins vivent en France.

Lépidoptères

Famille des *Hepialidae* — Hépiales

Groupe de papillons nocturnes très primitifs dont les deux paires d'ailes ont la même forme, la même taille et la même nervation. On les place dans le sous-ordre des Homoneures. Le système de couplage des ailes est lui aussi archaïque et comporte un joug (sur l'aile antérieure) qui maintient l'aile postérieure en place (Jugates). Les plus petites espèces mesurent seulement 20 mm d'envergure, les plus grandes (en Australie) atteignant 230 mm. Toutes sont dépourvues de trompe. Les chenilles vivent dans la terre et mangent des racines; leur développement est très long puisqu'il exige parfois plusieurs années. La coloration des quelque 4 000 espèces est généralement terne. La majorité des hépiales vivent en Australie et une dizaine seulement existent en Europe.

1

1 Hépiale du houblon
Hepialus humuli L.
Hepialidae

C'est le plus grand représentant européen de la famille. Le mâle a une envergure de 40 à 50 mm et des ailes de couleur blanc argenté uni sauf les nervures plus foncées ; chez la femelle l'envergure atteint 70 mm et les ailes sont jaune ocre avec deux lignes obliques rouge brique — généralement interrompues — sur la première paire. Le papillon vole en juin et en juillet, plus tard encore en montagne. Il fréquente différents habitats mais on le trouve surtout dans les paysages dégagés, aux altitudes basses ou fortes, de préférence sur les contreforts des montagnes. Les mâles déploient leur activité maximale au coucher du soleil et voltigent au-dessus de la végétation à la recherche des femelles qui viennent d'éclore. Celles-ci sont peu mobiles, toutefois elles pondent en volant lentement tout près de la terre et laissent tomber un grand nombre d'oeufs (parfois plus de 1 000). Les chenilles séjournent deux ans dans la terre, se nourrissant de racines de diverses plantes herbacées et d'arbrisseaux. Quand elles sont nombreuses elles peuvent endommager le houblon. Elles n'atteignent pas leur taille maximale avant leur second hiver et se nymphosent au printemps suivant. Cette espèce est largement répandue en Europe et en Sibérie.

1

2

Famille des *Adelidae*

Petits papillons de 7 à 20 mm d'envergure, à grandes antennes fines dont la longueur dépasse celle des ailes antérieures (chez le mâle elles sont plusieurs fois plus longues). Les deux paires d'ailes diffèrent en ce qui concerne la forme, les dimensions et la nervation (sous-ordre des Hétéroneures). Les papillons volent dans la journée en essaims denses ou isolément près de la terre. Leurs ailes sont généralement agrémentées de couleurs métalliques. Les chenilles commencent par creuser des galeries dans les feuilles après quoi elles s'enfoncent dans le sol où elles s'entourent d'une capsule. Près de la moitié des 250 espèces connues vivent dans la région paléarctique et environ 25 en Europe.

2 *Nemophora degeerella* L.
Adelidae

Envergure : 16 à 21 mm. Très longues antennes dont la moitié antérieure est noire, l'autre étant blanche. Chez la femelle, elles sont à peu près deux fois plus longues que les ailes antérieures (voir illustration) et chez les mâles jusqu'à cinq fois plus. Les ailes antérieures sont jaune d'or métallisé, leur tiers distal portant une rayure jaune. Les ailes postérieures sont d'un brun grisâtre uni. Les papillons se montrent en mai et juin, surtout en plaine, dans les bois clairsemés de feuillus, les taillis, dans les lieux humides et souvent près des ruisseaux et des fossés. Par les journées chaudes et ensoleillées, ils sont actifs presque toute la journée, volant en petits groupes au-dessus de la végétation et paraissant suspendus à leurs longues antennes filamenteuses dressées. Les chenilles vivent depuis l'été jusqu'au printemps suivant où elles minent les feuilles d'anémone sylvie ; ultérieurement elles s'enfoncent dans la terre, abritées dans une capsule. Cette espèce est largement répandue dans la zone des forêts de feuillus d'Europe, sauf dans le nord ; à l'est elle atteint le Caucase.

Lépidoptères

Famille des *Zygaenidae* — Zygènes

Groupe de papillons d'aspect assez uniforme, ayant une envergure de 20 à 40 mm et des ailes assez étroites mais tachetées de façon très variable ; l'abdomen est épais et les antennes sont longues, fusiformes ou en massue. Les papillons volent de jour maladroitement. Avec leur trompe bien développée ils aspirent le nectar des fleurs. Les chenilles, courtaudes, ont cinq paires de fausses pattes ; elles sont vivement colorées et recouvertes de tubercules. Elles se nymphosent dans un cocon allongé et mince. Avec environ 1 000 espèces dont 35 existent en France, cette famille réunit les procris *(Adscita)* et les zygènes *(Zygaena)*.

1 Procris
Adscita statices L.
Zygaenidae

Cette espèce est la plus commune du petit groupe des procris (ancien nom de genre), qui mesurent de 22 à 28 mm d'envergure. Les ailes antérieures sont vertes et lustrées (parfois bleues ou teintées d'or), les postérieures étant uniformément grises. Ce Procris est fréquent dans les prairies humides, sur les coteaux fleuris, à la lisière des bois et dans les chemins forestiers jusqu'à 1 000 m d'altitude. Diurne il se pose sur les fleurs, les feuilles des graminées et autres plantes herbacées. Quand on le dérange il s'envole pour se reposer aussitôt. Il vole de juin à août (dans les régions chaudes à partir de mai). La femelle pond toujours plusieurs oeufs sur une plante-hôte, généralement une oseille. Les chenilles, grises ou blanc verdâtre, ont deux raies jaunes dorsales, une autre latérale et des tubercules jaunes ou bruns. Elles passent l'hiver et, à la fin du printemps suivant, se nymphosent dans un cocon blanchâtre fixé sur la plante-hôte. Cette espèce existe dans presque toute l'Europe et atteint l'Oural à l'est.

1

2

2 Zygène du lotier
Zygaena loti D. et S.
(= *achilleae* ESP.)
Zygaenidae

Le papillon mesure 27 à 30 mm d'envergure. Ses ailes antérieures sont bleu noirâtre à vert grisâtre et marquées de cinq taches rouges plus ou moins confluentes. Les ailes postérieures sont rouges avec, le plus souvent, un liseré noir. Il existe aussi des sujets aux ailes grises ou jaunâtres. Le papillon vole de juin à août au-dessus des coteaux ensoleillés, herbus et fleuris, des chemins forestiers et des clairières ainsi que sur les lisières. Il est également fréquent sur les talus secs, les tas de pierres et dans les terrains calcaires et arides. On le rencontre dans la journée, volant lentement et maladroitement ; le vent l'entraîne souvent sur de longues distances.

La chenille est verdâtre et trapue. Elle porte une ligne dorsale blanchâtre et des taches noires ; en outre un trait jaune orne chacun de ses anneaux. L'été, elle se tient sur le lotier, l'astragale, la coronille et d'autres Légumineuses, hiberne et reparaît sur ces plantes-hôtes au printemps suivant. Elle se nymphose dessus, dans un cocon blanchâtre et soyeux. Dès l'éclosion, l'imago abandonne l'enveloppe brune de la chrysalide qui sort à moitié du cocon. Distribution : les régions tempérées et chaudes de l'Europe. A l'est, jusqu'au Moyen-Orient et à l'Altaï.

Lépidoptères

1 *Zygaena ephialtes* L.
Zygaenidae

Cette zygène, l'une des plus grandes espèces européennes (envergure : 30 à 40 mm) a des marques colorées très variables. En général, les deux paires d'ailes sont noires; les antérieures ont quatre taches blanches et près de leur base deux autres roses ou rouges; toutefois la plus externe des taches blanches manque souvent et les taches internes peuvent être jaunes et non pas rouges. Les ailes postérieures ont une petite tache blanche sur le bord antérieur, près de l'extrémité. Cependant, chez certains individus, toutes les taches des ailes antérieures sont jaunes ou rouges et ceci peut être associé à un changement de coloration des ailes postérieures qui sont alors complètement jaunes ou brun jaunâtre avec un liseré noir, ou encore rouge foncé. En outre, il existe toutes sortes de variantes intermédiaires. Les antennes sont blanches à l'extrémité et l'abdomen porte une bande rouge.

Le papillon, qui vole de juin à août, est particulièrement répandu dans les régions calcaires. Il est souvent localisé mais quand l'habitat lui convient il est abondant. On l'observera sur les coteaux rocailleux, ensoleillés, au voisinage des carrières, sur les pentes herbeuses et aussi en montagne, dans les clairières des forêts, le long des sentiers et sur la végétation proche des torrents. Il se montre la journée mais vole lentement et gauchement.

La chenille est visible en été principalement sur le thym, le trèfle et la coronille. Elle hiberne et ne se montre à nouveau qu'en juin de l'année suivante. Courte, épaisse, elle est jaune avec des points noirs et des touffes de poils clairs ou verdâtre avec une ligne dorsale noire. Elle s'enferme dans un cocon allongé, soyeux, d'un blanc argenté. Distribution : régions tempérées de toute l'Eurasie.

1

1

1

2 Zygène de la filipendule
Zygaena filipendulae L.
Zygaenidae

Le papillon mesure 30 à 38 mm d'envergure. Le plus souvent il a les ailes antérieures d'un bleu noirâtre avec des reflets métalliques et trois paires de taches rouges arrondies ; les ailes pos-

2

térieures sont rouge cramoisi avec un liseré noir. Bien qu'il soit moins polymorphe que *Zygaena ephialtes,* on a décrit un certain nombre de variantes et d'aberrations chez lesquelles on note que les taches rouges des ailes tendent à se souder. Cette zygène est la plus commune du genre en Europe centrale ; elle se montre de juin à septembre en plaine et en montagne jusqu'à 2 000 m. Elle fréquente steppes et forêts mais préfère les prairies humides et les collines richement fleuries. On trouve la chenille dès la fin de l'été sur la coronille, le trèfle, le plantain, l'épervière et d'autres plantes herbacées. Sa coloration ne varie pas (elle est jaune d'or avec deux rangées de grandes taches noires sur le dos et de plus petites sur les flancs) et diffère nettement de celle des autres zygènes. Elle hiberne et se nymphose à la fin du printemps dans un cocon soyeux de couleur jaunâtre. Distribution: dans toute l'Europe et à l'est jusqu'en Asie centrale.

Famille des *Psychidae* — Psychides

Le développement et la morphologie de ces papillons sont tout à fait originaux. Les mâles, petits, bruns ou gris, sont généralement très velus et ont des antennes pectinées ; en outre leurs ailes ont peu d'écailles. Volant très bien, ils sont souvent actifs le jour. Les femelles sont aptères, leurs antennes et leurs pattes sont atrophiées et elles n'ont ni trompe ni yeux. Elles restent dans le fourreau où elles s'étaient transformées en chrysalides. Les chenilles vivent dans ces abris qui sont recouverts de sable, aiguilles de conifères ou feuilles mortes et dont l'aspect varie selon l'espèce comme chez les phryganes (Trichoptères). Elles ne quittent pas ce fourreau et rampent à l'aide de leurs pattes qui en sortent ainsi que la tête et le thorax. Leur corps est mou et elles sont dépourvues de fausses pattes. A l'éclosion, la femelle ne quitte pas son abri, y est fécondée par le mâle et pond à l'intérieur ou dessus. Les psychides se reproduisent quelquefois parthénogénétiquement mais les oeufs non fécondés ne donnent que des femelles. On connaît environ 800 espèces dans le monde, plus de trente vivent en Europe centrale et quarante-cinq en France.

1

1 *Apterona crenulella* Bruand, forme *helix*
Psychidae

Seules les femelles parthénogénétiques (forme *helix*), qui ne sortent pas de leur fourreau après l'éclosion, vivent dans les régions tempérées d'Europe centrale. Enroulé en spirale, le fourreau ressemble à une petite coquille d'escargot ; la chenille le recouvre de sable et de terre. Les mâles ailés n'existent que dans le sud de l'Europe. De mai à juillet, les imagos se montrent partout sauf en montagne. Ils se tiennent sur les plantes basses ou les arbres fruitiers. La femelle pond jusqu'à 30 oeufs et, dès leur éclosion, les chenilles creusent des galeries dans des feuilles, puis elles se fabriquent un fourreau de soie. Elles passent l'hiver dans leur abri fixé à un tronc d'arbre ou à un piquet et se nymphosent au printemps. Cette espèce existe dans toute l'Europe sauf le nord ; à l'est elle atteint l'Asie centrale.

2

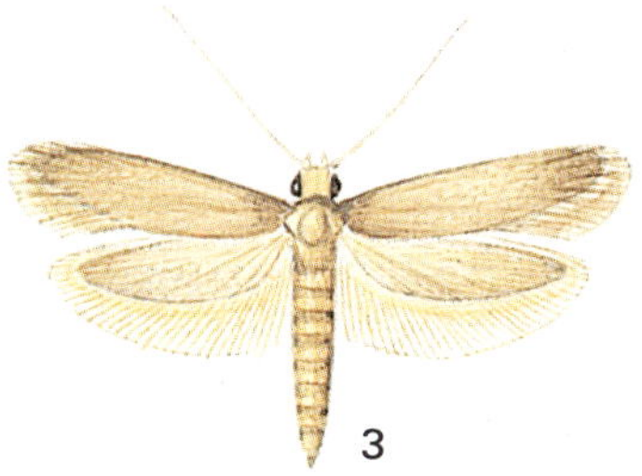

3

3

3

Famille des *Tineidae* – Mites

Petits papillons mesurant de 10 à 25 mm d'envergure. Les ailes des deux paires sont lancéolées, les postérieures étant pourvues d'une large frange. La tête est couverte de poils. La trompe est rudimentaire. Les chenilles vivent dans des substances végétales ou animales et certaines font beaucoup de dégâts. Au total on connaît environ 2 000 espèces dont une cinquantaine vivent en Europe centrale.

2 Mite des tapis
Trichophaga tapetzella L.
Tineidae ▲

L'un des plus grands papillons domestiques puisqu'il mesure de 14 à 24 mm d'envergure. Le tiers basal des ailes antérieures est d'un brun noirâtre, l'extrémité étant blanc jaunâtre. Les ailes postérieures sont uniformément grises. Cette mite vit dans les maisons pendant la belle saison. Dans les habitations non chauffées, elle a deux générations annuelles et trois dans celles qui le sont, ainsi que dans les magasins. On la trouve dans les fourrures, les vêtements de laine et de coton, les tapis et les tapisseries, derrière les papiers peints et dans les restes d'animaux tels que morceaux de peau et plumes, etc. Son développement est identique à celui d'une autre espèce redoutée, la Mite des vêtements (*Tineola bisselliella* – **3**). La femelle dépose ses oeufs directement sur les habits, les fourrures. Dès leur éclosion les chenilles, blanchâtres à tête foncée, se mettent à dévorer les fibres textiles où elles se tissent un tunnel soyeux à mesure qu'elles avancent. Au bout d'un mois et demi elles se nymphosent. On les rencontre le plus souvent dans les penderies rarement ouvertes ou dans les tissus empilés dans l'obscurité où elles peuvent se nourrir sans être dérangées. Espèce cosmopolite bien qu'elle soit devenue moins abondante que *Tinea pellionella*.

Lépidoptères

Famille des *Sesiidae* — Sésies

Papillons de taille moyenne ou petite qui ressemblent à des Hyménoptères, et notamment aux guêpes. Leurs ailes sont très étroites et comportent de grandes surfaces dépourvues d'écailles, transparentes, dont la nervation est très visible. L'abdomen, généralement cerclé d'anneaux jaunes ou rouges, prend fin par une touffe de poils. Ces papillons diurnes volent remarquablement bien. Certains sont dépourvus de trompe mais chez d'autres elle est bien développée et ils visitent les fleurs. La croissance des chenilles est lente et durant cette période elles vivent dans les racines et les tiges des plantes ou dans les souches, les troncs, les feuilles. La famille compte à peu près 1 000 espèces dont une quarantaine vivent en Europe centrale et occidentale.

1 Sésie vespiforme
Synanthedon vespiformis L.
Sesiidae

Petite espèce de 18 à 20 mm d'envergure. Ses ailes antérieures étroites ont un liseré externe noir mais le bord antérieur et la nervure transversale qui divise la plage translucide sont brun roux. Les ailes postérieures sont entièrement transparentes. L'abdomen est noir avec des anneaux jaune foncé. Le mâle diffère de la femelle par la touffe de poils noirs à l'extrémité de l'abdomen (chez la femelle ils sont jaune foncé). La trompe, enroulée en spirale, est bien développée. Ce papillon vole de mai à juillet surtout dans les bois de feuillus et se déplace très rapidement par temps chaud et ensoleillé. Dans les chênaies clairsemées, sèches, on le trouvera fréquemment sur les troncs d'arbres ou sur des souches vivantes ; c'est là que la femelle pond ses oeufs entre l'écorce et le bois (sur les troncs, dans des trous de l'écorce). En rongeant, les chenilles se fraient un passage dans le bois où elles creusent de courtes galeries. Il leur faut presque deux ans pour se développer. Finalement, elles se nymphosent dans l'écorce près d'un trou de sortie préalablement préparé. Enfouies dans un cocon de soie recouvert de débris d'écorce les chrysalides sont très mobiles et, avant de se métamorphoser en imagos, elles s'avancent à demi dans l'ouverture. Outre le chêne, cette espèce parasite aussi le hêtre, le châtaignier et, dans le sud de l'Europe, les tamaris. Cette sésie vit dans les régions chaudes de l'Europe centrale, l'Europe méridionale et atteint l'Angleterre à l'ouest. Elle est commune dans le bassin méditerranéen et atteint l'Asie Mineure et le Caucase.

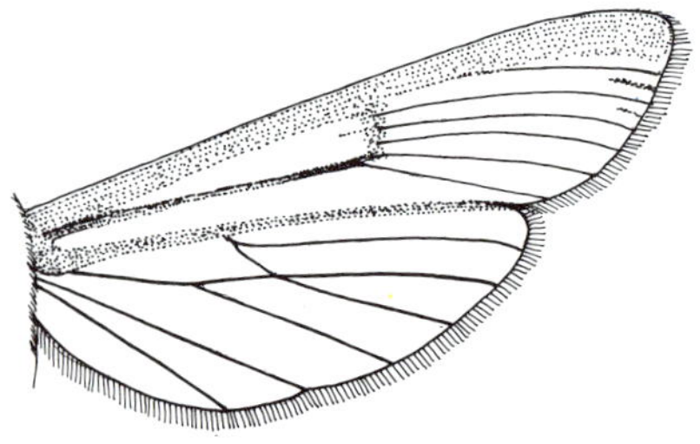

Ailes de Sésie *Sesia apiformis*. Elles ont moins d'écailles que chez *Synanthedon vespiformis*.

2

Famille des *Gracillariidae* — Mineuses

Petits papillons atteignant 10 mm d'envergure. Leurs ailes antérieures, étroites, brunâtres, aux motifs délicats blancs et gris ont une large frange sur le bord postérieur. Les ailes postérieures sont réduites à des bandeaux pourvus de larges franges à l'avant et à l'arrière. Ces papillons sont actifs de jour et de nuit. Les chenilles minent les feuilles. Les différentes espèces se ressemblent fortement et le meilleur moyen de les identifier (c'est d'ailleurs souvent le seul) consiste à examiner leurs galeries sur la plante-hôte. Sur 2 000 espèces, environ 200 vivent en Europe.

2 *Phyllonorycter roboris* Z.
Gracillariidae

Toute petite espèce (envergure : 8 mm) ayant une large barre blanche transversale sur les ailes antérieures. Elle est très abondante sur les chênes et a deux générations, printanière et estivale. Les chenilles creusent la face inférieure des feuilles de chênes ; celles de la seconde génération passent l'hiver dedans, enveloppées d'un cocon assez lâche et se nymphosent au printemps suivant. Cette espèce est présente dans les régions tempérées et le sud de l'Europe.

1

Famille des *Yponomeutidae* – Yponomeutes (= Hyponomeutes)

Les papillons de cette famille ont 15 à 25 mm d'envergure, des ailes antérieures blanches ou gris clair pointillées de noir et des ailes postérieures plus foncées, bordées d'une frange plus courte que la largeur de l'aile. Les chenilles vivent parfois dans un nid en forme de grand sac ou dans un réseau de fils soyeux. Sur un millier d'espèces connues, plus de 100 vivent en Europe.

1 Hyponomeute, Teigne du pommier

Yponomeuta malinella ZELLER
Yponomeutidae ▲

Ce papillon mesure environ 20 mm d'envergure. Ses ailes antérieures blanches ont trois rangées de points noirs ; les postérieures sont brunes ou grisâtres avec une frange de même couleur. Les antennes blanches sont filiformes. Espèce très commune dans les vergers de pommiers et de poiriers. Les papillons volent de la fin de juillet à septembre, se montrant après le coucher du soleil car dans la journée ils se dissimulent dans la cime des arbres. La femelle pond sur les rameaux des groupes de 2 à 50 oeufs qu'elle recouvre d'une sécrétion qui, en se solidifiant, forme un étui protecteur brun. Les chenilles éclosent au bout de 3 à 4 semaines, passent l'hiver à l'abri et rongent les feuilles au printemps suivant. Elles commencent par se nourrir sur les bourgeons puis s'enfoncent dans les feuilles, qui deviennent rouges, brunes et se trouvent réduites à leurs nervures sur la face inférieure. Quand les chenilles mesurent environ 5 mm (avant de se nymphoser elles atteignent 20 mm), elles commencent à relier les feuilles terminales avec des fils de soie et préparent ainsi un nid en forme de sac à mesure qu'elles montent sur les branches. Chaque nid peut abriter jusqu'à 100 chenilles. Jaunes ou grisâtres, celles-ci ont les deux extrémités noires, quatre rangées de petits tubercules noirs et des pattes thoraciques de même couleur. Si on les dérange, elles se laissent tomber au bout d'un fil de soie. Elles se nymphosent dans les nids. Les chrysalides, claires, allongées, sont serrées les unes contre les autres. Quand elle pullule, cette

1

2

espèce dénude les arbres fruitiers et les affaiblit considérablement. Elle est très commune dans les régions tempérées et chaudes de la région paléarctique jusqu'au Japon.

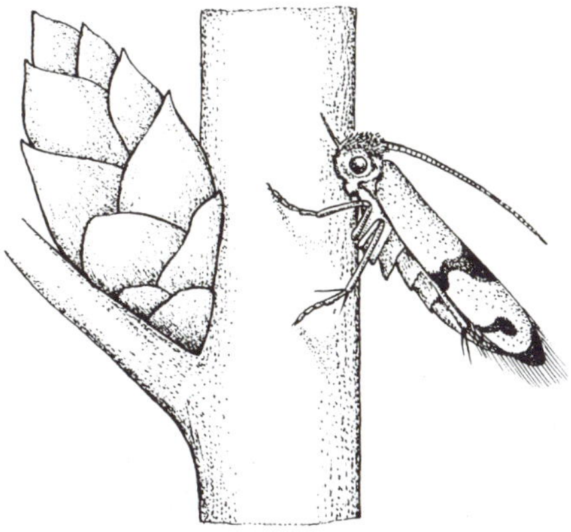

Argyresthia arcella, imago (position typique).

Famille des *Argyresthiidae*

Petits papillons mesurant à peine plus de 10 mm d'envergure. Ailes étroites à large frange. Plusieurs espèces endommagent les arbres fruitiers. Certaines chenilles minent les aiguilles des conifères. Une quarantaine d'espèces vivent en Europe centrale.

2 *Argyresthia arcella* Fabr.

Argyresthiidae ▲

Envergure : 11–12 mm. Les ailes antérieures sont blanches avec des points sombres et des taches brun foncé ; les postérieures sont également brun foncé mais possèdent des franges d'un gris brillant. Les antennes noires sont annelées de blanc. Actifs la nuit, les papillons vivent dans les vergers de pommiers entre mai et août. Le jour ils séjournent dans la cime des arbres en prenant une position caractéristique (voir l'illustration), la tête inclinée à angle aigu, l'abdomen relevé et les grandes ailes pliées le long du corps. Les oeufs sont pondus isolément dans l'écorce ou en dessous des bourgeons et c'est là qu'ils passent l'hiver. Au printemps, les chenilles verdâtres s'enfoncent dans les bourgeons et en rongent l'intérieur ; quand les arbres fleurissent, elles s'attaquent aux fleurs, perforent l'ovaire et les étamines (il n'y a qu'une seule chenille par fleur). Avant de se nymphoser, elles se laissent tomber à terre au bout d'un fil de soie et tissent un cocon. Cette espèce, présente dans les régions chaudes et tempérées de l'Europe, est très commune localement.

Famille des *Tortricidae* — Tordeuses

Petits papillons reconnaissables à leurs ailes antérieures presque quadrangulaires ou oblongues. Les postérieures sont toujours de couleur unie, les antérieures ont des dessins parfois assez variés et fins. La détermination des espèces, très difficile, n'est souvent possible qu'en examinant l'appareil génital des mâles. Les tordeuses ont des antennes filiformes, une courte trompe et deux paires d'éperons sur les tibias postérieurs. Très mobiles, les chenilles sont velues et tuberculées. Elles vivent dans des sacs de soie ou des feuilles qu'elles ont enroulés, dans des fruits ou des bourgeons floraux. Plusieurs espèces font d'importants dégâts. Sur environ 5 000 espèces connues dans le monde, au moins 500 vivent en Europe centrale, et 545 en France.

1 Tordeuse verte du chêne
Tortrix viridana L.
Tortricidae ▲

Joli papillon de 18 à 23 mm d'envergure, aux ailes antérieures d'un vert uni, les postérieures étant grisâtre à brun foncé et frangées de blanc. Le thorax est vert lui aussi et l'abdomen gris à brunâtre. Espèce très commune sur les arbres à feuilles caduques (surtout les chênes) dans les forêts et les parcs. Elle pullule souvent sur de grandes étendues. Le papillon vole de juin au début d'août aux environs des chênes sur lesquels la femelle pond ses oeufs. Les chenilles éclosent au printemps au moment où les bourgeons commencent à s'ouvrir. Elles vivent dans des feuilles qu'elles ont enroulées et entourées de fils de soie. Quand elles pullulent, elles dépouillent les arbres de tout leur feuillage. Adultes, elles sont brun jaunâtre avec des tubercules noirs ; la tête, le premier segment thoracique et l'extrémité postérieure du corps sont également noirs. Le développement dure un mois au maximum et elles se nymphosent dans des feuilles enroulées. Distribution : toute l'Europe, l'Afrique du Nord et l'Asie Mineure.

2 Carpocapse
Cydia pomonella L.
Tortricidae ▲

Envergure : 14 à 18 mm. Ailes antérieures brun noirâtre parcourues de lignes onduleuses, barres transversales et zones plus claires. Les ailes postérieures brun foncé sont plus pâles à la base et leur frange est assez claire. Espèce très commune dans les vergers. Elle s'attaque surtout aux pommiers mais aussi aux poiriers, abricotiers, cognassiers et noyers. En Europe, elle a une ou deux générations annuelles selon la température. Quand les conditions sont favorables, le papillon apparaît dès que la floraison des arbres a pris fin. Si la saison est froide (ou en montagne), il se montre un mois plus tard ou même seulement l'année suivante. Les papillons de printemps pondent de 60 à 100 oeufs isolément sur les feuilles et les rameaux à proximité des fruits. Les chenilles creusent ceux-ci et s'enfoncent jusqu'au coeur. Par temps chaud elles quittent les fruits à la mi-juillet, se nymphosent et les papillons donnent naissance à la seconde génération (estivale). Celle-ci est toujours moins importante car de nombreuses chenilles n'achèvent pas leurs métamorphoses avant l'année suivante. Les pontes sont plus faibles (30–60 oeufs), les chenilles n'achèvent parfois leur croissance qu'en automne, quittent les fruits et se nymphosent après leur stockage. La chenille adulte mesure 20 mm de long et est rose ; elle devient plus pâle après avoir hiberné. Au printemps, elle se nymphose sans avoir mangé. Bien que le Carpocapse ait de nombreux ennemis naturels (surtout des *Ichneumonidae*) et quoique les arboriculteurs disposent de produits chimiques pour le combattre, cet insecte fait encore beaucoup de dégâts dans les fruits.

Originaire de la région paléarctique, l'espèce a été introduite dans presque tout le monde sauf en Amérique du Sud. En Europe, le sud de la Scandinavie représente la limite septentrionale de son aire de répartition.

1

2

Famille des *Pyralidae* — Pyrales, teignes

Grand groupe de papillons mesurant 10 à 40 mm d'envergure. Ailes triangulaires, palpes allongés, antennes filiformes et tibias pourvus d'éperons. Au repos, ils tiennent la tête dressée et les ailes pliées le long du corps. Les chenilles vivent dans des feuilles entremêlées de fils de soie, dans la tige des plantes ou dans des substances végétales, souvent à l'intérieur d'un tube de soie. Certaines pyrales endommagent les aliments, surtout dans les entrepôts. La famille compte environ 10 000 espèces, dont 442 vivent en France.

1 Teigne de la farine
Ephestia kuehniella ZELLER
Pyralidae ▲

Ce papillon (envergure : 20 à 25 mm) est très rare dans la nature mais commun dans les magasins, boulangeries, moulins et maisons. Jaune pâle ou rose avec la tête brun noirâtre, la chenille mange les céréales, la farine, la semoule, le gruau, les pâtes, le cacao, les champignons, fruits et légumes secs, etc. Elle salit la farine avec ses excréments et l'agglomère en amas avec ses fils de soie. Elle aime l'obscurité. Après avoir mué quatre ou cinq fois, elle mesure 20 mm et se nymphose dans un cocon gris. Pouvant avoir deux à cinq générations annuelles selon la température ambiante, ce papillon se rencontre donc sous toutes ses formes simultanément. A une température moyenne de 18 °C, le développement dure plus de trois mois mais moins d'un mois à 29 °C. C'est l'un des insectes les plus nuisibles du point de vue économique. Distribution : cosmopolite. A été trouvé pour la première fois en Europe (Saxe) vers 1870 par un meunier allemand nommé Kühn.

1

Famille des *Pterophoridae*

Groupe de petits papillons (envergure : 15 à 35 mm). La plupart ont des ailes effilées, plumeuses, qu'ils tiennent légèrement ouvertes au repos, des antennes filiformes, un abdomen mince et des éperons aux tibias. La dernière paire de pattes est beaucoup plus longue que les autres. Ils volent après le coucher du soleil et sont souvent attirés par les lumières. Les chenilles vivent dans des feuilles enroulées, dans les chaumes des herbes ou les tiges d'autres plantes non ligneuses. Les chrysalides sont fixées par des filaments de soie à la plante. Cette famille compte environ 600 espèces, dont 82 en France.

2 *Cnaemidophorus rhododactyla* D. et S.
Pterophoridae

Envergure : 20 à 25 mm. Papillon brun ; ailes antérieures tachetées

2

de blanc et divisées en deux parties ; les postérieures sont divisées en trois éléments. Pattes blanches annelées de brun foncé, pourvues de longs éperons. Entre la fin de mai et août, le papillon se montre sur les lisières des forêts, les coteaux couverts de buissons et dans les jardins, partout où croissent des églantiers ou des rosiers. La femelle pond ses oeufs sur la face inférieure des feuilles. La chenille vit dans les bourgeons floraux, depuis le mois d'août jusqu'en mai ou juin de l'année suivante ; sa présence est trahie par des fils de soie qui relient entre elles les feuilles proches des bourgeons. Distribution : holarctique.

Pterophorus pentadactyla, le Ptérophore, est une autre espèce dont les chenilles vivent sur les rosiers. Son envergure atteint 35 mm et ses ailes sont blanches avec un semis d'écailles brun foncé. Le papillon vole jusqu'en septembre. Les chenilles vivent aussi sur le liseron, le trèfle, le nerprun, les saules, le prunellier et les pruniers.

Famille des *Hesperiidae* — Hespérides

Les hespérides européens sont très petits puisqu'ils mesurent environ 20 à 30 mm d'envergure, ont une coloration terne et des ailes relativement étroites. Ils volent rapidement et agilement. Un temps chaud et ensoleillé est favorable à leur activité ; d'ailleurs, ils se chauffent souvent en plein soleil ou bien se posent — fréquemment en grand nombre — sur la terre humide près des mares. Des 4 000 espèces connues, la majorité vit en Amérique du Sud où quelques-unes ont des couleurs très vives. Environ 25 existent en Europe centrale.

1

1 *Pyrgus malvae* L.
Hesperiidae

L'une des plus petites espèces (envergure de 20 mm environ). Les ailes sont gris noirâtre, marquées de blanc. On la distingue des espèces voisines par la rangée de taches claires qui longe le bord externe de la face supérieure des ailes. Dans les régions froides de l'Europe, il n'y a qu'une seule génération annuelle, entre la fin d'avril et juin, mais dans les contrées tempérées il y a une génération de printemps et une autre en été. Localement, l'espèce est très commune et on la reconnaît à son vol rapide, zigzaguant. Elle se montre alors dans les clairières et sur les lisières des forêts. Les oeufs sont pondus isolément sur la face inférieure des feuilles des plantes-hôtes (surtout ronces, fraisier sauvage, potentille et cardère). Espèce largement répandue dans la région paléarctique. En Scandinavie elle atteint le 65ᵉ parallèle et, dans l'est, vit jusqu'au bassin de l'Amour.

2

2 *Ochlodes venata* Bremer et Grey
Hesperiidae

Espèce aux ailes brun roussâtre (envergure : 25–32 mm). Ressemble fortement à *Hesperia comma,* qui fréquente les mêmes milieux. Chez le mâle, la face supérieure des ailes antérieures porte un trait noir oblique (stigma) et des dessins indistincts. Chez la femelle, ce trait manque et les deux paires d'ailes portent des taches claires sur leur face supérieure ; le dessous est presque uniformément jaune ou vert jaunâtre (chez *Hesperia comma,* il est verdâtre avec des taches claires bien nettes).

L'unique génération annuelle se montre entre juin et août; les papillons survolent les clairières, les coteaux garnis de buissons et les chemins campagnards. Ils sont abondants en Europe centrale et vivent jusqu'à 2 000 m d'altitude. La femelle pond ses oeufs isolément sur diverses graminées. La chenille passe la fin de l'été, l'automne et l'hiver sur les feuilles des herbes qu'elle relie au moyen de fils de soie. Elle se nymphose au printemps suivant. Cette espèce est commune dans une grande partie de la région paléarctique ; à l'est elle atteint le Japon. Elle fut décrite pour la première fois en Chine. On a distingué plusieurs sous-espèces dans les populations européennes. *Ochlodes venata* existe en Grande-Bretagne sauf en Écosse. En Scandinavie, ce papillon atteint le 63ᵉ parallèle et dans le sud, il vit jusqu'en Espagne.

Famille des *Papilionidae* — Porte-queue, apollons

De grande taille ces magnifiques papillons sont bien connus mais vivent surtout dans les régions tropicales et subtropicales. En Europe, ils sont représentés par une dizaine d'espèces qui sont protégées par la loi dans plusieurs pays.

1 Flambé
Iphiclides podalirius L.
Papilionidae

Beau papillon jaune et noir mesurant de 50 à 70 mm d'envergure. Comme chez la plupart des « queues d'hirondelle » ou « porte-queue », ses ailes postérieures se prolongent en pointes. Les zébrures noires des ailes ont un dessin très variable. Le Flambé fait souvent du vol plané. Il fréquente les arbres, les buissons, butinant le nectar de leurs fleurs. Il se montre fréquemment sur les collines sèches où croissent des prunelliers et la destruction de ces arbrisseaux explique la raréfaction constante de ses populations. Il a une ou deux générations annuelles en Europe centrale. Les papillons de la première volent en mai et en juin ; les femelles pondent leurs oeufs isolément sur les feuilles de prunellier, aubépine, poirier, prunier, cerisier et cerisier à grappes. D'abord noires, les chenilles deviennent vertes en grandissant. Elles sont trapues et peu remuantes. Elles sécrètent sur les feuilles des amas de soie qui leur permettent de s'accrocher fermement. Quand on les dérange, elles sortent du prothorax un appendice fourchu, rouge, l'osmeterium, qui répand une odeur désagréable. Elles se nymphosent dans la terre ou sur la plante-hôte. Dans le premier cas, les chrysalides sont brunes et passent tout l'hiver cachées, dans le second, elles sont vertes. La seconde génération d'imagos éclôt la même année ; ses membres sont plus grands, plus clairs, ont des « queues » plus longues et volent de juillet à septembre. En Europe centrale la limite septentrionale de répartition passe par la Saxe et le centre de la Pologne. L'espèce est abondante dans l'ouest et le sud du continent ainsi qu'en Afrique du Nord ; à l'est elle atteint la Chine.

2 Machaon
Papilio machaon
Papilionidae

Espèce voisine répandue en Europe. Deux autres vivent dans le sud du continent.

1

3 Apollon
Parnassius apollo L.
Papilionidae

Ce papillon est l'un des plus connus, non seulement à cause de sa beauté mais aussi du fait que malgré la protection dont il bénéficie il se raréfie constamment en Europe et disparaît des montagnes où il vivait. Son envergure atteint 65–75 mm. Il s'élève à grande altitude mais une fois posé sur une plante, se laisse prendre facilement. Autrefois il vivait aussi en basse montagne mais la destruction de l'habitat naturel des chenilles (notamment par les plantations forestières) l'a chassé vers les hauteurs. En été, l'Apollon fréquente les lieux rocheux (surtout en terrain calcaire). La femelle pond ses oeufs isolément sur les plantes-hôtes (le plus souvent les sédums, mais aussi les joubarbes et les saxifrages). Les oeufs passent l'hiver et les chenilles éclosent au début du printemps. Leur croissance est lente (si l'été est chaud elles éclosent en automne et hibernent). La chrysalide, brun noirâtre nuancé de bleuâtre, se trouve généralement à terre entre des pierres, dans un cocon peu dense. L'Apollon vit dans les montagnes, depuis les Pyrénées, dans les Alpes, les Carpates et les montagnes des Balkans, dans le Caucase, et de là jusqu'en Asie centrale. En Europe on trouve en plaine le Semi-Apollon *(Parnassius mnemosyne)* et *Parnassius phoebus,* exclusivement montagnard. Le Diane *(Parnalius polyxena),* étroitement apparenté aux apollons, vit aussi dans les régions chaudes d'Europe centrale et dans le sud-est de la France. Il mesure 45–55 mm d'envergure. Ses ailes jaune vif et noir évoquent la beauté des papillons tropicaux.

Famille des *Pieridae* — Piérides, soufrés, etc.

En Europe cette famille comprend des espèces à ailes blanches et d'autres à ailes jaunes, mais sous les tropiques certains *Pieridae* ont des couleurs vives ou foncées. Les dessins des ailes varient selon le sexe et les générations, de printemps, d'été ou d'automne. Certaines piérides font des dégâts dans les champs. Sur environ 1 500 espèces, 45 vivent en Europe et 17 en Europe centrale.

1 Piéride du chou
Pieris brassicae L.
Pieridae ▲

Grande espèce mesurant 50 à 65 mm d'envergure et dont les ailes antérieures ont l'extrémité

1

noire. La femelle se distingue par les deux taches noires de ses ailes antérieures (le mâle n'en a pas). A la campagne, cette piéride fréquente les prairies, les jardins, les champs de choux, les planches de radis, où elle fait des dégâts. Les chenilles parasitent aussi d'autres végétaux. En Europe centrale, on observe 2 ou 3 générations annuelles et dans le sud du continent jusqu'à cinq. C'est la chrysalide qui hiberne. La femelle pond jusqu'à 300 oeufs, généralement sur la face inférieure des feuilles. Les chenilles éclosent au bout de 4 à 10 jours, mangent l'enveloppe de l'oeuf et percent des trous au milieu de la feuille. Trois à quatre semaines plus tard, avant de se nymphoser, elles s'éloignent de la plante-hôte pour se fixer sur un arbre, une clôture, un mur, un avant-toit, etc. Verte, tachetée de noir, la chrysalide est suspendue à son support en position verticale. La

Piéride du chou est commune dans toute la région paléarctique. Il est difficile de se débarrasser des chenilles ; quand il s'agit d'une petite surface, le meilleur moyen reste encore de les ramasser et de les écraser.

2 Piéride de la rave
Pieris rapae L.
Pieridae ▲

Cette espèce ressemble à la Piéride du chou, mais le mâle a une tache noire sur les ailes antérieures en plus de la marque située à l'extrémité. L'envergure atteint 40 à 50 mm. La Piéride du navet *(Pieris napi)* cohabite souvent avec elle ; ce papillon a les mêmes dimensions mais ses ailes blanches ont des nervures foncées. La femelle de la Piéride de la rave a les mêmes dessins que celle de la Piéride du chou. *Pieris rapae* est très commun dans les jardins et les champs. On l'observe de mars à octobre et les deux ou trois générations se chevauchent. La femelle pond environ 150 oeufs déposés isolément des deux côtés des feuilles de la plante-hôte et les chenilles éclosent en 2–7 jours. Celles de la première génération se tiennent principalement sur des Crucifères sauvages, celles de la seconde (estivale), plus grandes, sur différentes variétés de choux dans les jardins mais aussi sur les résédas, le cresson, les moutardes et radis sauvages. Les chenilles muent quatre fois et les papillons sortent des chrysalides rayées au bout de dix jours, à moins que les chrysalides des deuxième et troisième générations n'hibernent. Connue dans toute la région paléarctique, cette espèce a été entraînée en Amérique du Nord, en Australie, en Nouvelle-Zélande et on l'a même trouvée sur les îles Hawaii.

1 Aurore
Anthocharis cardamines L.
Pieridae

Cette petite espèce (envergure : 35 à 45 mm) est l'une des plus jolies piérides d'Europe. Chez le mâle, l'extrémité des ailes antérieures porte une grande tache orange, remplacée chez la femelle, un peu plus grande et blanche, par une tache noire. Chez les deux sexes le dessous des ailes postérieures est bigarré de gris et de vert. C'est l'un des premiers papillons visibles en grand nombre au printemps. Il vole lentement au-dessus de la végétation sur les lisières des forêts, dans les clairières et les jardins. La chrysalide hiberne. Les premiers imagos apparaissent en avril et volent jusqu'en juin (juillet en montagne). Dans les régions les plus chaudes, les papillons de la deuxième génération volent encore en septembre si la saison est favorable. La femelle pond ses oeufs isolément sur les feuilles ou les fruits des plantes-hôtes. Les chenilles éclosent au bout de 4 à 12 jours, muent quatre fois et vivent deux semaines à un mois. Les plus petites percent des trous dans les feuilles, les plus âgées, très voraces, mangent aussi les fruits des plantes-hôtes (essentiellement des cardamines, barbarées, etc.). Le plus souvent, les chenilles se nymphosent sur la plante-hôte. L'enveloppe de la chrysalide est verte et caractérisée par sa partie antérieure pointue. Elle brunit avec le temps. Espèce largement répandue dans la région paléarctique et commune dans toute l'Europe. Au nord, elle atteint le cercle polaire arctique, à l'est, la Chine et le Japon.

1♂

1♀

2 Citron
Gonepteryx rhamni L.
Pieridae

Espèce de belle taille (envergure : 50 à 55 mm), facilement reconnaissable à l'extrémité pointue des deux paires d'ailes ; chez le mâle, les ailes sont jaune soufre ; chez la femelle elles sont plus claires et nuancées de verdâtre. Les deux sexes ont une petite tache orange au milieu de chaque aile. Ce papillon vit en plaine et en montagne. On le voit dès le début du printemps, voltigeant partout où croissent les plantes (bourdaine, nerprun), dont se nourrissent les chenilles. C'est le papillon qui hiberne et se montre par les chaudes journées de mars. Les imagos s'accouplent au printemps, la copulation durant jusqu'à 24 heures. On les voit voler jusqu'au début de juin. La femelle pond les oeufs un par un, souvent sur les bourgeons foliaires de la plante-hôte. Ecloses au bout d'une ou deux semaines, les chenilles percent les feuilles et en rongent les bords. Elles se nymphosent trois à sept semaines plus tard sur la plante-hôte et s'enferment dans une enveloppe typique.

Les papillons éclosent en été ; si on les dérange ou les capture ils tombent dans un état cataleptique de mort apparente. Ils hibernent à partir du mois d'août dans la terre, les myrtilles, sous les feuilles mortes, etc. jusqu'à ce que les premiers beaux jours de l'année suivante les incitent à reprendre une existence active. En Europe centrale il n'y a qu'une seule génération annuelle, parfois deux si les circonstances climatiques sont très favorables, mais dans le sud du continent on en observe normalement deux ou trois. Espèce répandue dans toute l'Europe, également présente en Afrique du Nord. En Finlande et en Suède elle s'avance jusqu'aux 64e et 65e parallèles et atteint la Sibérie à l'est. Dans la région méditerranéenne vit *Gonepteryx cleopatra,* le Citron de Provence, très semblable mais dont les mâles ont une grande tache orange sur les ailes antérieures dont le bord seul est jaune. Les femelles ressemblent à celles du Citron.

Lépidoptères

1 Soufré
Colias hyale L.
Pieridae

Les ailes de ce papillon (envergure : 40 à 45 mm) sont d'un jaune de soufre chez le mâle et blanc jaunâtre chez la femelle. Tous deux ont une tache noire au centre des ailes antérieures et une autre, orange, sur les postérieures. En outre, le mâle a les antérieures largement bordées de noir.

Espèce commune dans les friches et les champs (notamment ceux de trèfle et de luzerne). En Europe centrale elle a deux générations entre mai et septembre et parfois une troisième jusqu'en octobre. Les chenilles hibernent et vivent donc au moins six mois. Les papillons de cette même génération volent en mai et en juin ; ils sont moins nombreux que ceux de la deuxième. Les oeufs sont pondus isolément sur les feuilles de la plante-hôte (généralement coronille, trèfle, luzerne et en général, des Papilionacées). Les chenilles éclosent au bout d'une semaine environ et réduisent les feuilles à leurs nervures, puis les dévorent entièrement. Celles de la génération estivale vivent 4 à 6 semaines, se nymphosent dans une enveloppe rayée, fixée sur la plante-hôte en général.

1

1

Connue dans toute l'Europe, cette espèce atteint le centre de la Scandinavie et la région de Leningrad au nord ; à l'est, elle s'avance dans le sud de l'U.R.S.S. jusqu'aux monts de l'Altaï.

2 Souci
Colias croceus GEOFFROY
Pieridae

Les deux sexes ont les ailes orange (envergure : 35 à 50 mm), mais le mâle se distingue par la bordure entièrement noire des deux paires, alors que chez la femelle, des taches orange ou jaune interrompent cette bande foncée. Les marques noires situées au centre des ailes antérieures et orange sur les postérieures sont semblables à celles de *Colias hyale.* On rencontre

2

2 *Celastrina argiolus* L.

Lycaenidae

Des nombreuses espèces d'argus, celle-ci (envergure : 23 à 30 mm) est facilement reconnaissable à la couleur pâle – gris blanchâtre tacheté de noir – de la face inférieure des ailes. Le dessus est bleu clair chez les deux sexes mais le mâle a l'extrémité des ailes antérieures bordée de noir. Ce papillon a deux et parfois trois générations annuelles. Celle de l'été est moins importante mais les papillons eux-mêmes sont plus grands. Ils voltigent autour des buissons, se posent fréquemment sur eux, mais s'arrêtent aussi à la cime des arbres, notamment dans les bois et les fourrés. Ils fréquentent surtout les clairières humides à l'époque où les fleurs s'épanouissent. Les chenilles sont presque polyphages et se nourrissent aux dépens de diverses plantes herbacées et ligneuses, par exemple bruyère, ronce, lierre, poirier, cognassier et robinier ; il leur arrive aussi de manger des fruits. Elles sont myrmécophiles et sont appréciées par les petites fourmis du genre *Lasius*. La chrysalide hiberne, fixée à la plante-hôte ou au tronc d'un arbre. Espèce répandue dans toute l'Europe, Scandinavie incluse. Dans le sud du continent elle se montre dès le mois de mars. On la connaît aussi dans toute l'Asie y compris le Japon, l'Asie Mineure et en Amérique du Nord où elle atteint le Nouveau Mexique au sud.

Lépidoptères

1 *Plebejus argus* L.
Lycaenidae

Petit papillon très commun (envergure : 20 à 23 mm) chez lequel on remarque le dimorphisme sexuel typique des argus. Les ailes antérieures du mâle sont d'un bleu violet dessus ; les deux paires d'ailes sont bordées de brun noirâtre et d'un liseré blanc. La femelle est uniformément brune, mais les deux paires d'ailes portent une rangée de taches rouge brique presque confluentes le long de leur bord interne. La face inférieure des ailes est gris clair avec des taches noires et une bordure externe jaune à brun roussâtre. Localement, l'espèce a deux générations annuelles, l'une en mai—juin et l'autre en juillet—septembre. Elle fréquente les lisières des forêts, les chemins sylvestres et surtout les champs et les coteaux secs. Les papillons se posent en groupe sur le sol humide autour des mares et des ornières afin de boire (on en voit souvent une ou plusieurs dizaines dans ces circonstances). Les chenilles sont visibles d'avril à juin, et de nouveau à la fin de l'été, le plus souvent sur les genêts, les trèfles, la coronille et l'astragale. Leur couleur varie du jaune au brun roussâtre selon celle de leur plante-hôte. Elles sont fréquemment visitées par des fourmis des genres *Lasius* et *Formica* qui recherchent leurs sécrétions. Elles se nymphosent par terre, à l'air libre ou sous des pierres, souvent aussi dans une fourmilière. Espèce largement répandue dans toute la région paléarctique. En Europe, elle existe jusqu'au 68e parallèle et en Asie, atteint le Japon. Plusieurs sous-espèces ont été décrites dans les Alpes et la région méditerranéenne.

1 ♀

1 ♂

1

2

2 *Aricia agestis* D. et S.

Lycaenidae

Cette espèce (envergure : 22 à 27 mm) fait exception dans la famille, puisque les ailes des deux sexes ont la même coloration ; il en résulte qu'on ne peut les distinguer que par l'examen de leurs organes reproducteurs. Le dessus des ailes est brun et toutes sont bordées par une rangée de taches brun roussâtre. Les femelles diffèrent de celles des autres argus, qui sont également brunes, par la position des taches noires sur la face inférieure des ailes postérieures dont la couleur de fond est un gris clair comme chez la plupart des autres argus. *Aricia agestis* vole lentement et à faible hauteur au-dessus des lisières et des clairières, des prairies, collines sèches, talus de chemin de fer. Dans les régions tempérées et fraîches de l'Europe, ce papillon a deux générations et trois dans le sud. Les chenilles se tiennent sur les érodiums, géraniums, hélianthèmes et le bleuet. Celles de la première génération vivent en été et se nymphosent à terre ; celles de la dernière génération hibernent et reparaissent en mai. Comme chez la plupart des argus, les chenilles sont très recherchées par diverses fourmis.

2

Cette espèce est répandue dans toute l'Europe, de la péninsule Ibérique et la région méditerranéenne jusqu'au Danemark et au sud de la Suède. Elle est très variable d'aspect. Sa distribution générale n'est pas encore complètement connue mais il est probable qu'elle s'étend jusqu'à l'Extrême-Orient (bassin de l'Amour) à travers les régions tempérées de l'Asie.

Famille des *Nymphalidae* — Mars, sylvains, nacrés, vanesses, mélitées

En raison de leurs vives couleurs et de leurs grandes dimensions, les membres de cette famille font, avec les *Papilionidae,* partie des papillons les mieux connus. Ce sont également les plus recherchés par les collectionneurs. Ils marchent « à quatre pattes », car leurs membres antérieurs sont atrophiés. A l'exception de celles du Grand Mars changeant, les chenilles sont couvertes d'appendices épineux et les chrysalides sont suspendues. Cette famille est représentée en Europe par les mars, sylvains, mélitées, et vanesses. Ses 4 000 espèces sont réparties dans le monde entier, la majorité sous les tropiques. En Europe, on en connaît environ 70.

Grand Mars changeant
Apatura iris L.
Nymphalidae

L'un des plus grands papillons diurnes d'Europe (55 à 65 mm d'envergure). Le dessus des ailes est brun noirâtre, taché de blanc, ces marques étant plus prononcées chez les femelles. Le mâle est reconnaissable aux reflets bleu violet du dessus des ailes, ces irisations évoquant celles des espèces tropicales. Le dessous des ailes est gris avec des dessins très caractéristiques comme on peut le voir sur l'illustration. Le Grand Mars fréquente les bois de feuillus humides où il vole en plané entrecoupé de battements d'ailes au-dessus des clairières, des routes et des lisières. Il est fréquent dans les chemins boueux où il se désaltère en compagnie de lycènes et de piérides. Dans la matinée, il suit les sentiers à faible hauteur, alors que l'après-midi, il se tient plutôt près de la cime des arbres. Il se pose souvent sur les matières organiques en décomposition, cadavres, excréments, et est attiré par la sueur de l'homme. Quand on le dérange, il ne tarde généralement pas à revenir au même endroit.

La femelle de l'unique génération estivale passe beaucoup de temps en haut des arbres où elle pond ses oeufs isolément sur la face inférieure des feuilles de saule et de tremble. Brun foncé, la chenille recouvre la feuille de soie et la ronge progressivement en partant de l'extrémité. Les protubérances caractéristiques de sa tête apparaissent après la deuxième mue ; parvenue à ce stade, la chenille est brun verdâtre ; elle s'entoure de fils de soie et hiberne sur la plante-hôte. Au printemps, elle mue encore deux fois et devient entièrement verte. En mai ou juin, elle se nymphose, accrochée en position inversée. Le papillon éclôt deux ou trois semaines plus tard.

Le Grand Mars changeant est largement répandu dans la zone des forêts de feuillus de l'Europe et de l'Asie tempérées. Il est rare dans le sud de l'Europe et, au nord, atteint le 60e parallèle. Il manque en Scandinavie sauf dans l'extrême sud de la Finlande. Une autre espèce européenne, le Petit Mars changeant *(Apatura ilia),* est plus fréquente dans le sud et vit aussi dans les pays scandinaves.

Parmi les cinq espèces de sylvains présentes en Europe centrale, la plus grande et la plus commune est le Grand sylvain *(Limenitis populi),* qui atteint 80 mm d'envergure. Il fréquente les mêmes habitats que les deux Mars et on le rencontre souvent en leur compagnie.

Lépidoptères

1 Morio
Nymphalis antiopa L.
Nymphalidae

C'est le plus grand Nymphalidé européen (il mesure de 55 à 75 ou 80 mm d'envergure) et l'un des plus beaux, bien que ses couleurs ne soient pas très vives. Le dessus des ailes est brun noirâtre à brun foncé avec une large bordure jaune et une rangée de taches bleu clair sur les deux paires d'ailes. Chez les sujets fraîchement éclos la bordure est jaune foncé, et chez ceux qui ont hiberné elle est jaune pâle ou blanchâtre. Comme chez la plupart des autres *Nymphalidae,* le dessous des ailes est noir.

Le Morio vit dans toutes sortes de milieux, en plaine et en montagne, mais on le rencontre surtout dans les jardins, auprès des rivières et des étangs et sur les lisières des bois où poussent les essences feuillues fréquentées par ses chenilles. L'unique génération annuelle vole pendant longtemps (de juillet à septembre) après quoi les papillons cherchent un abri pour l'hiver et reparaissent en mars avec les premiers réchauffements de l'atmosphère. On les observe souvent sur les troncs d'arbres où ils aspirent la sève ; ils absorbent également du nectar, des liquides sucrés et, en automne, visitent les fruits pourrissants. Au début du printemps, ils se nourrissent sur les saules marsaults en fleurs et se chauffent au soleil, les ailes étalées. A cette saison, la femelle pond des oeufs qu'elle dispose en anneau autour d'un rameau d'une plante-hôte (saule, bouleau, peuplier, tremble ou orme). Les chenilles sont visibles en juin – juillet ; d'abord groupées dans une sorte de nid tissé, puis isolément quand elles se dispersent. La chrysalide, très mobile, est accrochée à une plante ou suspendue à un tronc, un mur, etc. Très vaste, la distribution de cette espèce inclut toute l'Europe, l'Asie et l'Amérique du Nord. Dans le Nouveau Monde on considère parfois le Morio comme un insecte nuisible aux arbres à feuilles caduques.

1

2 Paon du jour
Inachis io L.
Nymphalidae

Ce papillon est sans doute l'un des plus connus en raison de la coloration de ses ailes qui mesurent 50 à 60 mm d'envergure. Elles sont essentiellement roux vif avec, sur chacune, un ocelle bleu et noir. Leur face inférieure est uniformément noire et quand le papillon se tient sur un support sombre, les ailes repliées, il est presque invisible. Le nombre de générations annuelles varie de une à deux et il y en a même trois, qui se chevauchent, dans le sud de l'Europe. Étant donné que le papillon hiberne on peut le rencontrer presque toute l'année. Il vit dans des milieux très divers et abonde partout. La femelle pond 200 oeufs (ou plus) en un seul amas formé de plusieurs couches, de sorte qu'à l'éclosion les chenilles mènent une existence grégaire. Elles se tiennent principalement sur les orties mais

2

2

2

aussi le houblon, les ronces et d'autres plantes. Elles sont noires, pointillées de blanc argenté et sont hérissées d'appendices épineux. Elles se cachent d'abord dans des nids mais après avoir rongé les feuilles elles abandonnent ces abris pour d'autres dans lesquels elles entassent leurs excréments et leurs exuvies (mues). Les jeunes chenilles restent toute la journée dans le nid et seules les plus âgées se déplacent sur la plante-hôte. Beaucoup sont attaquées par des parasites. Le stade oeuf dure en moyenne une semaine, la vie larvaire (avec 4 mues) deux semaines et celle de la chrysalide une ou deux semaines. Largement répandue dans la région paléarctique, cette espèce atteint le 61e parallèle au nord ; elle vit dans le sud de la Finlande et, à l'est jusqu'au Japon. En revanche, elle manque en Afrique du Nord.

Lépidoptères

1 Vulcain
Vanessa atalanta L.
Nymphalidae

Ce Nymphalidé (envergure : 50 à 60 mm) a des dessins très simples, mais la vivacité, la diversité et le contraste de leurs couleurs évoquent les espèces tropicales. Le dessus des ailes est d'un noir velouté ; le groupe de taches blanches situées à l'extrémité des antérieures est délimité par une bande roux orange et les ailes postérieures ont une bordure de la même teinte. La face inférieure des ailes est plus bigarrée que chez les autres *Nymphalidae* ; à la base des postérieures, gris noirâtre, on remarque un dessin foncé ressemblant au nombre 980 et plus d'une fois on a signalé des papillons que l'on croyait avoir été « marqués » par un organisme scientifique. Immobile sur un tronc d'arbre, les ailes pliées, le papillon est indiscernable dans son environnement.

Dans la zone tempérée de l'Europe, le Vulcain est souvent plus abondant à la fin de l'été et en automne. Il vole rapidement, de façon saccadée, mais plane aussi de temps à autre et se montre dans les jardins et au bord des bois. Il se pose très souvent sur les fruits blets ou même pourrissants dont il aspire les liquides sucrés en compagnie de guêpes, abeilles et frelons. Dérangé, il s'envole mais revient souvent au point de départ. On le voit souvent aussi sur les troncs d'arbres dont l'écorce a été blessée et où il suce la sève. En Europe centrale, au nord des Alpes et en Angleterre il n'hiberne pas et ses populations sont régulièrement renouvelées par des sujets migrateurs venus du sud. La femelle dépose les oeufs isolément sur les feuilles des orties et des chardons. Les chenilles sont solitaires et réunissent les feuilles avec des fils de soie. La chrysalide est suspendue. Espèce holarctique présente également en Afrique du Nord et dans le sud de l'Europe. Dans le nord de ce continent on la trouve jusqu'au 62e parallèle. Étant donné qu'elle est migratrice, elle pénètre dans la région néotropicale (Guatemala) et on la trouve aussi sur Haïti.

1

2

2 Belle dame

Vanessa cardui L.

Nymphalidae

Son envergure de 45 à 60 mm en fait l'un des plus grands de nos *Nymphalidae.* Le dessus des ailes est brun clair à brun orangé avec diverses taches noires et quelques autres de couleur blanche à l'extrémité des antérieures. La face inférieure n'est pas foncée comme chez les autres *Nymphalidae* mais gris clair à rosé avec des dessins plus sombres. Le papillon se montre surtout dans les lieux incultes, secs ou caillouteux. Il apparaît fréquemment sur les collines arides, dans les champs ou sur les décombres et il n'est pas rare de le rencontrer au-dessus de la limite des arbres en montagne. Il vole bien, rapidement, se pose souvent à terre mais est très craintif. C'est l'un des plus connus parmi les papillons migrateurs européens et l'on observe souvent des passages importants. Les populations d'Europe centrale sont régulièrement renforcées par des individus venant du sud ; certaines années, l'espèce est relativement rare et en d'autres saisons, elle abonde. Les migrations de ce papillon ont été décrites il y a longtemps déjà. La Belle dame arrive en Europe centrale au mois d'avril et un peu plus tard dans le nord. Elle a deux générations annuelles ou davantage, mais il est difficile de les distinguer. Les chenilles vivent principalement sur les chardons, les orties, ainsi que sur d'autres plantes. Dans les régions chaudes des autres continents on peut l'observer presque toute l'année. La Belle dame vit sur tous les continents sauf l'Amérique du Sud, mais les populations australiennes et néo-zélandaises sont désormais considérées comme une espèce à part.

Lépidoptères

1 Petite tortue
Aglais urticae L.
Nymphalidae

Son envergure est de 40 à 50 mm. Elle fait partie du groupe des petits *Nymphalidae.* Le dessus des ailes est roux orangé et brun avec des dessins noir et jaunâtre; une série de taches bleues borde les quatre ailes. La face inférieure est brune et jaunâtre. Avec le Paon du jour c'est le Nymphalidé le plus commun en Europe. Il est abondant partout. On peut le voir voltiger du printemps à l'automne sur les lisières des forêts, au-dessus des friches, des prairies et des jardins, aussi bien en ville qu'à forte altitude en montagne. Ainsi, dans les Alpes il s'élève jusqu'à 3 000 m et dépasse 5 000 m dans l'Himalaya. Les papillons de la dernière génération hibernent, généralement en compagnie d'imagos du Paon du jour, dans les greniers, les caves et autres locaux non chauffés. Dès le premier printemps ils essayent de s'échapper à l'air libre. La femelle pond ses oeufs en petits tas sur la plante-hôte ; il s'agit le plus souvent d'orties et parfois de houblon. Les chenilles sont d'un gris noirâtre avec des marques jaunes indistinctes sur les flancs. Les plus jeunes sont noires et vivent en groupe ; elles se dispersent ensuite sur les orties, quand elles ont atteint leur maturité. La chrysalide peut être accrochée à une plante, mais le plus souvent, sur une pierre ou un mur à proximité des orties. La nymphose dure généralement deux semaines. Ce papillon est connu dans toute la région paléarctique, à l'exception de l'Afrique du Nord. Vers le nord il atteint la zone arctique où il est encore commun.

1

2 Gamma, Robert-le-diable
Polygonia c-album L.
Nymphalidae

De même taille que la Petite tortue, il en diffère par ses ailes profondément découpées. Leur face supérieure est d'un roux orangé foncé avec des marques noires. La femelle est un peu plus claire que le mâle et possède de grandes taches jaunes au bord des deux paires d'ailes. La face inférieure est gris brun et brun noirâtre avec un dessin blanc typique, en forme de C, au milieu des ailes postérieures, qui a valu l'un de ses noms à l'espèce. Cette marque a un aspect très variable et peut même faire défaut. En été on peut voir des sujets très clairs, brun jaunâtre (forme *hutchinsoni*) mais ils n'hibernent jamais. Au repos sur un tronc d'arbre ou parmi les feuilles mortes à terre, les ailes pliées, le papillon est invisible en raison de ses couleurs cryptiques qui le camouflent efficacement.

Le Gamma a deux ou trois générations annuelles et on peut donc le voir une grande partie de l'année. Les sujets de la dernière génération hibernent. L'espèce est fréquente dans les chemins forestiers, les clairières, les jardins et les champs, mais en montagne, elle ne monte pas aussi haut que la Petite tortue. La femelle pond 250 oeufs ou davantage et les dépose isolément sur les feuilles des plantes-hôtes (il s'agit le plus souvent d'orties, mais aussi de groseilliers, gro-

2

seilliers à maquereau, houblon, chèvrefeuilles, noisetier et orme). Les chenilles qui, d'ordinaire, se tiennent sur la face inférieure des feuilles, ont le dos d'un blanc qui passe au jaune vers la tête, de couleur noire. Elles sont visibles du printemps jusqu'en août, se nymphosent la tête en bas sur la plante-hôte ou à proximité. La chrysalide a des taches d'un blanc argenté brillant sur le dos.

Cette espèce est connue dans toute la région paléarctique ; à l'est, elle atteint le Japon. Dans le nord de l'Europe elle ne dépasse pas le centre de la Finlande et de la Scandinavie.

Lépidoptères

1 Grand collier argenté
Clossiana euphrosyne L.
Nymphalidae

C'est l'un des plus petits argynnides ou nacrés (envergure : 30 à 40 mm). La femelle est un peu plus grande que le mâle. Comme chez la plupart des autres membres de ce groupe, le dessus des ailes est d'un brun roussâtre avec de nombreuses petites taches noires. L'identification de ces papillons repose essentiellement sur l'examen des dessins de la face inférieure des ailes postérieures. Chez le Grand collier argenté, celles-ci sont roussâtres à la base et, au milieu de la bande médiane jaune (dans la cellule M2) existe une tache nacrée isolée ; une série de petites taches demi-circulaires longe le bord externe.

Ce papillon est fréquent dans les clairières des forêts, les chemins, sur les lisières, les collines couvertes de buissons et dans les alpages en montagne. La femelle vole beaucoup plus lentement que le mâle. Dans les montagnes d'Europe centrale, il y a une seule génération annuelle mais deux en plaine. Les chenilles vivent principalement sur les violettes mais aussi sur les fraisiers sauvages. A la fin d'août elles se cachent dans la litière de feuilles mortes ou la mousse pour y passer l'hiver. La nymphose a lieu au printemps et la chrysalide verte, petite, est suspendue la tête en bas. Cette espèce eurasiatique est présente en Europe de la Méditerranée à l'Arctique ; dans les régions tempérées on la trouve jusqu'à une forte altitude en montagne.

2 Tabac d'Espagne
Argynnis paphia L.
Nymphalidae

Son envergure de 55 à 65 mm le classe parmi les plus grands nacrés européens. Chez le mâle, le dessus des ailes est brun roussâtre avec des dessins noirs caractéristiques ; la femelle est plutôt brun jaunâtre avec des reflets verts. Les femelles très sombres, d'un vert noirâtre, sont référables à la forme *valesinae.* La face inférieure des ailes postérieures est verdâtre avec des bandes nacrées tout à fait typiques. Le Tabac d'Espagne a des dessins très semblables à ceux du Cardinal *(Pandoriana pandora),* espèce un peu plus grande, qui atteint 70 mm d'envergure, dont les ailes ont la face supérieure un peu plus brun verdâtre, mais qui se distingue surtout par la face inférieure rouge brique ou violette de ses ailes antérieures (chez

1

2

Argynnis paphia, elle est brun roussâtre).

Le Tabac d'Espagne est fréquent dans les lieux boisés, les clairières, dans les chemins forestiers et sur les lisières, mais on le rencontre également dans les prairies humides du voisinage et il se pose sur les fleurs de chardon et de ronce. On peut facilement le capturer quand il s'apprête à aspirer le nectar des fleurs, car autrement il vole rapidement. Il n'y a qu'une génération annuelle. Le papillon vit seulement un mois et il n'est pas rare d'observer des sujets dont les ailes sont plus ou moins déchirées. La femelle pond ses oeufs isolément sur les plantes-hôtes ou sur le tronc des conifères ; elle les dépose en suivant une spirale, à environ 1 m de distance les uns des autres, de la base du tronc en direction de la cime. Les chenilles éclosent en août et se tiennent sur différentes espèces de violettes. Elles se nourrissent seulement la nuit et passent la journée, cachées, souvent à distance de la plante-hôte. Après avoir hiberné elles se nymphosent en mai ou en juin. A la fin de leur croissance, elles sont brun roussâtre avec une raie dorsale et des taches latérales claires. La chrysalide, bossue, est suspendue la tête en bas au tronc d'un conifère et le papillon en sort au bout de deux à trois semaines. Connue dans toute la région paléarctique, des îles Britanniques au Japon, cette espèce atteint approximativement le 63e parallèle dans le nord de l'Europe ; au sud, elle existe jusqu'en Espagne et au Portugal.

2

Lépidoptères

1 Grand nacré
Fabriciana adippe D. et S.
Nymphalidae

Papillon de dimensions moyennes (envergure : 42 à 55 mm). La face supérieure des ailes est d'un roux assez vif. La femelle est un peu plus grande et souvent plus foncée que le mâle. Le meilleur caractère distinctif de cette espèce se trouve sur la face inférieure des ailes postérieures qui sont brun jaunâtre avec deux rangées de taches nacrées séparées par une ligne de taches brunes à centre argenté et d'autres marques nacrées proches de la base. Les dimensions et les taches de cette espèce sont très variables. Les taches nacrées de la face inférieure des ailes peuvent manquer (forme *cleodoxa*), et la face inférieure des ailes postérieures est parfois verdâtre. Des sujets plus grands et plus clairs existent dans les Alpes.

Cette espèce sylvestre fréquente les mêmes milieux forestiers que le Tabac d'Espagne et tous deux volent souvent ensemble, mais leur développement est très différent. Le Grand nacré n'a qu'une seule génération annuelle en été ; ses oeufs hibernent et les chenilles n'éclosent pas avant le mois de mars de l'année suivante. Elles vivent sur les violettes et les pensées sauvages, restent invisibles dans la journée et se nymphosent dans un puparium brun grisâtre à gris verdâtre dont la face dorsale est agrémentée de points d'un brillant métallique. Les papillons éclosent deux à quatre semaines plus tard et se posent sur la végétation pour passer la nuit. Espèce eurasiatique largement répandue mais absente de l'Irlande et du nord de l'Angleterre. Elle atteint les 62e et 63e parallèles en Scandinavie et le Japon à l'est.

2

1

2 Damier (Mélitée) athalie
Mellicta athalia Rott.
Nymphalidae

Il y a plus de 15 espèces de mélitées en Europe centrale et toutes se ressemblent fortement. Elles atteignent les dimensions des nacrés dont elles se rapprochent par la coloration brune de leurs ailes et leurs taches noires. Cependant, leur meilleur caractère distinctif se trouve dans le dessin de la face inférieure des ailes postérieures sur lesquelles il n'y a jamais de taches nacrées. Le Damier athalie mesure 25 à 38 mm d'envergure. Ses ailes

2

2

sont assez foncées car les marques noires occupent une grande partie de leur face supérieure. On le trouve dans les prairies, au bord des bois et il marque une préférence pour les lieux humides. Il a une ou deux générations annuelles selon les conditions climatiques. On peut en voir des rassemblements sur la terre humide ou à côté des flaques d'eau. La chenille est noire, pointillée de bleu, mais les protubérances coniques et velues qui la caractérisent sont brun clair. Elle vit principalement sur les mélampyres, le plantain, la centaurée, hiberne entre des feuilles reliées par des fils de soie ou dans la mousse et se nymphose au printemps suivant. La chrysalide, suspendue la tête en bas, est foncée avec les fourreaux alaires blanchâtres. Distribution : la région paléarctique, des îles Britanniques au Japon.

Famille des *Satyridae* — Nègres, érèbes, satyres

Cette famille réunit des espèces de taille voisine, dont la couleur fondamentale est souvent le brun ou le noir et dont les ailes sont généralement dépourvues de taches vives mais sont caractérisées par la présence d'ocelles, taches arrondies bien délimitées, existant en général sur les deux faces. Ces papillons vivent dans les prairies des plaines, les forêts de conifères et les régions montagneuses. Le genre *Erebia* groupe des espèces de montagne qui s'élèvent jusqu'aux limites atteintes par les insectes dans ce milieu. De couleur terne, glabres, les chenilles vivent principalement sur les Graminées. Les *Satyridae* sont particulièrement bien représentés dans les montagnes, les steppes et les régions arctiques. Au total on en connaît 1 500 espèces, dont une centaine vivent en Europe.

2♀

1 Demi-deuil
Melanargia galathea L.
Satyridae

Espèce de taille moyenne dont l'envergure varie de 40 à 50 mm (plus de 50 mm chez les femel-

1

les). On la distingue facilement des autres *Satyridae* européens par les dessins typiques, noir et blanc, de ses ailes auxquels elle doit son nom. Chez certains sujets du sud de l'Europe le blanc domine. Les ocelles n'existent que sur la face inférieure des ailes où il y en a un à l'extrémité de chaque aile antérieure et une série de cinq sur les postérieures. Les deux sexes ont la même coloration mais l'espèce présente de nombreuses variantes géographiques.

Le Demi-deuil est particulièrement abondant dans les plaines et sur les collines. L'unique génération vole en été. La femelle laisse tomber ses oeufs tout en volant ou les dépose sur des plantes d'où ils glissent par terre. Peu remuantes, les chenilles se cachent dans la journée et mangent – seulement la nuit – sur diverses graminées. Elles hibernent après la première ou la deuxième mue et reparaissent au printemps suivant, de mai à juin. La chrysalide, gris jaunâtre, a de grands fourreaux alaires. Elle repose à terre, souvent dans une touffe d'herbes. Espèce répandue depuis l'Angleterre à travers l'Europe occidentale et centrale, jusqu'à la Transcaucasie. Elle manque au Danemark et en Scandinavie.

2

2 Agreste
Hipparchia semele L.
Satyridae

Les membres du genre *Hipparchia* sont pour la plupart de belle taille et l'Agreste (envergure : 48 à 55 mm) est l'un des plus petits. Chez toutes les espèces, les mâles sont plus petits que les femelles et ont une coloration différente. L'Agreste a le dessus des ailes brun avec des taches orangées – deux sur chacune des antérieures et un ocelle sur les postérieures – en outre, la femelle a des zones jaunâtres sur les deux paires d'ailes. Le dessous des ailes antérieures est jaune ocre avec des ocelles et les ailes postérieures sont bigarrées de noir et de gris. Quand le papillon se pose sur un tronc d'arbre, les ailes repliées au-dessus du corps, les antérieures cachées par les postérieures, il est presque invisible.

De juin à septembre, l'Agreste se montre dans les friches, les terrains sablonneux et rocailleux et à la lisière des forêts de conifères, notamment les pinèdes. Il vole de façon saccadée, se pose fréquemment sur les fleurs ou aspire la sève des arbres blessés. Il s'élève à forte altitude en montagne et en Europe a plusieurs sous-espèces et formes différemment colorées. De couleur brunâtre, la chenille vit sur des graminées (surtout aires et fétuques), hiberne et vit jusqu'en mai de l'année suivante. Elle se nourrit la nuit et, dans la journée, ne reste sur la plante-hôte que par mauvais temps. La chrysalide repose directement par terre. Distribution : toute l'Europe, en Scandinavie jusqu'aux 60e et 62e parallèles, à l'est jusqu'en Arménie.

Lépidoptères

1 Myrtil
Maniola jurtina L.
Satyridae

Chez ce papillon aux modestes couleurs, mâle et femelle se distinguent nettement : plus petit, le mâle mesure un peu plus de 40 mm d'envergure et ses ailes d'un brun noirâtre uni sur le dessus ont un seul petit ocelle à l'extrémité des antérieures. La femelle atteint presque 50 mm d'envergure et chez elle l'ocelle, beaucoup plus grand, ressort sur une tache roussâtre. Tous deux ont la face inférieure des ailes antérieures jaunâtre ; celle des postérieures est brun foncé avec une rangée de trois ocelles le long du bord externe chez le mâle et à leur place une bande grise chez la femelle. L'espèce a une coloration très variable, surtout en ce qui concerne les dimensions et la teinte de la zone roussâtre sur la face supérieure des ailes antérieures de la femelle. Le Myrtil est l'un des *Satyridae* les plus communs dans les plaines et sur les collines, mais en montagne il ne s'élève guère au-delà de 1 000 m. On le voit de juin à septembre. Il vole gauchement, par à-coups, au-dessus des prairies, des lisières, des champs et des jardins, aspirant souvent le nectar des scabieuses, du thym et des ronces. La femelle pond ses oeufs par terre ou dans l'herbe.

De couleur verte, la chenille est très discrète. Elle hiberne après sa deuxième mue et, l'année suivante, se nourrit jusqu'à la fin de mai aux dépens de graminées (notamment toutes les espèces de pâturins). D'un vert jaunâtre clair finement marqué de brun noirâtre, la chrysalide est suspendue à la végétation, la tête en bas. Le Myrtil est commun dans toute l'Europe, des îles Britanniques à l'Oural, dans le nord, jusqu'au 62e parallèle ; au sud, il atteint l'Afrique du Nord, les îles Canaries et dans l'est, l'Iran à travers l'Asie Mineure.

1

2 Procris
Coenonympha pamphilus L.
Satyridae

Le genre *Coenonympha* est représenté en Europe centrale par six espèces assez semblables. Le Procris est la plus commune et aussi la plus petite avec une envergure de 23 à 33 mm. La face supérieure de ses ailes est d'un jaune fauve et toutes ont une étroite bordure foncée mal délimitée. L'ocelle foncé situé à l'extrémité des antérieures est indistinct mais est plus net sur la face inférieure. Les taches sombres situées le long du bord externe des ailes postérieures sont souvent absentes. Les ailes postérieures sont elles-mêmes foncées sur leur face inférieure. La femelle est un peu plus grande que le mâle, mais tous les deux ont à peu près la même coloration.

Cette espèce est commune partout dans les champs, prairies, jardins, friches, lieux secs. Elle vit aussi dans les parcs et en montagne jusqu'à plus de

1

2

2 000 m. On peut la voir durant presque toute la période où la végétation est développée et elle a jusqu'à trois générations en plaine (une seule en montagne). En été, il est possible de rencontrer les différents stades du développement. Les papillons volent lentement et de façon saccadée au-dessus de la végétation ; la nuit, ils se posent – souvent en groupe – sur des feuilles d'herbes. De couleur verdâtre, les chenilles se tiennent sur les graminées et hibernent à différents moments de leur croissance, c'est-à-dire toutes petites ou prêtes à se nymphoser. Les chrysalides, petites et vertes, sont accrochées tête en bas à diverses plantes. Espèce ayant une vaste distribution dans toute l'Europe et en Afrique du Nord ; à l'est elle pénètre en Asie centrale et en Sibérie.

1 Tircis

Pararge aegeria L.

Satyridae

Espèce de taille moyenne (envergure : 32 à 42 mm) ayant des marques dont la disposition est constante, mais dont la couleur varie fortement. Les ailes sont brun à brun foncé avec plusieurs taches jaune fauve. L'extrémité des antérieures porte un ocelle et une rangée de trois ou quatre taches claires existe sur le bord externe des ailes postérieures. Chez la forme méridionale, ces taches sont jaune ocre sur un fond ocre ou roussâtre, alors que chez la sous-espèce d'Europe centrale *tircis (= egerides)* les ailes, foncées, sont nuancées de vert avec des taches très claires, jaune pâle (voir l'illustration). Les dessins de la face inférieure des ailes sont moins nets. Ce papillon vole de mars à mai et la seconde génération de juillet à septembre. Il aime les endroits ombragés des chemins et des clairières dans les bois de feuillus, sur les lisières et dans les parcs. Il vole lentement en agitant les ailes et, généralement, se fixe en un point auquel il revient sans cesse. En montagne, à la limite des forêts de feuillus, il n'a qu'une seule génération mais dans le sud de l'Europe la sous-espèce *aegeria* se montre presque toute l'année.

La chenille se nourrit sur des graminées. Dans les régions froides et tempérées de l'Europe, c'est la chrysalide qui hiberne. Elle est jaune brunâtre et se suspend la tête en bas sur une plante, près de la terre, ou se trouve sous une pierre. On connaît cette espèce dans toute l'Europe, au nord, jusqu'au 62e parallèle ; à l'est, elle atteint l'Asie Mineure et l'Asie centrale.

1

2 Mégère

Lasiommata megera L.

Satyridae

La Mégère est la plus commune des trois espèces de *Lasiommata* vivant en Europe. Son envergure de 35 à 45 mm la range dans les papillons de taille moyenne. Le dessus des ailes est jaune fauve surtout chez la femelle. Le mâle, un peu plus petit et plus foncé, est plus brun. La face inférieure des ailes antérieures est plus pâle et les postérieures sont tachetées de gris et de noir. Ce papillon a un vol hésitant, saccadé, interrompu par de courts passages en plané. Il vole plus rapidement que les autres espèces du genre. Quand on le dérange, il revient fidèlement à son point de départ. On le trouve communément dans les lieux herbeux et caillouteux en terrain calcaire, près des voies ferrées, dans les jardins, les cimetières, dans les banlieues et jusque dans les quartiers les plus animés des villes. Il se pose volontiers sur les murs de pierre, les clôtures, les maisons et les pierres des chemins. Quand il se tient les ailes étalées, leur coloration permet de le repérer mais il passe inaperçu s'il les replie. La première génération vole en mai et en juin ; la seconde, formée d'individus plus grands, surtout au mois d'août. Une troisième éclôt parfois en Europe centrale.

De couleur verdâtre, la chenille se nourrit de diverses graminées et peut être observée presque toute l'année. Elle hiberne. Verte ou presque noire la chrysalide est fixée tête en bas sur une pierre ou une plante. La Mégère vit dans toute l'Europe jusqu'au 60e parallèle; elle existe aussi en Afrique du Nord, en Asie Mineure et au Proche-Orient, Iran compris.

Famille des *Lasiocampidae* — Feuilles mortes, bombyx

Ces papillons, de taille généralement moyenne à grande, ont des ailes dont les dessins sont caractéristiques des espèces ; ils les replient en toit quand ils se reposent. Les chenilles sont grégaires, au moins dans leur jeunesse, et vivent parfois dans des nids pendant toute leur croissance. Elles sont généralement très velues et leurs grands poils, qui se détachent facilement, peuvent provoquer des conjonctivites ou des éruptions cutanées chez les personnes sensibles. La plupart des 1 300 espèces vivent en Amérique du Sud, mais plus de 20 existent en Europe.

1 Livrée, Bombyx à livrée

Malacosoma neustria L.
Lasiocampidae ▲

L'une des plus petites espèces européennes avec son envergure de 25 à 35 mm. Sa coloration varie fortement du jaune clair au brun roussâtre foncé. Les ailes antérieures sont traversées par deux lignes brunes plus ou moins nettes, parfois séparées par une raie plus sombre. Le mâle est beaucoup plus petit que la femelle qui a généralement une coloration plus pâle. Les papillons de l'unique génération estivale vivent dans les bois de feuillus, mais sont plus communs dans les parcs et les jardins. Les lumières les attirent parfois, mais on rencontre plus souvent les chenilles. Les oeufs sont pondus en amas autour des rameaux où ils passent l'hiver.

Les chenilles qui éclosent au printemps vivent d'abord dans une enveloppe soyeuse et s'assemblent ensuite dans des nids. Elles restent ensemble jusqu'au moment où elles vont se nymphoser. Elles apparaissent en mai et juin sur les arbres fruitiers (surtout poiriers et pruniers). Leurs flancs sont gris bleu, le dos est brun roussâtre avec des lignes longitudinales blanches. Les années où elles pullulent, elles font d'importants dégâts dans les vergers et dans les arbres fruitiers situés au bord des routes. Polyphages, elles s'attaquent aussi à d'autres essences à feuilles caduques. Le plus souvent elles se nymphosent dans des feuilles enroulées à la cime des arbres. Espèce largement répandue dans toute l'Europe et en Asie.

1♂

1♂

1♀

1

2 Bombyx du chêne, Minime à bandes

Lasiocampa quercus L.
Lasiocampidae

Avec une envergure de 45 mm (mâle) à 75 mm, le Bombyx du chêne est l'un des plus grands *Lasiocampidae* d'Europe. Sa coloration est très variable. Celle du mâle est brun foncé ou brun noirâtre avec une large bande jaune qui traverse les deux paires d'ailes. Plus grande, la femelle est bien plus pâle, de sorte que les bandes transversales contrastent moins avec le brun clair ou le jaune du reste des ailes. Les papillons de l'unique génération annuelle volent de juin à août dans les bois de feuillus, les jardins, sur les pentes couvertes de buissons des collines et montagnes, mais ils ne sont nulle part abondants. La femelle vole peu,

2

assez maladroitement et seulement dans la soirée et la nuit. Elle s'approche parfois des lumières. En revanche, le mâle vole aussi de jour, décrivant des zigzags à ras de terre. La chenille vit sur les chênes, hêtres, bouleaux, prunelliers, ronces et framboisiers. Elle hiberne et se nymphose en mai ou en juin. La croissance est lente et dans les régions froides elle hiberne deux fois. Parvenue à sa taille maximale, elle est gris noirâtre, couverte de poils gris jaunâtre et possède des indentations noires entre les segments de son corps. Elle se cache dans les fentes d'écorce pendant la journée et se nymphose dans l'herbe en s'entourant d'un cocon brun.

Bien que largement répandue dans toute l'Europe et l'Asie, cette espèce ne pullule jamais.

Famille des *Saturniidae* (= *Attacidae*) — Paons de nuit

Grands papillons dont les larges ailes portent chacune un ocelle central. Au repos, les ailes sont repliées verticalement ou étendues horizontalement. Les pièces buccales sont atrophiées. Les chenilles se tissent un gros cocon ; certaines espèces asiatiques sont élevées pour leur soie. Riche d'environ 1 300 espèces surtout tropicales cette famille comprend les plus grands et les plus beaux des papillons de nuit, par exemple l'Atlas *(Attacus atlas)* d'Asie, qui atteint 250 mm d'envergure. Six espèces vivent en France, dont une a été acclimatée.

1 Grand paon de nuit
Saturnia pyri D. et S.
Saturniidae

Ce très grand papillon mesure 100 à 130 mm d'envergure. Ses ailes sont brunes et grises avec un peu de rose et chacune porte un grand ocelle en son centre. Ces « yeux » (qui existent également sur les ailes de certains sphinx et ressemblent à des yeux de hibou) serviraient, pense-t-on, à effrayer les oiseaux insectivores. Les seules différences apparentes entre les deux sexes se trouvent dans la structure des antennes.

Espèce fréquente dans les régions chaudes de l'Europe centrale. A l'origine elle vivait dans les steppes boisées, mais elle s'est répandue surtout dans les vergers. Les papillons volent de la fin d'avril au début de juin, seulement la nuit, mais sont fréquemment attirés par les lumières. Quand ils tournent autour des lampadaires des rues, leur taille évoque plus celle d'une chauve-souris que celle d'un pa-

1

pillon. Les chenilles sont vertes avec une étroite bande jaune sur chaque flanc et, sur tous les segments, des tubercules bleus que surmontent de grands poils. Elles vivent sur les arbres fruitiers et d'autres essences à feuilles caduques entre juin et août. En raison de leurs dimensions (elles atteignent 100 mm) et de leur voracité, elles peuvent faire des dégâts dans les pépinières mais sont capturées par des oiseaux comme le Loriot. Elles se nymphosent dans un grand cocon piriforme fixé sur un arbre (à la base ou plus haut). Cette espèce vit en Europe méridionale, occidentale et dans une partie de l'Afrique du Nord. A l'est, elle atteint la Transcaucasie et le Moyen-Orient. Elle manque dans le nord de la France, et au nord de la Tchécoslovaquie, de l'Autriche et de la Suisse, mais atteint le sud du Luxembourg.

2 Petit paon de nuit
Saturnia pavonia L.
Saturniidae

L'envergure de cette espèce ne dépasse pas 40 à 60 mm. La femelle ressemble étroitement à celle du Grand paon de nuit mais est plus pâle et ses ocelles ressortent sur un fond blanc. Le mâle, plus petit que la femelle, a les ailes postérieures en partie orangées et des antennes pectinées. Ce papillon vit en plaine et en montagne jusqu'à 2 000 m, mais est plus fréquent sur les collines et en plaine. Il préfère les clairières et les lisières de bois, les friches. La femelle se cache dans la végétation pendant la journée. Le mâle est actif le jour et, par temps ensoleillé, vole à faible hauteur en décrivant des arabesques dans les bois de feuillus assez clairs. Le papillon se montre d'avril au début de juin. D'abord noires, les chenilles vivent en société. En plaine et sur les collines on les trouve sur les prunelliers, les bouleaux, les framboisiers ou les saules marsaults, en montagne principalement sur les myrtilles et les sorbiers. Par la suite elles deviennent solitaires et changent de couleur puisqu'elles sont alors vertes avec des anneaux noirs et des taches brun roussâtre sur chaque segment. Certaines ne comportent pas de noir. A la fin du mois d'août elles brunissent et se déplacent à la recherche d'un lieu favorable pour se nymphoser. La chrysalide est enfermée dans un gros cocon piriforme. Elle hiberne souvent deux fois. Cette espèce existe dans toute la région paléarctique jusqu'en Extrême-Orient. En Europe, elle vit aussi dans les îles Britanniques et, plus au nord, jusqu'en Laponie.

Famille des *Drepanidae* — Faucilles

Les *Drepanidae* ressemblent un peu aux *Geometridae,* mais la majorité s'en distinguent nettement par la forme de leurs ailes antérieures prolongées en pointe au bord supérieur. Ils volent seulement la nuit. La trompe est courte ou absente. Les chenilles ont un anneau terminal en pointe. Cette famille relativement peu importante (environ 400 espèces) est répandue dans le monde entier à l'exception de l'Amérique du Sud. Sept espèces vivent en Europe centrale et huit en France.

1 Faucille
Drepana falcataria L.
Drepanidae

Petit papillon mesurant 27 à 35 mm d'envergure. Les ailes sont brun jaunâtre à brun foncé. Les antérieures portent une tache centrale foncée et leur extrémité pointue est marquée de noir. Il y a deux générations annuelles, celle de printemps ayant des ailes plus claires (voir l'illustration) que celle d'été. Cette espèce est fréquente dans les bois d'arbres à feuilles caduques, les broussailles et on la voit souvent aussi près des cours d'eau. Les papillons volent rapidement après la tombée de la nuit ; ils passent la journée posés sur la végétation et tiennent leurs ailes étalées comme les *Geometridae.* Les chenilles vivent principalement sur les bouleaux, aulnes et peupliers. Leur abdomen prend fin par une pointe et elles le tiennent généralement relevé. Le dos, brun roux, porte trois protubérances foncées à son extrémité antérieure ; les flancs sont verts. C'est la chrysalide qui hiberne. La Faucille existe dans la zone des forêts de feuillus du centre et du nord de l'Europe, y compris les îles Britanniques.

Famille des *Thyatiridae*

Cette famille groupe des papillons nocturnes d'assez grande taille, qui ressemblent aux *Noctuidae.* La plupart des quelque 150 espèces connues vivent en Asie orientale ; 15 espèces existent en Europe et 10 en France.

1

2

2 Batis

Thyatira batis L.
Thyatiridae

Cette espèce mesure 30 à 40 mm d'envergure comme les autres membres européens de la famille. Elle se distingue par ses jolies ailes antérieures qui sont brun foncé avec de grandes taches roses, arrondies, entourées de blanc. Les ailes postérieures sont gris foncé comme celles des autres espèces du genre. Le papillon vole de mai à août (il y a une ou deux générations annuelles selon les conditions climatiques) dans les bois de feuillus et les bois mixtes ayant une végétation sous-jacente épaisse, dans les jardins et les parcs. En montagne il s'élève jusqu'à 1 500 m environ. Il entre en activité après le coucher du soleil autour des touffes de framboisiers et de ronces sur lesquelles se nourrissent ses chenilles. Les lumières l'attirent fréquemment. Les chenilles, d'un brun roux, sont reconnaissables à leur tête relativement volumineuse. Leur deuxième segment, incliné en avant, porte deux pointes et les cinquième à neuvième sont pourvus de petits tubercules quadrangulaires. La chrysalide hiberne, enveloppée dans les feuilles reliées par des fils de soie des plantes-hôtes. Espèce largement distribuée dans la zone tempérée de la région paléarctique jusqu'au Japon. Les ailes antérieures d'*Habrosyne pyritoides,* espèce ayant une répartition analogue en Europe centrale, sont grises et brun roussâtre, les deux couleurs étant séparées par des lignes obliques blanches. La chenille vit également sur les ronces et le papillon tourne souvent autour des lumières.

1

Famille des *Geometridae* — Géomètres, phalènes
(les chenilles sont couramment appelées « arpenteuses »)

Les représentants européens de cette famille sont de faible taille puisqu'ils mesurent de 10 à 50 mm d'envergure, exceptionnellement 60 mm (genre *Biston*). Ce sont pour la plupart des papillons ayant de larges ailes, un corps assez grêle et généralement des antennes fines. Au repos, ils tiennent leurs ailes étalées latéralement, rarement en toit au-dessus de l'abdomen. Le plus souvent leur trompe est bien développée ; ils aspirent le nectar ou la sève des arbres et sont attirés par les lumières ou les appâts. Outre les trois paires de pattes thoraciques, les chenilles ont d'ordinaire seulement la dernière paire de fausses pattes sur le dixième segment et celle du sixième segment abdominal. Elles se déplacent d'une façon tout à fait caractéristique (voir l'illustration) qui leur a valu leur nom. Cette très importante famille est représentée sur tous les continents et compte environ 12 000 espèces dont au moins 400 vivent en Europe centrale et 551 en France.

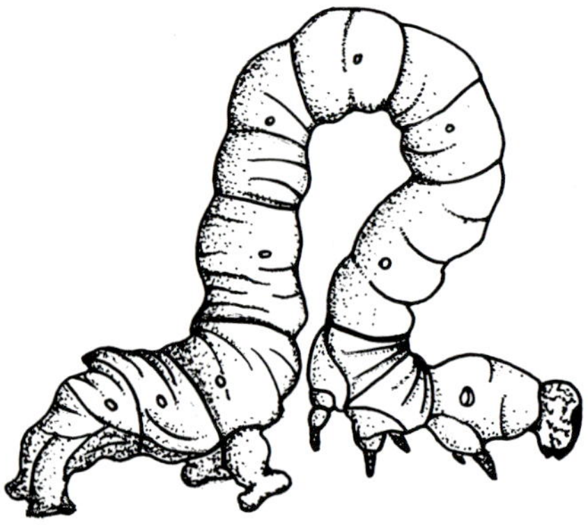

Chenille de géomètre (arpenteuse).

1 *Cosmorhoe ocellata* L.
Geometridae

Autrefois placée dans le genre *Cidaria* (= *Larentia*), cette espèce mesure 20 à 25 mm d'envergure. Ses ailes sont blanchâtres ; les antérieures, teintées de jaunâtre, ont la base brune et sont divisées en deux, à l'extrémité, par une large bande noire à reflets gris bleuté liserée des deux côtés par une ligne roussâtre. La bordure blanche du côté externe est interrompue par deux taches noires. Les ailes postérieures sont en grande partie blanches. Ce papillon a deux générations annuelles, la première de mai à juillet cohabite partiellement avec la seconde qui vit jusqu'en septembre. L'espèce est fréquente dans les bois clairs, les fourrés et mê-

2

me les parcs urbains. Elle recherche l'ombrage et passe la journée posée sur les troncs d'arbres, les clôtures ou la végétation ; elle se tient les ailes étendues. Sa coloration blanchâtre la rend visible à grande distance. Les chenilles sont gris roussâtre à brun avec des lignes longitudinales et des taches dorsales anguleuses et blanches. Elles vivent sur différentes espèces de gaillets. En automne, elles s'entourent d'un cocon délicat après s'être enfoncées dans la terre et se nymphosent au printemps suivant sans avoir rien mangé auparavant. Cette espèce eurasiatique est connue dans toute l'Europe sauf les régions arctiques et s'avance jusqu'à l'Altaï à l'est.

2 *Xanthorhoe montanata* D. et S.

Geometridae

Espèce un peu plus grande que la précédente (envergure : 24 à 28 mm), qui jadis était également classée dans le genre *Cidaria.* Les deux paires d'ailes sont blanc jaunâtre et les antérieures sont traversées par une large bande brune plus ou moins foncée. Les papillons volent en mai et juin. Dans le sud, quand l'été est chaud, il y a une deuxième génération en août. Cette espèce est très commune dans les lieux boisés, les broussailles, les parcs et les jardins où, comme *Cosmorhoe ocellata,* elle se repose dans la journée, les ailes étalées. La chenille, relativement trapue, est brun jaunâtre avec des lignes longitudinales blanches, jaune ocre et noires et un liseré postérieur jaune ou roussâtre sur chaque segment. Le corps est recouvert de petites papilles blanches bordées de noir et les derniers segments abdominaux sont tachetés de noir. Elle vit sur diverses plantes herbacées (souvent l'oseille et le plantain). Après avoir hiberné elle reparaît en avril et mai avant de se nymphoser dans la terre. Ce géomètre eurosibérien a la même distribution que le précédent mais s'avance davantage au nord. En Europe il est commun, même en Laponie et dans le sud est plus fréquent en montagne.

1 Brocatelle d'or
Camptogramma bilineata L.
Geometridae

Cette espèce fut d'abord classée dans le genre *Cidaria.* Elle mesure 20 à 25 mm d'envergure et ses ailes jaune roussâtre sont délicatement agrémentées de petits dessins bruns ; les bords sont tachetés. Les antérieures ont une large bande médiane plus ou moins nette, bordée d'un liseré blanc et foncé. Elle est parfois très accentuée, brun foncé (forme *infuscata*) ou jaune avec une série de petits cercles (forme *margaritata*). Il arrive, surtout dans le sud, que certains sujets aient des ailes entièrement brunes (forme *testaceolata*).

Dans la zone tempérée de l'Europe deux générations apparaissent ; la première entre mai et mi-juin et la seconde en juillet-août. Certaines années, si le temps est favorable, les deux générations se presque confondent ; dans la nature, on peut rencontrer les papillons durant une longue période, de mai jusqu'à la mi-septembre. Le papillon vit en plaine et en montagne, manifestant une préférence pour les lieux humides et ombragés. Il manque dans les steppes cultivées mais abonde à la lisière des bois, dans les broussailles, au bord des rivières et des ruisseaux, dans les jardins et les parcs. Les papillons se reposent souvent sur la végétation, se faisant remarquer par leur coloration jaune clair. Contrairement aux autres géomètres ils sont souvent actifs pendant la journée. Même sans avoir été dérangés ils volent parfois à la lumière du jour au-dessus de la végétation, mais leur activité ne s'accroît qu'après le coucher du soleil. La nuit tombée, la lumière les attire, ils se déplacent sur les murs éclairés des maisons, les ailes repliées sur le corps comme les papillons de jour. Les chenilles, au contraire, sont très discrètes. Dans la journée elles se cachent près de la terre et ne partent à la recherche de nourriture que le soir venu. Elles sont vertes à gris jaunâtre avec un dessin brunâtre peu marqué ; elles portent deux lignes dorsales brunes liserées de blanc et, sur la face ventrale, une ligne brune liserée de jaune qui crée l'apparence d'un ventre clair. Leur corps, rétréci sur l'avant, est entièrement recouvert de petites verrues blanches et de menus poils. Elles vivent presque toute l'année ; les chenilles qui naissent des œufs de la génération estivale hibernent et vivent jusqu'en avril-début mai de l'année suivante sur différentes plantes sauvages – oseille, dent-de-lion, caille-lait ou ortie. Elles se nymphosent dans la terre. Espèce holarctique présente en Europe, en Asie et en Amérique du Nord. Dans le nord, il n'y a qu'une seule génération annuelle.

2

2 Chénopodie
Scotopteryx chenopodiata L.
Geometridae

Assez grand géomètre mesurant 25 à 30 mm d'envergure. Les ailes sont brun jaunâtre ou teintées d'or ; il arrive qu'elles soient un peu roussâtres. Les antérieures portent une large barre brune transversale, claire au centre, avec une tache noire typique dans le tiers antérieur. L'extrémité des ailes se rétrécit en pointe obtuse d'où une ligne noire part en direction du côté interne. Plus claires, les ailes postérieures sont jaune grisâtre avec des ébauches de quelques lignes transversales foncées.

La coloration de cette espèce varie fortement, le dessin est peu marqué et on la confond souvent avec des espèces semblables ne différant que par des détails de dessin. Ce géomètre a encore un trait commun avec quelques-uns de ses congénères : la forme caractéristique des ailes postérieures qui sont nettement élargies vers les côtés. Au repos, ses ailes postérieures sont tout à fait cachées sous les antérieures, contrairement aux autres espèces, et la forme du papillon est plutôt triangulaire.

L'unique génération de papillons apparaît de la fin de juin à septembre. L'espèce fréquente les milieux les plus divers et est commune partout. On la trouve par exemple dans les prés, au bord des bois, le long des chemins dans les champs, dans les parcs des villes et les jardins. Le jour elle se cache dans la végétation, mais s'envole facilement si elle est inquiétée. Elle entre en activité après le coucher du soleil et se pose sur les fleurs pour en aspirer le nectar. Les lumières l'attirent fréquemment. Revêtues d'une fine pilosité, les chenilles sont cylindriques, grisâtres, avec un dessin plus sombre composé de lignes longitudinales : les lignes sont brisées sur le dos et continues sur les flancs. Elles vivent sur les plantes sauvages, principalement sur les Légumineuses (par exemple trèfles, lotier, astragale, gesse). Les petites chenilles apparaissent tardivement en été, à partir du mois d'août. Elles hibernent et se montrent à nouveau sur les plantes-hôtes au printemps suivant, de fin avril à juin ; on les rencontre alors plus fréquemment. Elles ne quittent pas la plante nourricière pendant la journée ; elles se nymphosent dans la terre.

1

1 *Scopula ornata* Sc.

Geometridae

Petit géomètre blanchâtre mesurant 18 à 25 mm d'envergure. Cette espèce est caractérisée par les dessins extrêmement fins et élégants de ses ailes. Elle est blanche avec une barre transversale médiane à peine visible et un liseré brun foncé de taches alignées. Les marques des ailes antérieures et postérieures sont identiques ; elles sont bordées de taches brunes.

Le papillon est visible de mai à septembre, car il y a deux ou trois générations qui se chevauchent. Il préfère les lieux chauds et secs ; on le trouve donc sur les pentes herbeuses et ensoleillées, dans les clairières et sur les collines couvertes de buissons. Il passe la journée généralement caché dans la végétation. Quand il se tient sur le tronc d'un arbre (voir l'illustration), il est repérable de loin à cause de sa couleur blanche. Craintif, il s'envole facilement mais en général, n'entre pas en activité avant le crépuscule. Répandu dans de nombreux milieux, il s'est raréfié et on le voit surtout isolément.

De couleur grise, la chenille a une bande dorsale roussâtre avec un liseré foncé et deux lignes sombres sur les flancs. Elle vit aux dépens de plantes herbacées ou ligneuses, par exemple thym et millefeuille, dès le début de l'été. Les chenilles de la dernière génération hibernent et reprennent leur activité jusqu'en mai. Elles se nymphosent parmi des feuilles reliées par des fils de soie. La chrysalide est brune avec les fourreaux alaires verts.

Distribution : les régions chaudes et tempérées de toute la région paléarctique jusqu'en Extrême-Orient.

2 Timandre aimée

Timandra griseata Petersen (= *amata*)

Geometridae

Espèce remarquable car ses ailes antérieures se prolongent en pointe et les postérieures sont également pointues du côté externe. Envergure : 23 à 28 mm. Les ailes sont jaune grisâtre à ocre grisâtre avec le bord externe roussâtre et des franges roses. Une ligne diagonale brun roussâtre part de la pointe de chaque aile antérieure jusqu'à l'aile postérieure correspondante. Quand le papillon se pose et

1

2

tient les ailes étalées, cette ligne paraît presque continue à travers l'insecte (voir l'illustration). Une petite tache brune demi-circulaire se trouve au centre de chaque aile antérieure. Cette espèce a un aspect très variable et l'on en connaît plusieurs formes.

Le papillon se montre de mai à octobre, car il y a deux générations qui se chevauchent quelque peu. Il est fréquent dans les lieux herbeux et ombragés, par exemple les prairies parsemées de buissons, les vergers et les parcs. Le jour, il se tient caché dans la végétation, sur un tronc d'arbre ou le mur d'une maison. Sa coloration jaunâtre le fait aisément passer inaperçu sur les murs clairs. Actif après le coucher du soleil, il est souvent attiré par les lumières et, dans les villes, pénètre même dans les pièces éclairées. La chenille apparaît dès le mois de juin sur diverses plantes herbacées, surtout le pissenlit, l'oseille et les renouées. Elle est gris brunâtre et a un quatrième anneau épaissi, très caractéristique. Elle se nymphose dans un cocon fin. Les chenilles de la seconde génération hibernent. Espèce largement répandue dans toute la région paléarctique. *Rhodostrophia vibicaria* (**3**), très semblable d'aspect, mais un peu plus grande, a la même distribution. On la distingue cependant par ses ailes antérieures et postérieures arrondies et par la bande médiane beaucoup plus large et d'un roux moins vif et moins rose. Le papillon vole de la fin de mai jusqu'en août. La chenille brun jaunâtre, fortement tachetée, vit principalement sur des Légumineuses et hiberne.

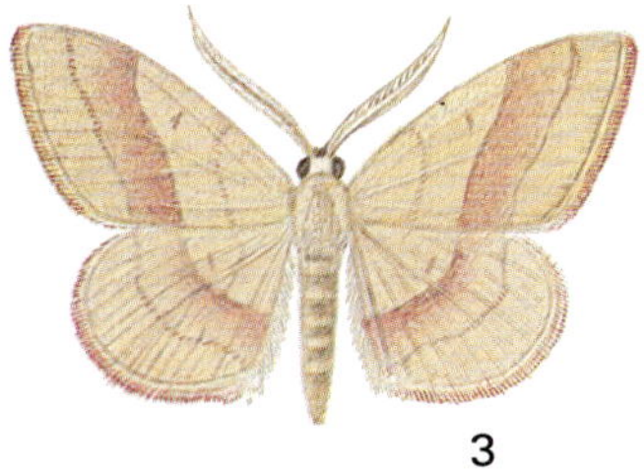

3

1 *Lomaspilis marginata* L.
Geometridae

Élégant petit papillon (envergure 20 à 25 mm) dont les ailes sont en grande partie blanches ou légèrement jaunâtres ; les deux paires ont une large bordure brun foncé ou noire. Sur le bord antérieur des ailes antérieures la couleur foncée forme deux taches allongées. L'étendue et la forme de ces taches varient fortement et on a décrit plusieurs formes distinctes. Cette espèce est commune et largement répandue dans certains milieux, notamment dans les broussailles et sur les lisières des forêts. Les papillons des deux générations se montrent de la fin d'avril jusqu'en août. Dans la journée, ils se posent sur des feuilles d'arbres, des buissons ou dans l'herbe mais s'envolent vite si on les dérange. Après le coucher du soleil ils volent activement et s'approchent souvent des lumières quand il fait nuit. D'un vert bleuâtre, caractérisées par trois lignes dorsales longitudinales, les chenilles se tiennent sur des arbustes et des arbres, en particulier saules, peupliers, trembles, bouleaux et noisetiers. On peut les voir du printemps à l'automne. Celles de la deuxième génération se nymphosent à la fin de septembre et les chrysalides hibernent dans la terre. Cette espèce vit dans la zone des forêts de feuillus en Europe et en Asie. Sur le premier continent, elle est commune dans le centre et le nord, y compris les îles Britanniques.

2 *Opisthograptis luteolata* L.
Geometridae

Géomètre assez grand (32 à 37 mm d'envergure) et dont les ailes sont jaune citron. Les antérieures portent des dessins bruns et roussâtres, tandis que les postérieures sont d'une couleur presque unie. Ce joli papillon vole entre les mois d'avril et de juillet. Dans les régions chaudes d'Europe centrale et plus au sud, il a une seconde génération en août et septembre. Il vit surtout dans les plaines, dans les clairières et sur les lisières des forêts, dans les prairies humides parsemées de buissons et sur les berges des rivières et cours d'eau entourés d'arbres. Il préfère les milieux humides, ombragés

1

2

2

mais a également colonisé les agglomérations, les parcs et jardins. Dans la journée, il se repose sur les buissons, caché parmi les feuilles et se met à voler à la nuit tombée. Il vient très souvent près des lumières, même en ville. Quand il n'est pas complètement en repos, il plie fréquemment ses ailes au-dessus du corps à la manière des papillons diurnes. La chenille est verte ou brune ; le premier tiers de son corps présente un renflement dorsal très haut tandis que les anneaux terminaux sont élargis. En Europe centrale, l'espèce vit sur le prunellier, l'aubépine, les saules et les arbres fruitiers. La chrysalide hiberne dans une enveloppe de soie. Répandue en Europe, cette espèce existe aussi en Asie jusqu'en Sibérie orientale. Dans les contrées tempérées de l'Europe on peut voir un autre géomètre remarquable par sa coloration jaune soufre, le Géomètre du sureau *(Ourapteryx sambucaria)*, qui voltige souvent autour des lumières. Son envergure (40 à 50 mm) est très supérieure ; il a un aspect beaucoup plus robuste et ses ailes antérieures sont traversées par deux bandes brun roux ; la plus interne continue sur les ailes postérieures qui se terminent par un éperon. Ce papillon a une seule génération annuelle (en été) et c'est la chenille, roussâtre, qui hiberne. Elle se nourrit sur les chèvrefeuilles et la symphorine.

Géomètre du bouleau
Biston betularia L.
Geometridae

Ce grand géomètre qui atteint 60 mm d'envergure est la plus grosse espèce européenne. Son corps massif et la forme de ses ailes le font quelque peu ressembler à un *Noctuidae.* Sa coloration varie fortement et ses ailes peuvent être blanches avec des taches noires irrégulières et cinq marques foncées bien nettes le long du bord antérieur des antérieures. Certains sujets ont trois rayures transversales sur les ailes et il y a des formes intermédiaires jusqu'aux individus dont les ailes sont entièrement noires (forme *carbonaria*). Le papillon vole de mai à juillet dans toutes sortes de milieux ; il est fréquent dans les bois de feuillus et mixtes, mais vient aussi dans les jardins, les parcs et même dans le centre des villes. Dans la journée, il reste immobile sur un tronc d'arbre, une clôture, un poteau télégraphique ou un mur. La chenille vit sur une grande variété d'arbres et arbrisseaux à feuilles caduques. Sa coloration est également très changeante et peut être brune, grise ou vert jaunâtre. Parvenue à sa taille maximale, elle est très grande et a toujours une bande foncée (brune ou rousse) le long du dos et des tubercules blancs sur les anneaux terminaux. La chrysalide hiberne dans la terre. La Phalène du bouleau (ou Géomètre du bouleau) est très connue, car elle a été le premier insecte chez lequel on a prouvé l'existence d'un mélanisme industriel, c'est-à-dire l'apparition dans les zones polluées de papillons foncés, adaptés au milieu et issus de formes claires à l'origine. Les sujets mélaniques se multiplient rapidement et le nombre des

insectes qui présentent cette adaptation est élevé. Ainsi, les premiers Géomètres du bouleau mélaniques furent observés dans la région de Manchester (Angleterre) en 1848 et en 1895, c'est-à-dire seulement 47 ans plus tard, la forme noire *carbonaria* représentait 98 % de la population de *Biston betularia.*

Plusieurs explications de cette transformation ont été proposées : dépôt de particules salissantes sur les chrysalides, pollution des aliments des chenilles, etc., mais ce fut seulement vers 1950 que l'entomologiste anglais Kettlewall se mit à étudier cette question de façon approfondie. Il suggéra l'hypothèse selon laquelle l'existence de sujets foncés dans les zones polluées était une affaire de sélection naturelle. Il étudia la fréquence des différents mutants, forme originale blanche, forme *carbonaria* et forme intermédiaire *insularia* et admit que le mélanisme avait surtout pour effet de protéger les papillons des prédateurs (oiseaux insectivores) car les sujets foncés devenaient invisibles sur les troncs d'arbres noircis des régions polluées alors que les sujets blancs passaient inaperçus sur les troncs couverts de lichens dans les contrées non polluées. La coloration protectrice de ces deux types est évidente sur les illustrations. Bien que l'incidence et les rapports numériques des divers mutants soient plus compliqués, la protection contre les prédateurs joue certainement un grand rôle. La Phalène du bouleau vit dans la zone des forêts de feuillus de toute la région paléarctique.

2

1 Zone
Ennomos quercinaria HFR.
Geometridae

Espèce de taille moyenne (envergure : 30 à 35 mm). Les ailes, brun jaunâtre à ocre, sont irrégulièrement sinuées. Les antérieures sont traversées par deux lignes presque parallèles brun roussâtre. Au-delà de la ligne externe, le bord est plus foncé que la base. La ligne externe se poursuit sur les ailes postérieures. La coloration et les marques des ailes antérieures sont semblables à celles d'*E. fuscantaria,* mais chez cette dernière espèce les lignes transversales se rejoignent presque sur le bord postérieur des ailes. *E. erosaria* est une autre espèce similaire, dont les ailes antérieures sont plus nettement découpées et dont les postérieures sont munies d'un éperon sur leur bord externe.

La Zone est une espèce commune dans les forêts de feuillus (surtout les chênaies), les peuplements mixtes, les jardins et les parcs. L'unique génération apparaît entre fin juillet et octobre. Dans la journée les papillons restent immobiles sur des arbustes ou des arbres d'où il est facile de les faire partir. La nuit ils volent lentement en battant des ailes et s'approchent souvent des lumières. Au repos, il leur arrive de replier les ailes au-dessus du corps à la manière des papillons diurnes. Ce sont les oeufs qui

1

2

passent l'hiver. Les chenilles vivent de juin à août sur les chênes, hêtres, bouleaux, tilleuls, saules et charmes. Elles sont brun roussâtre avec des protubérances transversales sur les cinquième, sixième et huitième segments et ont deux tubercules sur le dernier. Espèce eurasiatique présente dans les forêts de feuillus de la zone tempérée en Europe (de la Suède à l'Italie septentrionale) et de là jusqu'en Sibérie occidentale.

2 Géomètre papilionaire
Geometra papilionaria L.
Geometridae

Espèce très caractéristique avec ses ailes vertes, mesurant 40 à 50 mm d'envergure. Toutes les quatre présentent les mêmes dessins blancs sur la face supérieure ; le dessous est presque dépourvu de marques. Antennes et pattes (tibias et tarses) sont orange. Le papillon, qui n'a qu'une seule génération estivale, est assez commun dans les lieux humides, les bois clairs, les prairies envahies par des buissons à proximité des ruisseaux et des rivières. En montagne il monte jusqu'à la limite supérieure des arbres à feuilles caduques. Le jour il reste dissimulé dans la végétation. Dérangé, il part rapidement mais revient presque aussitôt. Il relève souvent les ailes au-dessus du corps (voir l'illustration). Actif la nuit, il est attiré par les lumières. La chenille est robuste, cylindrique, verte, avec des protubérances rouges à leur extrémité sur le deuxième segment et sur les cinquième à huitième. Elle apparaît en septembre et, après avoir hiberné, en mai, sur les arbres et arbrisseaux à feuilles caduques (surtout les bouleaux, le hêtre, les aulnes, le marsault et le noisetier).

Le Géomètre papilionaire habite la zone des forêts de feuillus dans toute la région eurasiatique. Un peu plus petite, la Zérène du groseillier, ou Phalène mouchetée *(Abraxas grossulariata)*, a des ailes blanches couvertes de taches arrondies brun noir et orange ; elle a la même distribution. Sa chenille est nuisible et fait des dégâts sur les groseilliers, mais l'espèce est devenue rare depuis 50 ans en Europe centrale.

Famille des *Sphingidae* – Sphinx

Les membres de cette famille volent rapidement et sur de grandes distances grâce surtout à leurs ailes antérieures relativement étroites et leurs petites ailes postérieures qui peuvent battre à un rythme élevé. A l'exception des espèces du genre *Hemaris,* les sphinx sont actifs après le coucher du soleil et la nuit. Leur trompe est très longue et leur permet d'aspirer le nectar en volant sur place. Les chenilles ont une corne ou au moins une protubérance sur le onzième segment. Les quelque mille espèces connues sont réparties dans le monde entier ; la majorité vivent sous les tropiques et environ 28 existent en Europe, dont 22 en France.

1 Sphinx demi-paon
Smerinthus ocellatus L.
Sphingidae

Les ailes antérieures (envergure : 70 à 80 mm) ont le bord externe en grande partie concave et une coloration très variable avec des dessins remarquables. Les petites ailes postérieures sont rose-rouge avec un grand ocelle bleu au centre. Au repos, le papillon étale horizontalement ses ailes antérieures et replie les postérieures au-dessous de sorte qu'il ressemble à une feuille morte. Dérangé, il déploie les postérieures, mettant en évidence les « yeux » et effectuant des mouvements saccadés qui contribuent à éloigner l'ennemi. Ce sphinx vit deux semaines au maximum entre mai et juillet. Ses pièces buccales sont atrophiées, c'est pourquoi on ne peut le capturer sur les fleurs ni à l'aide d'un appât, mais la lumiè-

2

re l'attire. Il vole le soir et la nuit ; le jour il se tient immobile sur un tronc d'arbre ou un buisson, près du sol. La chenille se nourrit sur diverses essences à feuilles caduques, de juillet à septembre. Si on l'inquiète, elle redresse l'avant de son corps. Sa coloration varie du vert au bleu grisâtre selon la couleur des feuilles de la plante nourricière. La chrysalide hiberne dans la terre. Le Sphinx demi-paon vit dans toute l'Europe (en montagne jusqu'à 2 000 m), en Asie Mineure et en Transcaucasie à l'est. Le plus grand des quatre sphinx de ce groupe en Europe centrale est le Sphinx du chêne *(Marumba quercus),* qui atteint 110 mm d'envergure, est jaune ocre et vit plus au sud que le précédent.

2 Sphinx gazé
Hemaris fuciformis L.
Sphingidae

Comme ses proches parents, le Sphinx gazé, qui mesure 40 à 47 mm d'envergure, est un excellent voilier ; il suce le nectar des fleurs tout en volant et déploie la plus grande activité vers midi par les journées chaudes et ensoleillées. Ses quatre ailes sont transparentes avec une large bordure rousse. Les antérieures ont une tache transversale de même couleur. Chez *Hemaris tityrus,* le Sphinx bombyliforme, la bordure des ailes postérieures est beaucoup plus étroite et il n'y a pas de marque sur les antérieures. Le Sphinx gazé se montre durant les journées chaudes et claires de la fin du printemps et une seconde génération se montre en août. Il survole les prairies en fleurs, les clairières des bois mixtes et fréquente aussi bien les parcs urbains que les alpages jusque vers 2 000 m. Il est présent là où poussent les plantes nourricières de ses chenilles, surtout les chèvrefeuilles et la symphorine. Les chenilles dépouillent les branches de leurs feuilles, ce qui permet de les repérer aisément. La chrysalide hiberne par terre ou dans un creux, quelquefois à deux reprises, enveloppée dans un cocon assez lâche. Cette espèce habite la zone tempérée de l'Europe et de l'Asie, depuis l'Angleterre à l'ouest à travers l'Asie centrale jusqu'à l'Altaï à l'est.

1 Sphinx du liseron
Agrius convolvuli L.
Sphingidae

L'un des plus grands sphinx européens (envergure de 80 à 120 mm). Les ailes sont d'un gris noirâtre et les antérieures ont des dessins particulièrement élégants. L'abdomen est traversé de bandes roses. Les couleurs et les dessins des ailes antérieures varient moins que chez les autres sphinx, peut-être pour partie en raison du comportement migratoire accusé. Les ailes antérieures des mâles sont plus contrastées que celles des femelles ; en outre les premiers ont des antennes plus épaisses et dentelées. Les papillons de la première génération (mai à juillet) sont surtout des sujets migrateurs qui viennent du sud jusqu'en Europe centrale. La seconde génération, partiellement formée d'individus inféconds, paraît à la fin de l'été et en automne. Selon les années, le Sphinx du liseron est très abondant ou rare en Europe centrale. Quand les migrateurs sont nombreux, on peut les voir sur les clôtures foncées, les murs, les poteaux télégraphiques où leur coloration cryptique les rend à peu près invisibles. Le Sphinx du liseron parcourt des milliers de kilomètres au cours de ses migrations. En été, il aspire le nectar des fleurs avec sa très longue trompe (environ 100 mm), volant sur place avec ses ailes qui produisent un bourdonnement audible. Il visite surtout les jardins d'agrément où fleurissent des phlox, pétunias, oeillets et tabacs décoratifs.

La chenille est brun foncé (parfois verte) et se nourrit généralement sur les liserons. Dans les régions tempérées de l'Europe elle mange seulement la nuit, se cachant le jour dans la terre ou à sa surface. Elle se nymphose dans un trou qu'elle prépare, parfois jusqu'à 30 cm de profondeur. De couleur brune, la chrysalide a un long fourreau spiralé pour la trompe du papillon. Par sa distribution, ses migrations régulières entre le sud et le nord, cette espèce rappelle à bien des égards le Sphinx tête-de-mort *(Acherontia atropos).* Tous deux existent dans les régions tropicales de l'Ancien Monde et migrent chaque année en direction de l'Europe, atteignant les îles Britanniques et la Baltique.

2 Sphinx du troène
Sphinx ligustri L.
Sphingidae

Ce sphinx atteint lui aussi 120 mm d'envergure, mais les dessins de ses ailes antérieures sont moins prononcés et moins distincts les uns des autres ; on note aussi l'esquisse d'une rayure longitudinale noire sur fond brunâtre. Les ailes postérieures sont rose pâle. Le mâle a d'épaisses antennes en fuseau, celles de la femelle sont plus fines. Le papillon vole de mai à juillet et peut être localement abondant, surtout dans les lieux boisés en plaine. Il a également colonisé les espaces habités et les villes. Le jour, il se repose sur les murs, clôtures, troncs d'arbres mais s'envole à la recherche de sa nourriture avant le coucher du soleil. Il aspire le nectar avec sa

2

longue trompe tout en volant sur place. On trouve plus fréquemment sa chenille verte, ornée de bandes blanches obliques liserées de violet et qui possède une corne noire très visible à l'extrémité du corps. Elle vit principalement sur le troène, mais aussi sur la symphorine, le lilas, etc. Elle trahit sa présence par ses crottes noires, volumineuses, qui tombent par terre. Au repos, elle redresse la partie antérieure de son corps et, dans cette position, rappelle le Sphinx de l'Antiquité auquel les papillons du genre *Sphinx* et des genres voisins doivent leur nom vernaculaire. La chrysalide brune hiberne dans la terre. Elle n'a pas de fourreau saillant pour sa trompe. Ce papillon est répandu dans presque toute la région paléarctique depuis les îles Britanniques jusqu'au Japon. Il se montre accidentellement dans le nord, mais ses métamorphoses, de l'oeuf à l'imago se déroulent dans le sud.

2

1 Sphinx du pin
Hyloicus pinastri L.
Sphingidae

Espèce aux modestes couleurs, de taille moyenne, mesurant 65 à 80 mm d'envergure. Sa coloration est très variable. Claires à foncées, les ailes antérieures ont des dessins noirs indistincts tandis que les postérieures sont d'un brun grisâtre uniforme. Certains sujets sont entièrement noirs et la forme mélanique *(unicolor)* domine dans les régions polluées par les déchets industriels. Le Sphinx du pin vit dans les lieux chauds, sablonneux, plantés de forêts de conifères, jusqu'à forte altitude en montagne. Il s'est raréfié au cours des dernières décennies alors que dans la première moitié du XIXe siècle, il ravageait les forêts et, avec la Nonne *(Lymantria monacha)*, était considéré comme l'un des insectes forestiers les plus dangereux. On le trouve surtout dans les forêts d'épicéas où les papillons passent la journée sur les troncs, bien camouflés par leur coloration cryptique. Ils entrent en activité après le coucher du soleil et la nuit, visitant les fleurs sauvages (vipérine et onagre) ainsi que celles des jardins et les arbrisseaux en fleurs. Les lumières les attirent fréquemment d'une distance considérable. Les papillons sont visibles de mai à juillet et il y a souvent une deuxième génération en août et septembre. Les chenilles sont verdâtres avec une bande dorsale rousse et une autre, jaune, sur les flancs. Elles vivent sur différentes espèces de conifères mais principalement sur l'épicéa. Les années où elles abondent, leurs crottes verdâtres qui tombent au pied des arbres révèlent leur présence. Au bout de quatre à sept semaines, les chenilles se nymphosent dans les aiguilles sous les arbres et les chrysalides hibernent. Cette espèce habite toute la région paléarctique jusqu'au Japon mais fait défaut dans les régions chaudes du sud de l'Europe et dans le Grand Nord.

1

2 Sphinx de l'euphorbe
Hyles euphorbiae L.
Sphingidae

Brillamment coloré, ce sphinx mesure 55 à 75 mm d'envergure. Ses ailes antérieures ont des marques très variables, mais les postérieures sont rouges, noires à la base avec une bande médiane noire. Le mâle ne diffère de la femelle que par ses antennes plus grosses et ses organes copulateurs. Les papillons se montrent de mai à septembre en une ou deux générations. Il y a peu de temps encore, ce sphinx était l'un des plus

2

communs de son groupe en Europe centrale, notamment en plaine, là où il y avait des euphorbes. Aujourd'hui en revanche il est devenu rare. Le jour, il se cache dans la végétation et ne sort qu'après le coucher du soleil pour butiner les fleurs de vipérine, phlox et lilas. Les lumières l'attirent. La chenille se nourrit sur toutes les espèces d'euphorbes mais surtout l'euphorbe petit-cyprès, qui est toxique. Elle est brun noirâtre à brun roussâtre avec des dessins qui avertissent de sa présence, à savoir une ligne dorsale rouge et deux taches jaunes latérales sur chacun des segments. Elle se nymphose dans une enveloppe assez fine, généralement par terre où la chrysalide, de couleur claire, hiberne, parfois plusieurs hivers de suite. Le Sphinx de l'euphorbe est largement distribué dans les régions chaudes et tempérées de l'Europe et de l'Asie depuis les îles Canaries jusqu'à la Chine et l'Inde, mais il est accidentel aux latitudes plus septentrionales. Le Sphinx de la garance *(Hyles gallii)*, dont la coloration et les dimensions sont très voisines, a des dessins plus vifs. Ses chenilles vivent généralement sur le caille-lait ou l'épilobe.

Famille des *Notodontidae*

Groupe d'élégants papillons mesurant de 20 à 70 mm d'envergure, dont les ailes antérieures ont des couleurs cryptiques efficaces, de sorte que l'insecte au repos ressemble à un morceau d'écorce ou à une feuille sèche. Les *Notodontidae* n'entrent en activité qu'après le coucher du soleil et sont souvent attirés par la lumière. Leurs poils thoraciques sont disposés en touffes. Les chenilles vivent sur des buissons, des arbres à feuilles caduques. Leur élevage en captivité est facile. Elles ont généralement un corps boursouflé de protubérances variées caractéristiques. Au total cet ensemble réunit environ 2 000 espèces connues, dont la plupart vivent en Amérique du Sud. Une quarantaine existent en Europe, dont 36 en France.

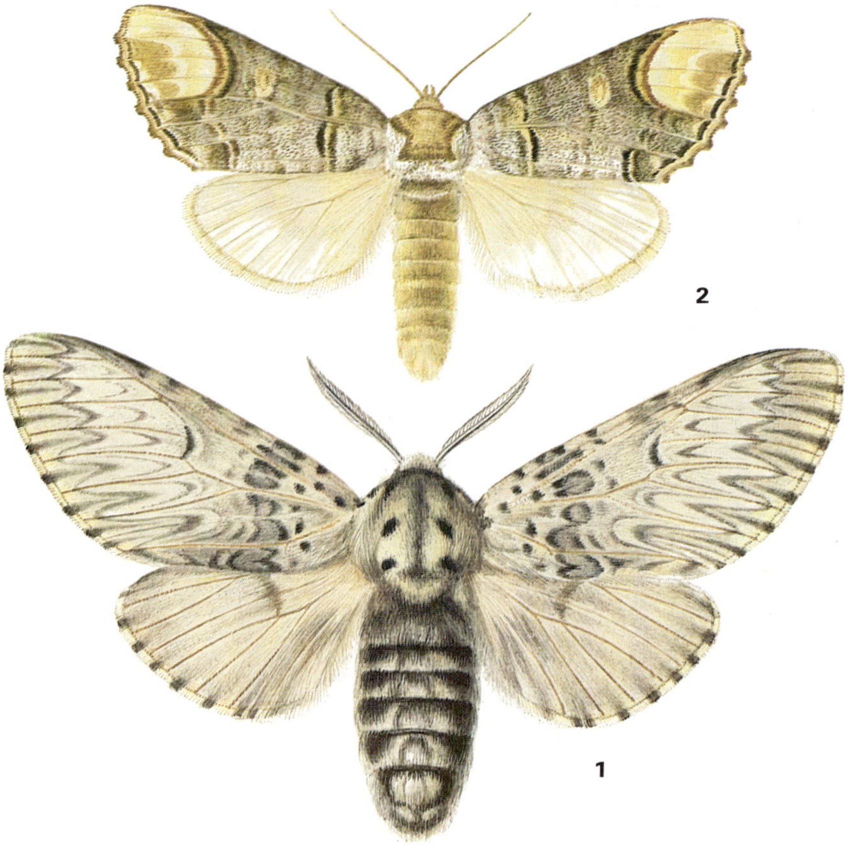

1 Queue fourchue
Cerura vinula L.
(= Dicranura vinula)
Notodontidae

Grand papillon nocturne (envergure : 45 à 70 mm) aux ailes blanchâtres ou gris blanchâtre parcourues de légères ondulations et de zigzags foncés sur les antérieures. Les imagos volent d'avril à juillet mais sont moins visibles que les chenilles, vertes avec la tête bordée de rouge et une ligne dorsale violet bleuâtre liserée de blanc. Elles vivent sur les saules solitaires, les trembles et les peupliers ; dérangées, elles redressent la partie antérieure du corps et font sortir de deux proéminences situées à l'extrémité anale deux filaments rouges en forme de fouets. Ce comportement a valeur d'avertissement pour les prédateurs. Avant de se nymphoser, elles se préparent un très solide cocon formé de salive et de débris ligneux provenant surtout des troncs d'arbres. Élevées en captivité, ces chenilles percent la boîte où on les tient et fixent leur cocon au substrat. Espèce paléarctique, connue dans toute l'Europe et qui s'élève en montagne jusqu'à 2 000 m.

2 Bucéphale
Phalera bucephala L.
Notodontidae

Le papillon mesure 40 à 55 mm d'envergure. Les ailes antérieures sont argentées avec une grande tache jaune à l'extrémité, des lignes transversales brunes esquissées et une marque en forme de rein brun jaunâtre. Les postérieures sont blanc jaunâtre avec une frange brune. Cette espèce est commune, mais on en voit assez rarement le papillon. Dans la journée, ce dernier reste sur un tronc d'arbre, une clôture en bois où il se confond parfaitement avec son entourage. Il se pose fréquemment sur les bouleaux et ressemble à un rameau brisé ou à un noeud du bois. Dans cette situation il tient les ailes pliées en toit le long du corps au lieu de les étaler au-dessus de son abdomen ; il s'agit là d'une pose typique. La chenille se nourrit sur les saules, les peupliers et les chênes. Elle est fréquente sur les tilleuls et quand elle prolifère, les branches de ces arbres peuvent être dépouillées. A la fin de sa croissance, elle est revêtue d'une fine pilosité et possède des rayures longitudinales brun jaunâtre que séparent des marques blanches et noires. S'ils entrent en contact avec l'oeil, les poils de cette chenille peuvent provoquer une conjonctivite chez les personnes sensibilisées et des éruptions cutanées. Les chenilles sont présentes tout au long de l'été. D'abord grégaires, elles s'isolent par la suite. Avant de se nymphoser elles deviennent plus foncées et on peut les voir avancer rapidement sur les chemins, à la recherche d'un site favorable. La chrysalide vit dans la terre, entourée de fils de soie et c'est là qu'elle passe l'hiver. Le Bucéphale existe dans toute l'Europe et au Proche-Orient.

2

2

Famille des *Ctenuchidae*

Papillons nocturnes de dimensions faibles à moyennes, ressemblant aux zygènes *(Zygaenidae)* mais ayant des antennes filiformes. Les ailes antérieures sont allongées et triangulaires, les postérieures étant très petites. Très mobiles, les chenilles ont une épaisse toison de poils courts. Les quelque 2 300 espèces vivent surtout en Amérique centrale et du Sud, en Afrique du Sud et dans la région orientale. Il y en a seulement quelques-unes en France. Cette famille est également connue sous les noms suivants : *Syntomidae, Amatidae.*

1 Sphinx du pissenlit
Syntomis phegea L.
Ctenuchidae

Envergure : 35 à 40 mm. Les quatre ailes sont noires avec des reflets bleuâtres et des taches blanches bien nettes, dont le nombre et les dimensions varient fortement. De même couleur que les ailes, l'abdomen porte une étroite bande jaune juste en arrière du thorax et une autre, plus large, sur le dernier tiers. Les antennes filiformes et les pattes sont noires. Ce papillon est fréquent au début de l'été ; il vole à la lisière des bois, au-dessus des clairières herbeuses, sur les collines couvertes de buissons et au bord des routes. Il se pose sur les fleurs.

La chenille vit depuis le milieu de l'été sur diverses plantes herbacées ; elle hiberne et se nymphose en mai ou juin de l'année suivante. On la trouve en grand nombre au printemps. Avant la nymphose, elle se déplace rapidement sur les chemins. Elle est brun foncé et revêtue de poils très courts disposés en touffes. Espèce commune dans les régions tempérées et chaudes de l'Europe ; à l'est, elle atteint l'Asie centrale et l'Altaï.

Famille des *Lymantriidae*

Les femelles sont généralement plus grandes et plus claires que les mâles. Le plus souvent elles volent mal et peuvent même être aptères. Les mâles volent fréquemment dans la journée, sont plus foncés et ont des antennes pectinées (chez les femel-

1

les celles-ci sont généralement filiformes). Les chenilles sont très velues et celles de certaines espèces font d'importants dégâts dans les arbres fruitiers et d'autres essences. Sur les 2 000 espèces connues, plus de 20 existent en Europe et 16 en France.

2

2 Patte étendue
Dasychira pudibunda L.
Lymantriidae

Envergure : 40 à 45 mm, mais celle de la femelle atteint parfois 60 mm. Les ailes antérieures sont grisâtres avec des marques foncées indistinctes ; les postérieures sont gris blanchâtre chez les femelles et plus sombres chez les mâles. Les papillons volent d'avril à juin (en montagne jusqu'en juillet). Localement ils abondent dans les jardins et les bois de feuillus. La lumière les attire fortement et même dans la journée on peut en voir au voisinage des lampadaires. Les chenilles sont polyphages et se nourrissent sur divers arbres à feuilles caduques (y compris les arbres fruitiers), des ronces, des euphorbes et parfois des conifères. Elles sont vert jaunâtre (parfois d'un brun rosé ou roussâtre) ; la face dorsale porte des touffes de grands poils clairs et à l'extrémité un bouquet de poils roux plus longs encore. Si elles se sentent menacées, elles s'enroulent et montrent les indentations noires situées entre leurs segments. Elles se nymphosent à la fin de l'été ou en automne dans un épais cocon. Les chrysalides, brun clair et revêtues de soies, passent l'hiver. En général les oeufs sont pondus sur un tronc d'arbre. Cette espèce est répandue dans toute la région paléarctique jusqu'au Japon inclus.

2

Lépidoptères

1 Apparent
Leucoma salicis L.
Lymantriidae

L'un des plus grands représentants de la famille : le mâle mesure 35 à 45 mm d'envergure et la femelle de 45 à 55 mm. Les antennes du mâle sont longuement pectinées des deux côtés, celles de la femelle étant seulement dentées (des deux côtés également). Les deux sexes ont des ailes blanches, parfois nuancées de jaune, d'aspect soyeux et paraissant transparentes. Thorax et abdomen sont recouverts de poils blancs. Les pattes sont blanches à l'exception des tarses de couleur noire. Les papillons volent en été, surtout en plaine, dans les bois de feuillus, les parcs, les jardins et le long des routes bordées d'arbres. Ils pullulent parfois, surtout dans les peupliers longeant les routes. Ils entrent en activité le soir. Les années où l'espèce abonde, les mâles décrivent en pleine journée des cercles autour des arbres sur lesquels sont posées les femelles, plus grandes et plus lourdes. La longévité des papillons ne dépasse pas une semaine durant laquelle la femelle pond en moyenne 200 à 300 oeufs par groupes de 20 à 30 sur le tronc et les feuilles des arbres ; elle les recouvre d'une sorte de mousse blanche qui durcit rapidement. Les chenilles sont voraces mais à la fin de leur second stade, elles se dissimulent sous l'écorce ou descendent par terre où elles se tissent une enveloppe blanche dans laquelle elles passeront l'hiver. Elles achèvent leur développement au printemps. Elles sont brun grisâtre avec, sur le dos, une rangée de gros points blancs entre lesquels se dressent toujours deux paires de grands tubercules rouges que surmontent des poils blanc jaunâtre. Elles vivent principalement sur les peupliers, mais aussi sur les saules, trembles et arbres fruitiers. La chrysalide, luisante et foncée,

1 ♂

1 ♂

couverte de longs poils blanc jaunâtre, est enfermée dans un cocon blanc situé dans une fente d'écorce.

Espèce connue dans toute l'Europe, la Sibérie, l'Asie centrale et la Mongolie. Elle a été introduite en Amérique du Nord.

2 ♂

2 Disparate

Lymantria dispar L.

Lymantriidae ▲

Le papillon mâle (envergure : 35 à 40 mm) est beaucoup plus petit que la femelle. Ses ailes antérieures, gris brunâtre, sont agrémentées de dessins clairs et fins ; les postérieures sont brun jaunâtre et les antennes sont largement pectinées des deux côtés. Chez les femelles, qui atteignent 60 mm d'envergure, les ailes sont blanches à jaunâtres avec des marques foncées indistinctes. Les derniers segments du très gros abdomen sont revêtus de poils bruns utilisés pour couvrir les oeufs. En été les mâles se montrent souvent en grand nombre surtout dans les bois de chênes et de charmes, dans les parcs, jardins, vergers. Très lourdes, les femelles volent à peine et restent souvent à l'endroit où elles sont écloses. Elles ne mangent rien et, durant leur brève existence, pondent de 100 à 600 oeufs, généralement en un seul amas. Les jeunes chenilles se dispersent dans l'arbre à la recherche de nourriture. Leur influence sur les chênes et les autres feuillus ainsi que sur les arbres fruitiers est souvent catastrophique. A la fin de leur croissance, elles s'abritent généralement dans un nid collectif pendant le jour et souvent s'y nymphosent. Elles n'en sortent que l'obscurité venue pour aller manger. Elles atteignent 70 mm de long et sont gris cendré avec de grands tubercules bleus et rouges ; des soies noires les revêtent. Leur tête est très grosse.

Malgré de nombreux ennemis naturels, surtout des Ichneumonides, Braconides et Tachinides (Diptères) ainsi que plusieurs Coléoptères *(Calosoma, Xylodrepa)* et des oiseaux insectivores, le Disparate est toujours un insecte redouté. L'espèce habite les régions tempérées et chaudes de la région paléarctique ; à la fin du XIXe siècle elle fut introduite aux États-Unis.

2 ♂

2

Famille des *Arctiidae* — Écailles

Cette famille réunit des papillons assez grands ou grands, vivement colorés, ayant de larges ailes pliées en toit au repos et des pièces buccales généralement atrophiées. En général, les chenilles sont foncées, velues et polyphages. La plupart des quelque 800 espèces vivent dans la région néotropicale mais une soixantaine habitent l'Europe centrale et 63 existent en France.

1 Écaille lièvre
Spilosoma lubricipeda L.
Arctiidae

Petite espèce mesurant 30 à 40 mm d'envergure. Ses ailes blanches sont marquées de points noirs ; l'abdomen est jaune ou orange. Le papillon est visible de mai à juillet. Il est fréquent à peu près partout, en plaine et en montagne, à la campagne et en ville, dans les parcs et les jardins. Il s'approche en grand nombre des lumières et tourne autour des lampadaires. Il pénètre aussi dans les maisons et le lendemain on peut le trouver sur les fenêtres, les murs ou les barrières proches de la source lumineuse. De couleur gris noirâtre, les chenilles ont une ligne dorsale d'un rouge roux et des poils assez courts. Elles vivent sur les orties, les renouées, la vipérine, les menthes et d'autres plantes herbacées. C'est la chrysalide qui hiberne. Cette espèce vit dans toute l'Eurasie à l'exception de ses parties les plus méridionales et la zone polaire. *Hyphantria cunea*, espèce très semblable mais un peu plus petite, est originaire d'Amérique mais récemment elle s'est répandue dans presque toute la région paléarctique. C'est un insecte nuisible pour les arbres fruitiers.

2 Écaille martre
Arctia caja L.
Arctiidae

Cette grande espèce (envergure : 45 à 65 mm) est indubitablement la mieux connue et la plus commune des *Arctiidae* européens. Les dessins de ses ailes sont très variables et diffèrent souvent du côté droit et du côté gauche. Les ailes antérieures ont une sorte de réseau jaune clair qui se détache sur un fond brun noisette ; les postérieures rouge orangé, portent des taches arrondies bleu foncé. En Europe centrale il n'y a qu'une seule génération de juin à août mais dans le sud du continent, il y en a souvent une deuxième en septembre. L'Écaille martre vit dans les plaines et jusqu'à 2 000 m d'altitude, mais est surtout commune au pied des montagnes et sur les collines. Les papillons passent la journée posés sur la végétation basse et, malgré leurs couleurs voyantes, échappent facilement aux regards. Ils sont actifs après la tombée de la nuit et sont alors attirés par les lumières. La chenille, hirsute, foncée, a de longs poils noirs sur le dos et d'autres brun roussâtre sur les flancs et la partie antérieure du corps. Ces poils peuvent provoquer de la conjonctivite et même de l'eczéma chez les personnes les plus

2

sensibles. La chenille est polyphage ; elle hiberne pendant la première moitié de son développement mais au printemps, ayant acquis sa taille définitive, se déplace rapidement sur la végétation, les chemins, sentiers, où elle attire l'attention. Si un danger la menace, elle s'enroule sur elle-même. Au début de juillet elle se nymphose dans un fin réseau de soie placé à terre. Espèce répandue dans la région paléarctique et en Amérique du Nord.

2

Famille des *Noctuidae* — Noctuelles

Papillons nocturnes mesurant de 10 à 230 mm d'envergure. En Europe les plus grandes espèces, du genre *Catocala*, ont seulement 100 mm d'envergure. La nuit, ces papillons s'approchent des lumières et notamment de celles qui émettent des rayonnements ultraviolets ; on peut les attirer avec des appâts (miellée, etc.). Ils ont en général une grande trompe enroulée et aspirent le nectar et d'autres liquides sucrés. Le jour, ils se tiennent immobiles, cachés, les ailes pliées en toit, mais certaines espèces restent actives. Les chenilles sont généralement glabres, se dissimulent dans la journée et sortent la nuit pour manger, mais là encore il y a des exceptions. Avec les pyrales *(Pyralidae)*, c'est la plus grande famille de Lépidoptères puisqu'elle compte environ 20 000 espèces dans le monde et environ 500 en Europe centrale. Il y en a 654 en France.

1

1

2

1 *Agrotis ipsilon* L.
Noctuidae ▲

Envergure : 35 à 50 mm. Les ailes antérieures portent une marque noire en forme de coin, reliée à deux traits issus de la périphérie ; l'ensemble simule la lettre Y. Les ailes postérieures sont blanchâtres. Dans le nord de l'Europe, cette espèce n'a qu'une seule génération, mais dans les régions chaudes et tempérées, il y en a une seconde entre juin et septembre. En avril on peut voir parfois des rescapés de l'année précédente et dans les régions tempérées les populations sont régulièrement renforcées par des immigrants venus du sud. Dans les contrées chaudes de l'Asie centrale, il peut y avoir trois générations en un an. La femelle pond ses oeufs sur la betterave à sucre, les céréales, des Crucifères et autres plantes sauvages. Les petites chenilles se nourrissent de feuilles et plus tard, s'enfoncent dans la terre pour y passer la journée. Leur croissance dure un mois après lequel elles se nymphosent dans le sol. Celles de la deuxième génération hibernent. De couleur brun noirâtre, elles sont couvertes de tubercules et ont des lignes claires sur le dos et les flancs. Elles ressemblent fortement à celles de la Noctuelle des moissons *(A. segetum)* qui fait des dégâts dans les champs de céréales d'Europe occidentale (cette chenille est couramment appelée « ver gris », « ver court »). Distribution : toute la région paléarctique, l'Amérique du Nord, l'Australie, la Nouvelle-Zélande et les îles du Pacifique.

2 Hibou, Fiancée
Noctua pronuba L.
Noctuidae ▲

Envergure : 45 à 50 mm. Ailes postérieures jaune vif ou brun jaunâtre avec une large bande noire. Moins vivement colorées, les ailes antérieures sont brun jaunâtre à jaune grisâtre. Dans le sud de l'Europe et les régions chaudes du centre du continent, ce papillon vole entre la fin de mai et juillet. La femelle pond ses oeufs en gros amas ou en anneaux formés de plusieurs couches. Les chenilles se métamorphosent dans le courant du même été et une deuxième génération apparaît, dont les chenilles passent l'hiver dans la terre et se nymphosent au printemps suivant. Dans les contrées froides et le nord de l'Europe, il n'y a qu'une seule génération et les chenilles hibernent aussi. Elles sont glabres, jaune foncé à vert. Elles passent la journée cachées dans le sol ; la nuit, elles se nourrissent de diverses plantes herbacées, céréales, betteraves, vigne et peuvent faire des dégâts. Les papillons se dissimulent dans la journée et tiennent leurs ailes pliées, étroitement serrées, au-dessus de l'abdomen. Dérangés, ils s'envolent, montrant leurs ailes postérieures jaunes, puis se posent dans ou sous une touffe d'herbes ou dans une cavité. Espèce fréquente dans les champs et les jardins, très souvent attirée par les lumières. Distribution : toute la région paléarctique sauf l'extrême nord.

2

1 *Anarta myrtilli* L.
Noctuidae

Envergure : seulement 20 mm. Les ailes antérieures sont brun roussâtre avec des lignes jaunes bordées de brun, une ligne zigzagante, blanche, proche du bord externe et quelques taches claires, ces dernières étant fort variables. La partie basale des ailes postérieures est jaune, tournant parfois au brun olive et la partie externe est noire. Très remuant, ce papillon a deux générations (printemps, été) dans les régions chaudes ; dans le nord de l'Europe plus froid et aussi dans les tourbières, il n'y en a qu'une seule en été. Papillon actif dans la journée, volant très vite mais seulement par les chaudes journées ensoleillées. Les chenilles ont une coloration très vive, verte avec trois rangs de taches, les unes jaunes et allongées, les autres blanches bordées par des points obliques blancs et verts. Elles vivent principalement sur la callune et la bruyère et (selon certains entomologistes) sur les myrtilles. Elles mangent les fleurs et les jeunes pousses. Leur coloration les protège efficacement sur les rameaux des plantes nourricières. C'est la chrysalide qui passe l'hiver. Espèce répandue dans presque toute l'Europe sauf la zone arctique et seulement là où il y a des bruyères.

1

tes, gris verdâtre ou brun roussâtre ont une ligne dorsale, des taches noires sur le dessus des premier, quatrième et cinquième segments et d'autres, obliques et de même couleur sur les côtés des segments terminaux, le dernier étant obtus et plus gros que les autres. Ces chenilles vivent sur diverses plantes herbacées et peuvent endommager les légumes. D'abord vertes comme sur la planche, les chenilles deviennent vite foncées ; elles hibernent. Espèce plus ou moins commune, répandue dans les contrées tempérées de la région paléarctique.

2 *Melanchra persicariae* L.
Noctuidae

Espèce d'assez grande taille (l'envergure atteint 40 mm) placée auparavant dans le genre *Mamestra.* Les ailes antérieures sont noires ou brun foncé avec, près de leur bord antérieur, au milieu, une tache blanche bien visible en forme de rein et une autre marque minuscule, brune, dans la moitié supérieure. Des variantes existent, par exemple celle chez laquelle la tache réniforme est brun roussâtre (forme *accipitrina*) ou noirâtre et se détache à peine de la couleur de fond des ailes (forme *unicolor*). Les ailes postérieures sont gris clair avec une large bordure foncée.

L'unique génération de papillons vole entre mai et août. Localement l'espèce est abondante surtout dans les lieux humides et ombragés, au bord des rivières et des ruisseaux, dans les jardins et les parcs des faubourgs. Le jour, les papillons se cachent dans la végétation ou se tiennent sur un tronc d'arbre, une clôture ou un mur peu élevé. Ils aspirent le nectar, notamment celui des *Lychnis* ou, dans les jardins, des framboisiers et sont attirés par les lumières. Les chenilles, ver-

1

1

1 Brassicaire

Mamestra brassicae L.

Noctuidae ▲

La Brassicaire est un papillon de taille moyenne (envergure : 37 à 45 mm). Ses ailes antérieures sont brun clair ou foncé avec des dessins pas très nets ; leur bord externe porte une ligne blanchâtre en zigzag et des marques noires indistinctes ; enfin il y a deux taches arrondies ou en forme de rein, brun clair, près de leur bord antérieur, la plus grande, externe, est liserée de blanc à l'inverse de l'interne proche de la base de l'aile. Les ailes postérieures sont d'un brun grisâtre uni qui pâlit vers leur base. Quand le papillon est au repos avec les ailes repliées en toit, les postérieures sont cachées par les antérieures et, dans la même position, les antennes sont rabattues le long des antérieures. Les pattes ont des anneaux blancs. Espèce commune en plaine surtout dans les champs, les jardins, à la lisière des bois et même en ville. En montagne, elle s'élève jusqu'à 2 000 m environ. Dans les régions au climat tempéré, elle se montre de mai à octobre et il y a deux ou trois générations qui se chevauchent, tandis que dans le nord il n'y en a qu'une seule. La chenille, appelée « ver gris » fait beaucoup de dégâts dans les choux et autres légumes. Elle est glabre, brun noirâtre dessus et d'un gris verdâtre clair au-dessous. Le jour elle se cache par terre ou sous la surface et ne mange que la nuit. La chrysalide hiberne. Espèce à distribution holarctique, connue en Europe, Asie (Japon inclus) et en Amérique du Nord.

1

2 *Mythimna conigera* D. et S.
Noctuidae

Petite espèce (envergure : 30 à 35 mm) faisant partie d'un groupe de papillons nocturnes caractérisés par leurs ailes antérieures assez vivement colorées : chez cette espèce, elles sont brun orangé avec une tache centrale arrondie et blanche, située dans une large bande médiane limitée des deux côtés par une ligne plus foncée. Leur bord est clair. Les ailes postérieures sont grisâtres, nuancées de roux (parfois brun jaunâtre teinté de roussâtre) mais plus claires vers la base. Elles ont également une assez large bordure gris blanchâtre. L'unique génération estivale fréquente des habitats variés, surtout en plaine. On peut la rencontrer dans les prairies, au bord des forêts, dans les clairières, les jardins et les parcs. Les papillons volent la nuit venue et se reposent dans la journée. Malgré leur coloration très claire sur les ailes antérieures, ils passent facilement inaperçus. L'espèce est attirée par les lumières et on peut la capturer avec des appâts. Polyphage, la chenille vit de la fin de l'été jusqu'au printemps suivant, sur diverses plantes herbacées et graminées. Elle est glabre, d'un brun jaunâtre terne avec quelques lignes longitudinales. Le jour elle se cache, hiberne et se nymphose au printemps dans un réseau de fils assez peu serrés. La chrysalide est brun jaunâtre. Ce papillon a une vaste distribution, surtout dans la zone tempérée de toute la région paléarctique, des îles Britanniques, à travers l'Asie jusqu'au Japon.

1

1 *Mythimna l-album* L.
Noctuidae

Petit papillon (envergure : 30 à 35 mm) caractérisé par la coloration typique de ses ailes antérieures : sur un fond jaune grisâtre se détachent de courtes marques noires ; les nervures sont claires. Au milieu de chaque aile se trouve une tache blanche ressemblant à un L couché et à laquelle l'espèce doit son nom. Les ailes postérieures sont grisâtres à brunâtres avec des nervures foncées et une bordure sombre. Ce papillon a deux générations annuelles en Europe, l'une en mai et juin, l'autre entre août et novembre. Cette dernière, avec les espèces du genre *Xanthia*, est l'un des derniers papillons de l'année. A la fin de l'été, les imagos volent souvent autour des lumières.

Les chenilles vivent sur les graminées ; celles de la seconde génération hibernent, se nymphosent au printemps suivant dans la terre entourées d'un cocon assez lâche. Elles sont brun jaunâtre avec des lignes dorsales plus vives : celle du milieu, claire et bordée de noir, est séparée des lignes latérales foncées par une zone pâle. Les tubercules et les stigmates sont noirs. Espèce commune dans les champs, les jardins et préférant les lieux humides. Ce papillon est répandu en Europe sauf dans l'extrême nord ; il est abondant dans la région méditerranéenne et en Afrique du Nord. Il atteint l'Asie centrale à l'est.

2 *Xylena exsoleta* L.
Noctuidae

Grand papillon (envergure : 55 à 65 mm) dont les ailes antérieures ont de beaux dessins aux couleurs vives sur un fond brun grisâtre. Une ligne en zigzag simule la lettre W. Les ailes postérieures sont d'un brun noirâtre sauf près de la base et du bord interne où elles sont plus claires. Ce papillon fréquente les champs, les jardins, mais n'est pas très abondant. Il se montre au début de septembre, vole, quand il fait assez chaud, jusqu'en décembre, hiberne et reparaît l'année suivante entre mars et juin. Dans la journée il se tient les ailes repliées contre le corps ; la coloration et les marques des ailes antérieures les font ressembler à des éclats de bois.

La chenille est beaucoup plus colorée que celle de la plupart des autres *Noctuidae.* Elle atteint 90 mm avant la nymphose. De couleur verte, elle a des lignes très marquées sur les côtés. Le dos et les flancs portent des paires de petites taches blanches bordées de noir, toujours reliées, qui simulent de petits 8. Cette chenille vit sur diverses plantes, notamment des chardons, la chicorée mais aussi des végétaux ayant une importance économique comme le trèfle, les pois, le lin, la pomme de terre et la betterave à sucre. Espèce euro-sibérienne également connue en Asie Mineure et en Asie centrale. En Europe centrale on trouve aussi *Xylena vetusta,* légèrement plus petit (envergure : 50 – 57 mm) qui fait parfois des dégâts dans les vignobles.

2

2

Lépidoptères

1 *Xanthia togata* Esp.
Noctuidae

Petite espèce (envergure : 30 mm au maximum) appartenant à un groupe très intéressant de sept espèces très semblables, dont les ailes antérieures sont d'un jaune d'or ou brun jaunâtre. L'intensité de leur coloration et la répartition des dessins brun roussâtre sont très variables. *Xanthia togata* se distingue nettement des autres membres du même genre par les marques roux foncé de son thorax. Ses ailes postérieures sont gris blanchâtre à jaunâtre. Ce papillon vit à la fin de l'été et en automne, ainsi que les autres représentants du genre *Xanthia*. Le jour il se cache, tenant les ailes pliées en toit et n'entre en activité qu'après la venue de l'obscurité. Il est attiré par les lumières et entre souvent dans les maisons, même en ville. Il est commun en plaine et en montagne jusqu'à la limite supérieure des arbres à feuilles caduques.

La femelle pond en automne sur les bourgeons de saule marsault, de bouleau et les oeufs passent l'hiver. Au printemps, les chenilles s'enfoncent dans les chatons et en dévorent l'intérieur. On peut les voir si l'on coupe une touffe de chatons de saule pour l'examiner. La plupart des chatons sont attaqués par les chenilles de cette espèce et des autres *Xanthia,* par exemple *X. icteritia.* Dans ce cas on trouve leurs petites crottes noires au pied du vase dans lequel on a disposé les chatons. Les chenilles mangent les chatons et les relient au moyen de fils de soie ; ultérieurement elles se tiennent parmi les feuilles, également couvertes de fils et, ayant atteint leur taille maximale, descendent à terre pour achever leur développement sur diverses plantes herbacées. Elles s'enferment dans une logette tapissée de soie et se nymphosent. Le papillon sort à la fin de l'été. Espèce holarctique présente dans les régions froides et tempérées de toute la région paléarctique et de l'Amérique du Nord.

2 Psi
Acronicta psi L.
Noctuidae

Le Psi (envergure : 30 à 40 mm) appartient à un ensemble d'espèces chez lesquelles les chenilles diffèrent profondément de celles de la plupart des autres *Noctuidae,* car elles ne sont pas nues et très peu marquées mais au contraire souvent très velues, très brillamment colorées et ressemblent davantage à celles des *Orgyia* et autres *Lymantriidae.* La chenille du Psi vit sur des arbres à feuilles caduques, le prunellier, l'aubépine et l'églantier. Elle a de grands poils, une large raie dorsale jaune soufre, une grande protubérance conique sur le quatrième segment et une petite bosse sur le onzième ; une ligne blanchâtre parcourt ses flancs, elle est surmontée de taches rouges légèrement incurvées. La chrysalide hiberne dans un épais cocon blanc.

Les papillons ont les ailes antérieures marquées de gris foncé et les postérieures grises ou blanches. Il est très difficile de les distinguer de ceux de deux autres espèces européennes, *Acronicta cuspis* et *A. tridens,* mais les chenilles sont aisément reconnaissables. Dans les régions chaudes de l'Europe centrale, *A. psi* a deux générations entre mai et septembre. Dans les contrées plus fraîches, une seule est produite entre mai et août. Espèce répandue dans différents milieux y compris les jardins et les parcs des villes. Le Psi est présent dans toute l'Eurasie ; il existe en Grande-Bretagne mais manque dans le nord de l'Europe.

1

2

2

2

Lépidoptères

1 Maure
Mormo maura L.
Noctuidae

1

Grand Noctuidé (envergure : 55 à 65 mm) dont les ailes brun foncé à brun noirâtre ont des dessins d'un gris assez clair. La moitié basale des ailes antérieures est plus sombre et se trouve séparée de la moitié externe plus claire par une ligne pâle ; l'aile antérieure porte aussi une tache réniforme presque noire liserée de clair et une autre arrondie. Les ailes postérieures sont traversées par une ligne bien nette et leur côté antérieur a une bordure foncée. Ce papillon, visible de juillet à septembre, mène une existence très discrète dans les milieux humides et ombragés ; il se tient le plus souvent dans la végétation riveraine des cours d'eau, dans les fourrés et les peuplements d'aulnes. Toutefois, à la fin de l'été on peut le capturer facilement la nuit avec des appâts vers lesquels il vole avec empressement en compagnie des likenées (genre *Catocala*). La chenille se nourrit sur divers arbres à feuilles caduques et sur des arbrisseaux (surtout aulnes, prunellier, aubépine) ou sur des plantes herbacées comme l'oseille et le pissenlit. Elle est de belle taille, velue, brun grisâtre foncé ou brun jaunâtre avec une ligne dorsale noire s'élargissant sur chaque segment et des raies noires latérales entrecoupées par des marques jaunes obliques. Le segment terminal, relevé, porte une raie jaune transversale liserée de noir en avant. Après avoir hiberné la chenille se nymphose à la fin de mai dans un cocon résistant et se transforme en chrysalide bleuâtre. Distribution : presque toute l'Europe et l'Asie.

1

2 *Apamaea monoglypha* Hfn.
Noctuidae

Noctuidé de taille moyenne (envergure : 45 à 55 mm) jadis placé dans le genre *Hadena.* Les ailes antérieures sont brun jaunâtre à brun foncé avec des marques plus claires et plus sombres, des lignes transversales pâles et une bordure en

2

zigzag. Les taches arrondies ou en forme de rein sont grandes, jaune brunâtre et liserées de clair ou de noir. Les ailes postérieures sont grisâtres avec une large bordure foncée. Les poils du thorax sont disposés en touffes dressées, bien nettes. Les papillons volent en été mais seulement la nuit ; ils passent le jour posés sur le tronc des arbres (surtout les conifères), les ailes repliées. On les trouve aussi sur les clôtures en bois, les cabanes et autres bâtisses où leur coloration cryptique (sur les ailes antérieures) les rend à peu près invisibles. Dérangés, ils gagnent en marchant une autre retraite, pénètrent dans une cavité mais ne s'envolent que s'ils sont perturbés plusieurs fois de suite. Le soir ils sont souvent attirés par les lumières.

Grises, brun clair ou verdâtres les chenilles atteignent 60 mm de long. Elles sont glabres avec des dessins indistincts mais sont couvertes de tubercules noirs surmontés chacun d'une petite soie. La tête, le premier segment thoracique et le dernier segment abdominal sont noirs. Les chenilles paraissent en septembre et vivent sur les graminées avant d'hiberner. Au printemps on peut les revoir jusqu'en mai, époque de la nymphose qui se passe dans la terre. Quand elles abondent, les chenilles peuvent endommager l'herbe. En effet elles mangent les racines des graminées ou les feuilles au ras de la surface, ignorant leur extrémité. Elles ne sortent que la nuit ; le jour elles s'enroulent sur elles-mêmes, dissimulées parmi les débris pourrissants des plantes qu'elles ont endommagées.

Lépidoptères

1 *Earias clorana* L.
Noctuidae

Très petite espèce (envergure : 16 à 20 mm) aux ailes antérieures triangulaires, vertes, avec le bord antérieur blanc, nettement convexe. Les ailes postérieures sont arrondies et entièrement blanches. Le thorax est vert et l'abdomen blanchâtre. Dans la zone tempérée de l'Europe ce papillon a deux générations annuelles nettement distinctes. Les papillons de la première génération apparaissent à la fin d'avril et volent jusqu'en mai ou début juin, ceux de la génération estivale volent en juillet-août. Elle vit près de l'eau, là où poussent les saules, aussi bien en plaine qu'en montagne. La chenille est gris jaunâtre à vert avec une ligne claire sur le dos et d'autres, foncées et onduleuses, sur les flancs. Elle est couverte de courts poils noirs. Son corps est large au milieu et effilé aux deux extrémités. La tête est petite et arrondie. En mai et juin les chenilles de la première génération (deuxième entre juillet et septembre) se tiennent dans des feuilles de saule qu'elles ont enroulées. Les années où elles pullulent, elles peuvent endommager l'arbre. La chrysalide, bleuâtre, passe l'hiver dans un cocon allongé, blanc jaunâtre et résistant. Espèce de la région paléarctique, largement répandue et atteignant le cercle polaire arctique au nord. Quatre espèces voisines aux ailes antérieures vertes vivent dans la zone des forêts de feuillus européennes. La plus grande, *Pseudoips bicolorana,* et également la plus fréquente, atteint de 40 à 45 mm d'envergure. Les ailes antérieures sont d'un beau vert, avec deux lignes transversales obliques blanchâtres. Les ailes postérieures, cachées sous les antérieures au repos, sont presque blanches. Le papillon vole en une seule génération depuis mai jusqu'à juillet-début août, surtout dans les bois humides. En août, de petites chenilles brunâtres paraissent sur les feuilles des peupliers et elles hibernent au faîte des arbres. Après l'hibernation elles sont verdâtres et se nymphosent dans des cocons dorés.

Les deux espèces voisines classées dans le genre *Bena (B. prasinana* et *B. fagana)* sont plus petites. Leurs chenilles sont caractéristiques, élargies au milieu, plus étroites et effilées en arrière. Elles vivent généralement dans des feuilles d'arbres qu'elles ont enroulées. Les chrysalides sont colorées, jaunâtres à rouges en dessous, tout le corps paraissant givré de bleu et de violet. Elles sont cachées dans un beau cocon jaune clair à doré.

Elles ne sont en général actives qu'après le soir venu ; pendant la journée, elles se tiennent cachées le plus souvent sur la partie inférieure des feuilles. Grâce à la coloration verdâtre de leurs ailes antérieures, elles sont presque invisibles. La coloration verte qui les protège (homochromie) est un cas rare chez ces papillons, au contraire des chenilles. Certains géomètres ont eux aussi les ailes vertes (par exemple le Géomètre papilionaire) ; il y a aussi la Tordeuse verte du chêne *(Tortrix viridana)* et, parmi les papillons de jour, seul l'Argus vert *(Callophrys rubi)* a une coloration verte sur l'envers des ailes. Chose surprenante, les papillons sont souvent de couleurs variées ; chez ceux qui vivent sur la végétation elles ont plutôt valeur d'avertissement ; d'autres imitent les parties sèches et abîmées des plantes.

1

2 *Syngrapha ain* Hochw.
Noctuidae

Papillon mesurant 30 à 35 mm d'envergure, aux ailes gris brunâtre teintées de violet et marquées d'argent avec une zone médiane d'un brun velouté ; au centre se trouve une tache jaunâtre ressemblant à la lettre gamma comme chez *Autographa gamma.* On le distingue aisément de tous les autres papillons qui ont des taches argentées par ses ailes postérieures jaune ocre vif, largement bordées de foncé. L'unique génération de papillons se montre du début de juillet à la fin d'août en montagne ; ces insectes sont actifs la nuit mais aussi dans la journée. A la fin de l'été, la femelle pond ses oeufs sur un mélèze. Les chenilles y demeurent tout l'hiver et jusqu'à la fin de mai de l'année suivante. Les jeunes chenilles sont jaune verdâtre, mais parvenues à l'âge adulte elles ont la même coloration que les aiguilles du mélèze. Leur dos est traversé par quatre lignes blanc jaunâtre et sur les flancs s'allonge une bande foncée avec des tubercules jaunes bordés de noir. La nymphose a lieu dans un cocon blanchâtre qui devient plus foncé ensuite. L'espèce vit dans les Alpes, les montagnes d'Europe centrale et, de là, à travers l'Altaï jusqu'à la région du fleuve Amour. *Syngrapha interrogationis* fréquente les montagnes et les tourbières d'Europe centrale et plus spécialement les lieux où poussent des myrtilles et d'autres espèces du genre *Vaccinium.* Ce papillon ressemble au précédent mais ses ailes ont des dessins moins nets ; les postérieures ne sont pas jaunes mais plutôt brun ocré avec une ligne médiane claire. Il s'agit d'une espèce essentiellement septentrionale.

2

1 Gamma

Autographa gamma L.

Noctuidae ▲

Ce papillon mesure 35 à 40 mm d'envergure. Ses ailes antérieures sont gris foncé, tachées de noir avec des zones brunes plus ou moins nettement délimitées ; la tache argentée qui se trouve au centre a la forme de la lettre grecque gamma (l'espèce lui doit son nom scientifique et vernaculaire). Le Gamma fait partie d'un groupe de papillons dont les ailes antérieures sont ornées de dessins ou espaces dorés ou argentés. Le thorax porte des touffes de poils de différentes longueurs ayant une disposition particulière et qui sont usés chez les sujets âgés. Le Gamma est un papillon migrateur. Chaque année il va du sud au nord et inversement en nombre restreint ou élevé selon les années. Ce comportement de voyageur explique qu'on puisse le rencontrer un peu partout, même à forte altitude en montagne. En Europe centrale on l'observe du printemps à l'automne en deux ou trois générations. Les populations dont les chenilles hibernent sont régulièrement renforcées par des migrateurs venus du sud et principalement des régions subtropicales. Les papillons sont actifs de jour et de nuit. Ils aspirent le nectar des fleurs et volent rapidement. Au milieu des journées chaudes et ensoleillées ils visitent les fleurs de chardons mais aussi celles des phlox, pétunias et géraniums cultivés dans les jardins ou sur le rebord des fenêtres.

1

1

1

Les chenilles dont on rencontre plusieurs générations mélangées, vivent sur diverses plantes herbacées. Quand elles pullulent, elles peuvent endommager les récoltes et ces années-là, sont particulièrement redoutées. Elles sont vertes ou vert jaunâtre avec de fines lignes dorsales et un trait jaune sur chaque flanc ; elles atteignent au maximum 30 mm et sont alors parsemées de poils fins. Elles se nymphosent dans un cocon assez mince. La chrysalide, brun foncé à noir, possède un grand fourreau effilé pour la trompe et les pattes du papillon. Espèce répandue dans toute la région paléarctique.

2

2 Vert doré

Diachrysia chrysitis L.

Noctuidae

Un peu plus petit que l'espèce précédente (envergure : 28 à 35 mm), ce papillon est probablement le plus joli des espèces du groupe mentionné précédemment. Ses ailes antérieures ont des reflets allant du vert au jaune d'or quand elles sont frappées par les rayons du soleil. Les ailes postérieures sont d'un brun grisâtre foncé et l'arrière du thorax porte des touffes de poils bien nettes. Il y a deux générations annuelles, l'une en mai et juin, l'autre en août et septembre. Le papillon vole après le coucher du soleil et la nuit ; dans la journée, il se tient immobile à l'abri de la végétation, sur une clôture ou le mur d'une maison. L'espèce fréquente les plaines, les collines et est rare en montagne. Elle vit un peu partout (lisières des forêts, taillis, jardins, villes), est souvent attirée par les lumières et pénètre même dans les habitations. Les chenilles se nourrissent sur les orties, la vipérine mais également sur d'autres plantes herbacées. Celles de la génération printanière apparaissent en juillet ; à la moitié de leur croissance les chenilles de la seconde génération hibernent et sont donc visibles de septembre jusqu'à la fin du mois de mai de l'année suivante où elles se nymphosent. Espèce largement répandue dans toute la région paléarctique à l'exception de la zone arctique.

2

Lépidoptères

1 Fiancée

Catocala sponsa L.
Noctuidae

1

Seule espèce du genre présentée dans ce livre. La Fiancée appartient à un groupe d'espèces dont les membres sont très recherchés par les collectionneurs en raison de leurs dimensions et des belles couleurs de leurs ailes postérieures. Les antérieures sont toujours ternes, gris ou gris brunâtre, alors que les postérieures sont rouges, jaunes ou bleues avec des marques noires. *Catocala sponsa* mesure 60 à 70 mm d'envergure ; ses ailes postérieures sont rouge cramoisi, bordées de noir avec une étroite bande transversale ayant la forme d'un W. Le papillon vole à la fin de l'été. Comme tous les *Catocala* (ou likenées), il est très craintif. Le jour il se tient sur un tronc d'arbre, une clôture, un mur et, quand on le dérange, s'envole en zigzags, montrant les taches rouges de ses ailes postérieures et le dessin blanchâtre de leur face inférieure. Au repos avec les ailes repliées en toit, la coloration cryptique de ses ailes antérieures le rend à peu près invisible. La nuit, il vole à la recherche d'arbres blessés dont il suce la sève avec sa grande trompe. Les lumières l'attirent et, comme tous ses congénères, il se fait prendre facilement à la fin de l'été si l'on dispose des appâts.

Gris brunâtre à brun roussâtre la chenille possède une grande protubérance dorsale sur le huitième segment et une plus petite sur le onzième. Elle se montre en mai et en juin sur les chênes. Elle se nymphose dans un réseau de fils soyeux, généralement par terre. La chrysalide est de couleur brune avec une sorte de pruine bleuâtre. Ce sont les oeufs qui passent l'hiver. Cette espèce, répandue dans toute l'Europe, à l'est jusqu'à l'Oural, existe aussi en Asie Mineure et en Afrique du Nord. Elle est commune dans les régions chaudes d'Europe centrale. Deux autres espèces très proches vivent aussi sur les chênes ; il s'agit de *Catocala promissa,* dont la répartition et l'habitat sont analogues, mais qui paraît en juin et juillet, c'est-à-dire beaucoup plus tôt que les autres espèces et de *C. dilecta,* bien plus méridionale. Les chenilles des autres espèces à ailes rouges vivent principalement sur les saules et les peupliers. On compte parmi elles deux des grandes espèces les plus abondantes (leur envergure atteint 80 mm), *Catocala elocata* et *Catocala nupta,* la Likenée rouge, ou Mariée.

1

2 *Scoliopteryx libatrix* L.
Noctuidae

Magnifique papillon mesurant 40 à 54 mm d'envergure. Les côtés des ailes antérieures sont profondément découpés. Elles sont brun grisâtre avec les bords rougeâtres et la base jaune orangé ; la bande médiane, entourée de lignes foncées, est de la même couleur. Les ailes postérieures sont brunes avec une raie transversale médiane foncée. Selon les conditions climatiques le papillon se montre pendant une plus ou moins longue période. Il y a une ou deux générations entre la fin de juin et septembre et, après l'hibernation, au printemps. Les papillons hibernent dans les caves, les arbres creux, le plus souvent dans des grottes, souvent réunis en grand nombre. Cette espèce est active la nuit et souvent attirée par les appâts. Les chenilles se nourrissent sur les saules, les peupliers et parfois aussi les arbres fruitiers. Elles sont très longues, effilées, d'un vert vif avec une ligne jaune indistincte sur les flancs. Elles semblent transparentes. Très mobiles, elles se jettent sur le côté si on les dérange et tombent souvent par terre du haut de la plante-hôte. Elles ont cinq paires de fausses pattes. La nymphose a lieu dans un cocon assez lâche tissé entre des feuilles. La chrysalide est d'un noir mat. Cette espèce est largement répandue dans toute l'Europe, l'Asie et l'Afrique du Nord. On la connaît aussi en Amérique du Nord.

2

2

1 *Polypogon tentacularis* L.
Noctuidae

Les deux espèces décrites ici ont pour caractéristique de longs palpes incurvés en forme de demi-cercle. Par leur aspect général elles ressemblent à des *Geometridae* car elles ont de larges ailes et un abdomen très mince. *Polypogon tentacularis* mesure 22 à 28 mm d'envergure. Les deux paires d'ailes sont d'un gris jaunâtre finement moucheté de brun avec trois bandes transversales indistinctes, brun roussâtre, la plus interne n'existant que sur les ailes antérieures. Le bord externe de ces dernières est légèrement concave au-dessous de l'extrémité. La femelle est généralement plus foncée que le mâle qui a des ailes un peu plus grandes et des antennes largement pectinées. Le papillon vole de juin à août, surtout dans les endroits humides. Il est fréquent dans les clairières des forêts, les prairies riveraines, les fourrés proches des rivières et des ruisseaux. La chenille est gris brunâtre avec une ligne dorsale foncée ; elle est entièrement pointillée de blanc et couverte de tubercules pourvus de poils clairs. Elle vit, à partir de la fin de l'été, sur diverses plantes herbacées (elle est donc polyphage), hiberne et se nymphose au mois de mai de l'année suivante. Les chenilles de plusieurs espèces voisines vivent sur les substances en décomposition, les débris de plantes pourrissantes et les feuilles sèches. Commune dans presque toute l'Europe, cette espèce est cependant plus fréquente dans les régions tempérées et fraîches mais est absente des îles Britanniques ; dans l'est elle atteint l'Altaï et la Sibérie orientale.

1

2

2 *Hypena proboscidalis* L.
Noctuidae

Espèce dont l'envergure atteint 25 à 38 mm. L'extrémité des ailes antérieures est nettement rétrécie et, au-dessous, le bord externe est incurvé chez les deux sexes. Une touffe de poils couvre la partie antérieure de la tête mais elle s'use avec le temps. Les ailes antérieures sont brun jaunâtre à roussâtre avec deux barres transversales sombres indistinctes. L'espace situé au-dessous de l'extrémité est beaucoup plus foncé que le reste de l'aile. Les ailes postérieures sont uniformément brun grisâtre clair. Espèce abondante en plaine et en montagne. Elle fréquente surtout les forêts mais aussi les parcs et les jardins. Le jour elle se tient dans la végétation, les ailes repliées en toit, mais s'envole si on la dérange. Le soir et la nuit, elle vole souvent en direction des lumières. Les deux générations apparaissent en mai-juin et en août-septembre. Certaines années, selon la température, elles se chevauchent et l'on rencontre ensemble des sujets appartenant à ces deux groupes. La chenille est verte avec une ligne sombre sur le dos et une bande jaune sur chaque flanc. Ses tubercules sont nettement velus. Elle se nourrit sur diverses plantes herbacées (surtout les orties et le houblon) en juin et en juillet. Les chenilles de la seconde génération sont visibles en août et hibernent. La chrysalide, brun foncé, est enfermée dans un cocon assez lâche fixé entre des feuilles que relient des fils de soie. Espèce répandue dans toute l'Europe y compris sur les îles Britanniques.

2 *Carabus cancellatus* ILLIG.

Carabidae ■

Comme le précédent, ce carabe a une coloration variable puisqu'il peut être bronzé, vert bronzé, cuivré et parfois noir. Il mesure de 17 à 32 mm de long. Les élytres sont sculptés de côtes en chaînons et lisses et échancrés près de leur extrémité postérieure. En général, le premier article des antennes est rouge mais on connaît aussi des sujets chez lesquels ces appendices sont entièrement noirs. *Carabus ullrichi,* semblable mais plus grand et généralement plus fort, a seulement une faible échancrure près du bout des élytres.

Carabus cancellatus vit surtout dans les champs et au bord des bois. Très prédateur, il mange chaque jour plus que son propre poids de nourriture. Il chasse activement les larves, nymphes et imagos du Doryphore. Au cours d'observations faites en Allemagne on a constaté qu'un seul individu pouvait consommer cinq Doryphores par jour. Ce carabe ne dédaigne pas les animaux morts sur un chemin champêtre et nous en avons vu un qui mangeait sur une souris morte depuis peu, qu'un autre prédateur avait abandonnée (l'insecte était sur la tête). La femelle pond environ 45 oeufs, isolément, dans la terre. Ils mesurent 5,4 mm de long, sont d'abord cylindriques avec les extrémités arrondies puis prennent la forme d'un haricot. On peut voir les yeux pigmentés de l'embryon à l'aide d'un microscope. D'abord blanches, les larves deviennent foncées au bout de quelques heures et leur peau se durcit. Elles vivent sur leurs propres réserves puis se mettent en quête d'aliments. Elles chassent à la surface du sol mais peuvent aussi s'enterrer rapidement. Elles sont blanches après chaque mue. Au moment où l'imago sort de l'enveloppe nymphale, il est également blanc et il faut des heures avant que paraissent ses belles teintes cuivrées. C'est lui qui hiberne. *Carabus cancellatus* est répandu dans une grande partie de l'Eurasie, en Europe, depuis les Pyrénées et le nord de l'Italie jusqu'au centre de la Scandinavie. On en connaît de nombreuses races géographiques.

Coléoptères

1 Carabe à reflets d'or
Carabus auronitens L.
Carabidae

Cette espèce ressemble fortement au Carabe doré *(Carabus auratus),* mais en diffère par la coloration des côtes qui traversent ses élytres. Il mesure de 18 à 34 mm de long. D'un vert métallique, il possède sur chaque élytre trois côtes lisses de teinte sombre. Son aspect est très variable et on en a décrit de nombreuses formes et sous-espèces en fonction de la sculpture des élytres et du pronotum ainsi que de la coloration. Chez certaines sous-espèces la teinte dorée est dominante alors que d'autres sont d'un rouge doré ou bleuâtre. Espèce typiquement forestière, présente dans les forêts d'épicéas et d'arbres à feuilles caduques, sur les collines et en montagne jusqu'à 2 500 m environ. Les imagos aiment une ambiance humide. Ils sortent parfois de leurs quartiers d'hiver en avril mais le plus souvent en mai seulement. Ils se déplacent sur les sentiers, se cachent derrière l'écorce des souches, sous les arbres tombés, les pierres ou encore dans la mousse. *Carabus auronitens* capture toutes sortes de petits invertébrés sylvestres, vers de terre, escargots, chenilles, etc. Ses métamorphoses se déroulent de la même façon que chez les autres grands *Carabidae.* Les imagos se montrent en automne. Ils se retirent dans leur retraite hivernale parfois dès le mois d'août et y demeurent jusqu'au mois d'avril suivant. Leur abri se trouve dans une vieille souche pourrie ou dans la mousse. La distribution de cette espèce est limitée à une partie de l'Europe occidentale et centrale. Elle manque en Finlande, Scandinavie, sur les îles Britanniques et la péninsule Ibérique.

2

2 *Carabus nemoralis* O. MÜLL.
Carabidae ■

Ce carabe, qui mesure 18 à 28 mm de long, est généralement d'une couleur brillante, bronze, brun de poix ou vert noirâtre. Les stries des élytres sont interrompues par des fossettes et à peine visibles ; elles peuvent être de la même couleur que le reste mais ont parfois un reflet violet. Espèce répandue dans les forêts humides et dans les champs. On la trouve aussi dans les parties fraîches des jardins où elle est l'une des plus communes de sa famille, et l'une des plus appréciées. Ce carabe existe en plaine et en montagne jusqu'à 2 000 m d'altitude. Il quitte parfois ses quartiers d'hiver dès le mois de mars et se montre jusqu'en mai ou en juin. Il estive en juillet. Après cette période de repos, il mène une existence active pendant quelque temps avant de mourir au mois d'août. Il se cache sous les pierres, parmi les feuilles ou dans la mousse, etc.

Grand prédateur, il se nourrit d'autres insectes, de mollusques gastéropodes et de vers de terre, mais il apprécie également les liquides sucrés et, dans les jardins, on peut le voir sur les fruits mûrs tombés par terre. La nouvelle génération apparaît dans le courant de l'été mais il arrive que les larves ou les nymphes hibernent et dans ce cas les jeunes imagos se montrent seulement au printemps suivant. Les oeufs sont pondus isolément dans de petits creux de la terre. Le développement est le même que chez les autres carabes. En général, les jeunes imagos passent l'hiver dans de vieilles souches ou dans le sol ; ils supportent des gelées atteignant −20 °C et même davantage. En Europe cette espèce existe à partir du nord de l'Espagne jusqu'au 63e parallèle ; on la connaît aussi en Grande-Bretagne et elle a été introduite en Amérique du Nord.

Coléoptères

1 *Carabus hortensis* L.

Carabidae ■

Cette espèce se distingue facilement des autres grands carabes par les dépressions dorées ou d'un verdâtre brillant, disposées en trois rangs sur chacun de ses élytres finement sillonnés. L'imago mesure 22 à 30 mm de long. Le seul autre carabe avec lequel il pourrait être confondu est *Carabus nemoralis,* très voisin. Le nom spécifique de cet insecte signifie « des jardins », mais il est trompeur, car on le rencontre rarement dans les terrains cultivés. En réalité il vit surtout au bord des forêts, dans les broussailles, quelles que soient les plantes qui les forment. On le trouve aussi dans les terres en jachère. Il est particulièrement abondant sur les collines boisées où, localement, c'est l'espèce dominante parmi les grands carabes sylvestres. Il existe aussi mais en moins grand nombre dans les montagnes et ceci jusqu'à 2 000 m d'altitude. Les imagos, isolés, se montrent du printemps à l'automne.

Ce Coléoptère est un prédateur nocturne qui passe la journée caché sous une pierre, derrière l'écorce d'un arbre ou dans la mousse. A la tombée de la nuit, il sort et se met en quête de ses proies. Il s'empare d'insectes de toutes dimensions, de vers et aime aussi les cadavres frais de petits vertébrés. Comme celles d'autres grands carabes, ses larves, de couleur foncée, vivent dans la terre, sont prédatrices et atteignent 30 mm de long. L'imago hiberne sous la mousse ou dans une vieille souche. *Carabus hortensis* est surtout une espèce d'Europe centrale et septentrionale, qui se raréfie progressivement dans le sud. Il manque sur les îles Britanniques mais existe en France.

2 *Carabus silvestris* Panz.

Carabidae

Chez cette espèce la coloration varie fortement et à côté d'individus de teinte bronzée et cuivrée ou d'un vert métallique – les plus nombreux – existent parfois des sujets bleuâtres ou noirs. Les côtes primaires des élytres sont interrompues par de petites fossettes visibles à l'oeil nu. Tout comme la plupart des *Carabidae,* celui-ci est représenté par plusieurs formes géographiques. L'imago mesure de 17 à 27 mm. *Carabus silvestris* est typiquement forestier et fréquente surtout les milieux submontagnards et montagnards, entre 550 et 2 500 m environ. Toutefois on le rencontre parfois à des altitudes inférieures, par exemple dans le massif du Harz (en R.F.A.) où il vit à 300 m seulement. Les imagos sont visibles au printemps et en été. Ceux de la première saison sont des survivants de l'année précédente alors que ceux de l'été appartiennent à la nouvelle génération. L'espèce aime l'humidité et choisit toujours des abris où cette exigence est remplie : mousse, feuilles mouillées, face inférieure des pierres, espaces existant sous les troncs abattus. Elle est prédatrice comme les autres carabes.

La femelle pond dans la terre au début de l'été. Les larves éclosent en juillet-août et, après avoir atteint leur taille maximale, s'enferment dans un cocon de 50 à 60 mm de long, formé de particules de terre et de salive ; c'est là qu'elles se nymphosent. Les jeunes imagos éclosent à la fin de juillet, en août, voire plus tard selon les conditions ambiantes. Ils hibernent, généralement à plusieurs dans une vieille souche ou dans la mousse. Espèce d'Europe centrale et occidentale, qui existe en France. Comme d'autres espèces de carabes, *C. silvestris* est représenté dans son aire de distribution assez limitée par plusieurs races géographiques, chacune d'elles n'habitant

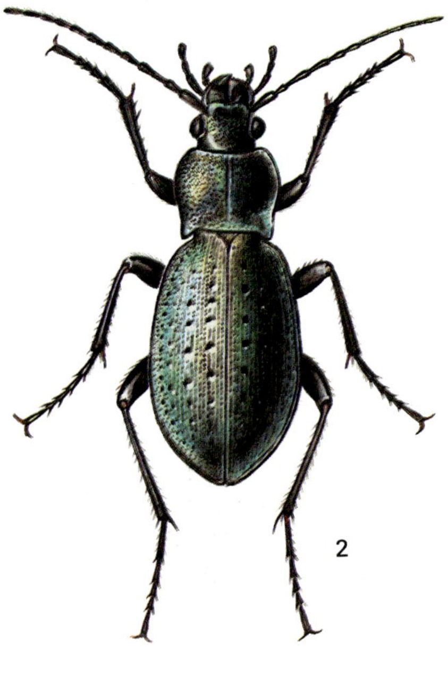

2

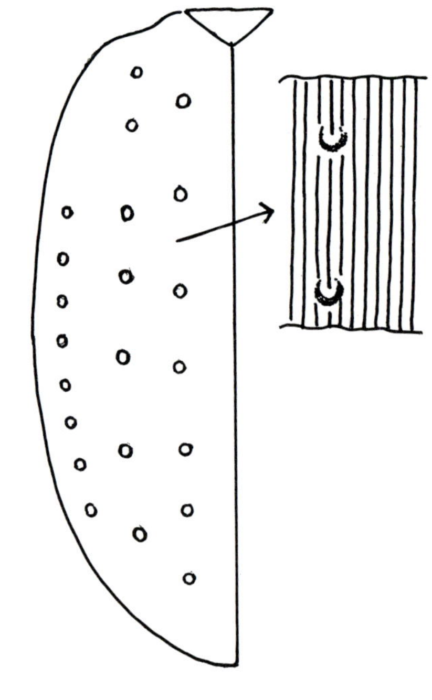

Carabus hortensis, élytres.

1

qu'une partie de la zone. La détermination de ses races n'est pas facile et doit être effectuée à l'aide des caractères morphologiques des organes copulateurs des mâles, et de l'habitat s'il est connu. La race *C. silvestris silvestris* vit à l'ouest, en particulier dans les montagnes suisses, françaises (Vosges), en Allemagne (Forêt Noire, Thüringer Wald, Harz, etc.), en Tchécoslovaquie (Forêt de Bohême, monts des Géants, Beskides). La race *C. silvestris haberfellneri* vit en général dans les Alpes d'Autriche (Styrie, Basse et Haute Autriche, Salzbourg) et en Bavière. *C. silvestris transsylvanicus* est une race du sud-est qui habite les altitudes élevées des Carpates (Tatras, montagnes en Roumanie).

Coléoptères

1 *Cychrus caraboides* L.
Carabidae

Cet insecte diffère des autres grands *Carabidae* surtout par sa tête beaucoup plus longue. L'imago mesure environ 18 à 20 mm de long, est noir et a des élytres rugueux et granuleux. On en connaît plusieurs formes et races géographiques. Il vit dans les bois de conifères et de feuillus mais pénètre à l'occasion dans les champs et les prairies du voisinage. Il habite surtout les forêts humides et assez obscures des contreforts et des montagnes où on le trouve jusqu'à 2 500 m environ. Il est plus rare en plaine mais peut être entraîné par les eaux résultant de la fonte des neiges au printemps. Les imagos apparaissent dès le début du printemps et sont visibles jusqu'en automne (il s'agit d'abord des vieux puis de la nouvelle génération). Quand on le dérange, il stridule et le bruit qu'il engendre est parfaitement audible, mais il ne s'envole pas. Menacé, il expulse un liquide âcre ayant une odeur désagréable. Il se cache sous les pierres, dans les feuilles mortes, sous les troncs abattus, etc. C'est un prédateur vivant surtout d'escargots, limaces, vers et autres petits animaux. Sa tête étroite pénètre facilement dans la coquille des escargots et il ne la retire qu'après avoir aspiré les liquides internes de ces mollusques. Le mucus rejeté en abondance par les victimes ne le rebute pas.

Les oeufs sont pondus au début du printemps et les larves éclosent et se développent en mai et en juin. Elles sont prédatrices et s'abritent sous des pierres ou dans la mousse. La nymphose a lieu dans la terre et les jeunes imagos se fraient un chemin jusqu'à l'air libre dans le courant de l'été. Ils hibernent sous l'écorce des souches, des vieux troncs ou dans les souches elles-mêmes. Cette espèce est distribuée dans une grande partie de l'Europe. Au nord du continent elle apparaît jusqu'à la frontière nord de la Scandinavie et de la Finlande, au Danemark et même sur les îles Britanniques. En Europe occidentale elle existe jusqu'aux Pyrénées et au sud de l'Europe jusqu'au centre de l'Italie, mais elle ne vit pas sur les îles voisines : Corse, Sardaigne et Sicile.

Dans les Balkans elle habite en Bosnie et elle atteint les régions occidentales de l'U.R.S.S. En Europe vivent plusieurs espèces semblables mais leur aire de distribution est plus petite que celle de *C. caraboides.*

2 *Harpalus aeneus* F.
Carabidae

Ce Coléoptère, souvent appelé *Harpalus affinis,* est le plus connu des représentants du genre *Harpalus* qui réunit plusieurs dizaines de petites espèces. Il mesure 9 à 12 mm de long et sa coloration varie fortement, du vert bronzé au vert métallique ou au noir. On en connaît plusieurs formes géographiques. Peu exigeant il s'accommode aussi bien des lieux secs que de l'humidité; toutefois, il évite les marécages. On le trouve donc à la lisière des bois, dans les clairières, au bord des chemins, dans les champs argileux ou sablonneux, au bord des cours d'eau, sur les côtes, dans les jardins et les parcs, en plaine et en basse montagne (vers 1 000 m) et même un peu plus haut jusqu'à 1 300 m. Il se montre dès le début du printemps. Les imagos peuvent voler ; ils se cachent sous des pierres, des troncs renversés et aussi parmi les feuilles mortes. Ce Coléoptère est un prédateur qui chasse toutes sortes de petits invertébrés mais qui, à l'occasion, devient végétarien et peut manger, par exemple, des graines d'épicéa. Les larves ont un développement rapide, en mai et juin. Elles n'hibernent donc pas, à la différence de celles de nombreux autres *Carabidae.* La nymphose est brève elle aussi, puisqu'elle dure seulement une ou deux semaines. Ce petit insecte est l'un des *Carabidae* les plus communs et les mieux connus. Il vit dans la région paléarctique et en Amérique du Nord.

2

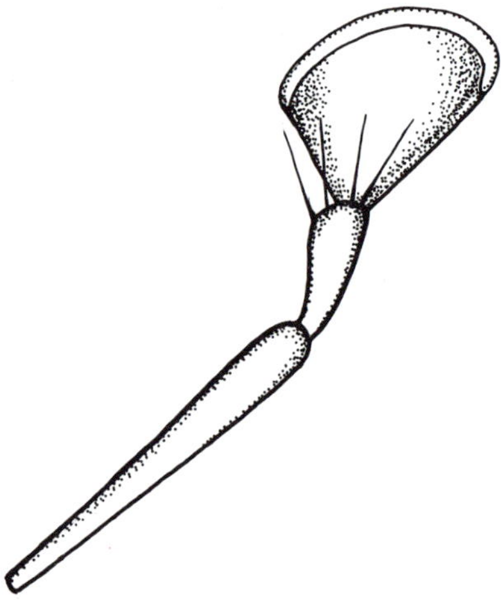

Cychrus caraboides. Palpe maxillaire avec le dernier segment élargi en forme de cuiller.

1

Coléoptères

1 Abax

Abax parallelepipedus
PILL. et MITT.
Carabidae

Jadis appelé *Abax ater* à cause de sa couleur noire, ce Coléoptère mesure de 16 à 21 mm de long et ressemble fortement à deux autres espèces du même genre, *Abax ovalis,* noir aussi mais un peu plus petit et *Abax parallelus,* qui a la même longueur. Il en diffère par plusieurs détails, le principal étant la présence de poils sur la face inférieure du dernier article des tarses (ces poils font défaut chez *A. ovalis* et *A. parallelus*). On peut aussi le confondre avec les espèces noires des genres *Pterostichus* ou *Molops,* qui ont également des élytres parcourus de nombreuses côtes fines. Pour identifier tous ces insectes de taille moyenne, très semblables et tous noirs, il faut tenir compte de la ponctuation des élytres ; si l'on ne dispose pas d'une loupe à fort grossissement et si l'on n'a pas une certaine expérience, leur détermination devient très difficile.

Cette espèce habite les forêts humides de conifères et de feuillus, principalement les hêtraies. Elle s'égare parfois dans les champs voisins. On la trouve surtout sur les contreforts des montagnes et dans les vallées humides. Elle s'élève jusqu'à plus de 2 000 m. On la trouve aussi en plaine. Les imagos

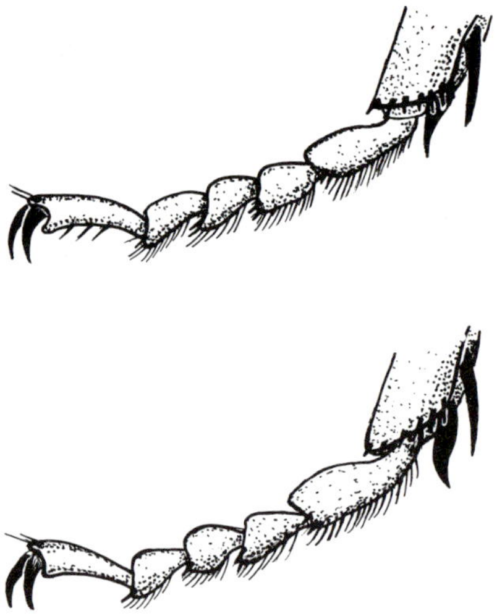

Articles des tarses antérieurs d'*Abax parallelepipedus* (en haut) et d'*Abax parallelus* (en bas).

sont visibles du printemps à l'automne. Le soir, ils sortent de leur retraite sous les pierres, les morceaux de bois, les écorces soulevées des vieilles souches, des arbres, dans la mousse ou les feuilles mortes et se mettent en chasse. On trouve leurs larves prédatrices sous les pierres et dans le bois pourri. *Abax parallelepipedus* est présent dans une grande partie de l'Europe mais au nord il ne dépasse pas le sud de la Finlande et de la Scandinavie. Il est commun sur les îles Britanniques.

2 *Calathus melanocephalus* L.
Carabidae

Ce tout petit Coléoptère (il mesure seulement 6 à 9 mm) est surtout caractérisé par son pronotum roux et ses élytres noirs. Avec d'autres membres du même genre il possède un caractère unique chez les *Carabidae,* à savoir des griffes munies de denticulations sur leur côté interne. Il fréquente des milieux variés, se montre communément dans les bois et les prairies, les champs secs ou humides, au voisinage de l'eau, dans les pâturages et les landes. Il vit sur les collines, dans les plaines et aussi en montagne jusqu'à 2 500 m selon la nature du terrain. On le rencontre du printemps à l'automne. Comme les autres *Carabidae,* il se cache sous les pierres, dans les feuilles mortes ou la mousse et parfois monte sur les feuilles et les fleurs des plantes vivantes. Imagos et larves sont prédateurs et vivent aux dépens d'une grande variété de petits animaux. On a également vu des imagos sur des champignons forestiers. La reproduction a lieu en automne, les larves hibernent et les imagos éclosent en été ; on en trouve parfois en train d'hiberner. Ce petit Carabidé vit en Europe, dans les régions tempérées d'Asie et en Afrique du Nord.

Griffe dentée de *Calathus melanocephalus.*

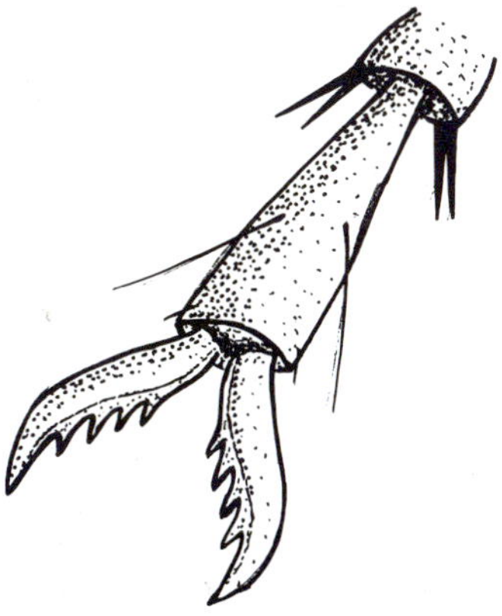

Coléoptères

1 *Agonum sexpunctatum* L.
Carabidae

Petit Carabidé très typique, mesurant de 7 à 9,5 mm, et dont la coloration métallique est variable. La tête et le pronotum sont généralement verts, les élytres rouge doré avec un liseré verdâtre. Ils peuvent être entièrement verts, bleus ou noirs. Le nom scientifique fait allusion aux six fossettes des élytres (*sex* = six, *punctatum* = ponctué) mais en réalité leur nombre peut varier de 4 à 8. *Agonum sexpunctatum* occupe des milieux variés, bois et champs humides, chemins et lieux ensoleillés, prairies au voisinage de l'eau. Il vit même en milieu salé jusqu'au bord de la mer. On l'observe en plaine, sur les collines et en montagne jusqu'à environ 2 000 m. Les imagos apparaissent au début du printemps. Par les journées ensoleillées on les voit courir sur les sentiers mais, le plus souvent, ils restent sous des pierres (en compagnie d'autres petits Coléoptères), sous l'écorce des vieilles souches, dans la mousse, les feuilles, etc. De moeurs prédatrices, ils chassent des bestioles et des larves. Ils s'accouplent en avril ou en mai. Les larves ont un développement rapide et, semblables en cela aux imagos, se nourrissent d'autres petits invertébrés. Quand elles ont atteint leur taille maximale, elles mesurent 12 mm de long et 2 mm de large. Les jeunes imagos éclosent en juillet et en août. Cette espèce était jadis beaucoup plus commune que de nos jours. Elle a disparu de mainte région et se raréfie ailleurs. Son aire de répartition couvre presque toute la région paléarctique. Elle atteint le nord de l'Europe et vit çà et là en Angleterre et au pays de Galles.

1

2 *Platynus assimilis* PAYK.
Carabidae

Petit Carabidé (10 à 12 mm) ayant des élytres sillonnés, noirs et des pattes brunâtres. Il ressemble vaguement à plusieurs autres espèces apparentées ou non. Les renflements brachiaux de ses élytres montrent qu'il est capable de voler. On peut dire sans exagérer que cet insecte est ubiquiste car on le rencontre dans les milieux les plus divers. C'est aussi l'un des *Carabidae* les plus abondants. Il fréquente les lieux assez humides et frais, surtout dans les bois, mais vient aussi dans les jardins, les landes et sur les chemins, à différentes altitudes. On voit les imagos entre le début du printemps et la fin de l'automne. Comme les autres insectes nocturnes, il passe la journée dans quelque abri obscur, sous l'écorce d'une souche, d'un vieil arbre, parmi les feuilles mortes ou dans la mousse, le bois pourri ou sous une pierre. Imagos et larves sont prédateurs. Les larves se développent en juin et juillet, atteignant une longueur de 18 mm environ. La nymphose est brève et les jeunes imagos éclosent en été. Ils hibernent souvent en groupe, généralement derrière de vieilles écorces ou dans le bois pourrissant. Cette espèce a une très vaste distribution comprenant l'Europe et les régions tempérées de l'Asie.

Coléoptères

Famille des *Dytiscidae* — Dytiques, acilies, etc.

Cette famille réunit des espèces (192 en France) aux dimensions très variées, les plus grandes dépassant 40 mm et les plus petites ayant seulement 1 mm de long. Elles sont toutes prédatrices à la différence d'autres Coléoptères aquatiques qui sont charognards. Bien qu'elles vivent dans l'eau, elles se nymphosent sur la terre ferme.

Dytique bordé
Dytiscus marginalis L.
Dytiscidae

Ce Coléoptère passe la majeure partie de son existence dans l'eau. C'est le plus répandu des grands *Dytiscidae* européens et il mesure de 27 à 35 mm de long. Le mâle diffère de la femelle par plusieurs détails, le plus évident étant la présence de ventouses sur les tarses des pattes antérieures. Au nombre de deux elles sont entourées par environ 150 autres beaucoup plus petites. D'autres ventouses moins remarquables existent sur les tarses des pattes médianes. En outre, les mâles se distinguent par la surface lisse de leurs élytres alors que chez les femelles ils sont traversés chacun par dix sillons longitudinaux. Le Dytique bordé vit dans les étangs, les mares où il nage très bien, surtout avec ses pattes postérieures dont les tarses sont pourvus de longs cils. Il vole aisément et va ainsi d'un plan d'eau à l'autre, mais il marche mal. Il respire l'oxygène de l'air et doit donc remonter à la surface au bout de quelques minutes pour renouveler sa provision d'air stockée dans un espace situé sous les élytres. A cette fin il incline le corps à 45° par rapport à la surface, l'extrémité de l'abdomen émergeant un peu et les pattes postérieures largement écartées le maintenant en place.

Le Dytique bordé est un prédateur qui s'empare de petits animaux vertébrés, têtards et petits poissons malades, mais il sait se contenter de cadavres. En captivité il est friand de mollusques gastéropodes aquatiques. Il chasse dans la soirée et la nuit. Si la proie n'est pas trop lourde, il la remonte en surface et la mange, plus ou moins accroché à elle. Avec ses mandibules il la dilacère en petits morceaux que les maxilles propulsent dans le tube digestif. La nourriture à demi digérée pénètre ensuite dans l'estomac musculaire (proventricule) où elle est complètement broyée. Les débris indigestes sont rejetés par la bouche. Les autres sont stockés dans une ampoule rectale qui joue le rôle ambivalent d'appareil hydrostatique et d'arme défensive car, si on l'importune, le Dytique en expulse le contenu malodorant dans toutes les directions.

La femelle pond au début du printemps ; avec son ovipositeur elle enfonce les oeufs dans les tissus mous de plantes aquatiques. Elle vit un an et demi et, par conséquent, se reproduit au cours de deux printemps successifs. Les larves atteignent 60 mm de long. Prédatrices, elles sont munies de grandes mandibules incurvées et capturent de petits animaux aquatiques. A la différence des adultes elles aspirent le contenu de leurs proies à l'aide d'un sillon creusé sur la face interne de leurs mandibules. Les éleveurs novices sont souvent déçus en voyant les larves mourir dans leur aquarium ; la raison en est simple : elles se métamorphosent à terre et non pas dans l'eau. Le moment de la nymphose arrivé, elles rampent à l'air libre et s'enfoncent dans une cavité de la rive.

Plusieurs autres espèces de grands *Dytiscidae* — généralement rares — vivent dans les eaux douces européennes. L'une des espèces assez abondantes et de taille moyenne, l'Acilie, *Acilius sulcatus,* mesure de 15 à 18 mm de long. Elle vit dans les étangs et fréquente aussi les mares, les ornières et autres eaux stagnantes. Comme les plus grandes, elle vient souvent à la surface pour respirer. Le Dytique bordé vit dans une grande partie de l'Eurasie (de l'Europe occidentale au Japon) mais il manque dans le nord de l'Europe et le sud des Balkans.

Ventouse du tarse antérieur d'un dytique.

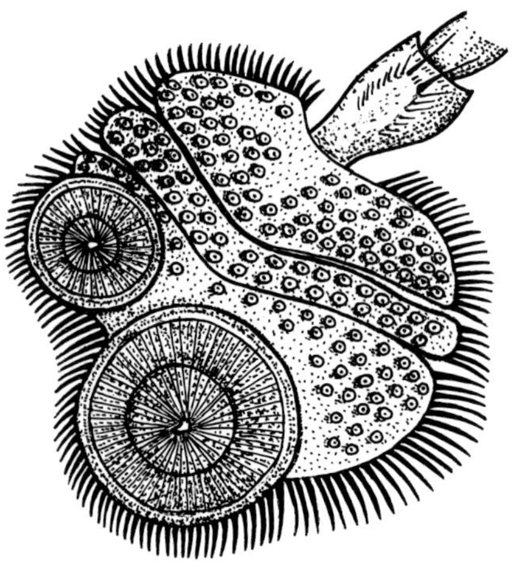

Famille des *Hydrophilidae* — Hydrophiles

Les *Hydrophilidae* forment une famille très hétérogène en ce qui concerne l'aspect et les dimensions. On y trouve en effet de minuscules espèces ayant environ 1 mm de long et l'un des plus grands de tous les Coléoptères aquatiques, l'Hydrophile brun *(Hydrous piceus)*, qui mesure environ 50 mm. Leurs antennes, généralement courtes, à 9 articles, se terminent le plus souvent par une massue. Les palpes maxillaires sont fréquemment aussi longs que les antennes. Certaines espèces passent toute leur vie dans l'eau, d'autres à proximité, d'autres encore à distance dans le fumier, sur les champignons forestiers, dans l'écorce pourrissante, etc. Les espèces aquatiques respirent l'air de l'atmosphère avec l'extrémité de leurs antennes, à la surface de l'eau. A la différence des *Dytiscidae,* les adultes sont herbivores. La méconnaissance de leur biologie a conduit l'homme à détruire les grandes espèces car on croyait à tort qu'elles mangeaient des poissons. Les femelles s'occupent plus ou moins de leur progéniture. 111 espèces vivent en France.

2

1

1 Hydrophile
Hydrophilus caraboides L.
Hydrophilidae

C'est l'un des plus grands *Hydrophilidae* puisque l'imago atteint 19 mm de long. Il fréquente les bras morts des fleuves, les étangs, les grandes mares, mais partout il a besoin d'une végétation aquatique assez dense. Il vit en plaine, sur les collines et parfois en montagne. Les soins parentaux sont du même type chez cette espèce et les grands représentants du genre *Hydrous :* après l'accouplement, la femelle cherche une feuille flottante – de préférence légèrement tordue – et dépose ses oeufs dans un cocon soyeux fixé sur la face inférieure du limbe avec quelques fils. La ponte est ensuite livrée à son sort. Les larves se tiennent près de la surface où elles attendent leurs proies. A la différence des adultes, elles sont en effet prédatrices et chassent de menus animaux aquatiques. Cet insecte est présent dans une grande partie de la région paléarctique, mais au nord il ne dépasse pas le sud de la Finlande et de la Scandinavie.

2 *Sphaeridium scarabaeoides* L.
Hydrophilidae

Espèce assez petite (elle mesure seulement 4 à 7 mm), caractérisée par des taches jaunes et rouges sur les élytres, ce qui la fait ressembler à *S. lunatum.* Ses habitudes la distinguent nettement des autres membres de la famille puisqu'elle vit dans le crottin de cheval et la bouse de vache. On la trouve donc surtout dans les chemins des champs, des bois et dans les pâtures. La larve se développe dans les excréments. La femelle s'occupe de sa descendance mais d'une façon plus simple que chez les grands *Hydrophilidae* : les oeufs, pondus en amas, sont entourés d'une enveloppe soyeuse et abandonnés dans le substrat où se tient la femelle. S'il ne trouve pas suffisamment de déjections animales, ce Coléoptère vient dans les tissus végétaux pourrissants. Distribution : toute la région paléarctique, et dans le nord de l'Europe jusqu'en Laponie.

Hydrophilus caraboides, cocon dans une feuille morte.

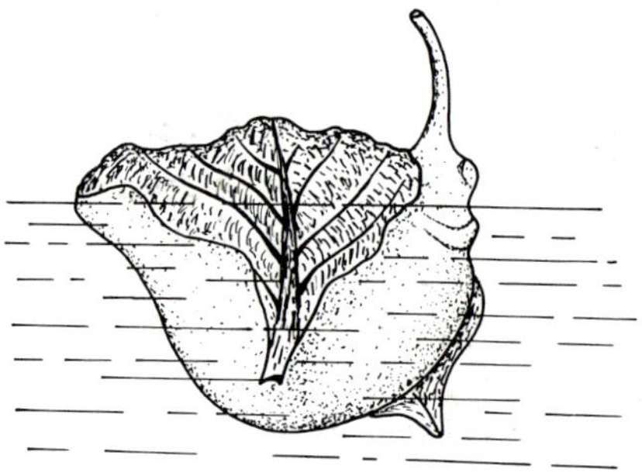

2

Famille des *Histeridae* — « Escarbots »

Les membres de cette famille se ressemblent fortement quoique le plus petit mesure environ 1 mm de long et le plus grand 15 mm. Tous ont des téguments fortement chitinisés. Ils sont souvent noirs ou brun noirâtre, parfois brun roussâtre et quelques espèces ont des taches rouges sur les élytres. Leurs courtes antennes se terminent en massue. Les élytres, plus courts que l'abdomen, n'en recouvrent pas les deux derniers segments. Les *Histeridae* fréquentent des habitats variés mais seulement ceux où ils trouvent des substances organiques en décomposition telles que excréments, cadavres, écorces des vieilles souches et des arbres renversés, vieux champignons poussant par terre ou sur les arbres, sève et autres sucs. Ils vivent aussi dans les nids des mammifères, des oiseaux et d'autres insectes (notamment les fourmilières). Imagos et larves chassent les larves d'autres insectes. S'ils sont menacés, les adultes rapprochent les pattes du corps et s'immobilisent.

3

1 *Hister quadrimaculatus* L.
Histeridae

Mesurant 7 à 11 mm de long cet insecte est l'un des plus grands *Histeridae.* Il diffère des espèces voisines non seulement par ses dimensions mais aussi par les épipleures velues et traversées par deux stries. Le plus souvent les élytres portent quatre taches rouges qui peuvent se souder de différentes façons et forment souvent un dessin semi-circulaire. Il arrive qu'elles soient réduites ou absentes et dans ce cas l'insecte est entièrement noir. D'après la coloration on a décrit plus de vingt variantes chez cette espèce. *H. quadrimaculatus* est une espèce thermophile qui recherche le crottin de cheval, les bouses de vache et les végétaux pourrissants en terrain sablonneux. Il se développe principalement aux dépens des larves

d'autres Coléoptères, par exemple celles, toutes petites, des *Scarabaeidae* du genre *Aphodius.*

Ce Coléoptère vit dans le centre, l'ouest et le sud de l'Europe, en Asie Mineure et dans le Caucase. Il est encore fréquent en Europe méridionale mais en Europe centrale il est devenu très sporadique.

2 *Margarinotus striola* SAHLB.
Histeridae

Tout récemment encore ce Coléoptère (longueur : 4 à 6 mm) était placé dans le genre *Hister* et on le confondait avec une autre espèce, *Hister cadaverinus.* A la suite de recherches minutieuses, ces insectes sont désormais placés dans le genre *Margarinotus.* En outre, on s'est aperçu que *Hister cadaverinus* était identique à *Hister brunneus* (**3**), décrit antérieurement, c'est pourquoi *cadaverinus* est devenu un simple synonyme. Ces deux exemples montrent que la nomenclature peut encore changer même dans un ordre aussi bien étudié que celui des Coléoptères. *M. striola* ressemble beaucoup à d'autres *Histeridae* d'un noir brillant. Pour les identifier il est nécessaire d'examiner attentivement les stries de la tête, du pronotum et des élytres. Cette espèce est essentiellement sylvestre. Au printemps, on peut la voir sur la sève qui coule du tronc des arbres (surtout bouleaux et chênes) et en automne, sur les champignons pourrissants. Elle est également fréquente sur le fumier, les cadavres de vertébrés, dans le nid de certains oiseaux (par exemple, les choucas) et recherche tout particulièrement la viande en putréfaction. La femelle pond un petit nombre d'oeufs dans la terre, le fumier ou une charogne. Les larves qui éclosent au bout de 4 ou 5 jours achèvent leur développement en 5 semaines environ. Les imagos vivent 3 ou 4 ans. Deux sous-espèces existent dans la très vaste aire de répartition, *Margarinotus striola succincta* (dans une grande partie de l'Europe) et *M. striola striola* qui vit dans le nord de l'Europe et en Asie.

2

Dessin des sutures de la tête chez *Margarinotus brunneus* (1) et *M. striola* (2).

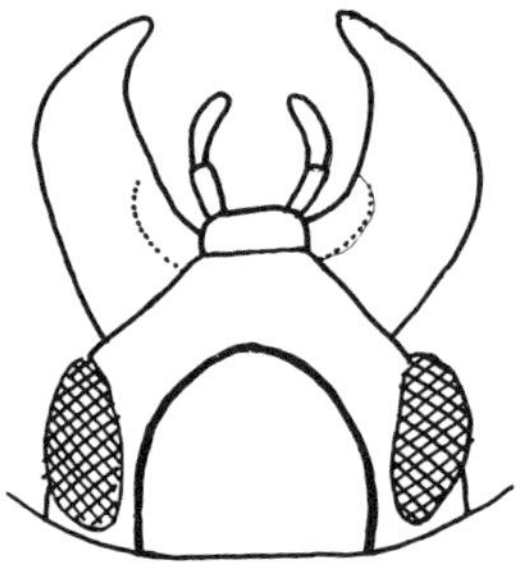

1

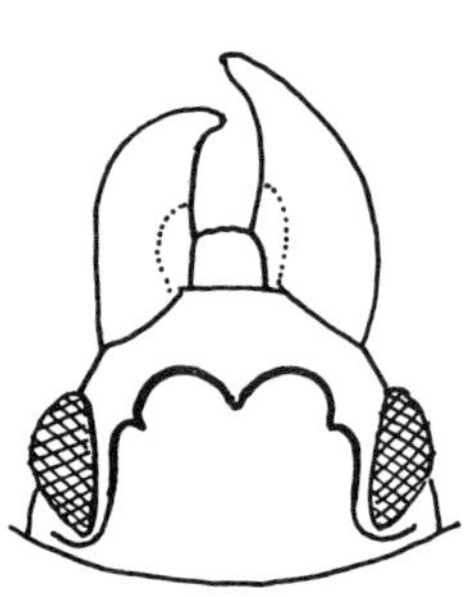

2

Coléoptères

Famille des *Silphidae* — Silphes, nécrophores

Les dimensions et la forme de ces Coléoptères sont très diverses (longueur : de 4 à 40 mm). Certains sont uniformément noirs ou brun noir, d'autres ont des marques rouges sur les élytres, mais il est rare qu'ils soient très tachetés ou de teinte claire. Leurs antennes, assez courtes, s'élargissent vers l'extrémité ou bien les derniers articles forment une massue. Les élytres recouvrent entièrement l'abdomen ou laissent les derniers segments visibles en raison de leur brièveté. Imagos et larves vivent généralement dans les cadavres de vertébrés, les végétaux pourrissants ou les excréments. Il est exceptionnel qu'ils soient prédateurs ou phytophages. Les nécrophores sont bien connus pour la façon dont ils s'occupent de leur progéniture. Cette famille comprend 31 espèces en France.

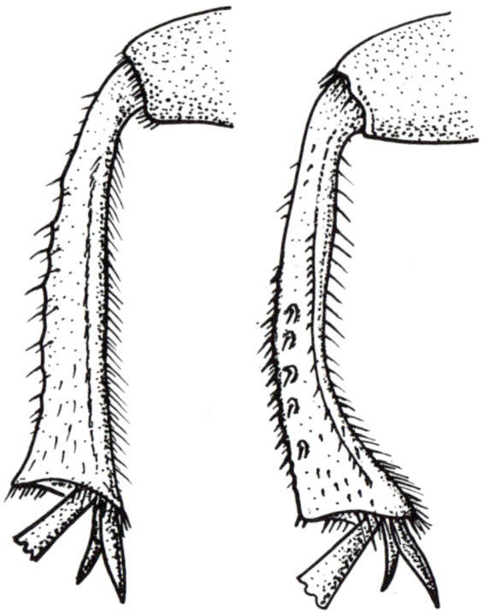

Tibia postérieur de *Necrophorus humator* et de *N. vespillo.*

1 Nécrophore

Necrophorus vespillo L.
Silphidae ■

C'est le plus connu du genre *Necrophorus* qui rassemble des espèces entièrement noires et d'autres, dont les élytres sont marqués de rouge. L'imago (longueur : 10 à 24 mm) ressemble à celui d'autres espèces tachetées mais on le reconnaît aisément à ses tibias arqués et à la couleur de la massue antennaire, dont le premier article est noir tandis que les autres sont rouges. L'espèce est surtout fréquente dans les lieux dégagés notamment à basse altitude. On la rencontre du printemps à l'automne. Les femelles nourrissent les larves jusqu'à la fin de leur développement ce qui est unique, même chez les Coléoptères. Les adultes, attirés par l'odeur d'un cadavre de petit vertébré parcourent sou-

vent des centaines de mètres en volant pour le rejoindre. Plusieurs se posent dessus et luttent jusqu'à ce que le couple victorieux reste en place et entreprenne d'enfouir l'oiseau ou le micromammifère. Cette tâche lui prend du temps mais une fois le cadavre enterré, les insectes le dépouillent des poils ou des plumes et commencent à pétrir une boule de chair autour de laquelle ils ménagent une cavité. La femelle pond quelques oeufs dans un passage menant à cette chambre et reste à côté d'eux, attendant leur éclosion. Le développement des embryons est très rapide car la provision d'aliments ne se conserve pas longtemps. Les premières larves apparaissent au bout de 5 jours et rampent vers la femelle qui se tient sur la masse alimentaire et qui les nourrit avec le contenu liquide du cadavre. Elle alimente aussi le deuxième stade larvaire et c'est seulement quand elles parviennent au troisième que les larves se fraient un chemin dans la boule et mangent elles-mêmes. En moins d'une semaine, le troisième stade atteint presque 30 mm de long et ces larves se nymphosent dans la terre. Les imagos en sortent deux semaines plus tard. Il y a deux générations par an. Ce nécrophore vit dans les régions paléarctique et néarctique.

Articles des tarses antérieurs du mâle et de la femelle de *Thanatophilus sinuatus*.

2 *Thanatophilus sinuatus* F.

Silphidae

Le corps de ce Coléoptère qui mesure 9 à 12 mm de long est assez aplati ; les espaces situés entre les stries de ses élytres sont lisses et finement pointillés. Les tarses antérieurs du mâle sont élargis et les élytres sont plus ou moins arrondis à leur extrémité postérieure. Les tarses de la femelle sont moins dilatés et chacun des élytres se termine en pointe précédée d'une indentation. Cette espèce vit surtout dans les lieux dégagés et a trois générations par an. Elle habite l'Europe et l'Afrique du Nord.

Coléoptères

1 Silphe à corselet rouge
Oeceoptoma thoracica L.
Silphidae

Cette espèce, très caractéristique, mesure 12 à 16 mm de long. Elle est reconnaissable à son corps aplati, noir à l'exception de la tête et du pronotum, nettement élargi, qui sont revêtus d'une pilosité dense d'un rouge velouté. Ce silphe est commun et parfois même abondant dans les forêts de différents types. Les imagos sont visibles du printemps à l'automne. On les trouve presque toujours rassemblés sur les cadavres en putréfaction des vertébrés assez volumineux, mais ils ne dédaignent pas ceux de taille plus modeste, pas plus que les excréments, les déchets et les substances végétales pourrissantes. Ils fréquentent aussi les vieux champignons et semblent avoir une prédilection pour *Phallus impudicus.* Les larves vivent également sur les matières végétales et animales en putréfaction. Cette espèce est largement répandue en Europe et en Asie. Dans le nord de l'Europe, elle dépasse le cercle polaire arctique et à l'ouest, vit çà et là sur les îles Britanniques.

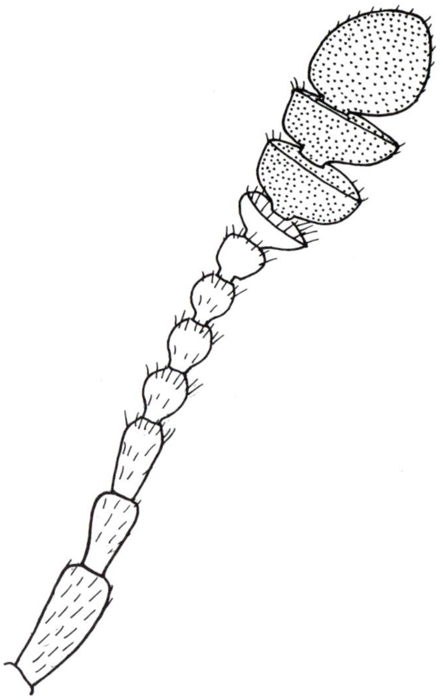

Oeceoptoma thoracica. Antennes droites, terminées par une massue à trois segments.

1

2

2 Silphe à quatre points
Xylodrepa quadripunctata L.
Silphidae ■

Ce Coléoptère tient une place originale dans la famille des *Silphidae* en raison de sa coloration et de son comportement. Comme le précédent, il ne peut être confondu avec une autre espèce (longueur : 12 à 14 mm). Le mâle seul a les tarses des deux premières paires de pattes nettement élargis. Sa coloration varie très peu. Le Silphe à quatre points vit dans les forêts de plaine, surtout celles de chênes et de hêtres et ne s'élève guère en montagne car dans les monocultures d'épicéas, par exemple, il ne trouverait pas la nourriture qui lui convient. Il quitte ses quartiers d'hiver au début du printemps, dans le courant d'avril et se montre jusqu'en juin. A la différence des autres *Silphidae,* il ne se nourrit pas sur les cadavres de vertébrés mais a un comportement de prédateur. Il se tient sur les branches et les feuilles des arbres et des buissons où il capture différentes chenilles, souvent de dimensions supérieures aux siennes, ainsi que des larves de tenthrèdes et des pucerons.

La femelle pond ses oeufs isolément dans la terre. Les larves, de couleur noire, ressemblent à première vue à des cloportes (crustacés terrestres). Elles sont voraces, atteignent 20 mm et après avoir vécu en surface s'enfoncent dans le sol pour se nymphoser. L'imago éclôt en automne et hiberne. Ce silphe se comporte en prédateur car il tue les chenilles de diverses espèces de papillons dont l'activité est néfaste en forêt. Il s'agit notamment de celles du Disparate *(Lymantria dispar),* de la Processionnaire du chêne *(Thaumetopoea processionnea)* et de la Tordeuse verte *(Tortrix viridana).* Les années où ces ravageurs pullulent, on le trouve également en plus grand nombre qu'auparavant.

Le Silphe à quatre points est répandu dans une grande partie de l'Europe ; au nord il atteint le centre de la Suède et le sud de la Finlande. Il existe aussi sur les îles Britanniques et à l'est dans le Caucase.

Famille des *Staphylinidae* — Staphylins

Les dimensions des staphylins s'échelonnent entre 0,5 mm et plus de 30 mm. La majorité sont sveltes. Certains ont des couleurs ternes (brun, roussâtre ou noir) mais chez d'autres, elles sont métallisées. La partie antérieure du corps a souvent une coloration différente de l'arrière. L'un des caractères les plus remarquables de ces insectes est la brièveté de leurs élytres qui, généralement, ne recouvrent que les deux premiers segments de l'abdomen. Les staphylins vivent dans des habitats très divers mais ont toujours besoin d'un certain degré d'humidité. On les trouve au bord de l'eau, dans la mousse humide, les feuilles mortes, la tourbe, les champignons poussant à terre ou sur les arbres, derrière l'écorce pourrissante, sur les cadavres, dans la litière recouvrant le sol forestier, dans les nids d'oiseaux, de mammifères et d'insectes sociaux (fourmis, frelons), et parfois même sur les fleurs. Ils volent bien et parmi eux on rencontre aussi bien des espèces diurnes que des nocturnes. La plupart sont prédateurs mais certains ont un régime phytophage ou saprophage. Ils ont en général un rôle bénéfique puisqu'ils détruisent les larves de nombreux ravageurs et font donc partie de la « police sanitaire » de la nature. On en connaît environ 1 480 espèces en France.

1

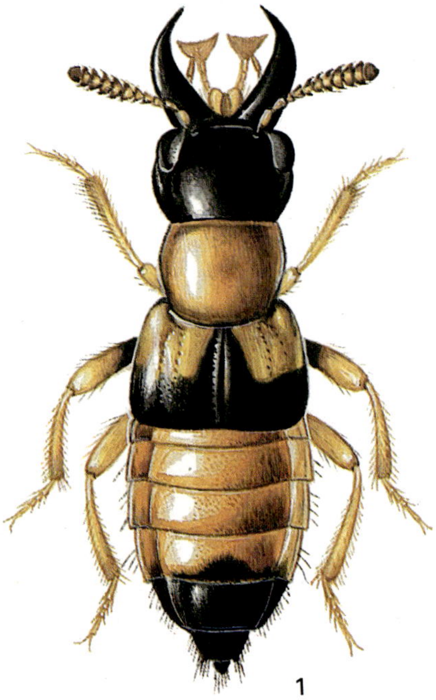

1

1 Oxypore roux
Oxyporus rufus L.
Staphylinidae

L'imago, qui mesure 7 à 12 mm de long, a une très grosse tête munie de grandes mandibules. *Oxyporus maxillosus,* qui lui ressemble, a des élytres jaunes terminés de noir aux coins. Imagos et larves vivent en forêt, parfois dans les jardins et les parcs, en plaine et jusqu'à l'étage montagnard. Ils abondent surtout dans les champignons (*Boletaceae* et *Amanitaceae*). Pénétrant dans les carpophores de ces espèces, ils y forent des galeries jusqu'à ce que la masse des champignons soit transformée en labyrinthe. Ils se tiennent très souvent dans les lamelles, sous le chapeau. Ils chassent les larves des insectes (souvent des Diptères) présents dans les champignons mais se nourrissent aussi de mycélium. La femelle pond dans le champignon et les larves mangent le mycélium. *O. rufus* est répandu dans toute la région paléarctique ; dans le nord de l'Europe, il atteint le centre de la Finlande et des pays scandinaves.

2 *Paederus riparius* (L.)
Staphylinidae

Avec plusieurs autres espèces apparentées ce Coléoptère (longueur 7,5 à 8 mm) fait exception parmi les staphylins en raison de ses vives couleurs. Il vit surtout dans les prairies humides, les tourbières, la végétation riveraine et, au printemps et en automne, se montre dans les aulnaies et les saulaies. On le trouve dans les feuilles mouillées en compagnie de *Paederus fuscipes* qui lui ressemble beaucoup. Commun dans les plaines, il est rare en montagne. Quand vient le soir, il se déplace en volant et c'est à ce moment que l'on aura le plus de chance de le trouver sur la végétation. C'est un prédateur qui se nourrit de petits invertébrés. Le corps des imagos renferme de la pédérine, toxine qui provoque chez les personnes sensibles une inflammation de la peau ou des yeux si elle entre en contact avec les muqueuses. Les imagos hibernent très souvent en groupe. Cette espèce vit dans une grande partie de la région paléarctique, des îles Britanniques à la Sibérie orientale.

2

Coléoptères

1 Philonthe
Philonthus politus L.
Staphylinidae

Voici un exemple de staphylin entièrement noir. L'imago, qui mesure de 10,5 à 14 mm, est l'une des espèces de taille moyenne de cette famille. On distinguera facilement le mâle de la femelle par ses tarses antérieurs extrêmement larges mais en dehors de ce détail, l'identification de l'espèce est assez difficile. Le genre *Philonthus* comprend au total plus de 1 000 espèces dans le monde et toutes se ressemblent beaucoup ; il y en a plusieurs dizaines en Europe. Ce staphylin vit dans les champs et les bois jusqu'à 2 000 m selon la nature du terrain. On le trouve régulièrement dans les excréments, les matières végétales ou animales pourrissantes. Ainsi, il fréquente les vieux champignons sylvestres en décomposition et il profite aussi de la sève qui coule sur les troncs ou les souches. En réalité, ce ne sont pas les substances putréfiées qui lui servent de nourriture, mais les insectes et autres petits invertébrés attirés par elles. Le Philonthe les chasse, capture les asticots et autres larves se développant dans les excréments et les charognes. Ses propres larves sont elles aussi prédatrices. Comme plusieurs autres espèces, *P. politus* a une très vaste aire de répartition. Il a colonisé une grande partie de la région paléarctique et existe aussi dans les régions néarctique et australienne. En Europe on l'a observé jusque dans le nord, même en Islande.

3

2 *Staphylinus erythropterus* L.
Staphylinidae

Ce Coléoptère appartient à un groupe de staphylins de taille moyenne à grande, aux élytres roux orange dont les taches sont dues à des touffes de petits poils jaunes *(tomentum)*, fixées sur certains segments du corps. Ces insectes se ressemblent largement et *Staphylinus erythropterus* en est un exemple. Il mesure 14 à 18 mm de long et se distingue de ses cousins par la coloration de son scutellum revêtu de fins poils jaunes. Chez un insecte similaire, *Staphylinus caesareus* — **3**, les poils du scutellum sont noirs. Parmi les autres détails utiles pour l'identification, on notera les deux petites marques jaunes du premier tergite visible et les deux autres situées sur les 4e à 6e tergites abdominaux.

Espèce sylvestre vivant dans la litière de feuilles mortes ou la mousse, sous les pierres et dans les couches superficielles du sol. Il arrive, mais rarement, qu'on le trouve dans les lieux humides, dans les excréments ou les substances animales et végétales en putréfaction. Localement il est répandu en montagne jusqu'aux étages montagnard et subalpin. C'est un prédateur qui chasse de petits invertébrés (en forêt il s'agit très souvent de larves *d'Elateridae*, les « vers fils de fer »). La femelle pond des oeufs beige, assez gros (ils mesurent environ 3 mm de long), en mai ou en juin. Les larves ont le même habitat que les adultes et sont également prédatrices. Au milieu de l'été, ayant achevé leur croissance, elles se nymphosent en août. Espèce eurasiatique. En Europe, elle existe surtout dans le centre, le nord et la partie septentrionale du sud. On la connaît aussi en Amérique du Nord.

1

2

Coléoptères

1 *Ocypus tenebricosus* Grev.
Staphylinidae

Le genre *Ocypus* comprend des staphylins assez grands et aussi des géants qui dépassent 30 mm de long. Beaucoup sont d'un noir de poix. *O. tenebricosus,* qui atteint 32 mm, en est un exemple. *Ocypus olens* en est un autre et tous deux sont souvent confondus mais peuvent être distingués avec sûreté par la bordure claire de l'extrémité du 5e tergite abdominal visible qui existe chez *O. olens* mais fait défaut chez *O. tenebricosus.* Un autre détail est l'absence d'ailes chez *O. tenebricosus.* Une autre espèce avec laquelle on peut confondre ce dernier est *O. similis semialatus,* qui est plus petit et dont la tête et le pronotum sont très grossièrement ponctués (chez *O. tenebricosus* le pronotum est finement ponctué mais la densité des points est semblable). Contrairement à d'autres espèces chez lesquelles seuls les mâles ont les tarses dilatés, les deux sexes présentent ce caractère chez *O. tenebricosus.* L'existence de cette espèce se déroule entièrement dans le milieu forestier. On la trouve à des altitudes très différentes mais elle est plus fréquente sur les collines et en montagne. Elle vit dans la litière, les couches superficielles du sol, sous les pierres, les arbres abattus, dans les buissons secs, les feuilles mortes et d'autres cachettes. C'est un insecte prédateur qui s'empare d'invertébrés divers et notamment d'insectes. Il vit solitairement. Ce grand staphylin est surtout connu en Europe centrale et orientale. Dans le sud, il vit en Italie septentrionale et dans le nord des Balkans. Il manque sur les îles Britanniques et aux Pays-Bas.

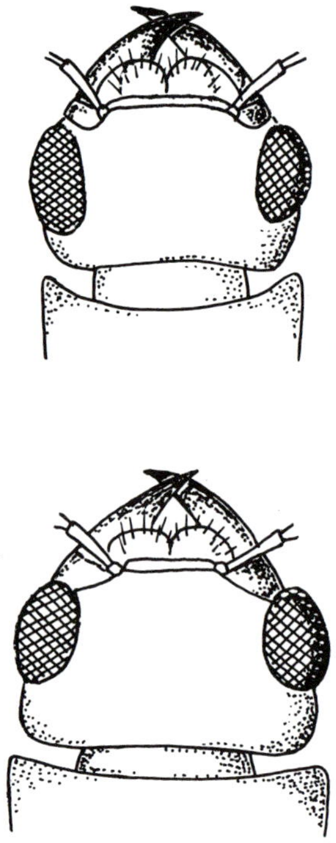
a

b

Tête d'*Ontholestes murinus* (a) et de *O. tesselatus* (b).

1

2 *Ontholestes tesselatus* Fourcr.
Staphylinidae

C'est la plus grande d'un groupe de trois espèces, les deux autres étant *O. murinus* et *O. haroldi.* Toutes ont des poils très fins sur le corps. *O. tesselatus* mesure de 14 à 19 mm de long. A l'aide d'une loupe binoculaire on peut le distinguer de ses cousins par la longueur de ses yeux, supérieure d'un quart environ à celle de la tempe (chez les deux autres, elle égale le double de la longueur de la tempe). Chez tous, les tarses de la première paire de pattes sont élargis chez les sujets des deux sexes. Les adultes vivent dans les bois, les champs, les prairies, les jardins, du printemps à l'automne. Ils se tiennent sur les substances organiques en décomposition et on les voit souvent sur les bouses de vache. Dans les jardins et les champs, ils visitent les tas de fumier, de compost ; en forêt, on les rencontre sur les champignons pourrissants et sur les arbres blessés qui perdent de la sève. Partout, ils recherchent des proies, en général des larves de mouches et d'autres insectes attirés par ces substances. Ils se tiennent très souvent en compagnie d'autres staphylins et Coléoptères appartenant à d'autres familles qui se nourrissent aux mêmes endroits. Cette espèce vit dans le nord de la région paléarctique et, en Europe, atteint la Laponie mais au sud fait défaut dans la région méditerranéenne.

2

Coléoptères

1 *Bolitobius lunulatus* L.
Staphylinidae

Ce staphylin est le plus commun d'un ensemble d'espèces voisines. L'imago (longueur : 5 à 7 mm) est reconnaissable à la tache jaune de ses élytres noirs ; les deux marques ne se rejoignent pas sur la suture. L'espèce habite surtout les lisières, les chemins forestiers et les clairières, en plaine, sur les collines et en montagne. Elle se tient sur les champignons, y compris ceux qui poussent sur les arbres, et parfois sur les cadavres de vertébrés. C'est donc principalement à la saison des champignons (automne) qu'on la voit le plus souvent, mais aussi dès le mois d'août, bien qu'un petit nombre d'individus apparaissent au printemps, de mars à mai. Elle court sur les champignons à la recherche de larves d'insectes divers, le plus souvent des Diptères, qui vivent en grand nombre dans les carpophores. Ce staphylin est répandu dans toute la région paléarctique. Il existe jusque dans le nord de l'Europe.

Famille des *Lucanidae* — Lucanes

La famille des *Lucanidae* est relativement petite mais très connue ; elle comprend des insectes bruns, noirs ou d'un vert ou d'un bleu métallique. Elle inclut également le plus grand Coléoptère européen, le Lucane cerf-volant. Les antennes des *Lucanidae* ont dix articles, les trois derniers formant un grand éventail. Chez certaines espèces le dimorphisme sexuel est très marqué, les mâles étant beaucoup plus grands que les femelles. Les lucanes habitent généralement dans les peuplements de vieux arbres à feuilles caduques et leur développement dure souvent plusieurs années. Il y en a sept espèces en France.

2 Petite biche
Dorcus parallelopipedus L.
Lucanidae

L'un des plus grands lucanes européens (longueur : 20 à 32 mm). Le mâle est plus grand que la femelle ; sa tête est presque aussi large que le pronotum tandis que celle de la femelle est plus petite et plus étroite. La tête et le pronotum du mâle sont finement granuleux entre les ponctuations, de sorte qu'ils sont plus ternes que chez la femelle où ces espaces sont lisses. Les élytres de la femelle sont irrégulièrement ponctués alors que chez ceux du mâle, les points tendent à former des lignes longitudinales. Les mandibules sont si aiguës qu'elles peuvent facilement percer la peau des mains. La Petite biche vit dans les lieux boisés des plaines et sur les collines. On la voit surtout de mai à juillet mais très souvent aussi plus tôt et beaucoup plus tard. Cet insecte entre en activité au début de la soirée mais vole gauchement et seulement sur de courtes distances. Il passe ses journées caché parmi les branches, dans les tas de bois, etc. Il se nourrit de la sève coulant des arbres blessés et la lèche avec sa langue, jaune et protractile. La femelle dépose ses oeufs dans de vieilles souches, des troncs pourrissants ou des arbres malades. Il s'agit surtout de chênes et de hêtres, parfois d'autres essences feuillues, y compris des arbres fruitiers. Une seule souche ou un seul tronc peut héberger un bon nombre de larves.

La Petite biche est connue dans une grande partie de l'Europe (du sud de l'Italie au sud de la Finlande et de la Scandinavie), en Asie Mineure et en Afrique du Nord. Dans la partie méridionale de son aire de répartition existent plusieurs formes géographiques.

Lucane cerf-volant
Lucanus cervus L.
Lucanidae

Le mâle et la femelle du plus grand Coléoptère européen diffèrent profondément par la taille et la forme. Le mâle mesure le plus souvent de 35 à 75 mm de long mais certains sujets atteignent 90 mm ; la femelle a de 30 à 40 mm. Le remarquable développement de la tête et des mandibules du mâle est le principal responsable de cette disproportion. La face interne de ces mandibules gigantesques, qui évoquent des « bois de cerf », est pourvue de pointes. A côté des grands individus normalement développés, on rencontre une forme plus petite appelée « *capreolus* » qui a également des mandibules plus faibles et moins grandes. On la trouve surtout dans les parcs des villes (par exemple, Vienne, Prague, etc.) ou en montagne où la nourriture est moins abondante, en sorte que la croissance s'achève plus tôt et que l'imago est plus petit.

Le Lucane cerf-volant vit dans les vieilles chênaies, surtout à faible altitude, mais localement on le trouve aussi en montagne. L'imago vole en juin et en juillet

et la femelle est parfois encore visible dans la première quinzaine d'août. Le Lucane recherche les arbres sur lesquels la sève s'écoule par une blessure. D'autres Coléoptères et des Hyménoptères sont également attirés par le liquide sucré. Ni le mâle ni la femelle n'utilisent leurs puissantes mandibules pour prendre leur nourriture et ils lèchent la sève avec leur grande langue, jaune et velue. Le mâle se sert de ses mandibules au cours des batailles qu'il livre contre les autres mâles pour la possession des femelles. Ces duels peuvent être spectaculaires et plus d'un mâle en sort en piteux état. La femelle utilise ses mandibules pour s'enfouir dans la terre avant de pondre. Bien que la prise des mandibules du mâle soit assez forte, la « morsure » de la femelle est beaucoup plus sérieuse et si on la manipule sans précautions on risque de se faire piquer la peau.

La larve se développe dans le bois pourrissant et dans les racines des vieux chênes et des souches, parfois dans les hêtres, les ormes, plusieurs espèces de saules, les frênes et les arbres fruitiers. Elle creuse des galeries pendant trois à cinq ans. Avant de se nymphoser, elle quitte le bois et s'enterre à environ 20 cm sous la surface du sol, se ménage une logette de la taille du poing, en lisse les parois et se métamorphose. Sur la nymphe l'emplacement des futures mandibules montre au premier coup d'oeil s'il s'agit d'un mâle ou d'une femelle. L'imago éclôt en automne mais passe l'hiver dans la terre et ne se fraie un chemin à l'air libre qu'en juin de l'année suivante. Le Lucane cerf-volant est connu depuis fort longtemps : dans la Rome antique on croyait que ses mandibules avaient des vertus magiques. Aujourd'hui, le Lucane est menacé de disparition, non pas qu'il soit capturé en très grand nombre, mais plutôt parce que les peuplements de vieux arbres où il vit et se développe sont de plus en plus éliminés. Il est protégé par la loi dans certains pays. Le Lucane cerf-volant existe dans une grande partie de l'Europe, en Asie Mineure et au Moyen-Orient.

Coléoptères

1 Chevrette bleue
Platycerus caraboides L.
Lucanidae

On l'appelle parfois *P. cribratus.* Elle mesure 9 à 13 mm de long et son corps aplati est vert métallique, bleu verdâtre, bleu ou violet bleuâtre. La teinte du pronotum peut différer de celle des élytres. Cette espèce ressemble beaucoup à *P. caprea* (longueur : 13 à 16 mm) avec laquelle on la confond souvent. Si on ne dispose que d'un seul spécimen l'identification exacte sera difficile. Les caractères les plus sûrs sont les organes copulateurs du mâle et la forme des mandibules dont le bord externe est incurvé chez *P. caraboides* mais qui forment un angle obtus près de la base chez *P. caprea.* La Chevrette bleue vit dans les hêtraies de plaine et des collines jusqu'à 750 m tandis que *P. caprea* habite la montagne. Elle vole en mai, quand le soleil brille, se pose sur les jeunes feuilles des hêtres et aux endroits où la sève coule du tronc ou des branches. La larve se développe dans le bois pourri (bouleau, tremble, chêne et d'autres arbres à feuilles caduques). Comme chez les autres *Lucanidae,* son développement est très lent et dure trois ou quatre ans. Cette espèce vit en Europe occidentale et centrale et dans la partie septentrionale de l'Europe méridionale ; elle vit aussi dans les Balkans.

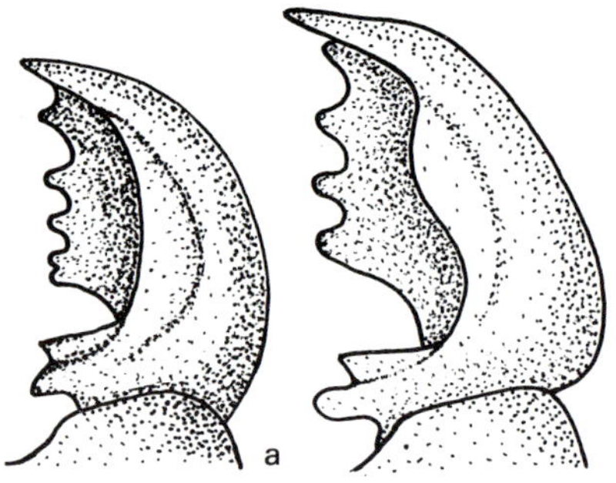

Mandibule droite du mâle de *Platycerus caraboides* (a) et *P. caprea* (b).

2 *Sinodendron cylindricum* L.
Lucanidae

Très caractéristique, ce Coléoptère ne peut guère être confondu avec un autre. Son corps est d'un

blessés d'où s'échappe la sève, mais ne se posent pas sur les fleurs. Les larves se développent dans les souches, les troncs pourrissants d'arbres couchés à terre (surtout chênes et hêtres mais aussi tilleuls, érables, frênes, bouleaux et fruitiers). Elles s'enfoncent dans le bois et remplissent leurs galeries avec la sciure et leurs excréments. Au bout de deux ans, elles se nymphosent dans une logette ménagée dans le bois. L'imago éclôt à l'automne de la même année mais reste dans l'arbre tout l'hiver et ne quitte son abri qu'à l'été suivant, par une ouverture circulaire. Les métamorphoses durent donc trois ans au total et parfois même quatre. En raison de l'altération de son habitat et de la longueur de sa croissance, ce Coléoptère se raréfie de plus en plus. Distribution : une grande partie de l'Europe et Sibérie occidentale.

noir brillant, cylindrique et mesure 12 à 16 mm de long. Les deux sexes diffèrent par certains détails de la tête et du pronotum. Le front du mâle est muni d'une corne incurvée et pourvue de soies à l'extrémité. La première moitié du pronotum présente une grande dépression ; le long de son bord postérieur se trouve une arête généralement surmontée par cinq protubérances. La femelle n'a qu'une petite bosse sur la tête et une faible dépression sur le pronotum. Ces détails sont visibles avec une loupe de faible grossissement ou même à l'oeil nu. Ce Lucanidé fréquente les bois de feuillus des plaines, collines et montagnes (dans les Alpes suisses jusqu'à 2 600 m). En juin et juillet, les imagos se trouvent sur les branches cassées des hêtres et des chênes ainsi que derrière l'écorce des souches et des arbres abattus. Ils viennent aussi sur les arbres

Famille des *Geotrupidae* — Géotrupes, bousiers

Ils sont parfois considérés comme une sous-famille des *Scarabaeidae.* Ce sont des insectes de taille variable dont les antennes à onze articles se terminent en éventail tripartite *(flagellum).* Ils vivent dans les champs, les steppes, les forêts et sont diurnes et nocturnes. Ils volent maladroitement. Chez eux, les soins parentaux sont remarquables. Les imagos creusent des galeries dans lesquelles ils stockent des réserves de nourriture pour eux-mêmes et pour les larves. On en compte une quarantaine d'espèces en Europe occidentale.

1 *Geotrupes stercorosus* Scr.

Geotrupidae ■

Il ressemble à *G. stercorarius,* mais a seulement deux arêtes transversales sur les tibias postérieurs (*G. stercorarius* en a trois). C'est une espèce très commune en forêt (autrefois, on la décrivait sous le nom de *G. silvaticus*), et ce jusqu'à 2 000 m dans les Alpes. Elle vit au bord des chemins, dans les clairières et les peuplements forestiers. On peut voir les imagos du début du printemps jusqu'à la fin de l'automne. Les premiers sujets de l'année ont passé l'hiver et seront les fondateurs de la nouvelle génération ; ceux qui apparaissent en été hiberneront. Leur nourriture se compose d'excréments, de charognes et de vieux champignons, mais ils lèchent aussi la sève sur les arbres et les souches récentes. Ils font des provisions de nourriture qu'ils utilisent pendant plusieurs jours. Au-dessous d'un amas d'excréments ou juste à côté, ils forent dans la terre une galerie de 7 à 8 cm de profondeur et y transportent de la matière stercorale mais laissent l'orifice ouvert. Le nid destiné à la progéniture est souterrain et comprend une galerie principale d'environ 50 cm de long où débouchent 3 ou 4 galeries latérales (larvaires) ; au fond de chacune, les adultes disposent des fragments d'excréments, de vieilles aiguilles de conifères, des morceaux de bois ou de papier hygiénique souillé. Un oeuf est déposé sur chacun de ces amas ; la larve qui en sort à l'automne se nourrit de ces provisions. Après avoir hiberné, elle mangera de nouveau et se nymphosera au printemps. L'imago sort au début de l'été, mais n'atteint la maturité sexuelle qu'après avoir hiberné. Il quitte le nid par la galerie principale.

Cette espèce habite une grande partie de l'Europe (sauf la région méditerranéenne), la Sibérie occidentale et le Caucase. On l'a introduite en Amérique du Nord.

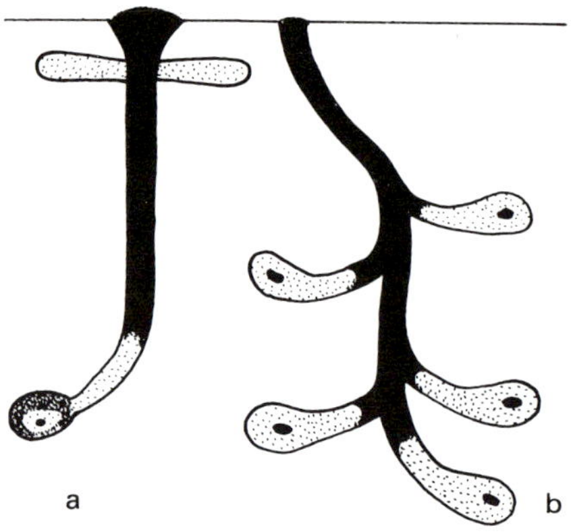

Coupe des nids de *Geotrupes vernalis* (a) et *G. stercorosus* (b).

2 *Geotrupes vernalis* L.
Geotrupidae

Ce géotrupe, qui mesure 12 à 20 mm de long, a le dessus du corps lisse, d'une couleur métallique luisante bleue, verte, vert bleuâtre, violette ou noire. Diurne, il vit dans les bois mais ne saurait être considéré vraiment comme une espèce forestière car on le trouve aussi, localement, dans les lieux secs à caractère steppique. On le rencontre surtout en plaine et sur les collines. Il se nourrit principalement dans les bouses de vache et le crottin de cheval, dont il remplit des galeries souterraines qu'il obture. La structure du nid diffère de celle observée chez d'autres espèces. Le mâle et la femelle le préparent en automne sous un tas d'excréments. Ils commencent par creuser un trou en entonnoir profond de 4 cm ; les galeries qui partent du fond et atteignent 20 cm sont remplies d'excrément. Dans la galerie larvaire qui part verticalement du fond se trouve un amas de nourriture. Un oeuf est pondu dessus et le tunnel est fermé avec de la nourriture. La larve passe l'hiver dans ces réserves d'aliments et l'imago sort l'année suivante. Ce géotrupe habite l'Europe, l'Asie Mineure et le Moyen-Orient (Iran).

Famille des *Scarabaeidae* — Hannetons, scarabées

Cette famille renferme quelques-uns des plus grands et des plus puissants Coléoptères du monde, tels les membres du genre *Goliathus* et le Dynaste *(Dynastes hercules).* Le dimorphisme sexuel est fréquent. Les mâles portent des excroissances variées ou des crêtes sur la tête et le pronotum. Les *Scarabaeidae* ont des antennes 8–10 articles et une massue terminale formée de lamelles mobiles, parfois plus grandes chez les mâles que chez les femelles. Leur habitat est très varié. Certains sont diurnes, d'autres nocturnes. Ils mangent des tissus végétaux, du pollen, des sucs, des excréments ou des cadavres. Les soins parentaux sont fréquents. On compte environ 500 espèces en Europe occidentale et quelque 240 espèces en France.

1 *Aphodius prodromus* BRAHM
Scarabaeidae

Pour voir les différences entre mâle et femelle de cette petite espèce (longueur : 4 à 7 mm), il est nécessaire d'utiliser une loupe à fort grossissement. Le pronotum du mâle est plus large que celui de la femelle et, en outre, l'épine terminale de la face interne du tibia de la première paire de pattes est incurvée chez le mâle, mais rectiligne chez la femelle. Comme chez d'autres espèces voisines, l'imago, de couleur jaunâtre à brun jaunâtre, se présente sous deux formes colorées, la plus connue ayant les élytres foncés. Cette espèce est non seulement l'un des petits *Scarabaeidae* les plus communs mais aussi l'un des Coléoptères d'Europe les plus répandus. Elle vit en plaine et sur les montagnes basses (dans les Alpes suisses elle dépasse 1 300 m) et se montre du début du printemps à la fin de l'automne. En avril et en mai, les imagos volent en nombre au-dessus des chemins, champs et prairies. Les lumières les attirent. Ils recherchent les bouses de vache, les crottes de mouton, le crottin de cheval mais aussi les excréments humains et les plantes pourrissantes, car c'est dans ces substances que se développent leurs larves. Distribution : régions paléarctique et néarctique.

1

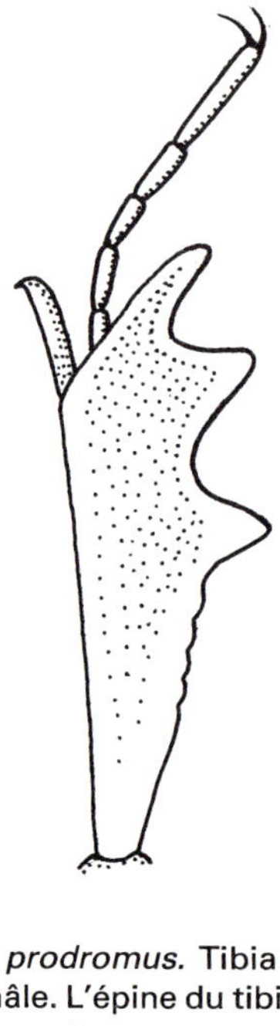

Aphodius prodromus. Tibia antérieur et tarse du mâle. L'épine du tibia est recourbée au sommet.

2 *Aphodius fimetarius* L.
Scarabaeidae

Cette espèce (longueur : 5 à 8 mm) ressemble à *A. foetens,* mais au lieu d'être jaune orange, ses segments abdominaux sont noirs ou noir brunâtre. Elle vit en plaine et en montagne, sur les chemins, dans les pâturages, les prairies et les jardins. Dès le début du printemps, les imagos viennent sur divers excréments mais on les voit surtout près des bouses de vache où plusieurs peuvent se côtoyer. Ils vivent aussi dans le compost et sur les cadavres. La femelle pond au total de 20 à 25 oeufs dans des excréments. Elle ne fait pas de nid mais choisit une matière stercorale assez ancienne dont la surface est déjà durcie. Les larves vivent dedans mais se nymphosent au-dessous, dans la terre. Tous les stades de cette espèce peuvent hiberner, c'est-à-dire l'oeuf, la larve, la nymphe et l'imago. *A. fimetarius* vit dans toute la région paléarctique et, en Europe, s'avance loin vers le nord. Il a été introduit en Amérique du Nord. Chez cette espèce, la coloration du bouclier et des élytres est très variée. La plupart des individus ont la tête et le pronotum noirs et les élytres rouges à rouge noir. Aux coins antérieurs du pronotum se trouve en général une tache rouge qui chez certaines espèces peut être absente. Le pronotum et les élytres sont parfois rouge-brun. Il existe des Coléoptères qui portent sur le dernier quart de la longueur des élytres une tache sombre. La tête, le pronotum et les élytres sont parfois noirs avec deux taches rouges aux coins antérieurs du bouclier. La face inférieure de l'abdomen est le plus souvent noire, le dernier segment pouvant être rouge et les autres noirs ; l'abdomen peut également être tout jaune. La variabilité de l'espèce affecte le pointillé du pronotum et des élytres.

Coléoptères

1 Hanneton de la Saint-Jean
Amphimallon solstitialis L.
Scarabaeidae

L'imago mesure 14 à 18 mm de long. Chez le mâle, la massue antennaire a presque la même longueur que le reste de l'antenne et chez la femelle elle est plus courte. Ce petit hanneton vit surtout en plaine et sur les plateaux mais s'aventure parfois en basse montagne (en Slovaquie il s'élève jusqu'à 1 200 m). On le voit en juin et en juillet quand il vole autour des arbres dans les jardins, les avenues, sur les lisières des bois, etc., ainsi que dans les parcs urbains. Il se nourrit de feuilles. A la fin de juillet, la femelle fécondée s'enfonce dans la terre et pond environ 35 oeufs. La larve vit dans le sol, devient de plus en plus dodue en grandissant, tout comme celle des espèces voisines. Elle ronge les racines de diverses graminées et d'autres plantes, passe deux hivers et atteint finalement 50 mm de long, après quoi elle se nymphose toujours sous la surface. L'imago sort à l'air libre au printemps suivant. Jadis ce hanneton passait pour être nuisible mais aujourd'hui son importance économique est à peu près nulle. Il existe dans une grande partie de la région paléarctique.

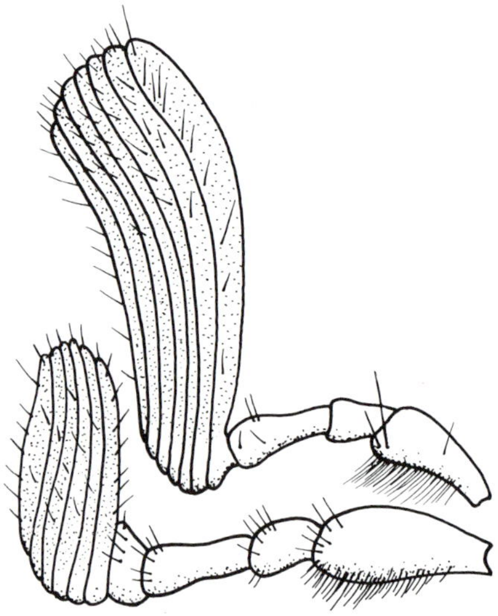

Hanneton : antennes du mâle (en haut) et de la femelle (en bas).

2 Hanneton commun
Melolontha melolontha L.
Scarabaeidae

L'imago mesure 20 à 30 mm de long. Le mâle diffère nettement de la femelle par ses massues antennaires formées de 7 longues lamelles (chez la femelle, il y en a 6 seulement et elles sont courtes). Le Hanneton vit en plaine et à faible altitude : il est rare en montagne et n'atteint pas 1 000 m sauf sur les pentes ensoleillées. On le trouve dans les bois, les champs et les vergers. Dans la deuxième quinzaine d'avril et en mai, les imagos volent dans la soirée. Ces insectes ont passé l'hiver dans les champs après avoir éclos à l'automne précédent. Leur premier vol les conduit des champs vers les bois

2

où ils mangent les feuilles des chênes, hêtres, bouleaux, sorbiers, peupliers, noyers, marronniers et mélèzes. Jadis, à l'issue de cet essaimage, de nombreux arbres étaient complètement dépourvus de leurs feuilles. Quelques jours plus tard, les femelles reviennent dans les champs pour déposer la première ponte. Elles s'enfoncent à 20 ou 30 cm dans la terre, déposent 25 à 35 oeufs et regagnent les bois pour manger. Souvent elles achèvent leur repas dans un verger. La seconde ponte se compose d'une vingtaine d'oeufs seulement et la troisième, après une nouvelle prise de nourriture, est encore plus faible.

Les larves ou « vers blancs » vivent sous terre et mangent des racines. Jadis elles causaient d'importants dégâts quand elles rongeaient les plantes cultivées. Elles hibernent deux fois et, avant l'hiver, descendent dans le sol à une profondeur de 30 à 40 cm. Elles se nymphosent en été et l'imago qui éclôt à la fin de cette saison reste encore dans la terre pour hiberner. Le développement de cette espèce dure normalement trois ans et parfois quatre. Le Hanneton commun était il y a encore quelques décennies un insecte nuisible aux cultures mais l'emploi généralisé des insecticides l'a fait disparaître de certaines régions. D'une façon générale il est maintenant rare presque partout. C'est une espèce européenne qui manque seulement dans le nord et le sud. Deux autres, semblables mais plus rares, le Hanneton des bois *(M. hippocastani)* et *M. pectoralis,* vivent aussi en Europe.

Coléoptères

1 Hanneton des jardins
Phyllopertha horticola L.
Scarabaeidae ▲

L'un des plus petits membres de la famille (il mesure 8,5 à 11 mm). Les sujets typiques ont la tête, le pronotum, le scutellum, les pattes et la face ventrale d'un noir verdâtre à reflets métalliques et les élytres brun clair avec le bord foncé. On connaît plusieurs variantes, la plus commune ayant les élytres brun foncé. Ce hanneton vit dans les jardins, au bord des bois, dans les prairies et les parcs, où on le voit en mai et en juin (en juillet en altitude). A l'époque des foins, il se montre autour des tas d'herbe séchée. C'est un herbivore qui ronge les pétales d'églantier, les fleurs des arbres fruitiers et celles de certains arbres forestiers. Les larves mangent les petites racines de diverses plantes. La femelle pond juste au-dessous de la surface du sol et c'est là que les larves grandissent et se nymphosent. Le développement exige une ou plusieurs années. Cette espèce est répandue dans les régions tempérées de l'Eurasie. Elle manque dans le nord et le sud de l'Europe.

2 Rhinocéros
Oryctes nasicornis L.
Scarabaeidae

Trapu, assez lent, ce Coléoptère mesure de 25 à 40 mm de long. Comme d'autres *Scarabaeidae,* il présente un dimorphisme sexuel très prononcé. La tête du mâle porte une corne incurvée en arrière et des protubérances ornent le pronotum ; à la place de la corne, la femelle a seulement un tubercule pointu. Le Rhinocéros habitait jadis dans les vieilles chênaies. Au XIXe siècle, on commença à le voir dans les tanneries où l'on utilisait des écorces de chêne et plus tard on le vit aussi dans les composts. On peut le rencontrer fréquemment dans les scieries, les tas de déchets en train de se décomposer. Il s'est donc peu à peu rapproché de l'homme. On pense que les imagos vivent 4 ou 5 semaines. Plusieurs fois nous en avons élevé en captivité et avons constaté que leur longévité variait de 7 à 9 semaines. Les imagos sont nocturnes et, dans la journée, restent cachés. Ils volent la nuit et peuvent être attirés par les lumières. Quand on les expose au jour en retournant du

1

2

compost, ils essayent de se réfugier dans l'obscurité aussi vite qu'ils le peuvent. Les descriptions de la biologie de cette espèce ne concordent pas mais des sujets gardés en captivité appréciaient les liquides sucrés et se tenaient de longs moments sur une éponge de mousse synthétique qui en était imbibée. Le développement dure deux ou trois ans. La femelle pond quelques dizaines d'oeufs dans un morceau de bois pourri, un tas d'écorce, de sciure pourrissante ou dans un compost. La larve est phytophage. A la fin de sa croissance, elle atteint 120 mm de long et la grosseur du petit doigt. Elle s'enveloppe dans un gros cocon dont elle lisse les parois internes et s'y nymphose. L'imago reste quelques semaines dans cet abri avant de sortir. Les sujets éclos en automne y demeurent plusieurs mois.

Le Rhinocéros existe dans une grande partie de l'Europe, en Asie Mineure et au Moyen-Orient, en Sibérie occidentale, en Afrique du Nord et occidentale. On en connaît un certain nombre de sous-espèces.

Coléoptères

1 *Oxythyrea funesta* Poda
Scarabaeidae

Espèce assez remarquable mais que l'on peut confondre avec *Epicometis hirta* qui lui ressemble et a presque la même longueur. Tous deux mesurent en effet de 8 à 12 mm de long et leur coloration est semblable. Le meilleur critère de distinction se trouve dans le nombre d'épines présentes sur les tibias de la première paire de pattes : il y en a 2 chez *O. funesta* et 3 chez *E. hirta.* Les jeunes exemplaires sont revêtus de longs poils mais avec le temps, ceux-ci s'usent de sorte que les sujets âgés sont presque glabres. L'espèce vit dans les lieux chauds, les prairies, et sur les lisières des forêts. Elle se chauffe au soleil, posée sur les fleurs de plantes variées (surtout des Composées, des Ombellifères et sur celles de plusieurs arbres). La femelle pond dans la terre où les larves se développent, rongeant les racines des plantes. Quand elles mesurent environ 30 mm, elles se nymphosent aussi sous la surface. Cet insecte vit en Europe occidentale, centrale, méridionale, jusqu'au Caucase et en Afrique du Nord.

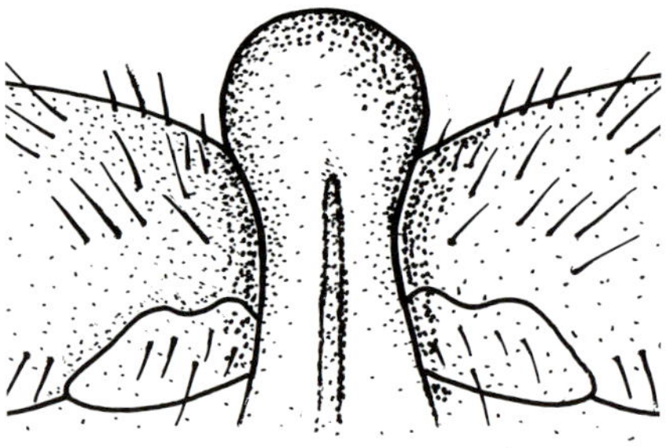

Processus du mésothorax (genre *Cetonia*).

2 Cétoine dorée
Cetonia aurata L.
Scarabaeidae

La coloration de la Cétoine dorée (longueur : 14 à 20 mm) est très variable. Normalement, le dos est vert doré, le dessous rouge doré et il existe quelques menues taches sur les élytres mais certains sujets ont le dos jaune doré alors que d'autres sont verts dessous ; ou bien, les élytres sont verts et la tête rouge violacé ainsi que le pronotum et le scutellum. Les dimensions et le nombre des taches des élytres sont également variables. Ce Coléoptère ressemble aux membres du genre *Potosia* mais en diffère par l'étrange excroissance située entre les hanches de la première paire de pattes, qui a l'extrémité arrondie chez *Ceto-*

2

nia et large et aplatie antérieurement chez *Potosia.*

La Cétoine dorée vole en tenant les élytres fermés ; on peut la voir du milieu de mai jusqu'en plein été. Elle visite les fleurs des arbres et arbrisseaux et des plantes herbacées. On la trouve ainsi sur les rosiers, les sureaux, les sorbiers, les Composées, les Ombellifères, etc., dont elle absorbe le nectar. Elle est également attirée par la sève qui s'échappe des arbres blessés ou des souches récentes et s'y retrouve en compagnie d'autres Coléoptères et représentants d'ordres différents. Les oeufs sont pondus dans le bois pourrissant des vieilles souches (surtout du hêtre mais aussi d'autres essences feuillues, par exemple les chênes). Les larves peuvent aussi se développer dans le compost. La Cétoine dorée évite les fourmilières qui sont fréquentées par *Potosia cuprea.* Les larves vivent dans le bois en décomposition ou dans la terre, sont phytophages et muent deux fois. Leur corps est épais et incurvé. Quand elles atteignent 40 à 50 mm de long, elles s'entourent d'un cocon fait de débris de bois et de particules de terre, sable, qu'elles prennent avec leurs pièces buccales. Elles les collent avec une substance sécrétée par l'extrémité de leur corps et qui leur sert aussi à enduire la face interne du cocon. En se contorsionnant, elles lissent les parois et c'est dans cette loge qu'elles se transforment en nymphes. La Cétoine dorée existe dans une grande partie de l'Eurasie ; en Europe, elle manque seulement dans le Grand Nord.

Processus du mésothorax (genre *Potosia*).

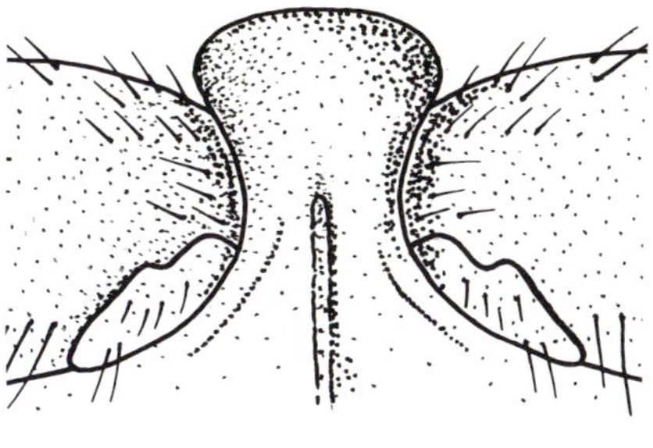

Coléoptères

1 Verdet

Gnorimus nobilis L.
Scarabaeidae

Espèce remarquable par sa belle couleur verte. Le corps tout entier est revêtu de petites taches blanches, formées par une substance sécrétée par la plupart des individus mais pas tous. On connaît différentes variétés de couleurs ; chez la plus surprenante, le pronotum et les élytres n'ont pas la même coloration. La face inférieure du corps varie également du vert au cuivré, au cuivré doré ou au violet foncé, etc. L'imago mesure 15 à 19 mm de long. Cette espèce habite dans les plaines et dans les régions montagneuses. Elle fréquente les forêts de feuillus, notamment les hêtraies où elle est localement abondante. Les imagos sont visibles du mois de mai jusqu'en août et, par les journées ensoleillées, ils volent sur les lisières, au-dessus des clairières et des chemins forestiers, visitant des fleurs, des buissons. Ils sont manifestement attirés par le blanc et les autres couleurs claires. On les trouve souvent sur les Ombellifères, le sureau, la spirée, le cornouiller, l'églantier, etc. La femelle pond dans le bois pourri du

tronc ou des racines de vieux arbres, surtout des hêtres mais aussi des saules, arbres fruitiers et du robinier. Les larves se développent dans le terreau et atteignent environ 50 mm de long. Le Verdet est répandu dans une grande partie de l'Europe (sauf le nord) et existe aussi en Asie Mineure.

2 Trichie
Trichius fasciatus L.
Scarabaeidae

Trois espèces très semblables vivent en Europe. Celle-ci mesure 9 à 12 mm de long. Avant de distinguer les espèces, il convient de déterminer le sexe du spécimen car les caractères sexuels sont spécifiques. Cet insecte a une coloration très variable et on en connaît un grand nombre de formes ; cette variabilité affecte les surfaces occupées par les teintes foncées et claires. Toutefois, en principe, chaque élytre porte toujours trois bandes ou taches transversales noires. La Trichie vit en plaine et en basse montagne dans les forêts d'arbres à feuilles caduques, les prairies. Dans le sud elle s'élève assez haut en montagne. Les imagos aiment les lieux ensoleillés. Ils survolent les clairières et les lisières en juin et juillet et se posent sur les fleurs des plantes herbacées et des arbrisseaux : Ombellifères, marguerites, spirées, aubépine, ronces, troène, églantiers, etc.

Les oeufs sont généralement pondus dans les hêtres, bouleaux et aulnes pourrissants. Les larves vivent au-dessous de la surface du bois dans lequel elles forent des galeries qu'elles remplissent avec la sciure. Elles se nymphosent dans le bois, à l'intérieur d'un cocon formé de débris ligneux et de leurs excréments. Leur développement dure deux ans. Cette espèce a une aire de répartition très vaste puisqu'elle s'étend de l'Europe occidentale à travers la Sibérie jusqu'au Japon.

Famille des *Buprestidae* — Buprestes, « richards »

Les dimensions des buprestes sont très variées, certains mesurant seulement quelques millimètres et les plus grands atteignant 70 mm dans les régions tropicales. La plupart ont un corps élancé, une petite tête et de courtes antennes. Le pronotum est étroitement relié aux élytres. La famille est surtout largement représentée dans les régions tropicales et subtropicales où vivent les plus grandes et les plus belles espèces. Les buprestes ont en effet des couleurs métalliques vives, vert, bleu, doré, cuivré, et beaucoup sont bigarrés. Plus de 400 espèces vivent en Europe (153 en France) et beaucoup sont remarquables par leur beauté. Leur nombre diminue à mesure que l'on va vers le nord. Aimant la chaleur, les buprestes volent quand le soleil brille. Leurs larves dépourvues de pattes sont allongées avec un prothorax souvent très élargi ; elles se développent le plus souvent dans le bois ou dans la tige des plantes herbacées, mais parfois aussi dans les feuilles où elles creusent de petites galeries.

1♂

1 *Anthaxia nitidula* L.
Buprestidae

L'une des plus petites espèces puisque l'imago mesure seulement 4,5 à 7,5 mm de long. En général, le mâle diffère de la femelle par sa coloration mais très souvent les deux sexes ont la même teinte. En général cependant, les élytres du mâle sont jaune verdâtre à vert bleuâtre, la tête et le pronotum étant parfois verts, parfois jaune doré ou rougeâtre. La femelle est beaucoup plus remarquable ; certes ses élytres sont également verts ou vert bleuâtre mais la tête et le pronotum sont d'un rouge cuivré brillant. Plus on va vers le sud, plus la coloration de cette espèce devient vive. Les imagos fréquentent surtout les régions chaudes des plaines ; en montagne leur présence est limitée aux versants ensoleillés des vallées. On peut les voir entre mai et août sur les fleurs de toutes sortes de plantes et communément sur les églantiers, renoncules, épervières, etc. Les larves se développent sous l'écorce des branches d'arbres fruitiers, d'aubépine et de prunellier. Cette espèce est encore commune. L'aire de répartition couvre une grande partie de l'Europe, sauf la Finlande et la Scandinavie, l'Asie Mineure et l'Afrique du Nord.

2 *Chrysobothris affinis* F.
Buprestidae

Sa taille (10 à 15 mm) en fait l'un des plus grands buprestes européens. La face dorsale est généralement d'un brun métallique mais peut être verdâtre ou bleuâtre. Chacun des élytres porte trois taches assez petites, dorées, vertes ou cuivrées ; le dessous du corps est d'un rouge cuivré. Ce bupreste vit surtout en plaine dans les forêts de feuillus et leurs clairières. Il est rare en montagne et confiné dans les vallées chaudes. On le rencontre principalement en juin et en juillet mais parfois dès le mois de mai ou jusqu'en août. C'est un insecte très agile. Il se pose sur les souches, les tas de bois ou les arbres abattus. Les larves se développent surtout dans le chêne et le hêtre mais également dans d'autres essences à feuilles caduques, y compris les arbres fruitiers. Elles vivent sous l'écorce des troncs et des vieilles branches des arbres mourants ou récemment abattus et se nymphosent entre le bois et l'écorce ou dans celle-ci à condition qu'elle soit assez épaisse. Leur développement exige deux ans. On connaît plusieurs sous-espèces dans l'aire de répartition. Ce bupreste vit dans une grande partie de l'Europe (jusque dans le sud de la Finlande et de la Scandinavie), en Sibérie, Asie Mineure, en Iran et en Afrique du Nord où il est commun.

2

Coléoptères

Famille des *Elateridae* — Taupins

Ces insectes ont le corps allongé et des antennes généralement dentées ou pectinées comprenant onze articles. S'ils se trouvent allongés sur le dos, les imagos ont la faculté de sauter en l'air et de retomber sur leurs pattes grâce à un appendice situé au bord postérieur du prothorax, qui bute sur un sillon du bord antérieur du mésothorax. Quand ce dispositif fonctionne, on entend un bruit sec et l'insecte est projeté à quelques centimètres de haut. Les taupins vivent dans les bois, les champs, les prairies, les landes et les jardins. On peut les voir sur les fleurs, le bois, les graminées ou bien ils se cachent sous des pierres. Leurs larves, longues et minces, appelées « vers fil de fer » ont des téguments coriaces. Elles vivent dans la terre, les vieilles souches ou sous l'écorce des arbres abattus. Certaines sont phytophages et font des dégâts dans les cultures ; d'autres sont carnivores. Environ 160 espèces vivent en Europe centrale et 188 existent en France.

1

1 *Sericus brunneus* L.
Elateridae

Petite espèce mesurant 7,5 à 9,5 mm de long. Mâle et femelle sont de couleur différente : le premier est noir avec les élytres brun roussâtre, la suture de ces derniers étant parfois plus foncée. Il peut aussi être tout noir. La femelle a le pronotum roux avec les côtés rayés de noir et une grande bande médiane noire. Son pronotum est parfois noir avec les coins roux ; enfin, ses élytres sont brun jaunâtre. Cette espèce qui habite les bois, les clairières, les prairies, est commune en terrain sablonneux, dans les pinèdes et les landes. Elle existe en plaine et en montagne jusqu'à 2 500 m (en France). Les imagos volent au début du printemps si le temps est ensoleillé, se posent sur les feuilles et les fleurs des buissons et des arbres. Bien qu'ils recherchent les pins en fleurs, ils viennent aussi sur l'aubépine, le sorbier et les Ombellifères. Les larves phytophages vivent dans la litière de feuilles mortes et se développent en deux ans. Ayant achevé leur croissance, elles mesurent 20 mm de long et 2,2 mm de large. Les imagos éclosent en été mais restent dans le sol jusqu'au printemps suivant, c'est-à-dire la troisième année. Cette espèce euro-sibérienne vit jusque dans le nord de l'Europe et dans une partie de la Grande-Bretagne.

2 *Agriotes ustulatus* SCHALLER
Elateridae ▲

La coloration de ce taupin (longueur : 7 à 10 mm) est variable. En général, il a les élytres jaune à brun roux, l'extrémité postérieure étant foncée, mais on connaît aussi des sujets entièrement jaunes ou de teintes plus ou moins sombres. *A. ustulatus* vit dans l'herbe, souvent au bord des chemins et des champs. Il aime les lieux secs, ensoleillés, de la plaine aux montagnes. On voit les imagos surtout en juillet et en août, parfois jusqu'au début de septembre. Ils se tiennent sur les fleurs de différentes Ombellifères, sur l'achillée mille-feuille, plusieurs chardons et la scabieuse. Les lumières les attirent. Les larves sont communes dans les champs de blé et de betterave à sucre où elles causent parfois des dégâts. Leur développement dure deux à trois ans. *A. ustulatus* existe dans presque toute l'Europe. Au nord, il atteint le sud de la Finlande et dans l'est, le Caucase et la Transcaucasie. On le connaît aussi en Afrique du Nord.

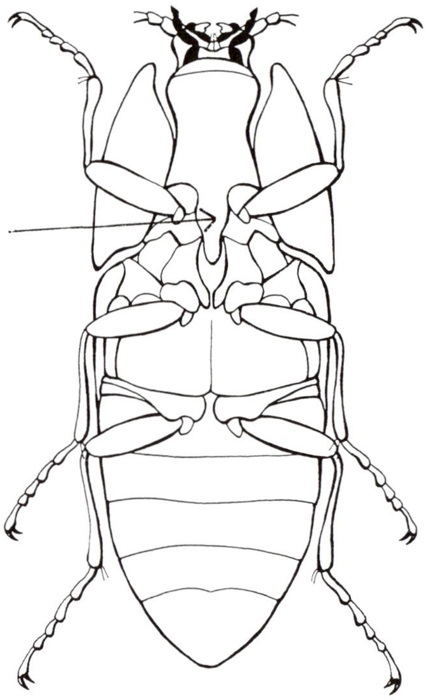

Structure ventrale permettant aux *Elateridae* de sauter.

Coléoptères

1

1 *Adelocera murina* L.
Elateridae

Dans les articles des revues d'entomologie, cette espèce est souvent appelée *Lacon murinus.* Elle mesure de 12 à 17 mm de long. Le corps, brun noirâtre, est revêtu de fines écailles gris blanchâtre et brun roux qui dessinent des taches indistinctes. Les ailes membraneuses sont d'un roux jaunâtre. Les imagos fréquentent les champs, bois, prairies et jardins, en plaine et en montagne jusqu'à la limite supérieure des arbres (aux environs de 2 000 m). C'est l'un des premiers taupins à se montrer au printemps et on le voit du mois d'avril jusqu'en automne. Commun, localement même abondant, il se tient sur les herbes, les fleurs ou les feuilles des buissons et des arbres, court sur les chemins ou se cache sous les pierres. Il vole en fin d'après-midi. En présence d'un ennemi il ne s'enfuit pas mais fait le mort, tout comme les autres taupins ; cependant il réagit aussi en expulsant la sécrétion de glandes abdominales, dont l'odeur n'est pas perceptible par l'homme.

Les oeufs sont pondus en juin ou en juillet, juste au-dessous de la surface de la terre. Les larves vivent dans les terrains sableux riches en humus, dans les bois, les champs, les jardins et aussi dans le compost. Elles se nourrissent de plantes mais aussi d'animaux variés pour que leur développement soit normal. Elles chassent les larves et les nymphes d'autres insectes (par exemple celles des mouches), de vers de terre, etc. Elles atteignent 32 mm de long, soit à peu près le double de la longueur des adultes, mais ont seulement 4 mm de large. Leur croissance dure plusieurs années. A la fin de l'été de la dernière année, elles se nymphosent dans le sol. Les imagos éclosent peu après, mais restent en terre où ils hibernent. En Europe ce taupin est répandu depuis l'Espagne jusqu'au Caucase ; il vit aussi en Sibérie et en Amérique du Nord.

2 *Anostirus purpureus* PODA
Elateridae

Plus connu sous le nom de *Corymbites purpureus* (longueur : 8 à 14 mm), ce taupin doit son nom à sa couleur ; ses élytres sont en effet d'un rouge pourpre, la tête, le pronotum et les élytres étant couverts de poils rouges. On distingue les deux sexes à la structure des antennes : celles du mâle sont longuement pectinées à partir du troisième article tandis que celles de la femelle sont seulement dentées. Ce Coléoptère vit surtout au bord des forêts humides, principalement en montagne (jusqu'à 1 500 m) où il est plus abondant qu'en plaine. Précoce, il vole déjà en avril et se montre encore à la fin de juin (jusqu'en juillet en montagne). Il se tient sur les feuilles de chênes, hêtres, bouleaux, saules et noisetiers, sur les graminées et d'autres plantes herbacées. Il vient parfois aussi sur les fleurs des Ombellifères et des chardons. On le voit généralement isolément.

Les larves ressemblent à celles des autres *Elateridae,* atteignent 20 mm de long et environ 2,5 mm de large. Elles vivent dans les racines des arbres pourrissants, souvent les hêtres. Cette espèce est répandue dans une grande partie de l'Europe, à l'est jusqu'au Caucase. Elle existe aussi en Asie Mineure et dans l'Himalaya.

2

Antennes de la femelle (à gauche) et du mâle (à droite) d'*Anostirus purpureus.*

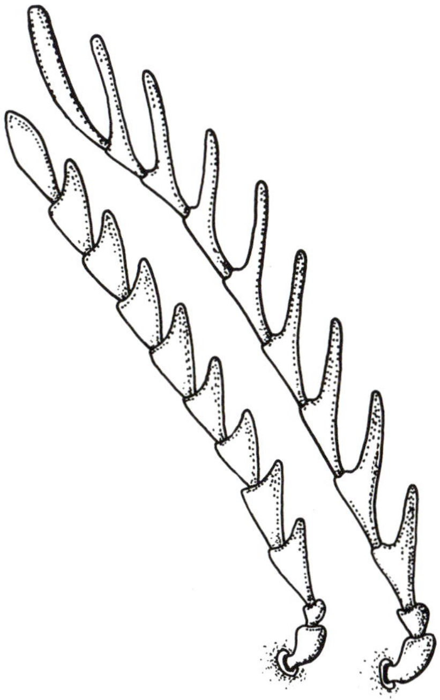

Coléoptères

1 *Selatosomus aeneus* L.
Elateridae

Cet Elatéride a toujours des couleurs métalliques mais elles varient fortement : il est généralement cuivré ou bronzé mais les sujets verts, bleus, bleu violacé et même noirs sont fréquents. La coloration des antennes et des pattes varie elle aussi. Sa longueur (11 à 17 mm) le classe parmi les espèces de taille moyenne. Espèce commune vivant surtout dans les forêts de conifères et de feuillus mais aussi dans les champs et les prairies. En France et dans le sud de l'Europe, elle est présente surtout dans les massifs montagneux, mais plus au nord elle descend sur les collines et en plaine. On la trouve, selon les lieux, du début du printemps à l'automne. Les imagos se tiennent sur les feuilles de plusieurs espèces d'arbres et arbrisseaux (peuplier, sureau, épicéa, etc.) et sur les fleurs de plantes herbacées ou ligneuses (berce, chardons, spirée, etc.). On les voit aussi marcher sur les chemins sablonneux et ils peuvent voler. Ils se cachent sous les écorces ou les pierres. La femelle pond à peu près 300 oeufs dans la terre. Les larves, jaune pâle, se développent dans les sols légers, les prairies, la litière de feuilles mortes des forêts sèches. Elles se tiennent près des racines des plantes et parfois sous des pierres. Leur régime est phytophage, mais elles mangent parfois des larves d'autres Coléoptères. A la fin de leur croissance, elles mesurent 25 mm de long et 3,3 mm de large. Au total, les métamorphoses durent jusqu'à six ans. Les jeunes imagos hibernent. Espèce euro-sibérienne, présente jusque dans le nord de l'Europe et localement sur les îles Britanniques.

2 *Denticollis linearis* L.
Elateridae

Insecte (longueur : 9 à 12,5 mm) caractérisé par ses très grands yeux et sa coloration très variable. La tête peut être entièrement rouge ou partiellement, voire complètement noire, et il en est de même pour le pronotum. Les élytres sont entièrement jaunes, peuvent avoir une tache foncée à l'épaule, une rayure foncée le long de la suture, ou encore le bord sombre. Il arrive aussi que leur couleur dominante soit le brun ou le noir. Les pattes sont complètement jaunes ou bien les fémurs sont foncés. Certaines variantes de couleur existent chez l'un des deux sexes ou les deux.

Espèce typiquement forestière, présente depuis les plaines jusqu'à l'étage subalpin à environ 1 500 m. Les imagos fréquentent les lieux ombragés, en mai, juin et jusqu'en juillet. Ils se posent sur les fleurs (par exemple, les spirées, des Ombellifères, etc.) et sur les feuilles des plantes herbacées poussant sous les arbres. Les lumières artificielles les attirent quelquefois. Les larves se développent sous l'écorce des arbres à feuilles caduques (principalement dans les vieilles souches), tels que saules, chênes, tilleuls, ormes et frênes, etc. Elles sont prédatrices, atteignent 20 mm de long et 3 mm de large. Elle se nymphosent au-dessous de l'écorce ou à l'intérieur. *D. linearis* existe dans presque toute la région paléarctique ; en Europe il atteint l'extrême limite septentrionale du continent. Il vit localement sur les îles Britanniques.

Coléoptères

Famille des *Lampyridae* — Lucioles, lampyres, vers luisants

Les lampyres sont intéressants non seulement parce que mâle et femelle diffèrent profondément mais surtout parce qu'ils sont capables de produire de la lumière. Mâles, femelles et larves ont tous des organes photogènes sur la face inférieure de leurs segments abdominaux. Il y a 10 espèces de *Lampyridae* en France.

1 *Lamprohiza splendidula* L.

Lampyridae

Cette espèce est beaucoup plus connue sous le nom de *Phausis splendidula.* C'est l'un des trois vers luisants présents en Europe centrale. Le mâle, qui mesure 8 à 10 mm de long, ressemble à un Coléoptère typique mais la femelle, de même taille, a plutôt l'aspect d'une longue larve aplatie. Ses élytres rudimentaires, extrêmement courts, évoquent plutôt des écailles et ne dépassent pas la moitié du premier segment abdominal. Les lampyres ou vers luisants sont actifs la nuit. Ils vivent dans les prairies humides, près des ruisseaux, dans les clairières, les parcs, les jardins, en plaine et en montagne, par exemple dans les vallées alpines. Imagos et larves possèdent des organes photogènes qui produisent une lumière vert jaunâtre intense. Les vers luisants peuvent éteindre et rallumer leur lumière à volonté. Le soir, les femelles sortent environ une demi-heure plus tôt que les mâles. Incapables de voler, elles marchent sur le sol, se fixent dans les herbes ou au bord d'un buisson et relèvent l'extrémité de leur abdomen pour mettre en évidence l'organe producteur de lumière situé sur sa face inférieure. Leur lumière attire les mâles qui survolent la végétation à faible hauteur. Dès qu'ils perçoivent un signal lumineux ils se posent. La lumière est produite par une réaction chimique très complexe déclenchée par des substances

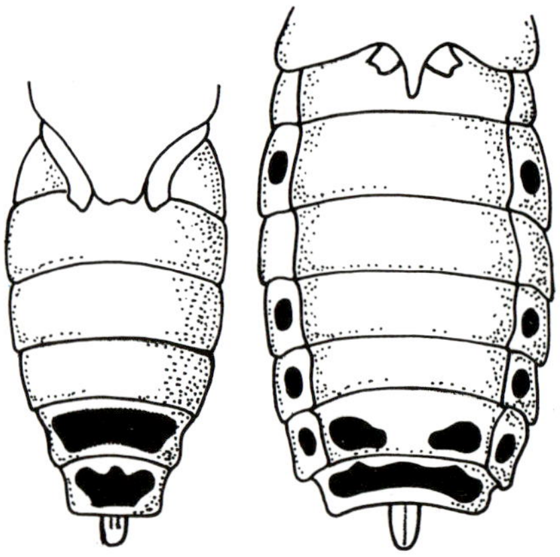

Organes lumineux de la face inférieure de l'abdomen chez le mâle et la femelle du Ver luisant *(Lamprohiza splendidula)*.

2

que l'insecte produit dans des glandes spéciales ; toutefois, de l'oxygène, du magnésium et une certaine énergie sont également nécessaires. Le résultat est la production d'une lumière froide, chose remarquable si on la compare à une lampe électrique où 3 à 4 % seulement de l'énergie sont transformés en lumière, le reste en chaleur. L'homme est capable de produire la luciférine, substance intervenant dans la réaction chez les vers luisants mais il n'a pas encore réussi à obtenir une lumière froide, d'où une perte d'énergie considérable. *L. splendidula* vit dans le centre, le sud et l'ouest de l'Europe. Plus au nord il se raréfie et disparaît. A l'est il atteint le Caucase.

Famille des *Lycidae*

Ces Coléoptères ont un corps allongé, un pronotum et des élytres fortement sculptés. On les trouve surtout en montagne et sur les collines mais aussi en plaine. Sept espèces vivent en France.

2 *Pyropterus nigroruber* DEGEER
Lycidae

Avec quelques espèces européennes voisines ce Coléoptère fait partie d'une famille principalement représentée sous les tropiques. Les espèces tropicales ont des couleurs très vives ; celles d'Europe sont essentiellement noires et rouges. *P. nigroruber* (longueur : 8 mm environ) habite les lieux humides dans les forêts de conifères en plaine et en basse montagne où on le voit surtout en juillet et en août. Localement il est assez fréquent sur la végétation des lisières, des clairières, du bord des cours d'eau et sur les plantes herbacées le long des chemins forestiers. Il se tient très souvent sur les feuilles de séneçon et se pose aussi sur les vieilles souches. Les larves vivent dans le bois pourri et sont mycétophages. Leur développement exige plusieurs années. Cette espèce est présente dans presque toute l'Europe à l'exception du nord ; elle vit aussi dans les régions tempérées de l'Asie.

Coléoptères

Famille des *Cantharidae* — Cantharides, téléphores

Il s'agit de la principale famille d'un ensemble de Coléoptères connus sous le nom de Malacodermes *(Malacodermata),* qui réunit des espèces généralement assez allongées, faiblement chitinisées, mesurant de 3 à 17 mm de long et dont les élytres mous sont parfois courts. La plupart des espèces européennes sont de taille moyenne, bigarrées, les teintes sombres dominant toutefois. La coloration est souvent si caractéristique qu'elle peut être utilisée comme critère sûr pour l'identification. Les antennes filiformes ont onze articles et sont très longues (davantage chez les mâles que chez les femelles) mais ne dépassent pas la longueur du corps. Les tarses ont cinq articles. Les *Cantharidae* se montrent du printemps à l'été sur les fleurs des plantes herbacées et sur celles des arbrisseaux et arbres. Leurs mandibules aiguës dénotent des moeurs prédatrices et en effet ils se nourrissent de petits insectes et de leurs larves mais mangent souvent aussi du pollen. Les larves mènent une existence souterraine et capturent des invertébrés. On peut les trouver en automne et en hiver. A cette dernière saison, elles sont généralement noires, d'aspect velouté, et celles de certaines espèces sortent à l'air libre, marchent sur les chemins des parcs et des champs, même s'il y a de la neige. En France vivent 124 espèces de *Cantharidae.*

1 *Cantharis rustica* Fall.
Cantharidae ■

L'imago, qui mesure 11 à 15 mm, a des élytres noirs, le pronotum rouge avec une petite tache centrale noire. Les pattes sont noires à l'exception de la plus grande partie des fémurs qui est rouge. Plusieurs espèces très proches peuvent être distinguées assez facilement par leur coloration. Ainsi, *C. fusca* a des pattes entièrement noires et la tache noire du pronotum atteint le bord antérieur de ce dernier. Les imagos apparaissent quand l'aubépine commence à fleurir et visitent souvent cette plante en grand nombre. Ils chassent des pucerons et d'autres menus insectes. Ainsi que d'autres espèces apparentées ils fréquentent également diverses plantes herbacées. Leur activité et bénéfique. *C. rustica* existe en Europe occidentale et centrale.

1

2

2 *Rhagonycha fulva* SCOP.
Cantharidae ■

Coléoptère typiquement estival, commun à peu près partout. Il mesure de 7 à 10 mm de long et se distingue par la couleur jaune paille à brun roussâtre de sa tête, de son pronotum et de ses élytres, par la zone foncée située à l'extrémité de ces derniers (elle s'étend parfois et en occupe la moitié postérieure de sorte qu'ils sont clairs à leur base seulement). Les tarses et la majeure partie des antennes sont noirs. *R. fulva* vit surtout dans les lieux ensoleillés à la lisière des bois, dans les jardins et les prairies. Les imagos se posent sur les fleurs des Ombellifères et d'autres plantes herbacées où ils capturent d'autres petits animaux et mangent du pollen. On les trouve souvent rassemblés en grand nombre et on peut les voir s'accoupler sur les inflorescences. La femelle dépose les oeufs juste au-dessous de la surface de la terre. Les minuscules larves d'un brun velouté muent plusieurs fois, passent l'hiver et se nymphosent au printemps suivant. Larves et imagos ont une activité bénéfique de prédateurs. Distribution : la plus grande partie de l'Europe (au nord jusque dans le sud de la Finlande et de la Scandinavie), le Caucase et le Proche-Orient.

Coléoptères

Famille des *Dermestidae* — Dermestes, anthrènes, attagènes

Ces petits insectes mesurent seulement quelques millimètres. Les uns sont foncés mais d'autres ont des poils ou des écailles plus clairs. Certains genres sont caractérisés par l'existence d'un ocelle frontal, ce qui est rare chez les Coléoptères. Les antennes ont un nombre d'articles variable et se terminent en massue. Imagos et larves ont des habitudes variées. Dans la nature on les trouve souvent sur les cadavres desséchés de petits vertébrés, dans les nids d'oiseaux et parfois ceux d'autres insectes. Les imagos de mainte espèce visitent les fleurs et en mangent le pollen. Beaucoup cohabitent avec l'homme ou se tiennent à son voisinage et certains endommagent les textiles, les aliments et les collections des musées. Sur un total de quelques centaines espèces 40 à 50 vivent en Europe centrale et 53 en France.

1 Dermeste du lard
Dermestes lardarius L.
Dermestidae ▲

Il fait partie d'un groupe d'espèces dépourvues d'ocelle frontal. L'imago (longueur : 7 à 9,5 mm) a une coloration très caractéristique. En dehors des maisons il vit surtout dans les carcasses desséchées et les nids d'oiseaux (y compris ceux des pigeons de ferme), on le trouve surtout là où l'on stocke des provisions, donc dans les maisons et les entrepôts. La femelle pond ses oeufs dans les meubles peu utilisés où les larves trouvent les matières dont elles se nourrissent (il s'agit de penderies, vieux coffres, tissus, etc.). Très voraces, elles atteignent 15 mm de long, sont couvertes de poils bruns, rongent les vêtements de laine, les poils des fourrures, les animaux naturalisés, les plumes. Avant de se nymphoser, elles se retirent dans des matières comme le feutre, le liège et même des plastiques (par exemple, les blocs de polystyrène ou de mousse artificielle). La propreté est l'arme la plus efficace contre cet insecte qui est devenu plus rare que jadis. Les meubles où l'on garde des vêtements de laine, des couvertures, des plumes, etc., doivent être régulièrement nettoyés, aérés et examinés de façon à empêcher les dermestes de s'y installer. L'homme a transporté cette espèce dans le monde entier.

2

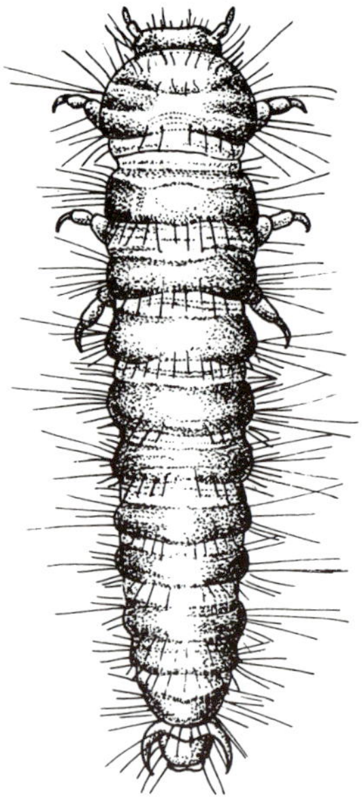

Larve de Dermeste *(Dermestes lardarius).*

2 Anthrène
Anthrenus scrophulariae L.
Dermestidae ▲

Petit Coléoptère vivement coloré. L'imago, qui mesure 3 à 4,5 mm, est recouvert d'écailles noires, blanches et rouges ou jaunes. A la différence du Dermeste du lard, il possède un ocelle frontal. Cet insecte vit dans les maisons et en dehors. Dans le second cas, les imagos apparaissent du milieu de mai jusqu'en juillet et on les voit souvent sur les fleurs blanches (aubépine, sorbier, Ombellifères). Les larves se développent sous les écorces et dans les nids d'oiseaux et de mammifères. Dans les maisons, l'Anthrène se montre dès le mois de janvier et les générations se succèdent sans arrêt car le chauffage central offre aux insectes des conditions de température idéales. Les larves se développent surtout dans les vêtements de laine et les tapis mais attaquent souvent les collections entomologiques non entretenues. Elles sont couvertes de poils parmi lesquels ceux de l'extrémité du corps jouent un rôle quand l'animal se défend ; on peut aussi les utiliser pour identifier l'espèce. Ces larves atteignent 6 mm de long et se nymphosent dans leur dernière dépouille. Comme d'autres *Dermestidae,* cette espèce a été introduite par l'homme dans le monde entier.

Larve d'Anthrène *(Anthrenus scrophulariae).*

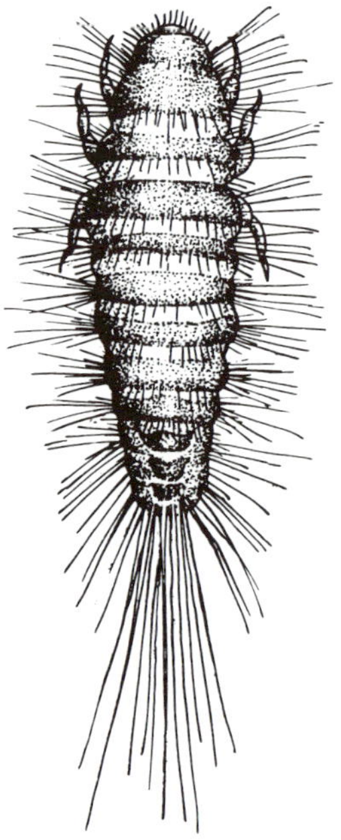

Coléoptères

Famille des *Anobiidae*

Avec les *Dermestidae,* les *Anobiidae* sont de petits Coléoptères qui, avec de nombreux *Ptinidae* (exemple *Niptus hololeucus*), vivent très souvent dans les maisons. L'espèce la plus fréquemment citée dans la littérature entomologique, l'Horloge de la mort *(Anobium pertinax)* est désormais assez rare, en particulier dans les habitations ; en revanche la Vrillette *(Anobium punctatum),* souvent nommée *A. striatum,* est localement très commune. Il existe 101 espèces en France.

1 Vrillette
Anobium punctatum DEG.
Anobiidae ▲

On voit rarement l'imago (longueur : 2,4 à 4 mm) dans la nature ; par contre il est très fréquent dans les maisons, surtout à la campagne. Ici et là l'imago apparaît en avril mais c'est surtout en juin et juillet que la majorité des insectes éclosent. En quittant le bois, ils repoussent devant eux un petit tas de sciure très fine. Les surfaces blanches les attirent et souvent on peut les voir se déplacer sur les plafonds. Les oeufs sont pondus dans les trous de sortie forés par les adultes. Le développement des larves peut durer trois ou quatre ans. Elles endommagent aussi les planchers et, d'une façon générale, les oeuvres d'art anciennes dans les églises, les châteaux, etc. (statues, meubles, lambris en bois d'essences à feuilles caduques ou de conifères). Avec le temps, les objets rongés sont criblés par les trous de sortie des insectes adultes et paraissent « plus anciens » (aux yeux de certaines personnes) ; les nombreuses générations de larves qui se sont succédées à l'intérieur les détériorent considérablement et le bois peut tomber par morceaux si l'infestation est très forte. Les larves sont parasitées par un Hyménoptère Braconide, *Spathius exarator* (voir page 414).

Larve de Vrillette *(Anobium punctatum).*

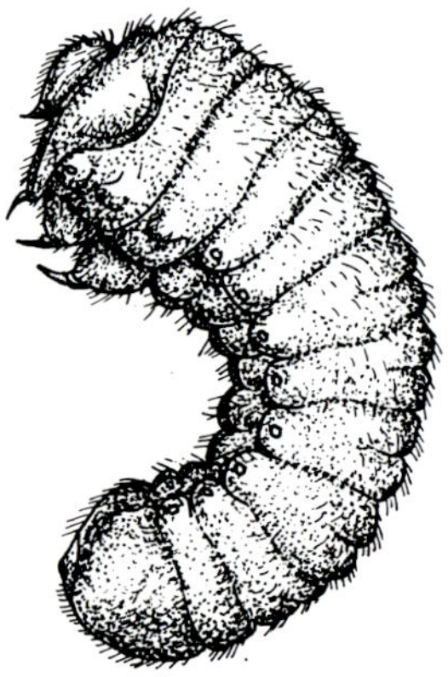

La Vrillette existe dans une grande partie de l'Eurasie (en Europe elle abonde tout particulièrement dans le sud et le centre mais aussi à l'ouest), ainsi qu'en Amérique et en Australie.

Nymphe de Vrillette *(Anobium punctatum).*

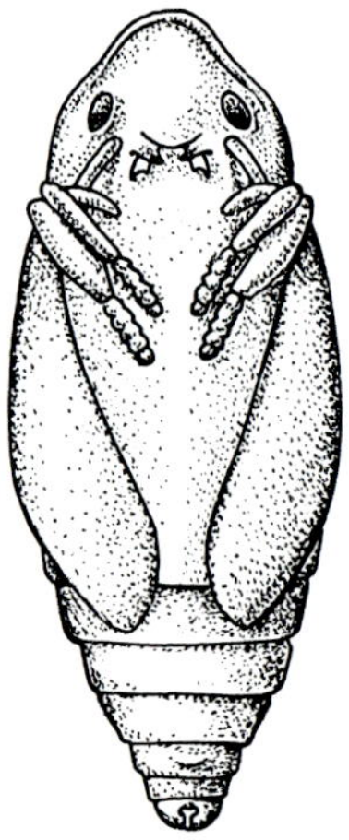

> **Famille des *Bostrychidae* — Bostryches**
>
> Ces Coléoptères ont un corps cylindrique et le pronotum recouvre la tête comme un capuchon. La plupart vivent sous les tropiques où l'on trouve les plus grandes espèces. En France vivent 19 espèces de *Bostrychidae*.

2 Bostryche

Bostrychus capucinus L.
Bostrychidae

Élégant petit Coléoptère qui mesure de 6 à 15 mm et dont la coloration varie. En Europe centrale, on ne trouve que la forme typique chez laquelle les élytres et la face inférieure de l'abdomen sont rouges. En revanche, dans le sud du continent, certains sujets ont l'abdomen noir dessous, les élytres restant rouges. Il y en a d'autres chez lesquels le dessous de l'abdomen est rouge et les élytres noirs, enfin on connaît des spécimens entièrement noirs. Espèce de plaine, qui aime la chaleur, le Bostryche se montre de mai à juillet et parfois même plus tard. Il fréquente les vieux arbres à feuilles caduques où il se développe ; il s'agit d'arbres fruitiers ou de chênes. La femelle pond dans les crevasses de l'écorce des racines desséchées ou de la base du tronc. Les larves pénètrent dans le bois où elles grandissent et se nymphosent juste au-dessous de la surface. Elles sont parfois cannibales. De temps à autre, les imagos apparaissent dans les chantiers des scieries après être sortis du bois. Une génération met un an à se développer. Le Bostryche existe dans une grande partie de la région paléarctique. En Europe, il est plus fréquent dans le sud que dans le nord où il devient rare.

2

Famille des *Cleridae* — Clairons

Malgré leur taille assez réduite (2,5 à 15 mm) ces insectes n'en sont pas moins vivement colorés. Ils ont un corps allongé et des élytres parallèles ou élargis vers leur extrémité. La plupart sont bigarrés, beaucoup sont velus et certains ont des couleurs métalliques. Les antennes dentelées ont onze articles et prennent souvent fin par une massue formée par les trois ou quatre derniers. Les *Cleridae* aiment la chaleur, marchent agilement et volent bien. Ils vivent sur les bois, les plantes en fleurs, les cadavres desséchés. Ce sont le plus souvent des prédateurs mais ils mangent aussi le pollen des fleurs. Les larves sont prédatrices. La majorité des espèces (plus de 4 000) vivent dans les régions tropicales et sont remarquables par leur magnifique coloration. Une bonne vingtaine seulement existent en Europe centrale et il y en a 25 en France.

1 Clairon des fourmis
Thanasimus formicarius L.
Cleridae ■

Par ses dimensions (longueur : 7 à 11 mm) et son aspect général, ce Coléoptère évoquerait une fourmi, c'est du moins ce que suggère son nom scientifique... On en connaît plusieurs variantes qui diffèrent par leur coloration. Chez l'une d'elles le liseré noir normalement situé en avant de la ligne transversale blanche des élytres est absent, et la fait ressembler étroitement à *T. rufipes,* espèce plus petite. *Thanasimus formicarius* vit surtout dans les forêts de conifères, en plaine et en montagne. On voit les imagos sur le tronc des arbres abattus. Ils sont très remuants, craintifs et se laissent tomber à terre si on les dérange. Ce sont de grands prédateurs qui se nourrissent essentiellement de *Scolytidae* (ils en mangent de 3 à 5 par jour). Les larves mangent d'abord des détritus puis deviennent carnivores et se repaissent de tous les stades des scolytes. Leur développement exige 6 semaines et elles se nymphosent dans une logette située à l'intérieur de l'écorce. Leur couleur rosée permet de les reconnaître aisément. Elles passent l'hiver dans l'écorce ou l'aubier et se nymphosent parfois au printemps, parfois à l'automne précédent et dans ce cas, c'est la

1

Sculpture de l'élytre d'*Opilo domesticus* (a) et *Opilo mollis* (*Cleridae* – b).

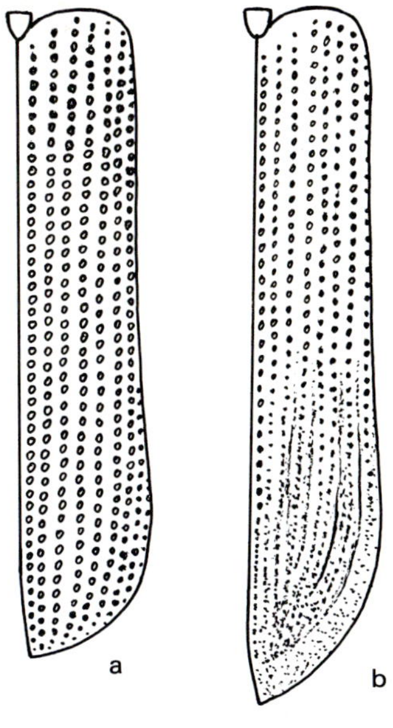

nymphe qui hiberne. Les imagos hibernent eux aussi très souvent. Le Clairon des fourmis joue un rôle important dans le maintien des équilibres biologiques en forêt. A l'époque où les scolytes se reproduisent, ses effectifs augmentent nettement. Espèce répandue dans presque toute la région paléarctique ; en Europe, elle atteint le nord de la Suède. On l'a introduite aux États-Unis.

2 Clairon porte-croix
Opilo mollis L.
Cleridae

Très mince, cet insecte qui mesure 9 à 13 mm de long, ressemble fortement à *O. domesticus* mais chez ce dernier les rangées longitudinales de points présentes sur les élytres en atteignent presque l'extrémité. Le Clairon porte-croix n'est pas abondant et c'est plutôt par hasard qu'on le rencontre. Il habite les forêts de feuillus en plaine et sur les plateaux. Les imagos se déplacent sur le tronc et les grosses branches des chênes et des hêtres. Les larves, prédatrices comme eux, restent cachées sous l'écorce où elles s'emparent des larves d'autres insectes, qui cohabitent avec elles. Cette espèce a été introduite dans le monde entier avec des bois importés, de sorte qu'elle est cosmopolite.

Coléoptères

1 Clairon des abeilles
Trichodes apiarius L.
Cleridae

Les élytres de ce clairon sont ornés de trois larges bandes orangées qui se détachent sur un fond violet bleuté. L'extrémité violet foncé des élytres distingue l'espèce de *Trichodes alvearius,* qui est moins répandu et chez lequel cette partie des ailes est orange. *Trichodes favarius,* autre espèce proche, est très velu et les bandes orange n'atteignent pas la suture des élytres de sorte que les zones violettes sont soudées au centre. *T. apiarius* (longueur : 10–18 mm) vit dans les contrées chaudes, sur les pentes ensoleillées. Il devient rare. On peut le voir en mai et en juin sur les fleurs blanches, jaunes ou violet rougeâtre (le plus souvent sur des Ombellifères et des Composées). Il mange des grains de pollen et de petits insectes. Les larves vivent dans le nid de plusieurs abeilles solitaires, par exemple celles des genres *Osmia* et *Megachile,* ainsi que dans les ruches mal soignées. L'aire de répartition du Clairon des abeilles est très vaste. L'espèce vit en Europe centrale, occidentale et méridionale, sur les îles Britanniques et dans l'est jusqu'au Caucase. Elle existe aussi en Asie Mineure et en Afrique du Nord.

Famille des *Malachiidae*

Ces Coléoptères sont reconnaissables aux vésicules extensibles situées sur les bords antérieurs du pronotum et le long des côtés de l'abdomen ; ils les gonflent quand ils sont inquiétés ; leur couleur, généralement rouge, a probablement valeur d'avertissement pour les ennemis. Chez les mâles du genre *Malachius,* les tout premiers articles des antennes filiformes sont plus épais que les autres et ont une grande importance pour l'identification des espèces. On connaît 57 espèces de *Malachiidae* en France.

2 Malachie à deux points
Malachius bipustulatus L.
Malachiidae

Ce Coléoptère, qui mesure seulement 6 ou 7 mm de long, est l'une des espèces les plus communes de cette petite famille dont les membres ont un corps mou. Chez les mâles, le deuxième article des antennes est aplati et son côté interne est proéminent, le troisième est petit et triangulaire et sur son côté interne le quatrième porte une pointe. En outre de petites glandes sécrètent une substance importante lors de la copulation ; elles s'ouvrent en avant des antennes. Chez les femelles il n'y a pas d'élargissement sur les antennes ; de plus elles diffèrent de celles des espèces voisines par les coins antérieurs rouges de leur pronotum et une tache rouge à l'extrémité des élytres. Cet insecte vit surtout dans les plaines mais dans les régions chaudes il existe aussi en basse montagne. On le rencontre de mai à juillet, très souvent dans les prairies, les lieux herbeux où il se pose sur les graminées et d'autres plantes herbacées en fleurs dont il mange le pollen. Il prend ce dernier avec ses pièces buccales spécialement adaptées, pourvues de soies en forme de cuiller et de cornet. Les oeufs sont pondus dans les crevasses de l'écorce des vieux arbres à feuilles caduques et les larves se développent dans le bois pourri ou derrière l'écorce. Elles sont prédatrices et chassent d'autres petits insectes. Coléoptère répandu dans toute l'Europe, y compris les îles Britanniques et le nord du continent jusqu'à la Laponie, en Sibérie et en Asie Mineure.

Premiers articles des antennes chez *Malachius bipustulatus,* mâle (a) et femelle (b).

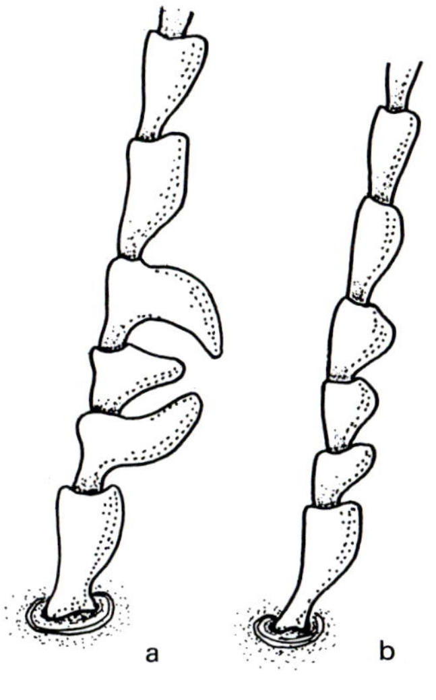

Coléoptères

Famille des *Lymexylonidae*

Les imagos de ces Coléoptères ont un corps étroit et allongé. Leur longévité est très faible. Les larves se développent dans le bois des essences à feuilles caduques. On en connaît deux espèces en France.

1 *Hylecoetus dermestoides* L.
Lymexylonidae

Mesurant 6 à 18 mm de long, cette espèce est caractérisée par sa coloration variable et son dimorphisme sexuel. Les deux sexes ont un corps élancé, des antennes dentelées et le mâle possède des palpes très développés en forme de peigne. *H. dermestoides* vit dans les bois de feuillus et de conifères, en plaine et jusqu'à plus de 1 000 m parfois. Les imagos apparaissent entre le début d'avril et juin mais chacun vit seulement quelques jours, sans manger aucune nourriture. Ils se tiennent sur les arbres, parfois aussi sur les plantes herbacées. Les larves sont polyphages et se développent sur toute espèce de résineux ou de feuillus mais semblent préférer les hêtres, les chênes et les bouleaux. La femelle pond 100 à 120 oeufs au printemps dans des fissures de l'écorce des souches et des arbres renversés ou non, généralement ceux qui sont endommagés. Elle transporte dans ses voies génitales les spores d'un champignon, *Endomyces hylecoeti ;* au moment où elle pond, les oeufs se couvrent de spores qui se fixent sur leur surface collante. Les larves restent parmi les enveloppes des oeufs pendant quelques jours, de sorte que certaines des spores adhèrent à leur corps. Elles possèdent à l'extrémité de l'abdomen une excroissance très pointue. Creusant une galerie dans le bois, elles y transportent les spores. Le tunnel, d'abord étroit, s'élargit ensuite. Les spores germent et le mycélium envahit peu à peu les parois ; les larves s'en nourrissent grâce à leurs mandibules spécialement modifiées, en forme de pelles.

Étant donné que le champignon a besoin d'un milieu propre, la larve enlève la sciure présente dans la galerie et la rejette à l'extérieur, où elle forme un petit tas de poussière claire qui signale la présence de l'insecte. L'automne venu, la larve ferme l'orifice avec de la sciure et hiberne. Le champignon passe l'hiver lui aussi et au printemps recouvre à nouveau les parois de la galerie. Celle-ci mesure environ 25 cm de long et, en général, s'enfonce radialement dans le bois. Avant de se nymphoser, la larve revient à la surface du bois et creuse une chambre qui n'est séparée de l'extérieur que par une très fine paroi. En avril elle se

1

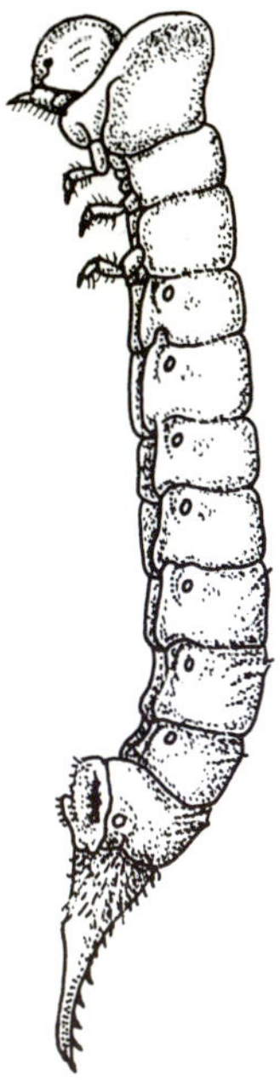

Larve d'*Hylecoetus dermestoides.*

transforme en nymphe et l'imago qui sort peu après n'a aucune peine à perforer cette cloison. L'espèce vit dans une grande partie de la région paléarctique ; en Europe elle atteint le Grand Nord mais est rare dans le sud.

Galeries d'*Hylecoetus dermestoides.*

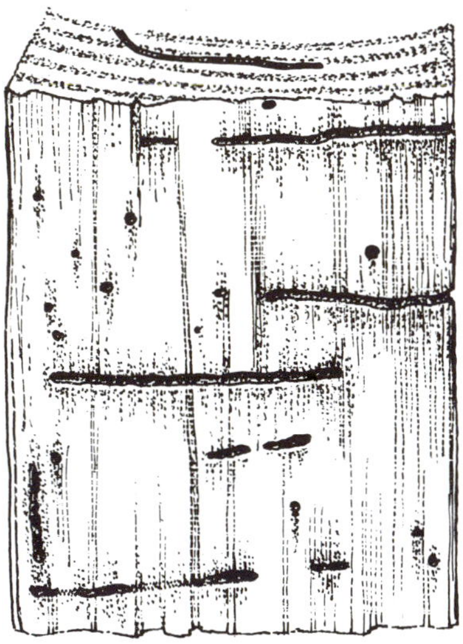

Famille des *Cucujidae*

Groupe de petits Coléoptères (45 espèces en France) vivant fréquemment sur les écorces. Ils se nourrissent d'autres insectes. Quelques-uns ont été transportés dans le monde entier et sont devenus nuisibles dans les entrepôts.

2 *Cucujus cinnaberinus* Scop.

Cucujidae

Cette espèce au corps aplati mesure de 11 à 15 mm de long et ressemble fortement à *C. haematodes,* qui est beaucoup plus rare, entièrement rouge écarlate à l'exception des mandibules dont l'extrémité est noire. *C. cinnaberinus* fréquente les bois de feuillus des montagnes et se tient sous l'écorce des arbres mourants de diverses espèces, parfois même des conifères. Il est rare. Répartition : Europe occidentale et centrale où il est plus commun dans l'est (par exemple, en Slovaquie orientale).

Famille des *Nitidulidae*

Souvent de petite taille ces insectes mesurent généralement 2 ou 3 mm de long. La plupart sont unicolores mais quelques-uns sont tachetés. Ils vivent dans les bois, les prairies, les jardins, les champs, se tenant sur les fleurs, les champignons, les tissus animaux desséchés ou sous les écorces. Leur régime varie selon leurs habitudes ; certains mangent du pollen et du nectar, d'autres la sève des arbres à feuilles caduques, d'autres encore des spores de champignons ou des cadavres secs. Les imagos peuvent striduler et ce sont eux qui hibernent. En France vivent 147 espèces.

1

1 Méligèthe
Meligethes aeneus L.
Nitidulidae ▲

Le Méligèthe (longueur : 1,5 à 2,7 mm) n'a pas toujours la même coloration puisqu'il est tantôt d'un vert métallique, tantôt bleu, violet, bronzé ou noir. On le trouve dans les champs, les prairies, les jardins dès le début du printemps. Il se tient sur les plantes herbacées fleuries, les arbrisseaux, notamment les tussilages, renoncules, pissenlits, prunelliers, fraisiers sauvages, pommiers, poiriers, etc. En général, il y en a plusieurs sur une même fleur ou inflorescence, occupés à manger le pollen. Les plantes-hôtes sur lesquelles se développent les larves sont des Crucifères (rutabaga, navet et surtout colza). Quand ce dernier pousse, les Méligèthes gagnent

1

Larve de méligèthe, *Meligethes aeneus.*

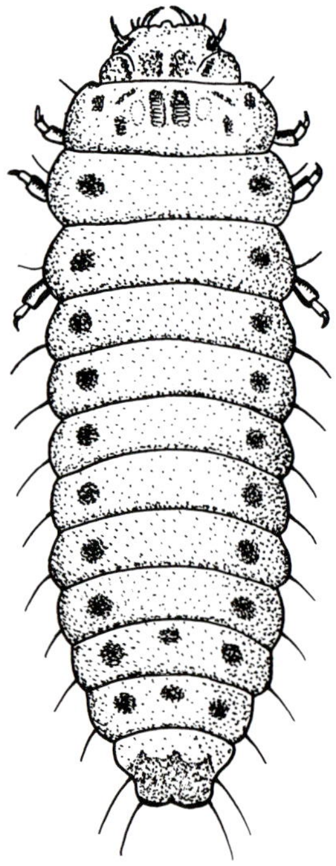

2

2 *Aphidecta obliterata* L.

Coccinellidae ■

Cette espèce n'attire pas les regards et reste donc peu connue. Elle mesure 3,3 à 5 mm de long et est caractérisée par la variabilité de sa coloration. Les mâles ont généralement une tache foncée (mais parfois deux ou trois) sur leurs élytres jaunâtres ou brunâtres, tandis que les femelles sont noires ou bien ont une ou deux taches claires sur les élytres. On connaît d'autres variantes. *A. obliterata* vit surtout dans les forêts d'épicéas et moins souvent dans les pinèdes. Imagos et larves se tiennent généralement sur les branches, cherchant leur nourriture formée de chermès (pucerons) du genre *Adelges*. Les larves passent l'hiver sous l'écorce des épicéas morts, desséchés, ou de ceux qui ont été abattus et que la mousse recouvre. Normalement, elles hibernent en groupe. Cette coccinelle est si appréciée comme destructrice des chermès qu'elle a été importée d'Allemagne en Caroline du Nord (États-Unis) pour lutter contre ces insectes par des moyens biologiques. C'est l'un des plus importants prédateurs de ces insectes ravageurs dont elle limite les populations. *A. obliterata* existe dans une grande partie de l'Europe. Au nord, elle atteint le centre de la Suède ; dans l'est l'aire de répartition va de l'Asie Mineure au Caucase.

Coléoptères

1 Coccinelle à deux points
Adalia bipunctata L.
Coccinellidae ■

Cette petite coccinelle, qui mesure 3,5 à 5,5 mm de long, se présente sous deux formes très différentes par leur coloration : la plus commune a les élytres rouges avec deux taches noires arrondies ; l'autre a les élytres noirs avec sur chacun deux ou trois taches rouges, la plus grande se trouvant sur les épaules. La Coccinelle à deux points n'est pas exigeante en ce qui concerne l'habitat. On la voit sur les arbres à feuilles caduques et les arbrisseaux des bois, parcs et jardins et elle se montre en grand nombre du printemps à l'automne. Elle se nourrit de pucerons, y compris *Myzus cerasi,* espèce dangereuse pour les cerisiers. Le plus souvent il n'y a qu'une seule génération par an mais si le temps est favorable elle peut en avoir davantage. Les imagos hibernent sous l'écorce ou dans la mousse ; à la campagne ils passent souvent l'hiver entre les carreaux des doubles fenêtres mal jointes en compagnie de *Synharmonia conglobata* (voir page 310). La mortalité des hibernantes est moins élevée chez les sujets rouges que chez les noirs. Cette espèce est l'une des plus appréciées pour son rôle bénéfique. La Coccinelle à deux points vit dans toute la région paléarctique (en Europe du Nord, elle atteint la Laponie), ainsi que dans les régions néarctique et éthiopienne.

1

1

2 Coccinelle à sept points
Coccinella septempunctata L.
Coccinellidae ■

On l'appelle aussi Bête à Bon Dieu. C'est indubitablement la coccinelle la mieux connue, la plus populaire et la plus abondante ; enfin sa biologie a été particulièrement bien étudiée. Elle mesure 6 à 8 mm de long et sa coloration varie moins que celle de beaucoup d'autres espèces apparentées. La seule coccinelle qui lui ressemble vraiment, *C. distincta,* a également sept taches sur les élytres mais elle est très rare et se distingue par son corps plus bombé et la bordure blanche de la face inférieure du pronotum. La Coccinelle à sept points vit dans les bois, les champs, les prairies, les jardins et les parcs, en plaine et en montagne. Imagos et larves se nourrissent de pucerons de différentes espèces. Si l'on tient compte du fait que durant sa vie une larve mange plus de 400 pucerons, la descendance d'une coccinelle devrait théoriquement en détruire environ 190 000.

La Coccinelle à sept points a une seule génération par an. La femelle pond plusieurs centaines d'oeufs sur les plantes colonisées par des pucerons, en sorte que les larves ont une nourriture assurée. Leur développement dure plusieurs semaines et est fortement influencé par la température et l'humidité. Les larves se nymphosent sur une plante. La nouvelle génération d'imagos apparaît à la fin de l'été et diffère de la précédente par une teinte orangée plus vive. A la fin de l'automne, les jeunes imagos cherchent un abri pour hiberner sous les feuilles, dans la mousse, ou une touffe d'herbes jaunies, généralement au pied d'un arbre. En raison de son abondance et de son régime alimentaire, cette coccinelle a une très grande importance comme régulateur des populations de pucerons mais il est à peu près impossible de chiffrer le pourcentage de pucerons qu'elle détruit. Les jardiniers la protègent et certains l'introduisent pour lutter contre les pucerons.

1 *Synharmonia conglobata* L.

Coccinellidae ■

La coloration de l'imago (longueur : 3,5 à 5 mm) est très changeante. Chacun de ses élytres roses porte huit taches noires carrées qui se soudent plus ou moins. La couleur rose domine chez certains individus alors que chez d'autres la surface du noir l'emporte. On connaît aussi des sujets dont les élytres sont jaunes. En raison de la forme de ses taches, cette espèce pourrait être confondue avec *Propylaea quatuordecimpunctata* (voir page 312) qui, toutefois, a des élytres jaune foncé. *S. conglobata* fréquente les forêts mixtes en plaine et en montagne. Elle est généralement très commune sur les peupliers, les ormes, le cerisier à grappes et moins sur les pins. Imagos et larves mangent divers pucerons. Bien qu'elle soit répandue, il est souvent plus difficile de la trouver quand la végétation est entièrement développée car elle ne se tient pas à faible hauteur. En revanche, l'hiver, on peut la trouver en nombre sous l'écorce des peupliers morts ou vivants, des ormes, érables, chênes, marronniers et d'autres arbres à feuilles caduques et parfois sous l'écorce des souches. A la campagne, elle s'insinue entre les doubles vitres où elle s'associe souvent à la Coccinelle à deux points, *Adalia bipunctata*. Sinon, il est rare que deux espèces de coccinelles hibernent côte à côte.

S. conglobata est répandue dans une grande partie de la région paléarctique ; dans le nord de l'Europe elle atteint seulement le sud et le centre de la Finlande et de la Scandinavie.

1

Famille des *Endomychidae*

De taille variable ces Coléoptères proches des coccinelles vivent et se développent sur ou dans les champignons. Quinze espèces vivent en France.

1 *Endomychus coccineus* L.
Endomychidae

L'un des plus vivement colorés des membres de la famille. L'imago, brillant, allongé et convexe, a des élytres rouge vif tachés de noir qui le rendent très visible (longueur : 4 à 6 mm). Sa coloration est plus ou moins stable. En général, il a deux taches sur chaque élytre, une petite en avant et une plus grande derrière, ainsi qu'une autre tache noire sur le pronotum. Sa coloration et ses marques pourraient le faire confondre avec les coccinelles mais un coup d'oeil plus attentif montre que ses antennes sont longues et que leurs articles sont de plus en plus larges vers l'extrémité. Cette espèce vit dans les vieilles forêts de feuillus, surtout en montagne et sur les contreforts, mais existe aussi en plaine. Les imagos ont besoin d'humidité. On les trouve sous l'écorce pourrissante des arbres blessés ou des vieilles souches des arbres à feuilles caduques et aussi dans les champignons arboricoles dont ils mangent le mycélium. Ils se groupent fréquemment. Les larves, très colorées elles aussi, vivent souvent en société sur les champignons des troncs.

E. coccineus n'est plus aussi abondant qu'autrefois, mais dans les régions où l'homme n'a pas trop bouleversé la nature, il est encore assez commun. Distribution : l'Europe jusqu'à l'extrême nord et, dans le sud en montagne.

Famille des *Cisidae* (ou *Ciidae*)

Les membres de cette famille sont tous très petits, assez ternes et se ressemblent beaucoup. Ils vivent dans les champignons arboricoles. Deux des plus grandes espèces, *Cis boleti* et *Cis rugulosus,* qui mesurent presque 4 mm de long, ont été longtemps confondues. Leur corps est cylindrique et le pronotum recouvre une grande partie de la tête. Les antennes, qui prennent fin par une massue et dont les trois articles sont peu serrés, sont insérées devant les yeux. L'identification de ces *Cisidae* requiert beaucoup d'expérience et ceci est encore plus valable pour les petites espèces. En France, il y a 42 espèces de *Cisidae.*

2 *Cis boleti* Scop.
Cisidae

Espèce forestière très intéressante en raison de sa spécialisation vis-à-vis des champignons arboricoles où larves et imagos se développent et vivent. Elle recherche les grands champignons coriaces. Imagos et larves creusent des galeries dans le carpophore jusqu'à ce que sa masse se réduise en fins débris qui tombent, s'amassent sous l'arbre et signalent la présence des insectes. Les différents stades de développement peuvent cohabiter dans un même champignon. En forêt, les champignons hébergent souvent plusieurs espèces de *Cisidae* qui ont un genre de vie analogue. L'élevage de cette espèce ne présente pas de difficultés. Espèce très commune et répandue dans une grande partie de la région paléarctique.

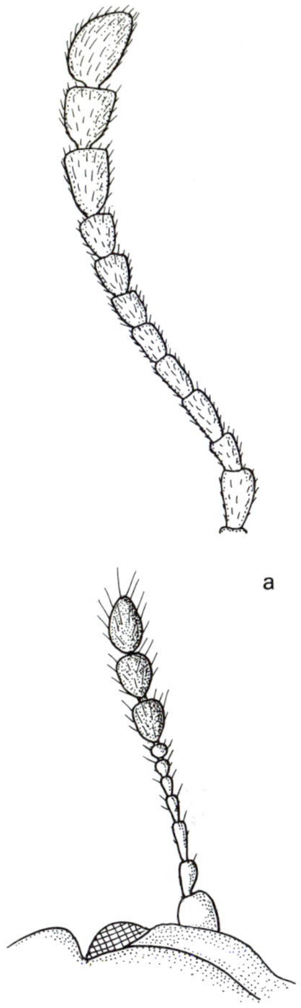

Antennes d'*Endomychus coccineus* (a) et *Cis boleti* (b).

Coléoptères

Famille des *Tenebrionidae* — Ténébrions
(larves appelées « vers de farine »)

Les ténébrions forment une famille très hétérogène en ce qui concerne la coloration, la forme et la biologie. Ils ressemblent souvent à des insectes d'autres familles comme les *Carabidae,* les *Silphidae,* etc. Certains mesurent seulement quelques millimètres et d'autres plus de 3 cm. Ils sont très souvent noirs, brun noirâtre, bruns ou roussâtres, parfois tachetés ou striés. Leur habitat est lui aussi très varié. La plupart aiment la chaleur et beaucoup vivent dans les bâtiments. Ils sont communs dans les maisons, les magasins, les caves, les boulangeries mais aussi les étables, les prairies, les champs, sous l'écorce des vieux arbres forestiers, dans les champignons arboricoles et parfois les nids d'oiseaux et de mammifères. Les imagos sont actifs la nuit ou le soir. Ces insectes sont phytophages ou omnivores. On en connaît 135 espèces en France.

1

1 *Blaps lethifera* MARSH.
Tenebrionidae

Il ressemble aux autres membres du genre *Blaps,* en particulier *Blaps mortisaga* (**2**). Ces deux espèces se distinguent par le tampon *(onychium)* situé entre les griffes du tarse : chez *B. lethifera,* il est aplati à l'extérieur tandis que chez *B. mortisaga,* il est triangulaire et arrondi à l'extérieur. Le mâle est plus svelte que la femelle et en outre est reconnaissable aux poils dorés présents entre les 1er et 2e sternites. En général, cette espèce est rare dans la nature quoiqu'on puisse la trouver dans des nids de mammifères ou sous des pierres. Elle est plus fréquente au voisinage de l'homme et vit dans les caves, les granges où elle se tient dans les matières végétales en décomposition. L'imago sort

la nuit. Jadis, selon une croyance superstitieuse, ce Coléoptère était de mauvais augure et sa présence annonçait un malheur. Quand on le manipule, il émet une sécrétion malodorante et si on l'importune il se dresse d'une façon menaçante. Les larves sont phytophages. Espèce répandue dans une grande partie de l'Europe. A l'est, elle atteint le Caucase, l'Asie Mineure et la Sibérie. Elle est présente dans le nord de l'Afrique et a été introduite en Amérique du Nord.

3 Ténébrion

Tenebrio molitor L.

Tenebrionidae ▲■

Deux autres espèces lui ressemblent fortement, *T. opacum,* qui est rare et *T. obscurus,* assez commun. Tous les trois mesurent à peu près 18 mm de long. Dans la nature, *T. molitor* vit surtout dans le bois sec des vieux arbres à feuilles caduques et dans les nids d'oiseaux, mais c'est près de l'homme qu'il est le plus commun. Il s'installe dans les stocks de grains et de farine où il trouve des conditions d'existence idéales, c'est-à-dire une nourriture abondante et une certaine chaleur. Le soir, les imagos sont souvent attirés par la lumière mais ils restent cachés dans la journée. La femelle pond dans la farine plusieurs centaines d'oeufs minuscules, blancs, gluants, à peu près invisibles. Les larves se nourrissent de farine, muent plusieurs fois et atteignent 20 à 25 mm de long. Elles sont brun jaunâtre, allongées, ont des téguments raides et ressemblent un peu à celles des *Elateridae.* On les appelle couramment « vers de farine » et elles servent de nourriture pour les oiseaux et reptiles exotiques ainsi que pour d'autres oiseaux de cage, d'autant plus que leur élevage est aisé et qu'elles supportent bien une ambiance sèche. Les éleveurs peuvent donc disposer d'une source permanente de nourriture de bonne qualité en faisant reproduire *Tenebrio molitor.* On utilise aussi ces larves comme appâts pour la pêche. Espèce répandue sur presque toute la Terre. Dans le nord de l'Europe, elle atteint le cercle polaire arctique et elle est commune sur les îles Britanniques.

3

Famille des *Lagriidae*

Les *Lagriidae* ont des antennes filiformes à 11 articles, de grandes pattes et un corps mou. Deux espèces seulement vivent en Europe centrale (cinq en France) mais dans le monde on en connaît plus de 2 000.

1 *Lagria hirta* L.
Lagriidae

Lagria atripes est une espèce très voisine. *L. hirta* (longueur : 7 à 10 mm) est un étrange insecte dont les téguments sont très mous. Le mâle est plus mince que la femelle et le dernier article de ses antennes est presque trois fois plus long que les autres (chez la femelle, seulement deux fois plus long). Ce Coléoptère vit dans les bois mixtes et ceux d'arbres à feuilles caduques. On le voit souvent sur les buissons et les plantes herbacées le long des sentiers, sur les lisières, dans les clairières, au bord des cours d'eau et dans les prairies proches des forêts, en plaine et jusqu'à plus de 1 000 m. Les imagos sont visibles du milieu de mai jusqu'à la fin de juillet et parfois en août, sur les arbustes et arbrisseaux (saules, saule marsault), mais aussi les plantes herbacées comme le lupin dans les prairies et près des chemins forestiers. Ils se nourrissent de tissus végétaux et, au moindre dérangement, se laissent tomber à terre et simulent la mort.

L'appareil reproducteur de la femelle comporte des poches renfermant des bactéries symbiotiques absentes chez le mâle. La femelle pond 40 à 60 oeufs minuscules, lisses, mesurant seulement 0,7 mm de long. A l'éclosion, les larves mesurent 1 mm et sont de couleur claire mais brunissent rapidement. Elles sont très velues. Elles commencent par manger l'enveloppe de l'oeuf puis les tissus des feuilles mortes. Elles se nymphosent juste sous la surface de la terre dans la litière. Cette espèce est répandue dans une grande partie de l'Europe. Au nord, elle atteint la Finlande septentrionale et existe localement sur les îles Britanniques. On la trouve aussi en Sibérie.

1

2

2 *Ctenioptus flavus* Scop.

Alleculidae

L'une des espèces les plus communes de la famille, remarquable par sa coloration jaune soufre. Le corps est revêtu de poils appliqués, soyeux, fins et jaunes (*flavus* signifie jaune, en latin). On l'appelle parfois *C. sulphureus* ou *C. luteus* et bien que ces noms ne soient plus valides ils montrent l'importance de la coloration sur le choix du nom scientifique. On connaît plusieurs variantes chez lesquelles certaines parties du corps, antennes, palpes, tête, pronotum, élytres et abdomen sont plus foncées. Insecte forestier fréquentant surtout les pentes ensoleillées en plaine et sur les collines. Les imagos, visibles de mai à juillet (jusqu'en août aux altitudes supérieures), aiment les fleurs. Ils sont particulièrement nombreux sur les Ombellifères, l'achillée mille-feuille et les arbrisseaux fleuris dont ils mangent le pollen. On trouve parfois plusieurs individus les uns à côté des autres. Cet insecte vole bien.

Les larves se développent dans les couches superficielles du sol, surtout en terrain sablonneux et caillouteux, mais souvent dans l'argile et les terres supportées par un soubassement calcaire. Leur croissance dure plusieurs années. Espèce euro-sibérienne qui atteint le centre de la Suède et, localement, le sud de l'Angleterre.

Famille des *Alleculidae*

Les imagos, qui mesurent 3 à 25 mm de long, ont une assez grosse tête et des antennes filiformes. Nos connaissances sur le développement de ces insectes sont encore très insuffisantes. Les larves grandissent dans le bois ou la terre. Vingt-sept espèces vivent en France.

Coléoptères

Famille des *Pyrochroidae*

Les élytres et le pronotum de ces Coléoptères de taille moyenne sont rouges ou rouge orangé, d'où leur nom scientifique (*pyros* = feu, en grec, et *chroa* = corps). Petite famille d'environ 120 espèces dont trois vivent en France.

1 *Pyrochroa coccinea* L.

Pyrochroidae

Avec 18 mm au maximum, c'est la plus grande espèce européenne de la famille. Elle ressemble beaucoup à *P. serraticornis,* un peu plus petite, et plus rare. Le meilleur moyen de les distinguer consiste à regarder la couleur de la tête, noire chez *P. coccinea* et rouge chez *P. serraticornis.* Avec une loupe, on verra que les élytres et le pronotum des deux insectes sont recouverts d'une couche de poils lisses très fins,

2

qui leur donnent leur aspect velouté. Mâle et femelle se ressemblent fortement par la forme et la coloration, mais le premier a un dessin carré sur le front et des antennes pectinées à partir du troisième article alors que celles de la femelle sont dentées. *P. coccinea* vit dans les bois. Il vole en mai et en juin si le temps est ensoleillé et se montre surtout près des chemins et au bord des peuplements forestiers. Il aime les liquides sucrés et vient, par exemple, sur les souches récentes de bouleau où la sève coule encore, ou sur les feuilles engluées par le miellat des pucerons. Il visite régulièrement les fleurs d'aubépine et d'autres arbrisseaux ou celles de plantes herbacées, en particulier les Ombellifères.

Les larves se développent sous l'écorce des vieux arbres à feuilles caduques desséchés, des souches, des troncs renversés et du bois entassé. Elles sont fréquentes dans le chêne et le hêtre mais vivent aussi dans le bouleau et d'autres essences. Leur corps aplati facilite leur existence dans des espaces étroits. Elles parcourent les galeries forées par d'autres insectes corticoles mais creusent leur propre logette. Prédatrices, elles chassent divers insectes et dévorent des larves d'espèces qui font des dégâts, par exemple les scolytes, etc. Si leur nourriture se raréfie, elles manifestent une tendance au cannibalisme et mangent leurs congénères. Avant de se nymphoser elles se préparent une chambre entre l'écorce et le bois. Elles se métamorphosent au printemps et les imagos éclosent dans l'abri. *P. coccinea* existe dans une grande partie de l'Europe mais au nord atteint seulement le sud ou le centre de la Finlande et de la Scandinavie.

2 *Schizotus pectinicornis* L.

Pyrochroidae

Diffère de l'espèce précédente par des ébauches de côtes sur les élytres. Plus petit, ne mesure que 8 à 9 mm de long. Vit surtout en montagne. Sa biologie (croissance, etc.) est semblable à celle de *P. coccinea.* Répartition : une grande partie de l'Europe ; dans le nord, dépasse le cercle polaire arctique.

Famille des *Mordellidae*

Insectes caractérisés par la pointe *(pygidium)* qui prolonge leur abdomen effilé. Leur face inférieure est carénée. Chez les sujets vivants, la tête est tendue en avant, mais chez les spécimens morts elle retombe. Trente-deux espèces vivent en France.

1 *Variimorda fasciata* F.

Mordellidae

L'une des quelques grandes espèces de la famille puisque l'imago mesure de 6,6 à 10 mm de long. Le pronotum et les élytres ont des zones couvertes de poils gris argenté ou doré. Cette fine pilosité peut manquer mais le plus souvent elle existe sur toute la surface des élytres. On trouve cette pubescence chez d'autres membres du genre et chez *Tomo-*

1

2 ♂

xia biguttata ; chez ce dernier, le scutellum est rectangulaire, transverse, étroit. L'imago vit en été sur les fleurs (surtout Ombellifères, chardons, etc.) en plaine et en montagne. Au moindre dérangement, il fait la culbute. Les larves se développent dans le bois pourri des peupliers et des saules. Espèce commune localement. *V. fasciata* est répandu dans toute l'Europe ; il atteint le Caucase à l'est, et est présent en Asie Mineure ainsi qu'au Moyen-Orient.

Famille des *Rhipiphoridae*

Petite famille comprenant un peu plus de 400 espèces dont 5 seulement vivent en Europe centrale mais 13 en France. Les larves parasitent d'autres insectes.

2 *Metoecus paradoxus* L.
Rhipiphoridae

Malgré sa rareté cet insecte est encore l'espèce la plus fréquente de la famille. L'imago mesure 8 à 12 mm de long. Les élytres du mâle sont en grande partie roux jaunâtre, ceux de la femelle étant noirs ou brun noirâtre ; ils sont pointus et ne recouvrent qu'en partie les grandes ailes membraneuses. Il existe de grandes différences de structure chez les antennes des deux sexes. Cet insecte vit dans les bois, les clairières et les jardins où il se pose sur les plantes herbacées et le bois. Il ne mange rien pendant sa courte existence. Son développement, très complexe, n'a été vraiment connu qu'au bout de nombreuses années d'observations. La larve ne peut se développer que dans le microclimat particulier d'un nid de guêpes. Son hôte le plus fréquent est la Guêpe commune, *Vespula vulgaris*, et parfois la Guêpe germanique, *Vespula germanica* ou *Vespula rufa*. En général, elle grandit dans un nid souterrain. La femelle pond ses oeufs dans les fissures d'un vieux bout de bois humide près de l'endroit où elle est éclose. La larve, minuscule (elle mesure seulement 0,5 mm de long), possède sur les pattes des ventouses et ressemble au triongulin, larve des *Meloidae* (Coléoptères). Couchée sur le bois elle attend le passage d'une guêpe venant chercher des matériaux pour son nid et se fait transporter par elle jusqu'à celui-ci. Parvenue au but, elle s'enfonce dans le corps d'une larve de guêpe et vit en endoparasite. Après avoir quitté cet hôte, elle mue et vit sur le corps de la larve comme ectoparasite jusqu'à ce qu'elle en ait aspiré tous les sucs internes. Le troisième stade larvaire dévore presque tout ce qui reste de la larve de guêpe et se nymphose dans la cellule, déjà obturée auparavant (par la larve). *M. paradoxus* vit dans une grande partie de l'Europe. A l'est, il atteint le Caucase.

Famille des *Oedemeridae*

Cette famille réunit des insectes sveltes, petits ou assez grands, dont les téguments sont mous. Certains sont jaunes ou bruns mais beaucoup ont une coloration métallique, verte, bleue ou cuivrée. Ils ont de grandes antennes filiformes et de longues pattes fines. Chez certaines espèces, les pattes postérieures des mâles ont le fémur renflé. Par leur aspect beaucoup ressemblent aux *Cerambycidae* et, pour cette raison, sont fréquemment confondus avec eux. La majorité d'entre eux sont actifs dans la journée ; ils volent par temps ensoleillé et se posent sur les plantes herbacées et les arbrisseaux en fleurs, par exemple l'aubépine, le sureau, où ils mangent le pollen et boivent le nectar. Les larves, généralement allongées, molles, se développent dans les tiges des plantes ou dans les vieux morceaux de bois humide. On connaît environ 90 espèces en Europe (35 en France) sur un total mondial de plus de 1 500.

1

1 *Calopus serraticornis* L.
Oedemeridae

Mesurant environ 20 mm de long, cet insecte est de loin le plus grand de la famille. Par rapport à ses longs élytres, la tête et le pronotum sont vraiment petits. Insecte forestier présent sur les collines et en montagne où il s'élève jusqu'à la limite supérieure des forêts. Les imagos apparaissent au début du printemps, de mars à mai selon l'altitude et le plus tardivement en montagne. Nocturnes, ils passent la journée cachés sous une écorce soulevée, sous un arbre abattu ou dans le bois pourri. Le soir, la lumière les attire. Les larves vivent dans le bois en décomposition des conifères et des arbres à feuilles caduques ou même dans les piquets de clôture. En général on les trouve dans l'épicéa et le pin. Leur développement exige plusieurs années. Les jeunes imagos hibernent. *C. serraticornis* est répandu dans la majeure partie de l'Europe et, au nord, atteint la Laponie. Il manque sur les îles Britanniques. On le trouve aussi en Sibérie.

2 *Oedemera virescens* L.
Oedemeridae

Les élytres et le pronotum vert métallique de cet insecte sont revêtus d'une épaisse couche de poils gris, de sorte qu'il paraît verdâtre. C'est l'une des espèces chez lesquelles les fémurs des pattes postérieures sont plus gros chez le mâle que ceux des autres pattes. L'imago mesure de 8 à 11 mm de long. Il ressemble fortement à *O. lurida,* espèce un peu plus petite, qui est également gris verdâtre mais chez laquelle les fémurs postérieurs du mâle sont à peine plus épais que ceux des autres pattes. Les imagos volent au-dessus des prairies et à la lisière des bois, en plaine et jusqu'à environ 2 000 m d'altitude en montagne. Ils aiment le temps ensoleillé et, jusqu'en juillet, visitent régulièrement les fleurs de pissenlit et de nombreuses autres plantes herbacées où ils recueillent du pollen et du nectar. Les larves se développent dans les parties sèches des tiges de plantes variées comme l'aconit, le tournesol, le séneçon, les lupins, etc. Espèce répandue dans presque toute l'Eurasie. En Europe, elle atteint la limite septentrionale du continent. Elle existe sur les îles Britanniques mais n'y est pas commune.

Coléoptères

Famille des *Cerambycidae* — Longicornes, « capricornes »

Coléoptères de taille variable, dont les grandes et fines antennes ont généralement 11 articles ; chez le mâle, et parfois la femelle, elles peuvent être plus longues que le corps. Vivent surtout en forêt. La plupart volent le jour mais certains dans la soirée et la nuit. Chez nombre d'espèces les imagos visitent les fleurs et d'autres se tiennent sur le bois. Les imagos se nourrissent de pollen, de sucs végétaux, d'organes floraux, d'aubier, d'écorce ou de tissus foliaires mais ceux de certaines espèces ne mangent rien. Le développement a généralement lieu dans les arbres à feuilles caduques ou les conifères, plus rarement dans les plantes herbacées ou la terre. Les larves ont de courtes pattes ou sont apodes. Elles sont blanchâtres, sauf la partie antérieure du corps (parfois aussi l'extrémité postérieure) qui est plus foncée. Elles vivent sous l'écorce ou dans le bois. Chez mainte espèce, elles s'enfoncent assez profondément et creusent une logette incurvée dans laquelle elles se transforment en nymphes. Quelques-unes vivent dans le bois et se nymphosent dans la terre. Celles qui grandissent dans les plantes herbacées se nymphosent dans celles-ci ou dans la terre. Le développement dure une ou plusieurs années. En France vivent 234 espèces et dans le monde environ 26 000.

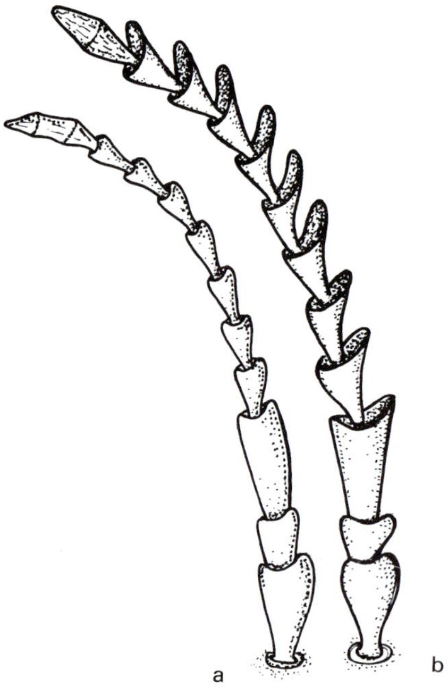

Antennes de la femelle (a) et du mâle (b) de *Prionus coriarius (Cerambycidae).*

1 Prione tanneur
Prionus coriarius L.
Cerambycidae

Comme la suivante, cette espèce fait partie de la petite sous-famille des *Prioninae,* formée d'insectes assez grands, massifs, brun à brun noirâtre. *P. coriarius* mesure de 18 à 45 mm de long. Ce Coléoptère vit dans les peuplements âgés d'arbres à feuilles caduques ou mixtes, en plaine et en basse montagne. L'imago apparaît surtout en juillet-août et parfois jusqu'en septembre. De jour il se cache sous l'écorce des souches ou sous les arbres couchés par terre et ne devient actif que le soir ou la nuit. Il stridule en frottant la face interne de ses fémurs postérieurs contre

pouvoir se passer de fleurs. Par temps couvert, ils se cachent sous des écorces soulevées. Les oeufs de ce Longicorne sont assez gros (presque 2 mm de long). La femelle les pond dans les crevasses de l'écorce des troncs abattus ou dans le trou de sortie d'un autre insecte. Les larves sont polyphages et vivent principalement dans le chêne et le hêtre mais aussi dans le bouleau, le frêne, le tilleul, le charme, le sorbier, l'épicéa, le sapin, le mélèze, etc. Elles éclosent au bout de 14 jours environ ; elles forent une galerie entre l'écorce et le bois mais pénètrent rarement dans ce dernier et, en tout cas, jamais profondément. Elles hibernent et grossissent encore l'année suivante. Au milieu de l'été ou au début de l'automne, elles se nymphosent dans une logette creusée dans la partie interne de l'écorce. La nymphe est un bon exemple de « nymphe libre », car les ébauches des pattes, des antennes et des fourreaux alaires sont parfaitement visibles. L'imago éclôt en automne mais passe l'hiver sous l'écorce et ne sort qu'au printemps suivant. Le développement dure deux ans en plaine et trois ans en montagne.

Comme les larves de nombreux autres Longicornes, celles de cette espèce jouent un rôle dans les cycles naturels. En effet leurs galeries facilitent l'accès d'autres petits animaux (surtout des insectes). Tous forment un des maillons du vaste réseau d'organismes qui contribuent à décomposer la matière ligneuse. Ce Coléoptère existe dans presque toute l'Eurasie. En Europe on le trouve du nord à la région méditerranéenne où il ne vit qu'en montagne.

Coléoptères

1 *Rhagium bifasciatum* F.
Cerambycidae

C'est la plus colorée de toutes les espèces européennes du genre. L'imago mesure 12 à 22 mm. Cette rhagie vit principalement sur les plateaux mais aussi en montagne. Les adultes apparaissent entre mai et juillet, volent sur de courtes distances, se posent sur le bois (parfois sur les jeunes arbres, etc.) et sont encore assez fréquents, surtout en altitude. Les oeufs sont pondus dans les arbres abattus, les souches ou les vieilles racines, parfois dans les arbres morts encore sur pied, rarement dans ceux qui sont vivants. Le bois pourri, humide, déjà traversé par les galeries d'autres larves de *Cerambycidae,* leur convient parfaitement. La femelle pond dans des fissures de l'écorce ou les trous de sortie d'autres insectes. Polyphages, les larves vivent dans les conifères et les feuillus (épicéa, sapin, pin, mélèze, chêne, hêtre, bouleau, etc.) mais le plus souvent

1

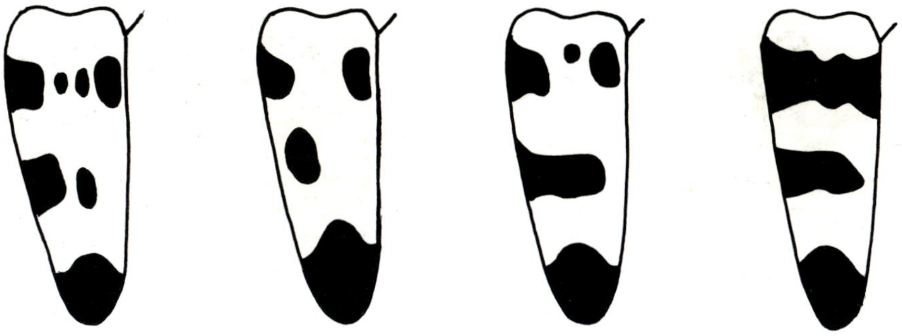

Variabilité des élytres de *Judolia cerambyciformis.*

périphérie. Les imagos sortent du bois par un trou circulaire. Le développement dure deux ans et parfois plus. Les larves contribuent à la décomposition du bois en humus et jouent donc un rôle non négligeable dans la nature. *C. rubra* existe dans une grande partie de la région paléarctique.

2 *Judolia cerambyciformis* SCHR.

Cerambycidae

Longicorne de faible taille (6,5 à 11,5 mm de long) mais abondant. Comme d'autres espèces ayant les élytres tachetés, sa coloration varie beaucoup. Les taches se soudent fréquemment pour former des bandes transversales ou bien les teintes foncées dominent ; à l'opposé, chez certains sujets les taches sont réduites et le jaune roussâtre s'étend. Les imagos vivent sur les plateaux et en basse montagne, de juin à août. Ils sont communs, localement abondants sur les fleurs des Ombellifères, les pâquerettes, les séneçons, les spirées et beaucoup d'autres plantes herbacées. Bien que l'espèce soit largement répandue, sa larve est restée inconnue jusqu'au milieu du XXe siècle ; elle est polyphage et se développe dans les racines de plusieurs arbres à feuilles caduques et conifères où elle creuse d'étroites galeries mesurant environ 30 cm de long. Elle peut passer d'une racine à l'autre en traversant la terre. Après avoir hiberné, elle sort du bois et se retire dans le sol pour se nymphoser dans une logette. Ses métamorphoses durent deux ans. L'espèce existe surtout dans le centre et le sud-est de l'Europe, mais aussi dans l'ouest. A l'est, elle atteint le Caucase, la Transcaucasie et l'Asie Mineure.

2

Coléoptères

1 *Strangalia melanura* L.
Cerambycidae

Petite espèce longue de 6 à 9,5 mm. Mâle et femelle diffèrent notablement par leur coloration. Les élytres de la seconde sont roux sur les côtés, noirs au bout et à l'extrémité postérieure de la suture, alors que ceux du mâle sont fauves et noirs tout le long de la suture et au bord externe. Ce dimorphisme sexuel n'est pas rare chez les *Cerambycidae,* par exemple chez *Corymbia rubra* (voir page 336). *S. melanura* habite les clairières et les chemins forestiers, en plaine et en basse montagne, mais localement il s'élève jusqu'à la limite supérieure des arbres. Les imagos se montrent de mai à septembre, parfois en novembre, sur toutes sortes de plantes fleuries, comme l'achillée mille-feuille, la pâquerette, les épervières et les ronces. Ils s'égarent dans les jardins et montent sur les aulx en fleurs. Ils prennent du pollen et en même temps pollinisent les fleurs. La femelle pond ses oeufs dans les fentes de l'écorce de branchettes pourrissantes tombées des arbres à feuilles caduques et des conifères (surtout chênes, érables, épicéa, pin). Les larves qui grandissent dans ces rameaux atteignent 15 mm de long. Espèce répandue dans une grande partie de la région paléarctique ; dans le nord de l'Europe, elle atteint le centre de la Finlande et de la Scandinavie.

2 *Strangalia maculata* PODA
Cerambycidae

Chez cette espèce, les différences entre mâle et femelle n'ont rien à voir avec celles observées chez *S. melanura.* Chez le premier, les tibias de la deuxième paire de pattes portent deux fortes épines entre lesquelles se trouvent de nombreuses autres, plus petites. L'insecte, qui mesure de 14 à 20 mm de long, a les couleurs noire et jaune des guêpes. La coloration est néanmoins très changeante. Les marques noires des élytres sont des taches ou des bandes qui s'unissent dans les deux sens ou se réduisent à des marques plus petites. Plus de cinquante intermédiaires ont été décrits entre les variantes principales dont les élytres sont surtout jaunes ou principalement noirs et toutes ces formes ont reçu un nom. Quatre sont illustrées. Les imagos vivent dans les bois de feuillus et mixtes, les clairières, les prairies, des plaines à la limite des forêts de feuillus en montagne. Ils volent de juin à août et comptent parmi les espèces encore communes. Ils visitent les fleurs pour prendre du pollen, leur tête ayant une forme idéale pour l'obtenir car elle est étroite. On les voit souvent sur les Ombellifères, le sureau, les ronces, l'achillée mille-feuille et de nombreuses autres plantes.

1

2

Variabilité des élytres de *Strangalia maculata.*

La femelle dépose ses oeufs dans les fissures de l'écorce du bois mort. Les larves sont polyphages mais le nombre des plantes où elles vivent est bien plus faible que chez d'autres Longicornes. Elles se développent surtout dans les troncs minces, les racines et les branches d'essences à feuilles caduques (chêne, hêtre, bouleaux, saules, frêne, peupliers, aubépine, noisetier, etc.), rarement dans les conifères. Leur développement dure deux ou trois ans. *S. maculata* existe dans le centre, l'ouest et le sud de l'Europe ainsi que dans le Caucase et la Transcaucasie, l'Asie Mineure et le Moyen-Orient.

Coléoptères

1 Lepture

Leptura quadrifasciata L.

Cerambycidae

Il y a peu de temps, cette espèce était encore classée dans le genre *Strangalia.* Elle mesure de 10 à 19 mm de long et ses élytres sont tachetés comme ceux de l'espèce précédente. Les variantes sont nombreuses mais les sujets typiques ont trois bandes transversales noires sur les élytres fauves, dont l'extrémité est noire également. Les bandes peuvent s'interrompre de différentes façons pour former des taches, ou au contraire se souder et accroître la surface foncée. Là encore, plus de cinquante variantes ont été décrites et nommées. Aux deux extrémités se trouvent les sujets dont les élytres sont en grande partie clairs ou foncés.

Cette lepture habite les vieux peuplements d'arbres à feuilles caduques dans les plaines, sur les collines et en basse montagne. Les imagos apparaissent en juillet et en août, se posant sur les arbres renversés, les souches et les fleurs.

Les larves sont polyphages et grandissent dans les arbres à feuilles caduques, surtout les saules, chênes, bouleaux, aulnes, peupliers et noisetiers. Elles trouvent les meilleures conditions d'existence dans les vieilles souches pourrissantes, les branches cassées ou les troncs renversés en voie de décomposition. Elles s'enfoncent profondément dans le bois et remplissent leurs galeries avec la sciure qu'elles ont produite en rongeant le bois. Elles atteignent environ 25 mm de long et se nymphosent au printemps dans le bois. *L. quadrifasciata* vit en Eurasie. En Europe, cet insecte atteint le nord de la Finlande et de la Scandinavie.

1

2 *Necydalis major* L.
Cerambycidae

Parmi les Longicornes, quelques espèces, grandes ou petites, ont des élytres si courts que les ailes membraneuses sont nettement visibles. *Molorchus minor,* assez commune, est l'exemple d'une petite et *Necydalis major,* celui d'une plus grande. *N. major* (longueur : environ 30 mm) ressemble fortement à *N. ulmi,* qui a la même taille. Mâle et femelle se distinguent, entre autres caractères, par la coloration de leur abdomen qui est noir sur la face inférieure chez la femelle, seul le bord antérieur du premier segment étant orangé ; chez le mâle, les premier et deuxième segments sont orange. Les imagos sont visibles à la fin de juin et en juillet, mais seulement durant une courte période. Ils fréquentent les plaines, les collines et en montagne certaines vallées bien ensoleillées. Leur longévité est faible. Ils se tiennent sur les branches et le tronc des arbres où ils aspirent la sève et d'autres liquides sucrés. Les larves polyphages se développent seulement dans le tronc des arbres à feuilles caduques malades, endommagés ou abattus, par exemple dans les arbres fruitiers, les hêtres, peupliers, bouleaux, aulnes et saules marsaults. Elles s'enfoncent profondément dans le bois, se creusent une chambre et s'y métamorphosent en nymphes. Leur développement dure plusieurs années. Cette espèce se raréfie rapidement aujourd'hui en raison de la transformation des milieux naturels. Distribution : une grande partie de l'Europe et de l'Asie.

Coléoptères

1 Grand capricorne
Cerambyx cerdo L.
Cerambycidae

Dépassant 50 mm de long, cet insecte est l'un des plus grands Coléoptères européens. Il habite les peuplements de vieux chênes, en forêt et dans les parcs et a une prédilection pour les arbres isolés croissant près des lisières ou entièrement solitaires, dans lesquels il se reproduit de nombreuses années de suite. Les imagos se montrent entre mai et août mais surtout en juin et en juillet. Ils évitent les fleurs et recherchent les arbres blessés d'où la sève s'écoule. Le chêne est l'essence la plus fréquentée, mais les larves se développent aussi dans d'autres arbres à feuilles caduques, hêtre, charme, orme, saules, robinier. Au total, la femelle pond une centaine d'oeufs en groupes de un à trois dans les fentes des écorces épaisses. Les jeunes larves creusent une galerie dans l'écorce et atteignent 20 mm de long en automne. La seconde année, après avoir hiberné, elles se nourrissent de l'aubier et atteignent 60 mm. Après leur deuxième hibernation elles mesurent de 70 à 100 mm et pénètrent dans le bois pour se nymphoser dans une loge incurvée. Leur galerie mesure jusqu'à 90 cm de long. L'imago éclôt en automne mais passe l'hiver dans la loge nymphale dont il sort au printemps suivant. Le développement de cette espèce peut durer 5 ans au maximum.

En de nombreuses régions le Grand capricorne du chêne est menacé de disparition en raison de la raréfaction des grands chênes solitaires et des vieilles chênaies où il vit. Il est désormais protégé par la loi dans certains pays européens. Cette espèce existe dans une partie de l'Europe (elle est très rare dans le nord), en Asie Mineure, dans le Caucase et en Afrique du Nord.

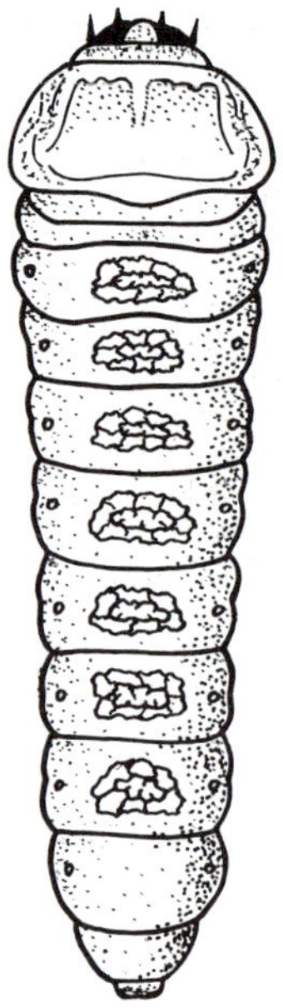

Larve de *Cerambyx cerdo.*

2

2 Petit capricorne

Cerambyx scopolii Fuess.
Cerambycidae

C'est la plus petite des quatre espèces du genre *Cerambyx* vivant en France (longueur : 17 à 28 mm). On la trouve en plaine, sur les plateaux et en basse montagne ; dans les Alpes suisses, elle atteint 1 500 à 1 600 m mais y est peu abondante. Quand le soleil brille, les imagos volent – de mai à juillet – et se posent volontiers sur les fleurs des arbrisseaux et des plantes herbacées : on les voit communément sur le sureau, le cornouiller, l'aubépine, la spirée, les *Rosaceae* et les Ombellifères. Polyphages, les larves se développent surtout dans les branches de 5 à 10 cm de diamètre, rarement dans les troncs et les racines. On les trouve dans le chêne, le hêtre, l'orme, le charme, localement aussi dans les arbres fruitiers. Elles se tiennent d'abord dans l'écorce puis elles s'enfoncent dans le bois externe et finalement le coeur où elles creusent des galeries irrégulières, larges. Elles atteignent environ 50 mm de long. Avant de se nymphoser, elles se préparent une chambre de 3 à 4 cm de long et 1 cm de large où elles se métamorphosent à la fin de l'automne. Leur développement dure 2 à 3 ans. Les larves obstruent l'entrée de la cellule nymphale avec une plaque de carbonate de calcium, substance produite par les tubes de Malpighi, qui remonte dans le tube digestif et est expulsée par la bouche. Ce Cérambycide habite une grande partie de l'Europe (il existe seulement dans la partie méridionale du nord), en Asie Mineure, dans le Caucase et en Transcaucasie ainsi qu'au Maghreb.

Coléoptères

Rosalie des Alpes
Rosalia alpina L.
Cerambycidae

Véritable joyau du monde des Coléoptères et des Longicornes, cette espèce mesure 15 à 38 mm de long et son corps, ses pattes ainsi que ses antennes foncés sont recouverts de très fins poils bleus et gris blanchâtre *(tomentum)*. Des taches sombres, veloutées, parsèment le devant du pronotum et les élytres. Leur nombre et leur forme varient beaucoup. Les élytres en portent généralement une en arrière de l'épaule ; au milieu se trouve une barre transversale et une marque plus petite existe près de l'extrémité. On a décrit plus de 100 variantes, mais les différences qui les séparent sont souvent minimes. Certains insectes sont surtout gris bleu et chez d'autres le noir a tendance à prédominer. Le mâle diffère de la femelle par ses antennes qui correspondent à une fois et demie (ou plus) la longueur du corps ; chez la femelle, elles dépassent légèrement cette longueur. *Rosalia alpina* vit sur les collines et en basse montagne et au-delà jusqu'à 1 500 m. C'est surtout entre 600 et 1 000 m qu'elle est la plus fréquente. Elle existe dans les vieilles hêtraies, principalement celles qui occupent des pentes exposées au sud. Les imagos éclosent et apparaissent dans le courant de l'été, c'est-à-dire en juillet-août. Ils se posent sur le tronc des arbres où ils ont grandi et volent très activement en milieu de journée. Ils visitent les tas de bûches de hêtre fraîchement coupées et occasionnellement, on les voit sur les fleurs. Ceux que l'on élève en captivité boivent de l'eau sucrée et lèchent le miel avec beaucoup d'avidité.

En Europe centrale, cette espèce se développe surtout dans le hêtre, mais dans le sud du continent, le charme, le frêne et le noyer sont aussi des arbres-hôtes. La femelle pond dans le tronc des arbres morts encore sur pied ou dans les arbres cassés par les tempêtes ou la glace. Les larves creusent le bois. A l'approche de la nymphose elles se rapprochent de la surface, préparent une chambre et y demeurent. La plupart des larves vivent dans la partie du tronc exposée au soleil. Leur développement dure au moins trois ans. Cette espèce est protégée par la loi en Allemagne (Ouest et Est), en Autriche et en Tchécoslovaquie mais ceci ne suffit pas si le milieu naturel dont elle ne peut se passer n'est pas lui aussi conservé. Or, en Europe centrale, on a constaté qu'elle se raréfiait beaucoup et disparaissait même de certaines localités où elle était commune, voire abondante autrefois. Les renseignements récents pour l'Allemagne de l'Ouest sont peu nombreux et en Allemagne de l'Est ils sont très anciens. La Rosalie des Alpes existe surtout en Europe centrale et méridionale mais aussi dans l'ouest. Au nord elle est très rare et très localisée. On la trouve aussi dans le Caucase, en Transcaucasie, au Moyen-Orient (Syrie) et en Afrique du Nord.

Rosalia alpina. Exemples des variations de couleur des élytres et du pronotum. La plupart des individus ont une tache noire sur le bord antérieur du pronotum ; quelques-uns seulement ont un pronotum bleu-gris ou marqué de deux petites taches sombres en avant. La variabilité des élytres repose sur la fréquence de l'un des deux types de coloration. Ou bien ils sont bleu-gris et les taches sombres sont réduites, ou bien les taches noires se lient de diverses façons jusqu'à créer un coloration foncée.

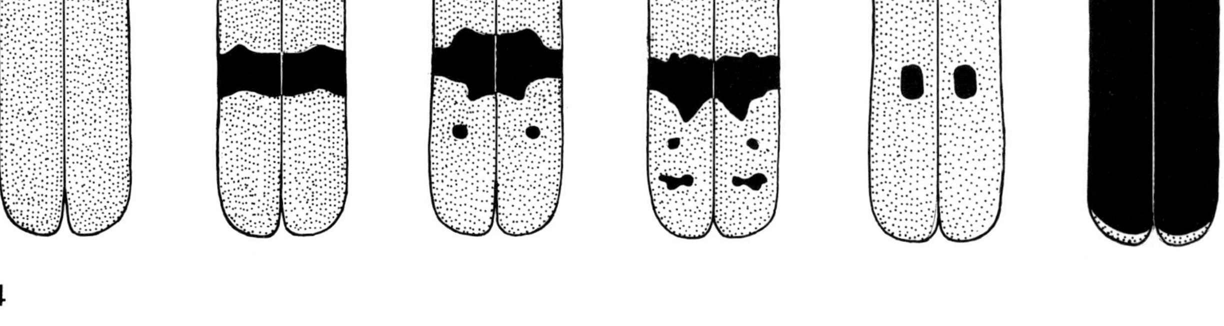

Coléoptères

1 *Callidium violaceum* L.
Cerambycidae

La face supérieure de ce Longicorne très plat (longueur : 8 à 16 mm) est généralement bleue ou bleu violet métallique, parfois verte. Dans ce dernier cas, on pourrait le confondre avec *C. aeneum,* espèce voisine dont les élytres ont cependant l'extrémité fortement ridée. *C. violaceum* vit dans les bois de conifères, en plaine et en montagne jusqu'à la limite supérieure des forêts, dont l'altitude varie selon les massifs. Les imagos sont visibles au printemps et en été, posés sur les troncs, les branches, les tas de bûches, etc., car les fleurs ne les attirent pas. On les trouve aussi parfois dans les greniers des fermes car plusieurs générations peuvent se développer dans les chevrons. Ils apparaissent également de façon régulière dans les entrepôts de bois où ils se cachent, après leur sortie, parmi les tas de planches et de poutres.

Les oeufs, qui mesurent environ 1,6 mm de long, sont pondus dans le bois des conifères morts (généralement l'épicéa) mais les larves se développent aussi dans celui d'essences à feuilles caduques comme le charme, le hêtre, les chênes, les saules, etc. Elles vivent sous l'écorce et creusent des galeries superficielles dans la couche la plus externe du bois ; si l'on enlève l'écorce, on les voit sur sa face interne. Avant la nymphose, elles s'enfoncent dans le bois. Leur développement dure au moins deux ans. Jadis tenu pour un insecte nuisible, *Callidium violaceum* n'a plus d'importance économique aujourd'hui. Il existe dans une grande partie des régions paléarctique et néarctique.

1

2

Coléoptères

1 *Acanthocinus aedilis* L.
Cerambycidae

Ce Longicorne est probablement l'un des plus célèbres d'Europe. Chez la femelle, l'ovipositeur ne se rétracte pas et se termine en pointe tronquée. Les antennes ne mesurent que le double de la longueur du corps, mais chez le mâle elles sont cinq fois plus longues ! Chez ce dernier, elles sont en fait plus longues que celles de tout autre Cérambycide ou même Coléoptère en général. Parmi les quatre membres du genre vivant en Europe centrale (trois en France), cette espèce est la plus répandue bien qu'elle soit bien moins commune qu'autrefois. Le corps de l'imago mesure 12 à 20 mm de long. *A. aedilis* vit dans les forêts de conifères (surtout les pinèdes), en plaine et en montagne. Les imagos qui ont hiberné sortent de leur abri hivernal en mars et surtout en avril. Ils se tiennent sur les souches et les arbres abattus non écorcés où leurs couleurs ternes se confondent si bien avec l'écorce qu'il faut un oeil exercé pour les déceler. Le corps est aplati. Ces insectes rongent l'écorce.

La femelle pond de 30 à 50 oeufs dans les souches, les racines aériennes, les arbres abattus ou morts depuis peu et ayant gardé leur écorce. Elle commence par percer un trou dans cette dernière et y insère son organe de ponte qui atteint l'aubier. Les larves forent des galeries dans l'écorce, atteignent environ 35 mm de long et se nymphosent dans l'écorce ou le bois. Les imagos éclosent en automne, passent l'hiver sous l'écorce mais si l'automne est doux et ensoleillé il arrive qu'ils sortent en octobre et viennent sur les souches ou les arbres abattus. *A. aedilis* existe dans le nord de la région paléarctique. En Europe, il atteint le nord mais manque dans la région méditerranéenne.

1

2

2 *Agapanthia villosoviridescens* DEG.
Cerambycidae

Semblable à celle des autres espèces apparentées comme *A. violacea,* qui est bleu, l'existence de ce Longicorne se déroule dans les plantes herbacées. L'imago mesure 10 à 22 mm de long. Cet insecte vit dans les clairières, le long des chemins forestiers, dans les prairies, sur les collines boisées et sur les contreforts des montagnes (jusqu'à 1 500 m dans les Alpes). On peut le voir de mai à juillet, parfois plus tard. Il mange les tissus des tiges de plantes aussi variées que différentes espèces de chardons, séneçons, l'eupatoire, etc. La femelle pond dans les tiges après avoir percé un petit trou avec ses mandibules. Les oeufs sont placés juste au-dessous de la surface. La larve pénètre dans la moelle et descend dans la tige jusqu'à sa base, atteignant parfois les racines. De type éruciforme, c'est-à-dire semblable à une chenille, elle est très active et atteint environ 27 mm de long. Elle passe l'hiver dans la tige qu'elle a évidée, près du sol, et se nymphose au mois d'avril ou de mai de l'année suivante. Il y a parfois un grand nombre de nymphes dans une seule tige. Le développement est achevé en un an. Ce Longicorne vit en Europe centrale, méridionale et occidentale, en Sibérie occidentale et dans le Caucase. Il manque dans le nord de l'Europe et dans la région méditerranéenne.

Coléoptères

1 Saperde du peuplier
Saperda populnea L.
Cerambycidae

La coloration de ce Longicorne (longueur : 9 à 15 mm) n'a rien de remarquable, mais sa biologie est complexe et très intéressante. Il vit en plaine et en montagne, se montrant de mai à juillet sur les trembles dont il mange les feuilles et l'écorce des rameaux. On le voit aussi sur les peupliers et les saules. La femelle s'occupe de sa progéniture. Elle dépose les oeufs en un endroit où ils seront abrités et où les larves trouveront suffisamment de nourriture adéquate. Elle commence par creuser quelques sillons dans l'écorce vivante d'une branche de tremble ou de peuplier et les entoure d'une sorte de barrière en forme de fer à cheval en forant un trou dont l'extrémité atteint l'aubier. Elle y enfonce son ovipositeur et place un seul oeuf sous l'écorce. Elle répète l'opération un bon nombre de fois. Irrités par la blessure et la présence d'un corps étranger (l'oeuf), les tissus qui entourent ce dernier prolifèrent et forment une galle qui fournira à la larve ses premiers aliments. Toutefois, si elle ne mange pas cette excroissance, la larve peut être étouffée par les tissus boursouflés. Normalement, elle fore un petit passage entre l'écorce et l'aubier et rejette par le trou de ponte la sciure et les fragments de bois résultant du forage. Ensuite, elle creuse une galerie annulaire et atteint le coeur. Sa présence est donc trahie par une grosse excroissance sur la branche. Il n'y en a parfois qu'une mais assez souvent plusieurs, disposées en rang. L'année suivante, la larve se nymphose dans la galle et l'imago sort en mai ou en juin en rongeant les tissus végétaux pour pratiquer une ouverture circulaire. Le développement dure deux ans. Distribution : la région paléarctique.

2 *Saperda scalaris* L.
Cerambycidae

Espèce moins répandue que la précédente. L'imago mesure de 12 à 18 mm de long. Cette saperde vit surtout en plaine mais dans le sud elle existe aussi en basse montagne. Les imagos apparaissent d'avril à juin. Ils se posent sur les feuilles et l'écorce des branches, mangeant jusqu'à ce qu'ils se reproduisent. Dès lors la femelle gagne des arbres abattus ou un tas de bois, s'insinue sous un tronc tandis que le mâle demeure dans la cime des arbres. Ils volent le soir et peuvent être attirés par les lumières. La femelle pond ses oeufs dans les arbres morts, mourants ou coupés. Les larves sont polyphages et on les trouve dans une grande variété d'arbres à feuilles caduques, chênes, hêtre, ormes, noyer, bouleaux, merisier, peupliers, saules, noisetier, arbres fruitiers. Elles creusent des galeries rectilignes dans l'écorce ou dans l'aubier mais, parfois, s'enfoncent dans le bois. Elles hibernent une ou deux fois. En automne, ayant atteint leur taille maximale, elles se creusent une logette, généralement dans l'espace compris entre l'écorce et le bois, mais parfois aussi dans l'aubier ou l'écorce et préparent un trou de sortie (pour l'imago) qu'elles obstruent avec de la sciure. La nymphose a lieu au printemps. Le développement dure souvent trois ans. Distribution : une grande partie de la région paléarctique. En Europe, atteint le nord du continent.

Larve (a) et nymphe (b) de *Saperda populnea.*

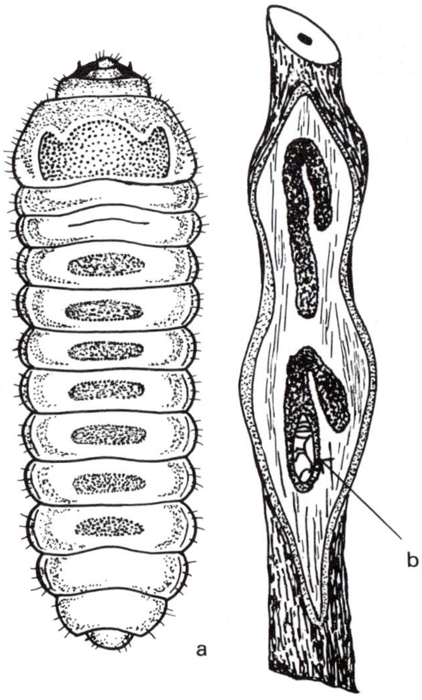

1

2

Coléoptères

1 *Oberea oculata* L.
Cerambycidae

Mesurant de 15 à 21 mm de long, ce Longicorne élancé ressemble à quelques autres espèces des genres *Oberea* et *Phytoecia*. *P. nigripes*, par exemple, lui ressemble dans une certaine mesure car ses élytres et son pronotum ont la même coloration (ce dernier a notamment deux taches noires sur le pronotum). *O. oculata* habite surtout plaines et collines mais atteint également l'étage subalpin en montagne. Les imagos se montrent de mai à septembre sur les feuilles et les rameaux de plusieurs espèces de saules (on les trouve fréquemment sur le saule marsault) ; ils ne viennent pas sur les fleurs. Les plantes-hôtes dans lesquelles se développent les larves comprennent plusieurs saules, mais à la différence de nombreux Longicornes, dont les larves se nourrissent de bois ou d'écorce morts, celles d'*O. oculata* ont besoin de tissus vivants de plantes quelque peu affaiblies toutefois. La femelle prodigue des soins à sa descendance : avant de pondre, elle fait quelques entailles dans l'écorce d'une pousse et un trou dans lequel elle dépose un oeuf. Elle se comporte donc comme celle de *Saperda populnea* et les écorchures ont le même rôle (voir page 354). Les jeunes larves se fraient un chemin dans le centre de la branche, creusent une galerie rectiligne atteignant 30 cm de long ou plus, mais large de 3 à 4 mm seulement. Dans les branches plus épaisses, le forage affecte la couche externe du bois. De temps à autre la larve rejette la sciure par un ou plusieurs petits trous de l'écorce, ce qui témoigne de sa présence. Après l'hivernage elle se nymphose juste au-dessous de la surface de l'écorce. L'imago sort par un trou circulaire préparé auparavant par la larve. Le développement dure un ou deux ans. *O. oculata* vit dans une grande partie de l'Eurasie et en Europe atteint le cercle polaire arctique.

2 *Phytoecia coerulescens* Scop.
Cerambycidae

L'imago mesure au maximum 14 mm de long mais seulement 2 à 3 mm de large. Sa coloration est très variable car il est revêtu d'une fine pilosité *(tomentum)* qui peut être vert bleuâtre, gris bleuâtre, vert, vert jaunâtre, gris, roux grisâtre, gris noirâtre ou noir ; cependant, le type le plus fréquent est vert bleuâtre. Toutes les autres variantes ont reçu un nom particulier. Les imagos fraîchement éclos sont les plus beaux car leur pilosité est complète et intacte. Avec l'âge en effet, elle disparaît en partie à cause de frottements. Ce Longicorne vit surtout en plaine et sur les collines mais on l'a aussi observé en montagne où il atteint la limite supérieure des arbres (2 000 m). Il vit dans les prairies, jachères, sur les talus de chemin de fer et autres lieux secs et chauds. On voit les imagos de mai à juillet sur la végétation, principalement les plantes de la famille des Boraginacées. Ils volent beaucoup par temps ensoleillé. Les larves se développent dans les tiges de ces végétaux (en particulier la vipérine, le cynoglosse, le grémil et le buglosse). Elles hibernent avant de se nymphoser. Leurs métamorphoses durent un an. *P. coerulescens* a une assez vaste distribution car on le trouve en Europe occidentale, centrale, méridionale ; à l'est il atteint le Caucase, l'Asie Mineure. Il existe aussi en Afrique du Nord.

Coléoptères

Famille des *Chrysomelidae* — Chrysomèles, criocères

Certains membres de cette famille sont minuscules (ils ont seulement 1 mm de long) mais beaucoup sont de taille moyenne (les plus grands mesurent environ 20 mm). Forme et couleurs varient beaucoup : il y a des espèces ovales et très convexes, d'autres cylindriques, ovoïdes ou arrondies et quelques-unes sont aplaties. Le corps peut avoir une pigmentation normale ou une tonalité métallique et chez certaines espèces ces deux types de coloration coexistent. Les antennes ont onze articles ; mises à part quelques exceptions ces Coléoptères ont des ailes membraneuses bien développées. Les *Chrysomelidae* habitent les collines boisées, herbeuses, les champs, jardins, parcs, les lisières, les chemins forestiers, les clairières, les prairies fauchées, les alpages, les marais et le bord des eaux. La majorité sont diurnes. Imagos et larves vivent dans des plantes où ils trouvent une nourriture abondante et la plupart sont polyphages. Chez diverses espèces, la femelle s'occupe de sa descendance en recouvrant les oeufs d'une sécrétion protectrice et les dépose là où les larves auront de quoi manger. On connaît 658 espèces de *Chrysomelidae* en France.

1 *Orsodacne cerasi* L.
Chrysomelidae

Petite espèce (longueur : 4,5 à 8 mm) de couleur très variable. A côté de certains sujets entièrement jaunes, jaune brunâtre ou brun roussâtre, d'autres ont les élytres tachés de noir ou entièrement noirs. Ce Coléoptère diffère d'*O.lineola,* très voisin, par la longueur du troisième article des antennes qui est beaucoup plus grand que le second (chez *O. lineola* ils sont égaux). Les imagos se montrent du printemps à l'automne sur diverses plantes herbacées et ligneuses. On les observe au bord des bois, des collines, sur l'aubépine, les sorbiers, le troène, les arbres fruitiers (cerisiers), les Ombellifères en fleurs, la valériane et sur la

1

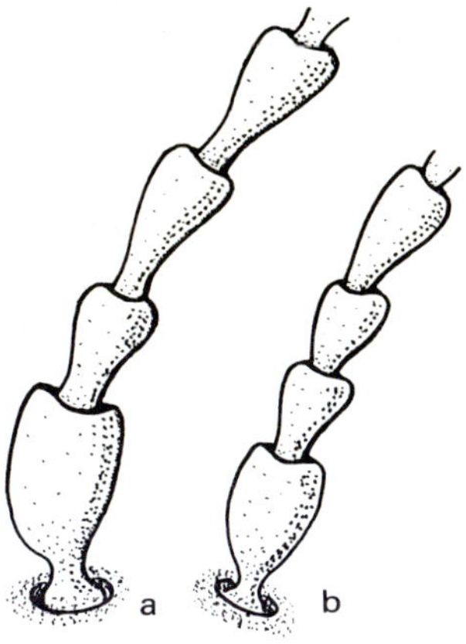

Base d'une antenne d'*Orsodacne cerasi* (a) et *O. lineola* (b).

filipendule dans les prairies marécageuses. Espèce commune ou assez rare selon les régions. Distribution : une grande partie de l'Europe, mais absent dans le nord.

2 Donacie
Donacia aquatica HERBST
Chrysomelidae

Les membres du genre *Donacia* et des genres voisins forment une sous-famille bien à part, celle des *Donaciinae*. Tous ressemblent si fortement à de petits Longicornes qu'on pourrait les confondre avec les membres de cette famille s'ils n'avaient pas des antennes plus courtes et pas d'éperon à l'extrémité des tibias postérieurs. *D. aquatica*, l'une des espèces les plus communes du groupe, mesure de 6 à 10 mm de long et vit dans les prairies marécageuses et au bord de l'eau. On la trouve d'avril à juin sur les feuilles des carex, du rubanier et d'autres plantes poussant en terrain humide ou bourbeux. Distribution : Europe (dans le nord jusqu'au nord de la Finlande et de la Scandinavie) et Sibérie occidentale.

2

Coléoptères

1 *Oulema (= Uloma) melanopus* L.
Chrysomelidae ▲

Très petite espèce (longueur : 4 à 4,5 mm) appelée tout récemment *Lema melanopus.* Le pronotum est rouge mais les élytres varient du bleu au vert bleuâtre, au vert et parfois au noir. Vit dans les champs, les jardins, les bois et se hasarde même dans les rues des grandes villes. L'imago quitte ses quartiers d'hiver en avril et se montre jusqu'en juin sur diverses graminées, y compris des céréales. Les sujets qui apparaissent plus tard en été appartiennent à la nouvelle génération qui hibernera. Ce Coléoptère est phytophage et mange les feuilles de différentes herbes. La femelle pond jusqu'à 100 oeufs, isolément ou en groupe de 2 à 7, le plus souvent sur la face supérieure des feuilles de céréales (principalement avoine, orge, blé de printemps) et d'herbes sauvages (fléole, dactyle, ray-grass, etc.). Les oeufs mesurent seulement 1 mm de long. Les larves, qui éclosent au bout de quelques jours, sont recouvertes d'une couche visqueuse protectrice. Elles sont phytophages et rongent de fines bandelettes de quelques centimètres de long sur les feuilles des plantes-hôtes. En deux semaines elles atteignent leur taille maximale, se débarrassent de leur enduit protecteur et s'enfoncent dans la terre où elles se préparent une chambre de nymphose. Les imagos qui sortent en juillet-août, survolent les prairies. A l'automne, ils cherchent un abri et s'installent dans les touffes d'herbes, le bois sec des vieux arbres, sous l'écorce ou dans un amas de feuilles mortes. *O. melanopus* existe dans la région paléarctique. En Europe il est répandu presque partout. Il a été transporté en Amérique du Nord.

1

2 Criocère du lis
Lilioceris lilii Scop.
Chrysomelidae

Espèce qui, par sa coloration et sa taille (6 à 8 mm de long), ressemble fortement à *Lilioceris merdigera,* mais dont elle diffère par la tête, les antennes, l'écusson et les pattes noirs, alors que chez *L. merdigera* l'écusson et la tête sont rouges. Le genre de vie de ces deux insectes est semblable mais *L. merdigera* (**3**) vit sur un plus grand nombre de plantes-hôtes, par exemple le muguet, le sceau-de-Salomon, les oignons, les ails et l'asperge en dehors des lis. La Criocère du lis est fréquente dans les jardins où vivent ses plantes-hôtes, les diverses variétés de lis et la fritillaire. Les imagos sont visibles entre le début du printemps et la fin de l'automne, car il y a jusqu'à trois générations par an. Ils se tiennent sur les feuilles et en rongent les tissus. Ils peuvent striduler grâce à un appareil situé à l'extrémité de la face dorsale de l'abdomen, les sons étant produits par le frottement d'une côte située au bout des élytres contre l'abdomen.

3

2

Les femelles sont très prolifiques, pondent jusqu'à 300 oeufs et, si elles survivent à un second hiver, en déposent encore 100 à 200. Jaunes, mesurant environ 1 mm, les oeufs sont placés sur les feuilles des plantes-hôtes. Les larves éclosent au bout de quelques jours et ont le même régime que les imagos. A la fin de leur croissance elles atteignent 8 à 10 mm de long, se retirent dans la terre, préparent une logette et s'y nymphosent. Répartition : une grande partie de l'Europe et de l'Asie, ainsi que l'Afrique du Nord.

Coléoptères

1

Oeuf et capsule de *Clytra quadripunctata.*

2

1 Clytre
Clytra quadripunctata L.
Chrysomelidae

Mesurant de 7 à 11 mm de long cet insecte ressemble fortement à *Clytra laeviuscula* (**2**) qui a la même taille et est souvent confondu avec lui. Les principales différences concernent la forme et la taille des taches foncées des élytres et les ponctuations du pronotum. Chez *C. quadripunctata,* les taches sont petites à l'extrémité des élytres et tendent à s'estomper, de plus le pronotum est nettement ponctué ; chez *C. laeviuscula,* les taches sont plus grandes et le pronotum est presque lisse. Ce Coléoptère fréquente surtout les lieux secs et ensoleillés. De mai à août les imagos sont communs sur divers arbres et arbustes, par

3

exemple les saules (y compris le saule marsault), chênes, bouleaux, l'aubépine, etc. Ils se posent sur les feuilles dont ils mangent les tissus.

C. quadripunctata se développe dans le nid des grandes fourmis rousses appartenant au genre *Formica.* Oeufs et larves sont fort ingénieusement protégés contre les attaques des fourmis car la femelle pond les oeufs près d'une fourmilière, les entourant chacun d'un mélange de sécrétion et d'excréments qui forment un étui de minuscules écailles ; l'ensemble évoque un cône en miniature. L'ayant découvert les fourmis le transportent dans leur nid comme s'il s'agissait d'un aliment, sans savoir, évidemment, qu'elles font entrer l'ennemi chez elles. Après l'éclosion, la larve reste à l'abri de son enveloppe et il en sera de même durant sa croissance. Elle agrandit son étui en y adjoignant des grains de sable collés avec ses excréments. Seul l'avant de son corps émerge de cette enveloppe. Elle se nourrit de débris variés, mais peut aussi se passer d'aliments pendant des mois. Avant l'hiver elle obture son abri et plus tard se nymphose à l'intérieur, près de la surface de la fourmilière. Les imagos éclosent et sortent au printemps. Les métamorphoses durent deux ans ou plus. Distribution : l'Europe (jusqu'au nord) et la Sibérie occidentale.

3 *Cryptocephalus sericeus* L.
Chrysomelidae

Coléoptère mesurant 6,5 à 8 mm de long. Corps cylindrique. La tête est cachée par le pronotum, les antennes sont fines et filiformes. Par ses dimensions et sa coloration cette espèce ressemble à *Cryptocephalus aureolus.* Tous deux sont répandus et localement abondants sur les pentes ensoleillées, dans les prairies, au bord des bois et sur les talus de chemin de fer. De mai à juillet, ils visitent les fleurs jaunes des Composées, notamment celles de l'épervière et du pissenlit. Distribution : une grande partie de l'Europe et de la Sibérie.

Coléoptères

Doryphore
Leptinotarsa decemlineata SAY
Chrysomelidae ▲

Le nom scientifique de cette espèce – qui mesure à peu près 10 mm de long – lui a été donné à cause des dix lignes foncées qui traversent ses élytres jaunâtres. Le Doryphore vit surtout dans les champs de pommes de terre mais on peut également le rencontrer à grande distance de ceux-ci. C'est le cas en France, en Tchécoslovaquie où il a été observé sur les monts des Géants et les Tatras et en Pologne dans la forêt de Bialowieja. Il vit sur les pommes de terre et d'autres espèces de la famille des *Solanaceae,* par exemple tomates, tabac et belladone. Les imagos sont visibles du printemps à la fin de l'automne. En général, la femelle pond ses oeufs sur la face inférieure des feuilles de la plante-hôte où ils sont bien protégés du soleil et de la pluie. Les quelques centaines d'oeufs sont toujours réparties en groupes de 20 à 80. Ils mesurent 1,2 mm de long, sont d'abord d'un blanc laiteux et passent vite au jaune. Les larves, rouge vif, tachées de noir, éclosent au bout de quelques jours. Elles vivent principalement sur les feuilles et peuvent les ronger entièrement, laissant les tubercules intacts. En deux ou trois semaines, elles atteignent leur taille maximale, deviennent orange et mesurent alors 15 mm de long. Dès lors elles quittent la plante-hôte, s'enfoncent dans la terre et se nymphosent. L'imago éclôt deux semaines plus tard mais reste dans la terre une semaine supplémentaire jusqu'à ce que ses téguments soient suffisamment durcis. Imagos et larves mangent les tissus de la pomme de terre. Le Doryphore a une ou deux générations par an, selon les conditions ambiantes. L'imago hiberne dans la terre.

Espèce commune dans une grande partie de l'Europe mais qui n'appartient pas à la faune européenne originelle. Décrit pour la première fois en 1824 d'après des spécimens vivant sur des *Solanaceae* sauvages *(Solanum rostratum)* dans l'État du Colorado (États-Unis), le Doryphore envahit les pommes de terre à l'époque où fut construit le chemin de fer du Pacifique, vers

1850. Aujourd'hui, cet insecte accompagne la pomme de terre dans le monde entier. Entre 1875 et 1900, on le découvrit en plusieurs points de l'Allemagne d'où il fut éliminé avec succès, mais sa progression ne pouvait plus être enrayée. Durant la première guerre mondiale et les années suivantes, il envahit une grande partie de la France, de l'Allemagne, s'avança vers l'est et partout devint rapidement un élément permanent de la faune locale. Larves et imagos endommagent les plants de pomme de terre et les dépouillent de leurs tissus verts, ce qui a de néfastes conséquences pour la croissance du végétal et le rendement en tubercules. On a combattu le Doryphore par diverses méthodes, pas toutes appropriées il est vrai, mais il n'a pas disparu pour autant. Plusieurs carabes *(Carabus auratus, C. cancellatus, C. granulatus)* contribuent à réduire ses populations car ils mangent larves et imagos. Aujourd'hui, le Doryphore existe dans le monde entier ou presque.

Coléoptères

1 *Chrysomela polita* L.
Chrysomelidae

Cette chrysomèle (longueur : de 6,5 à 8,5 mm) a des couleurs contrastées : ses élytres sont d'un brun roussâtre et tout le reste du corps est bleu, vert ou jaune métallique ; le scutellum a lui aussi des reflets métalliques ; son bord est séparé du reste par une légère dépression pourvue de quelques points enfoncés. Les points des élytres sont de deux dimensions et avec une loupe on peut voir de plus petits points entre les grands. Aimant l'humidité, ce Coléoptère vit dans les prairies et au bord de l'eau. Les imagos se montrent pendant presque toute la belle saison, du début du printemps (mars) à l'automne (octobre). Ils se tiennent sur les Labiées hygrophiles comme la menthe, le lierre terrestre, la sauge et le lycope sur lequel notre appareil photographique les a surpris. C'est l'une des espèces les moins rares ; d'autres fréquentent aussi les menthes qui sont des plantes-hôtes importantes pour beaucoup. Les plus visibles sont *Chrysomela coerulea* et *C. herbacea* qui sont respectivement bleu et bigarré. *C. polita* vit dans presque toute l'Europe mais aussi en Asie Mineure, au Moyen-Orient et en Sibérie.

1

2

2 *Chrysomela rufa* DUFTSCHMID
Chrysomelidae

Le dos et la face inférieure de cette chrysomèle (longueur : 6 à 9 mm) sont bruns ainsi que ses antennes et ses pattes. Ce n'est cependant pas la seule qui ait cette teinte café. Plusieurs autres espèces européennes ont une coloration analogue et leur identification n'est pas toujours facile, surtout si l'on n'a qu'un seul spécimen. Les entomologistes amateurs les appellent couramment « *Chrysomela staphylea* », sans doute parce qu'il s'agit de la plus commune. Toutefois, *C. staphylea* diffère de *C. rufa* par un détail important : elle a des ailes membraneuses sous les élytres alors que *C. rufa* et d'autres espèces similaires en sont dépourvues. En outre, *C. rufa* a des reflets métalliques plus visibles que ceux de *C. staphylea*.

C. rufa est une espèce montagnarde commune dans les prairies et dans la zone des arbres rabougris ; elle est rare sur les collines. Elle se cache sous les pierres, dans la mousse et marche souvent sur les chemins caillouteux. Elle ne peut pas voler et par conséquent elle s'est diversifiée en plusieurs sous-espèces, chacune étant confinée dans une région de montagne. Ainsi, *C. rufa rufa* habite l'est des Alpes, *C. rufa frieseri* vit dans les Alpes bavaroises, *C. rufa staphylaeoides* dans les montagnes de Thűringe, Saxe et du nord de la Bohême (Allemagne et Tchécoslovaquie) et *C. rufa squalida* existe en forêt de Bohême et dans les Hautes Tatras (Tchécoslovaquie), etc. Actuellement, on ne sait pas encore grand-chose sur la biologie de ces sous-espèces et sur leurs relations avec les plantes-hôtes. Répartition : les montagnes d'Europe centrale.

Coléoptères

1 *Dlochrysa fastuosa* Scop.
Chrysomelidae

Seule espèce de son genre. L'imago, qui mesure 5 ou 6 mm de long, est l'une des plus jolies chrysomèles d'Europe occidentale et centrale. Sa coloration métallique est très variable et comporte des associations de vert, vert jaunâtre, violet bleuâtre et rouge foncé. Les élytres portent souvent des bandes violet bleuâtre proches de la suture et le long du bord. Sur le pronotum il y a parfois deux taches bleues généralement indistinctes. Les pattes sont d'un vert métallique mais les trois premiers articles des antennes sont brun jaunâtre. Cette chrysomèle est fréquente le long des chemins dans les champs et les bois, au bord des routes et des fossés, dans les jachères et en terrain caillouteux ou sur les lisières des bois, partout où croissent ses plantes-hôtes. Les imagos apparaissent en avril-mai et sont visibles jusqu'en septembre. Comme les larves, ils se tiennent sur les Labiées telles que les galéopsis, les lamiers et aussi les orties. *D. fastuosa* existe dans une grande partie de l'Eurasie ; en Europe elle atteint le nord de la Finlande et de la Scandinavie.

2 *Gastroidea viridula* Deg.
Chrysomelidae

Petit Coléoptère (longueur : 4 à 6 mm) aux couleurs métalliques. Ses élytres sont généralement verts, la tête et le pronotum étant bleus, mais certains sujets ont les élytres cuivrés, la tête et le pronotum vert à reflets dorés, ou encore les élytres bleus avec la tête et le pronotum bleu doré. Le dessous du corps est d'un noir métallique. Cette espèce habite les prairies humides, les terrains vagues, le bord des chemins et les jardins, en plaine et en montagne. Jusqu'à une époque assez récente on la trouvait, au moins dans certains pays, en montagne mais depuis elle s'est répandue en plaine et sur les collines où elle abonde localement. Les imagos quittent leurs quartiers d'hiver au printemps et rejoignent les plantes-hôtes. On les rencontre jusqu'à la fin de l'automne. Insectes adultes et larves vivent sur diverses espèces de *Polygonaceae, Brassicaceae* et *Chenopo-*

1

diaceae ; les imagos se tiennent généralement en groupes à la surface supérieure des feuilles. Comme les larves, ils percent des trous dans le limbe dont la surface diminue rapidement et qui est transpercée de telle sorte qu'on voit les attaques à distance. La femelle pond sur le dessous des feuilles plusieurs centaines d'oeufs de couleur claire, en groupes de 20 à 45 le plus souvent. Ils sont revêtus d'une fine couche d'une sécrétion protectrice. Ayant atteint leur taille définitive les larves s'enfoncent dans la terre pour se nymphoser. Etant donné qu'il y a trois générations annuelles, on peut trouver simultanément sur les plantes-hôtes des larves et des imagos. Les imagos de la troisième génération hibernent. Espèce présente dans toute l'Europe sauf la péninsule Ibérique. Au nord, elle atteint la limite extrême du continent et à l'est, le Caucase. Elle vit aussi en Sibérie. Dans cette aire de distribution elle est représentée par plusieurs sous-espèces, dont *G. viridula viridula* est la plus répandue. *G. viridula pennina* vit en Suisse et au Tyrol.

Coléoptères

1 *Melasoma aenea* L.
Chrysomelidae

Coléoptère généralement vert métallique à jaune verdâtre ou bleu, pouvant parfois être d'un roussâtre doré. Il mesure en moyenne 7 mm de long. On le trouve au bord des rivières, fleuves et étangs, le long des chemins forestiers, dans les clairières herbeuses, de la plaine à la montagne. Les imagos sont visibles d'avril à l'automne. Ceux qui apparaissent au printemps ont hiberné et meurent en été ; les autres sont leurs descendants. Imagos et larves se nourrissent aux dépens des feuilles d'aulne, leur seule plante-hôte ou presque. La femelle s'occupe de sa progéniture en choisissant des feuilles d'aulne aussi intactes que possible de sorte que les larves ont une quantité de nourriture suffisante quand elles éclosent ; elle colle ses oeufs par groupes de 20 à 30 sur la face inférieure des feuilles, en oblique par rapport à la surface. Ils sont donc à l'abri de la pluie et du soleil brûlant. Les larves éclosent en cinq à dix jours et leur développement dure environ deux semaines. Les différents stades de cet insecte sont constamment menacés par une foule d'ennemis, aussi bien insectes que vertébrés.

Étant donné que la période de ponte dure assez longtemps (près de deux mois), on peut trouver en été sur les feuilles des larves de tous âges. La nymphose a lieu sur les feuilles à partir de la mi-juin. Les nymphes sont suspendues la tête en bas. Les imagos éclosent cinq à huit jours plus tard. Le cycle de développement dure à peu près un mois au total. Les imagos de la nouvelle génération se montrent à partir d'août. Bien avant l'hiver, ils choisissent un refuge parmi les feuilles mortes de la litière où ils attendent le retour du printemps. *M. aenea* existe dans une grande partie de la région paléarctique. En Europe, il manque près de la Méditerranée, mais dépasse le cercle polaire arctique au nord.

2 Lina du peuplier
Melasoma populi L.
Chrysomelidae

La Lina du peuplier ressemble fortement à *M. saliceti* et à *M. tremulae,* mais en diffère surtout par la présence d'une petite marque noire en haut des élytres. L'imago mesure 10 à 12 mm de long. Ce Coléoptère accompagne ses principales plantes-hôtes

1

(plusieurs espèces de peupliers) dans les plaines et en montagne, dans les terrains secs ou humides. Les imagos qui ont hiberné se montrent sur les feuilles au printemps. Les femelles fécondées pondent plusieurs centaines d'oeufs en amas de 30 à 60 sur la face inférieure du limbe. Ils mesurent environ 1 mm de long et leur couleur varie du jaune pâle au brun, au roux et au violet. Une sécrétion protectrice les entoure. Les larves qui éclosent au bout de cinq à douze jours sont noires et mesurent environ 4 mm. A leur stade ultime elles atteignent 12 à 15 mm de long et sont d'un blanc jaunâtre sale avec des rangées de points foncés. Elles rongent les feuilles, souvent jusqu'à la nervure centrale et n'en laissent que le « squelette ». Elles se nymphosent sur les deux faces de feuilles intactes. Il y a deux ou trois générations par an selon les conditions climatiques. En octobre, les imagos se cachent pour hiberner dans les feuilles mortes, sous des pierres, dans la mousse ou sous l'écorce. *M. populi* existe dans une grande partie de la région paléarctique. En Europe, on le trouve depuis le nord de la Grèce jusqu'à la Laponie et dans l'ouest du continent.

1 *Phytodecta viminalis* L.
Chrysomelidae

Les élytres et le pronotum de cette chrysomèle d'aspect très variable (longueur : 5,5 à 7 mm) portent des taches noires sur un fond roux jaunâtre. La grande marque noire située à la base du pronotum peut manquer ou se réduire en plusieurs petites. Chez certains sujets les teintes foncées dominent alors que chez d'autres les couleurs claires l'emportent, mais les pattes sont toujours noires. *P. rufipes* a la même coloration sauf que ses pattes sont jaune roussâtre. Les imagos se montrent dès la fin du printemps et au début de l'été ; on les voit de mai à juillet sur les feuilles de plusieurs espèces de saules mais surtout le saule marsault, *Salix aurita* et *Salix cinerea,* sur lesquels les larves se développent aussi. L'espèce est commune dans les lieux qui lui sont favorables. Elle est répartie dans les régions paléarctique et néarctique. En Europe, elle atteint le nord du continent.

2 *Phyllodecta vulgatissima* L.
Chrysomelidae ▲

Chrysomèle de taille égale à celle de *P. vitellinae* (longueur : 4 à 5 mm) et de la même coloration métallique. Toutes deux vivent principalement sur les osiers. Il est impossible de les distinguer sauf sous un fort grossissement. Chez *P. vulgatissima* les deuxième et troisième articles des antennes ont la même longueur et la base du pronotum est bordée par une côte très fine. Chez *P. vitellinae* le second article antennaire est plus court que le troisième et la base du pronotum est dépourvue de toute arête. Espèce très commune partout où croissent ses plantes-hôtes, les saules, le tremble et les peupliers noirs. Les imagos qui ont hiberné quittent leurs quartiers d'hiver très tôt au printemps, c'est-à-dire vers le milieu de mars. En avril et en mai, on les voit partout sur les branches de saule où ils rongent les feuilles, y découpant de petites « fenêtres ». Ils vivent aussi sur les bourgeons. Après l'accouplement la femelle pond environ 400 oeufs en groupes de 6 à 20 sur la face inférieure des feuilles et les recouvre d'une sécrétion protectrice. Les larves éclosent une ou deux semaines plus tard, restent sur les feuilles et s'en nourrissent. Au bout de trois ou quatre semaines, elles tombent à terre et se nymphosent à faible profondeur. Les imagos de cette première génération (estivale) s'accouplent et fondent une génération automnale dont les adultes apparaissent en septembre. Ces jeunes insectes passent l'hiver dans des touffes d'herbes ou les feuilles mortes, tandis que les sujets de la génération estivale meurent pendant l'hiver.

Cette espèce endommage les saules et sous les attaques des larves et des imagos, de nombreux jeunes arbres périssent. Distribution : presque toute la région paléarctique (dans le nord, dépasse le cercle polaire arctique) ; également dans la région néarctique.

2

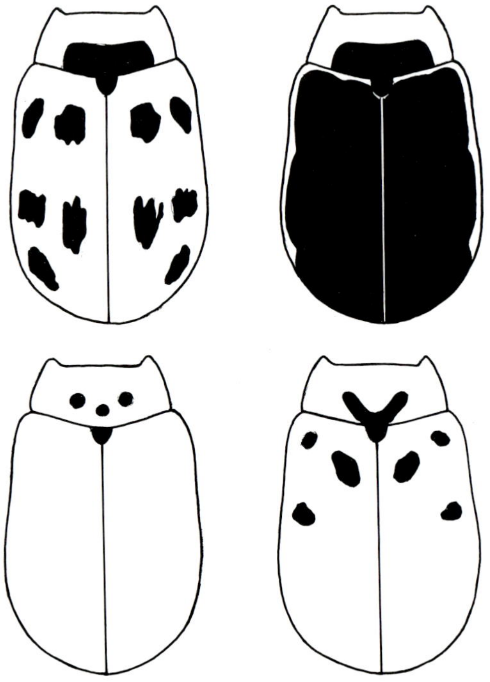

Phytodecta viminalis. Exemple de la variabilité des couleurs du pronotum et des élytres.

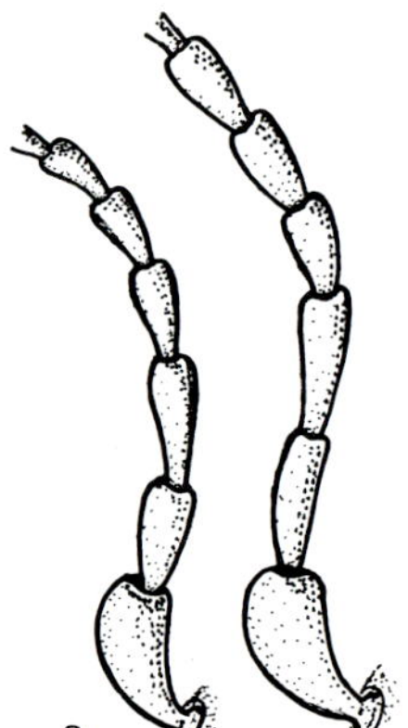

Base des antennes de *Phyllodecta vitellinae* (a) et de *P. vulgatissima* (b).

1

Coléoptères

1 Galéruque

Galeruca tanaceti L.
Chrysomelidae

Il est facile de confondre cette grosse chrysomèle (longueur : 6,5 à 11 mm) avec *G. pomonae,* qui est parfois brune, mais les élytres de cette dernière portent des côtes longitudinales contrairement à ceux de *G. tanaceti.* Espèce commune dans les prairies, sur les chemins champêtres, les pentes sèches, en plaine et sur les collines. Les imagos montent sur les plantes-hôtes pour se nourrir. On les voit en été et jusqu'à la fin de l'automne (octobre et novembre). Normalement, ils sortent de leur cachette avant la tombée de la nuit, surtout quand le ciel est sombre. Polyphages, ils fréquentent surtout les Crucifères cependant. Avant la ponte l'abdomen de la femelle est très renflé et devient visible sous les élytres. Les oeufs sont déposés entre septembre et novembre sur les feuilles, les tiges et les inflorescences. Ils sont généralement placés en groupes de 20 à 30. Au moment de la ponte, la femelle émet une sécrétion jaune pâle qui recouvre les oeufs, durcit, s'assombrit et les protège efficacement. Distribution : la partie occidentale de la région paléarctique. En Europe, atteint la Laponie. Existe sur les îles Britanniques.

1

2

2 *Agelastica alni* L.
Chrysomelidae

Coléoptère d'un bleu noirâtre, parfois violet ou vert (longueur : 6 à 7 mm). Espèce typique des lieux humides, surtout en plaine et dans les régions vallonnées. Les imagos se tiennent sur les feuilles des arbustes et arbres appartenant au genre *Alnus* (aulnes) et croissant au bord des rivières, sur les lisières et le long des chemins forestiers. S'il y a peu d'aulnes, on les trouve aussi sur le saule marsault, des peupliers, bouleaux, noisetiers, etc. Cette chrysomèle est fréquente surtout d'avril à juin (imagos ayant passé l'hiver) et à nouveau de la fin de juillet à septembre (jeunes insectes n'ayant pas encore hiberné). Elle mange les feuilles et y perce des trous. Extrêmement prolifique, la femelle peut pondre jusqu'à 900 oeufs en mai et juin. Ils sont groupés par 60–70 sur la face inférieure des feuilles, collés les uns aux autres avec une sécrétion spéciale. Les larves éclosent environ 14 jours plus tard et restent d'abord groupées sur place, rongeant le dessous des feuilles, après quoi on peut les voir aussi sur la face supérieure. Au fur et à mesure de leur croissance elles transforment les feuilles en dentelle. Elles sont alors noires et mesurent près de 11 mm de long. Au bout de trois semaines elles quittent la plante-hôte et se nymphosent à la surface du sol ou juste au-dessous. Après leur éclosion les jeunes Coléoptères restent un certain temps cachés puis escaladent les arbres en direction du feuillage. En septembre, ils se dissimulent à nouveau pour l'hiver. Il n'y a qu'une génération par an. Cet insecte existe dans presque toute la région paléarctique et a été transporté dans la région néarctique.

Coléoptères

1 Casside

Cassida viridis L.

Chrysomelidae

Espèce faisant partie de la sous-famille des *Cassidinae,* dont les membres se ressemblent beaucoup entre eux. Leur corps en forme de bouclier est légèrement convexe. A l'état vivant, *C. viridis* est d'un vert vif qui se confond parfaitement avec la végétation

1

1

1

environnante mais les spécimens morts des collections sont généralement décolorés et jaunâtres ou brunâtres. La Casside est l'une des espèces les plus communes du groupe. Les imagos mesurent de 7 à 10 mm de long, ont un pronotum plus étroit que les élytres, ce qui les distingue de *C. hemisphaerica,* qui est vert également mais bien plus petit. *C. viridis* habite les lieux humides où il apparaît au printemps. Ayant quitté ses quartiers d'hiver, il grimpe sur les Labiées, sauge, épiaire des bois, menthes, se tient sur la face supérieure des feuilles et y perce des trous. La femelle dépose de petits amas d'oeufs sur leur face inférieure ; pour pondre, elle écarte les pattes et relève l'avant du corps. Elle couvre rapidement chaque oeuf d'une sécrétion protectrice et fait de même pour chaque ensemble. Les larves éclosent peu de temps après, séjournent d'abord sur place avant de passer sur le dessus des feuilles tout en les rongeant. Elles ont un étrange aspect : le corps est aplati dorsoventralement, des excroissances épineuses se dressent sur leurs flancs et il y en a deux au bout de l'abdomen. Les excréments et les exuvies larvaires sont empilés sur ces pointes de sorte que la larve ressemble plutôt à un tas informe de débris qu'à un insecte. Elle se nymphose sur le dessous de la feuille. Fixée au support par son extrémité postérieure la nymphe possède des appendices latéraux comme la larve. L'imago passe l'hiver dans la litière de feuilles mortes. Il n'y a qu'une génération annuelle. Distribution : une grande partie de la région paléarctique.

2

Famille des *Anthribidae*

Les membres de cette famille (24 espèces en France) sont caractérisés par leur grande tête, nettement rétrécie en avant. Les imagos sont prédateurs alors que les larves vivent dans le bois pourrissant, le bois sec vermoulu sous l'écorce et dans les amas d'oeufs des cochenilles.

2 *Anthribus albinus* L.
Anthribidae

L'imago ressemble quelque peu à un charançon mais ses antennes ne sont pas coudées à angle droit. De nombreuses espèces tropicales de cette famille ressemblent à des représentants d'autres familles, notamment les *Chrysomelidae* et les *Curculionidae* mais aussi les *Tenebrionidae,* les *Cerambycidae* et même des *Scolytidae. A. albinus* est l'un des plus grands membres de la famille (longueur : 8 à 12 mm), le mâle étant un peu plus long que la femelle. Il a aussi de plus longues antennes qui dépassent la moitié des élytres alors que celles de la femelle atteignent seulement le bord postérieur du pronotum. L'imago, qui a une coloration assez variable, se confond presque toujours avec son entourage. Sa couleur fondamentale va du gris clair au brun noirâtre ; les taches blanches des élytres peuvent s'unir sur la suture, être très réduites et même manquer. Ce Coléoptère apparaît dans les forêts de feuillus entre mai et septembre. Il fréquente les tas de bois, les branches, les souches vermoulues où il cherche sa nourriture. La larve vit dans le bois mort des chênes, hêtres, bouleaux, aulnes et saules où elle se creuse un abri pour se nymphoser. *A. albinus* vit en Europe – sauf dans le nord –, en Asie Mineure, au Proche-Orient et en Sibérie.

Famille des *Attelabidae* — Rhynchites

Jadis ces insectes étaient inclus dans la famille des charançons (*Curculionidae*). Certains ont des couleurs métalliques, d'autres étant noirs ou rouges. Ils possèdent un rostre de longueur variable et des antennes rectilignes formées de 11 ou 12 articles. La plupart sont sylvestres. Chez de nombreuses espèces les femelles préparent un véritable berceau pour les oeufs avec les feuilles des plantes-hôtes. Il abrite efficacement la ponte et les larves qui se nourrissent de ses parois.

1 Rhynchite du bouleau *Byctiscus betulae* L.
Attelabidae

Les faces dorsale et ventrale de ce Coléoptère sont de la même couleur qui peut être un vert métallique, un vert doré, un vert bleuâtre, un bleu ou un violet. Les sujets bleus ont les pattes noires ; chez les individus verts, le rostre et les pattes sont teintés de roux (longueur : 4,6 à 6 mm). Les adultes et les larves vivent sur différents arbres et arbrisseaux à feuilles caduques. Du printemps à l'automne, on peut les voir ronger les feuilles. En période de reproduction (mai à juillet) les femelles roulent une ou plusieurs feuilles, les collent avec une sécrétion et pondent un à six oeufs dans ces « cigares ». Elles perforent le pétiole et rongent le limbe en plusieurs endroits de telle sorte que la feuille se fane. Durant leur existence, elles préparent vingt à trente de ces tubes qui pendent aux rameaux. Ces « nids » finissent par tomber à terre, les larves en sortent et se nymphosent dans un petit trou du sol. Les imagos éclosent en automne et hibernent. *B. betulae* vit dans une grande partie de l'Europe et de l'Asie.

2 *Attelabus nitens* Scop.
Attelabidae

Coléoptère essentiellement rouge et noir, mais dont la coloration est variable (longueur : 4 à 6 mm). La variante la plus répandue a les élytres, le haut du pronotum et les premiers articles des antennes rouges, le reste du corps étant noir. Les antennes peuvent être entièrement noires et le pronotum peut être bordé de noir, mais il arrive que l'insecte soit complètement noir. Les imagos de ce rhynchite sont visibles de mai à juillet sur les chênes dont ils rongent les jeunes feuilles. Avec une partie d'une feuille de chêne la femelle prépare un tube dans lequel elle pondra. Au niveau du tiers du limbe elle fait une incision perpendiculaire à la nervure centrale et le ronge de sorte qu'il se flétrit partiellement. Elle fait la même chose de l'autre côté, rapproche les deux moitiés, faces supérieures accolées et les enroule pour former le cylindre. Chaque tube contient un seul oeuf jaune, reste sur l'arbre un certain temps pendant que la larve grandit et finalement tombe par terre où elle passera l'hiver avant de se nymphoser au printemps.

Lasiorhynchites sericeus, membre de la même famille, ne roule pas les feuilles lui-même, mais pond généralement ses oeufs dans les tubes préparés par *A. nitens* et ses larves s'y développent tout en rongeant la feuille. Espèce eurasiatique qui atteint le sud de la Suède. On la connaît aussi localement en Angleterre et en Écosse.

1

2

2

Coléoptères

1 *Deporaus betulae* L.

Attelabidae

1

Les adultes qui mesurent seulement 2,5 à 4 mm de long sont noirs et n'attirent pas l'attention. Le mâle diffère nettement de la femelle par ses fémurs postérieurs plus épais. Ce Coléoptère vit principalement sur les bouleaux et, dans une moindre mesure, sur d'autres essences feuillues, aulne, charme, hêtre, noisetier, etc. Il existe en plaine et jusqu'à environ 1 000 m d'altitude. On le voit d'avril à juillet. La femelle prépare un nid avec une feuille dont elle enroule le limbe d'une façon si remarquable qu'il s'agit de l'une des structures les plus étonnantes faites par un insecte. Marchant sur une feuille de bouleau, elle semble d'abord en apprécier les dimensions et la qualité. Si elle se décide, elle commence par inciser le limbe près du pétiole et découpe une courbe en forme de S jusqu'à la nervure centrale qu'elle endommage ; puis elle continue vers l'autre côté de la feuille. Ces découpes entraînent un flétrissement qui facilite la suite du travail. Les côtés de la partie désormais isolée sont repliés habilement de façon à former un cornet « cousu » par une série de piqûres faites avec le rostre. A l'intérieur, une ou plusieurs pochettes sont préparées et un oeuf est pondu dans chacune. Enfin, l'extrémité du cigare est fermée mais il reste solidaire du reste de la feuille, toujours en place. La larve ronge la feuille pendant toute la durée de sa croissance, c'est-à-dire environ trois mois. Le cornet finit par tomber par terre et la larve, ayant atteint sa taille définitive, se nymphose sous la surface. Les cornets trahissent la présence de cette espèce. Distribution : Eurasie. En Europe jusqu'au nord. Commune aussi sur les îles Britanniques.

1

Préparation du « cigare » chez *Deporaus betulae.* La flèche montre la direction dans laquelle la femelle découpe la feuille.

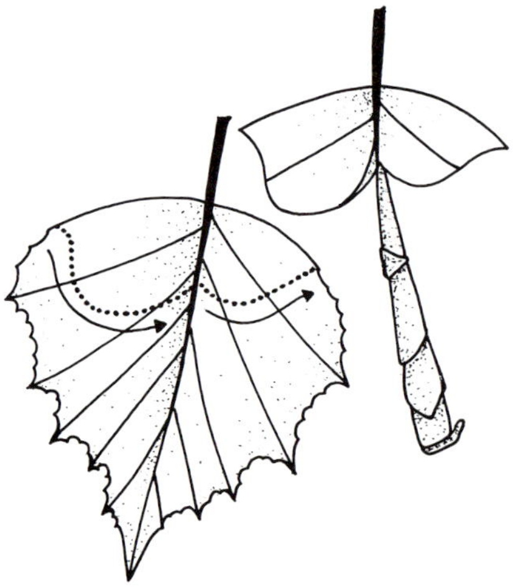

Famille des *Curculionidae* — Charançons

Les charançons forment une famille très homogène d'insectes caractérisés par la possession d'un rostre (« bec ») allongé et d'antennes très nettement coudées. Beaucoup sont de couleur foncée et peu visibles mais certains ont des écailles soyeuses qui recouvrent leur corps et cachent la teinte du tégument ou bien forment des taches d'une couleur différente. Les charançons sont phytophages et se nourrissent de tissus végétaux. Leurs larves sont apodes. Beaucoup sont très nuisibles. C'est l'une des plus grandes familles d'insectes avec environ 50 000 espèces dans le monde. Environ 1 300 espèces vivent en France.

2

2 *Otiorhynchus raucus* F.

Curculionidae

Espèce dont les élytres sont revêtus d'une épaisse couche d'écailles brunes et blanches dont l'alternance lui donne un aspect tacheté. Il arrive cependant que le corps soit entièrement recouvert d'écailles grises. L'imago mesure de 5 à 10 mm de long. *O. raucus* vit surtout en plaine mais aussi dans les vallées en montagne. Les imagos apparaissent au printemps sur toutes sortes de plantes sauvages ou cultivées, par exemple fraisier sauvage, rose, arbres fruitiers, betterave à sucre, etc. Les larves se tiennent sur les racines, hibernent et se nymphosent dans la terre au printemps. Distribution : Europe, sauf la région méditerranéenne, et Afrique du Nord.

1

Coléoptères

1 *Otiorhynchus singularis* L.
Curculionidae

L'apparence tachetée de ce charançon (longueur : 5,5 à 7,5 mm) est due à l'alternance d'écailles sombres et cuivrées, présentes sur le pronotum et les élytres, avec des tubercules lisses, brillants, surmontés de poils incurvés, disposés en rangées longitudinales sur les élytres également. Les fémurs des pattes antérieures portent un petit éperon. Ce Coléoptère habite surtout les forêts mais aussi les parcs urbains et les jardins. Localement il vit en plaine et ailleurs en montagne. En général, les imagos sont fréquents sur toutes sortes d'arbres à feuilles caduques, conifères et arbrisseaux (surtout hêtre, aulne, noisetier) et on les voit régulièrement sur les arbres fruitiers, du printemps à l'automne. En Europe centrale la reproduction se fait uniquement par parthénogenèse (il y a seulement des femelles non fécondées) et ceci en raison des conditions climatiques, mais dans l'ouest du continent les mâles existent et la reproduction est bisexuée. Ce charançon vit en Europe occidentale et centrale.

2 *Phyllobius oblongus* L.
Curculionidae ▲

L'imago dont la longueur est de 3,8 à 5,5 mm a le plus souvent des élytres bruns, mais on connaît aussi des sujets chez lesquels ils sont noirs. L'identification de cette espèce est aisée car les stries de ses élytres et les espaces qui les séparent sont revêtus de longs poils clairs implantés obliquement et disposés en rangées longitudinales. Tous les fémurs portent un éperon bien net. *P. oblongus* vit dans les bois de feuillus mais aussi dans les jardins. Ici et là en mai et en juin il abonde sur les chênes, hêtres, tilleuls et érables ainsi que sur de nombreuses plantes de la famille des *Rosaceae* (cerisier, poirier, pommier, abricotier, aubépine, etc.). Il accompagne ses plantes-hôtes dans les avenues et les haies. Les imagos rongent les feuilles mais attaquent parfois les bourgeons et les pétales des fleurs.

L'accouplement se passe sur des fleurs. Imitant celles de nombreux autres charançons, la femelle pond de petits groupes d'oeufs dans la terre. D'abord blancs, ils deviennent vite bruns. Les larves restent en terre, se nourrissant des racines de nombreuses plantes comme diverses graminées, orties et oseilles. Elles atteignent 5 mm de long, passent l'hiver et se nymphosent au printemps suivant. Les années où elle pullule, cette espèce fait des dégâts dans les jardins, diminuant les récoltes de fruits par sa consommation de bourgeons. Distribution : presque toute l'Europe et l'Asie. Dans le nord de l'Europe, atteint le centre de la Suède. Nuisible dans les vergers de Grande-Bretagne. Existe aussi en Afrique du Nord et a été transporté en Amérique du Nord au XXe siècle.

1

2

Coléoptères

1 *Phyllobius arborator* HERBST
Curculionidae

Le genre *Phyllobius* réunit plusieurs petits charançons dont le corps est revêtu d'écailles verdâtres ou vert doré. *P. arborator* fait partie des espèces les mieux connues avec *P. urticae* (associé aux orties) et *P. argentatus*. *P. arborator* se distingue assez facilement de ceux-ci par son scutellum recouvert de poils noirs. La possession d'écailles vertes n'est pas l'apanage des membres du genre *Phyllobius* ; elles existent aussi dans d'autres genres comme *Polydrosus*. Pour identifier les charançons verts, il faut donc tenir compte d'autres caractères, comme par exemple la présence d'un sillon antennaire sur les côtés du rostre, détail typique des *Polydrosus* mais absent chez les *Phyllobius*.

P. arborator mesure 5,5 à 8 mm de long. Il vit surtout dans les forêts des collines et montagnes mais manque en plaine. Les imagos sont visibles au printemps et au début de l'été sur les feuilles de divers arbrisseaux, arbres à feuilles caduques et même plantes herbacées du sous-bois. Leur régime est polyphage mais les chênes, hêtres, érables et aulnes sont quelques-unes de leurs plantes-hôtes principales. Ils dévorent les feuilles à partir du bord, progressent entre les nervures latérales jusqu'à la nervure centrale et ne laissent que le squelette du limbe. La femelle pond dans la terre où les larves se développent sur les racines de diverses plantes. Distribution : Europe occidentale, centrale et orientale. Manque sur les îles Britanniques et dans le nord du continent.

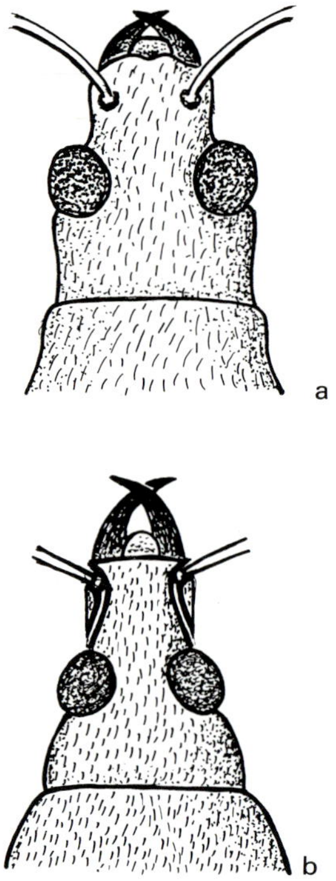

Tête de charançons des genres *Phyllobius* (a) et *Polydrosus* (b).

2 *Polydrosus mollis* STROEM
Curculionidae

Ce robuste charançon (longueur : 6 à 8,5 mm) est reconnaissable à son rostre assez court dont l'extrémité est légèrement élargie. De couleur noire, il est revêtu d'écailles cuivrées ou d'un gris vert métallique qui, chez les sujets âgés, manquent plus ou moins à la suite de frottements. Le corps de *Phyllobius pyri*, espèce très semblable, est lui aussi couvert d'écailles de même coloration en sorte qu'on peut aisément confondre ces deux insectes. Cependant, *P. pyri* a un éperon sur chaque fémur alors que chez *Polydrosus mollis* seuls les fémurs des pattes médianes et postérieures en possèdent un, ceux des pattes antérieures étant lisses. *P. mollis* vit dans les bois, les jardins en plaine et en montagne. Les imagos appartiennent à la faune des Coléoptères printaniers et fréquentent différents arbres, bouleaux, noisetiers, chênes, arbres fruitiers, etc., dont ils mangent les feuilles. Les mâles sont inconnus dans une grande partie de l'aire de répartition et de ce fait les femelles se reproduisent parthénogénétiquement, c'est-à-dire sans être fécondées ; dans le sud de l'Europe et les Balkans les deux sexes existent. Cette espèce est généralement bien répandue. Distribution : une grande partie de l'Europe, jusqu'au sud ; localement sur les îles Britanniques et en Sibérie.

1 Charançon du sapin
Hylobius abietis L.
Curculionidae ▲

Insecte forestier (longueur : 7 à 13 mm). Les sujets vivant sur les pins sont plus grands que ceux qui fréquentent les épicéas. Espèce présente surtout dans les pinèdes mais également dans les pessières (forêts d'épicéas), en plaine et en montagne. On reconnaît le sexe à la présence d'une dépression très nette sur le premier et le dernier anneau de l'abdomen du mâle (face inférieure). Selon l'altitude les imagos quittent souvent leurs quartiers d'hiver dans la seconde quinzaine d'avril. Par les journées chaudes ils volent surtout en fin d'après-midi et le soir. Ils rongent l'écorce et le cambium des rameaux et petits troncs des conifères et plus rarement d'arbres à feuilles caduques. Le bois se trouve à nu sur de petites surfaces qui peuvent se rejoindre quand les dégâts sont importants. La femelle pond un ou plusieurs oeufs dans de petits trous qu'elle fore dans l'écorce des racines des souches récentes de pin ou d'épicéa. Au total elle en produit environ 80 à 150 entre mai et août. Les larves éclosent au bout de 15 à 20 jours. Elles mangent d'abord les tissus superficiels et pénètrent parfois dans l'aubier, laissant derrière elles des sillons longitudinaux. Elles se nymphosent dans une logette située entre l'écorce et le bois ou dans celui-ci. La durée des métamorphoses varie selon la température ambiante. Si les conditions sont favorables, l'éclosion des imagos a lieu la même année mais le plus souvent les larves hibernent et les adultes sortent durant l'été suivant. Ils ne quittent pas la forêt, passent l'hiver dans la mousse, la litière ou de vieilles souches. Le développement d'une génération exige donc un à deux ans et trois à cinq dans le nord de l'Europe. Les imagos vivent plusieurs années.

Les larves ne font pas de dégâts puisqu'elles vivent dans les souches mais les imagos font partie des insectes les plus redoutés dans les forêts de conifères, notamment les pinèdes. Leur activité a des conséquences négatives pour les jeunes arbres et s'ils sont nombreux les végétaux s'affaiblissent, se dessèchent et finissent par mourir. Ceci vaut tout particulièrement pour les jeunes plants des pépinières.

Hylobius abietis est largement répandu dans la zone tempérée de l'Europe et de l'Asie. En Europe il atteint le nord du continent. Il existe çà et là sur les îles Britanniques.

1

2

Tête et pronotum des charançons *Liparus germanus* (a) et *L. glabrirostris* (b).

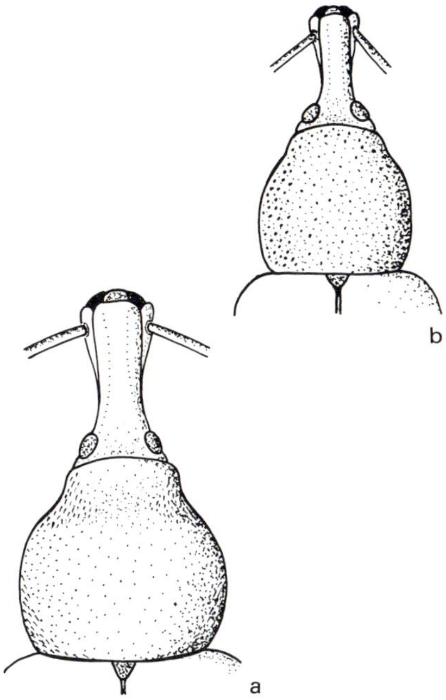

2 *Liparus glabrirostris* KÜST.

Curculionidae

L'un des plus grands et des plus robustes charançons européens (il atteint en effet 19 mm de long). *L. germanus,* qui lui ressemble, est un peu plus petit. Les deux espèces se différencient surtout par leur taille et la forme du pronotum. Chez *L. glabrirostris,* il est plus long que large et sa base est aplatie ; chez *L. germanus,* il est plus large que long et légèrement proéminent à la base. *L. glabrirostris* diffère aussi d'espèces voisines par l'absence de dents sur les fémurs antérieurs. Le mâle se distingue de la femelle par la largeur de ses élytres et par la face inférieure de son abdomen : à la base il y a chez lui une nette indentation et une petite dépression sur le dernier segment. Chez la femelle, l'indentation basale manque. *L. glabrirostris* vit surtout dans les forêts humides des collines et des montagnes. Les imagos apparaissent en été sur les lisières et au bord des cours d'eau, sur les feuilles de pétasite et de berce. Les larves se développent dans les rhizomes. Espèce commune localement. Distribution : les montagnes d'Europe.

1 *Hypera arator* L.
Curculionidae

Ce charançon de taille moyenne (longueur : 4,7 à 5,6 mm) est entièrement recouvert d'écailles colorées généralement grises et teintées de verdâtre, ou brunes, parfois avec des reflets cuivrés. A l'aide d'une loupe de fort grossissement, on constate que la moitié postérieure des écailles est profondément fendue. Le mâle a une épine pointue sur les tibias antérieurs (chez la femelle, elle est émoussée). Espèce aimant la chaleur, surtout répandue dans les lieux sablonneux. Imagos et larves se tiennent sur diverses plantes, notamment les oeillets, fleurs de coucou, compagnons, stellaires et gypsophiles. L'espèce est commune, voire abondante par endroits. Distribution : une grande partie de la région paléarctique.

2

2 Anthonome du pommier
Anthonomus pomorum L.
Curculionidae ▲

La larve de cet insecte ou, plus précisément, la capsule protectrice dans laquelle elle se développe et se nymphose, joue un rôle beaucoup plus important que l'insecte adulte aux couleurs assez ternes, qui mesure seulement 2,8 à 4,5 mm de long. Ce charançon vit surtout dans les vergers de pommiers. Au printemps, il sort de ses quartiers d'hiver, séjourne aux environs puis s'en va au loin en volant, mais si un danger le menace, il se laisse tomber à terre et feint d'être mort en restant immobile plusieurs minutes. Il visite les bourgeons dans lesquels il fore des trous avec son rostre. Une fois rassasié, il s'accouple et peu après la femelle pond 20 à 30 oeufs, nombre peu élevé certes mais suffisant car ils sont déposés de telle façon que les larves et les nymphes seront à l'abri de leurs prédateurs. Ils sont en effet pla-

1

2

cés à l'intérieur des bourgeons.

La femelle perce un trou dans les tissus, se retourne, pond et ferme l'ouverture avec ses excréments. Au lieu de fleurir le bourgeon se transforme en une protubérance brun roussâtre qui contraste fortement avec les fleurs. Un bouquet de fleurs peut inclure plusieurs de ces bourgeons desséchés et il arrive que les bourgeons intacts soient en minorité. Les larves, jaunâtres, apodes, aveugles, éclosent au bout de cinq jours environ. Quand elles mesurent 5 à 6 mm de long, elles se nymphosent dans le bourgeon. Les imagos sortent des enveloppes nymphales jaunes huit à dix jours plus tard, se frayant un chemin à travers les tissus végétaux. Pendant deux à trois semaines, ils séjournent dans l'arbre, mangeant les fruits verts et d'autres tissus vivants. En été, ils quittent l'arbre pour estiver à l'abri. En automne, ils se faufilent sous l'écorce, dans les feuilles ou les lichens où ils hiberneront. L'Anthonome du pommier fait d'importants dégâts s'il pullule. Distribution : la région paléarctique et l'Amérique du Nord où il a été transporté.

Coléoptères

1 *Furcipus rectirostris* L.
Curculionidae ▲

L'imago brun jaunâtre (longueur : 4 à 4,5 mm) a une double dent sur les fémurs de la première paire de pattes. L'espèce vit en plaine et sur les collines mais plus on va vers le sud, plus elle s'élève en montagne. On la voit surtout dans les endroits humides des vergers et des jardins, sur les lisières des forêts où croissent merisiers, cerisiers, prunelliers et d'autres espèces du genre *Prunus.* Elle quitte ses quartiers d'hiver au début du printemps, c'est-à-dire à la mi-avril, et se montre jusqu'en juin. Elle se nourrit surtout de feuilles et de pétales. En mai et juin, la femelle pond ses oeufs dans un fruit encore vert ; après avoir foré un trou, elle dépose un oeuf et ferme l'ouverture avec une sécrétion. Au total, 7 à 18 oeufs sont pondus. Les larves mangent à peu près la moitié de l'amande. Elles se nymphosent à 30–35 jours dans une petite cavité aux parois lisses, creusée dans le noyau. Les imagos qui sortent en juillet et août restent sur les plantes jusqu'en septembre avant de se cacher dans les feuilles mortes pour hiberner. Il n'y a qu'une génération par an. Ce charançon fait parfois des dégâts dans les vergers et les jardins. Il existe dans presque toute l'Europe, en Sibérie orientale et au Japon.

2 Charançon des noix
Curculio nucum L.
Curculionidae ▲

Les charançons du genre *Curculio,* auxquels la famille doit son nom, sont caractérisés par leur rostre extrêmement long et fin et leur corps relativement massif. Aimant la chaleur, les adultes fréquentent surtout les lisières ensoleillées et les jardins. Ceux qui ont hiberné sortent de leur cachette en avril. A la différence des larves ils sont polyphages et se nourrissent surtout aux dépens des noisetiers et des chênes mais vivent aussi sur les noyers, châtaigniers, aulnes, bouleaux, arbres fruitiers et autres essences à feuilles caduques.

Au printemps, ils mangent les bourgeons et plus tard, les jeunes pousses ; des trous témoignent de leur activité. Les pousses attaquées se dessèchent. Les insectes rongent aussi les petites noisettes. Vivant quatre à cinq mois ils disparaissent en août. Les larves se développent sur les chênes et les noisetiers (les oeufs sont pondus en mai et juin sur ces derniers et à la fin de l'été sur les premiers). Au total, chaque femelle dépose environ 40 oeufs. Après avoir percé un trou dans une petite noisette ou un petit gland, elle introduit un oeuf, l'enfonce avec son rostre. L'irritation due à la piqûre entraîne une prolifération des tissus végétaux. La larve mange d'abord le péricarpe qui entoure l'amande et ensuite cette dernière. Elle demeure environ quatre semaines dans la noisette ou le gland. Les noisettes parasitées tombent prématurément. Ayant achevé sa croissance la larve fore un trou circulaire dans la coque de la noisette et s'enfonce dans la terre où certaines restent trois à quatre ans. La nymphose a lieu au printemps mais certains imagos demeurent dans la loge nymphale pendant un an. Larves et adultes hibernent. Là où l'on cultive des noisetiers cette espèce peut causer beaucoup de dégâts. Distribution : une grande partie de l'Europe, y compris l'Angleterre.

1

2

Coléoptères

1 *Pissodes notatus* F.
Curculionidae ▲

La faune européenne comprend un certain nombre de *Curculionidae* étroitement apparentés qui vivent sur les conifères, principalement l'épicéa et le pin sylvestre. Celui-ci est reconnaissable à la forme de son pronotum, fortement élargi à la base, et aux deux bandes d'écailles jaune clair qui traversent ses élytres. Ce charançon fréquente les plaines et devient plus rare en montagne. Sa vie est liée à la présence des pinèdes et en particulier aux peuplements de pin sylvestre ; cependant il parasite aussi d'autres espèces comme le pin noir et le pin Weymouth. Ayant quitté leurs quartiers d'hiver au printemps, les imagos vivent sur les jeunes pins jusqu'à l'automne. Ils rongent les bourgeons, les jeunes pousses et y creusent des trous profonds. Très souvent, ils enfoncent leur rostre jusqu'aux yeux dans le bois. La femelle commence à pondre au printemps, déposant de petits amas d'oeufs dans les fissures de l'écorce, généralement à la base du tronc des jeunes arbres âgés de 4 à 15 ans, mais parfois aussi des plus vieux.

Les larves forent, entre l'écorce et le bois, une galerie sinueuse qui aboutit à une chambre située dans le bois et remplie de débris ligneux. Elles s'y nymphosent et les imagos sortent par des ouvertures circulaires. Ils hibernent dans la litière au pied des arbres et vivent trois ou quatre ans. *P. notatus* est un ravageur secondaire qui endommage les pins déjà affaiblis par les scolytes ou d'autres insectes. Sa présence est trahie par des gouttes de résine sur l'écorce et par la teinte roussâtre que prennent les aiguilles et les pousses. Distribution : très vaste ; presque toute la région paléarctique. Dans le nord de l'Europe, atteint le cercle polaire arctique.

2

2 Calandre, Charançon du blé
Sitophilus granarius L.
Curculionidae ▲

Dans la littérature entomologique classique, cette espèce est appelée *Calandra granaria,* nom également employé dans les textes relatifs aux insectes déprédateurs. Les imagos mesurent 2,5 à 4,7 mm de long. Ce Coléoptère est fréquent dans les stocks de grains, les silos et les moulins. Les imagos se nourrissent de

1

céréales et de nouilles, son et farine, de glands et de faines. La femelle pond 150 à 200 oeufs, surtout dans les grains de céréales. Elle commence par perforer un petit trou, y dépose un oeuf et referme l'ouverture. La larve ronge peu à peu l'intérieur du grain et s'y nymphose. Le nombre de générations annuelles varie selon les conditions ambiantes et notamment la température. Dans les magasins d'Europe centrale, il y en a généralement deux ou trois mais dans le sud du continent, le développement est plus rapide et il y en a davantage. Les différents stades hibernent puisque les générations ne se suivent pas dans un ordre immuable mais s'entremêlent. Comme d'autres insectes ravageurs, celui-ci a été transporté dans le monde entier.

2

Coléoptères

1 *Ceutorhynchus assimilis* Payk.
Curculionidae ▲

Ce minuscule représentant d'un genre important de petits charançons mesure seulement 1,9 à 2,9 mm de long. Le corps est entièrement recouvert d'écailles blanches, ovales sur la face inférieure et étroites sur le dos. Sous un fort grossissement on remarque que les écailles dorsales ont trois tailles différentes. Les plus grandes forment une étroite rangée traversant le pronotum en longueur et se poursuivant sur l'écusson. Les autres écailles, plus petites, se trouvent sur les stries et interstries des élytres. Ce charançon vit dans les jardins, les champs, partout où croissent des Crucifères sauvages ou cultivées qui lui fournissent, ainsi qu'à sa larve, le gîte et le couvert.

Les imagos sont visibles pendant toute la saison de végétation, du début du printemps à l'automne. D'avril à juin, il s'agit d'insectes qui ont hiberné et à partir de juillet, de ceux de la nouvelle génération. Ces derniers restent sur les plantes jusqu'à l'automne avant d'hiberner.

Imagos et larves se nourrissent de chou frisé, chou-rave, navette, rutabaga, navet, sanve et moutarde blanche ainsi que de radis sauvages et cultivés. Les imagos forent de petits trous dans les plantes. Les femelles pondent 120 à 150 oeufs dans les siliques en formation. Blanches, apodes, les larves sont incurvées ; elles s'alimentent dans les fruits qu'elles rongent. En quatre à cinq semaines elles atteignent leur taille maximale, percent un trou dans la paroi de la silique et se laissent tomber par terre où elles s'enfoncent un peu au-dessous de la surface, se préparent un cocon terreux et se nymphosent. Les imagos éclosent environ dix jours plus tard en juillet. Localement, ce charançon fait des dégâts sensibles dans les graines des Crucifères cultivées. Distribution : une grande partie de l'Europe, à l'est jusqu'au Caucase. Il est répandu même au Proche-Orient. Les premières observations ont été réalisées en 1931 sur la côte est du Canada et en 1936 aux États-Unis. Aujourd'hui il vit sur de grandes surfaces, de l'Atlantique jusqu'à la Californie ; il est souvent nuisible.

Il a plusieurs ennemis naturels surtout parmi les insectes. Les œufs sont parasités par certaines espèces de petites guêpes de la famille des *Mymaridae*. Les larves ont beaucoup d'ennemis, surtout de petites espèces ectoparasites *(Encyrtidae, Eurytomidae* et *Pteromalidae)*, dont les larves s'installent à la surface du corps des larves des Coléoptères. Les larves endoparasites de la famille des *Braconidae* rongent l'intérieur du corps des larves du charançon. Parmi les insectes prédateurs certains *Carabidae* et *Steinernematidae* sont à mentionner. Tous contribuent à réduire le nombre des Coléoptères et leur importance est grande dans les régions cultivées.

1

2 *Cionus scrophulariae* L.
Curculionidae

Le corps de ce charançon (longueur : 3,4 à 5 mm) aux couleurs très particulières, est revêtu d'écailles groupées de différentes façons. On le reconnaît aux deux grandes taches noires, veloutées, des élytres, entourées d'écailles blanches très denses sur le bord postérieur de la tache antérieure et sur le bord antérieur de la tache postérieure. Ce Curculionide vit dans les clairières, sur les collines, au bord des chemins forestiers, partout où poussent les scrophulaires, principales plantes-hôtes des adultes et des larves qui se tiennent parfois aussi sur les molènes. Les imagos se montrent en abondance au printemps et en été. Leur coloration les rend à peu près invisibles sur les scrophulaires foncées, mais les larves, revêtues de mucus, trahissent leur présence par les trous qu'elles font dans les feuilles. Elles préparent un cocon et le fixent sur une plante ; cet abri nymphal ressemble assez nettement à une fleur ou à une graine de scrophulaire. *C. scrophulariae* est répandu dans une très grande partie de l'Europe jusqu'au Caucase. Il existe aussi en Asie Mineure et a été transporté en Amérique du Nord.

2

Coléoptères

Famille des *Scolytidae* — Scolytes

Coléoptères foncés, petits à très petits. Chez de nombreuses espèces, la tête est plus ou moins cachée par le grand pronotum alors que chez d'autres elle s'allonge en une sorte de rostre qui les fait ressembler à des charançons. Dans la très grande majorité des espèces, tout le développement et l'existence dépendent de la présence d'arbres à feuilles caduques ou de conifères. Les scolytes sont monogames (une femelle s'accouple avec un mâle) ou polygames (un mâle s'accouple avec plusieurs femelles). Ils sécrètent des phéromones, substances odorantes non perceptibles par l'homme, grâce auxquelles ils attirent les sujets de sexe opposé. Les scolytes se développent dans l'écorce (corticoles) ou dans le bois (xylophages). Les femelles creusent une galerie maternelle à partir de laquelle les larves forent leur propre tunnel qui s'en écarte de chaque côté en général. On peut identifier les espèces d'après l'aspect de leurs galeries. Il y a 125 espèces en France.

1

1

1 Scolyte de l'orme
Scolytus scolytus F.
Scolytidae ▲

Le mâle (longueur : 3 à 5 mm) est plus petit que la femelle (4 à 6 mm) ; son front est aplati et la face inférieure du dernier segment abdominal est striée ; chez la femelle, le front est renflé et l'abdomen est lisse. L'orme est la principale plante-hôte de ce scolyte, qui s'attaque rarement à d'autres arbres à feuilles caduques. Les imagos s'en prennent généralement aux arbres souffreteux, malades, dans les parcs et au bord des avenues. Ils sont monogames. La femelle fore dans l'écorce une galerie maternelle longue de 3 à 7 cm seulement et pond ses oeufs. D'abord très étroites les galeries larvaires s'élargissent et s'écartent à angle droit de la galerie maternelle, mais celles de la première moitié s'incurvent vers l'avant et les autres vers l'arrière, de sorte que toutes les galeries ont un contour d'ellipse. Chaque larve se nymphose au bout de sa galerie. Quand l'arbre a une écorce épaisse, les galeries y sont entièrement incluses, mais si l'écorce est fine, les insectes creusent aussi l'aubier. Il y a normalement deux générations par an. Les insectes de la première volent en mai et ceux de la seconde dans la deuxième quinzaine d'août. Avec

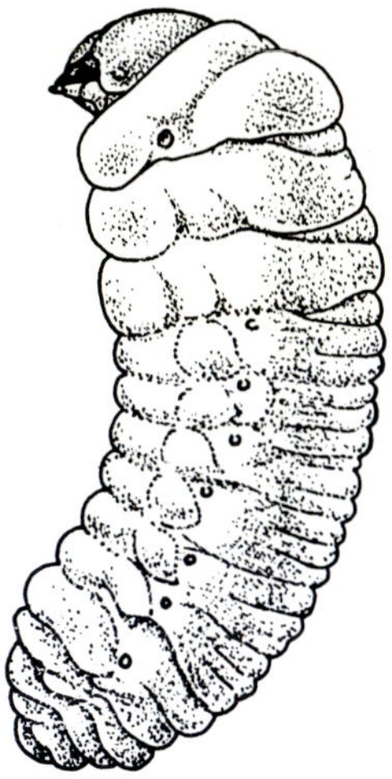

Larve d'*Ips typographus.*

son cousin *Scolytus multistriatus, Scolytus scolytus* joue un rôle important dans la propagation des spores du champignon *(Ceratocystis ulmi)* responsable de la maladie de l'orme, qui a entraîné la raréfaction, voire la disparition locale, de cet arbre en Europe. Le Scolyte de l'orme vit en Europe (sauf le Grand Nord), en Sibérie et en Iran.

2 Scolyte typographe
Ips typographus L.
Scolytidae ▲

Le Scolyte typographe (longueur : 4,2 à 5,5 mm) est le plus commun des membres de sa famille. Il diffère des espèces voisines par le nombre et la disposition des protubérances situées sur le côté de l'extrémité de chaque élytre (déclivité). Il se développe dans les épicéas âgés de 60 à 70 ans et n'envahit des arbres plus jeunes que les années où il pullule. On le trouve à toutes altitudes et il attaque les arbres qui dépérissent ou affaiblis ; il ne vient sur les arbres en bonne santé qu'en cas de pullulation.

C'est une espèce polygame. La chambre d'accouplement est creusée par le mâle. Deux femelles ou plus y viennent et forent ensuite leur propre galerie maternelle. Quand il y en a deux, une galerie monte à partir de la chambre et l'autre descend. Dix à vingt-cinq galeries larvaires partent des deux côtés de chaque galerie principale. Il y a une ou deux, rarement trois générations par an. Le Scolyte typographe est un ravageur primaire pendant les années où il pullule. C'est généralement l'imago qui hiberne, sous l'écorce d'un arbre, d'une souche ou encore dans la litière. L'hibernation des larves ou des nymphes est plus rare. Espèce eurasiatique, dont l'aire de répartition en Europe va de l'Italie septentrionale au nord du continent. Elle est rare en Grande-Bretagne.

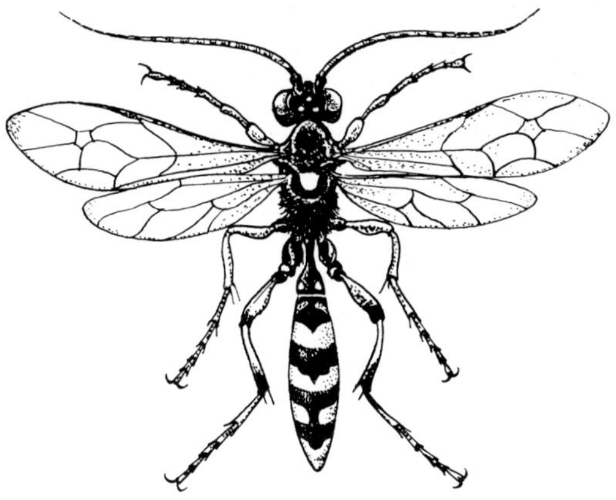

Hyménoptères — Guêpes, abeilles, fourmis

Ordre très hétérogène comprenant les plus petits insectes connus *(Scelionidae)* qui mesurent seulement 0,2 mm de long et d'autres dépassant 40 mm. Ils ont en commun la possession d'ailes membraneuses, parfois manquantes (ouvrières des fourmis, femelle des *Mutillidae*). Ils sont très souvent bruns, brun jaunâtre ou noir brunâtre mais certains groupes sont très colorés. Les rayures sont fréquentes non seulement chez les guêpes mais aussi chez les ichneumons, les scolies et les tenthrèdes, etc. Les couleurs métalliques sont plus rares. A côté d'espèces glabres, il existe dans de nombreux groupes des insectes velus ayant souvent une pilosité colorée (bourdons, abeilles). Les antennes sont parfois longues et filiformes, parfois courtes, épaisses et en forme de massue. Outre les yeux composés, la tête porte des yeux simples ou ocelles. Les pièces buccales sont du type broyeur-lécheur et chez de nombreuses espèces elles sont adaptées pour aspirer le nectar des fleurs. Le thorax est divisé en un grand nombre de petits éléments ayant chacun leur nom et qui ont de l'importance pour l'identification. Les ailes membraneuses sont généralement transparentes ; les antérieures, plus grandes que les postérieures, ont à leur base une écaille *(tegula)*. La nervation comprend des nervures principales et leurs ramifications. Chez la plupart des espèces il y a une petite surface foncée appelée stigma ou ptérostigma au bord antérieur de chaque aile antérieure. Au repos, les ailes sont pliées au-dessus du corps mais les guêpes font exception car chez elles les ailes sont repliées longitudinalement. L'abdomen est la plus grosse partie du corps. Chez les Hyménoptères primitifs (sous-ordre des Symphytes), le premier segment abdominal fait suite directement au thorax alors que chez les groupes plus évolués il y a un étranglement (pétiole) entre les parties antérieure et postérieure du corps (sous-ordre des Apocrites). La femelle de beaucoup d'espèces possède un ovipositeur souvent très long mais chez les plus évoluées un aiguillon s'est développé (les mâles en sont dépourvus). La piqûre de certaines espèces est très douloureuse.

Les métamorphoses sont complètes. De nombreuses espèces s'occupent attentivement de leur progéniture et ce comportement atteint son plus haut degré de perfection chez les Hyménoptères sociaux, fourmis, guêpes, abeille domestique et bourdons. Les Hyménoptères sociaux construisent un nid remarquablement organisé. Les Hyménoptères sont des insectes terrestres, souvent diurnes et thermophiles, crépusculaires ou nocturnes. Un grand nombre visitent les fleurs et jouent un rôle essentiel pour la pollinisation ; toutefois, beaucoup d'entre eux sont prédateurs. Les larves des Symphytes sont phytophages et éruciformes comme les chenilles des papillons, alors que celles des Apocrites sont apodes et ressemblent à des vers. Beaucoup d'Hyménoptères ont des larves parasites qui réduisent les effectifs d'autres insectes et on en a utilisé certains avec succès dans la lutte biologique contre les insectes ravageurs. On compte environ 12 000 espèces d'Hyménoptères en France, dont près de 750 espèces de Symphytes.

Hyménoptères

Famille des *Pamphiliidae* — Tenthrèdes, mouches à scie

Tenthrèdes de taille moyenne, au corps aplati, avec une fente médiane sur les premier et second tergites abdominaux et de longues antennes filiformes. Certaines espèces vivent sur les conifères, d'autres sur les arbres à feuilles caduques. Les larves se tiennent dans des nids tissés sur les plantes mais se nymphosent dans la terre. Cette famille comprend des espèces nuisibles aux forêts et aux vergers. Plus de 50 espèces vivent en Europe.

1 *Cephaleia abietis* L.
Pamphiliidae ▲

C'est le plus connu des représentants du genre *Cephaleia* en Europe. Le mâle (environ 11 mm de long) est plus petit que la femelle (environ 14 mm) et a des marques noires plus étendues sur son abdomen clair. Cette espèce est liée aux forêts d'épicéas sur lesquels vivent les adultes et les larves. Dans les régions chaudes, les imagos apparaissent à la mi-avril mais plus tard en montagne. Les femelles vivent trois ou quatre semaines, les mâles seulement deux. Ces derniers se montrent quelques jours plus tôt et volent plus légèrement. En général, chaque femelle est fécondée par plusieurs mâles. La ponte comprend environ 100 oeufs déposés sur des aiguilles (jeunes ou vieilles) d'épicéa, à la cime d'un arbre, sur des rameaux exposés au soleil. Les oeufs sont solidement fixés à leur support.

Les larves tissent un petit tube, se groupent et s'installent dans une grande toile commune où elles stockent leurs excréments, leurs exuvies et de la nourriture (aiguilles). La forme et les dimensions de ce nid varient ; souvent, il englobe une grande partie d'une branche. Les larves restent groupées à l'intérieur mais au bout de six à huit semaines, alors qu'elles mesurent 20 à 25 mm, elles le quittent et poursuivent leur développement dans la terre, creusant des terriers à diverses profondeurs (parfois 5 cm seulement, parfois jusqu'à 25 cm) et s'enferment dans une cellule où elles demeurent généralement un ou deux ans avant de se nymphoser au printemps. Dans la plupart des cas, le développement dure deux ans, plus rarement un ou trois ans. Distribution : Europe occidentale, centrale et septentrionale, Sibérie et nord de la Chine.

2 *Neurotoma nemoralis* L.
Pamphiliidae ▲

Insecte de couleur noire unie (longueur : 8 à 10 mm ; envergure : 15 à 17 mm). Cette tenthrède vit principalement dans les vergers, les avenues où l'on a planté des arbres à noyaux (cerisiers, pruniers, abricotiers, pêchers, etc.). Les imagos apparaissent à la fin d'avril et en mai. La femelle se tient surtout à la cime des arbres et les mâles décrivent des cercles autour d'elle. Les 60 à 70 oeufs sont pondus sur la face inférieure des jeunes feuilles de cerisier, prunier, abricotier, prunellier, etc. D'abord grégaires, les larves se séparent après leur première mue et chacune vit dans la feuille qu'elle a enroulée. Elle relie plusieurs feuilles avec des fils de soie et fabrique ainsi des « nids » qu'elle remplit de ses excréments ; ils sont généralement situés à l'extrémité des branches de la cime. Les larves ont un gros appétit et peuvent dénuder les arbres dont elles rongent les feuilles. Elles hibernent dans le sol et se nymphosent au printemps. Il n'y a qu'une seule génération par an. *N. nemoralis* vit dans toute l'Europe.

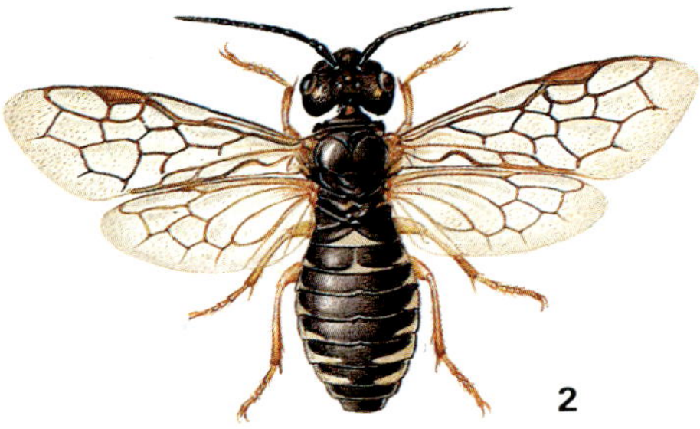
2

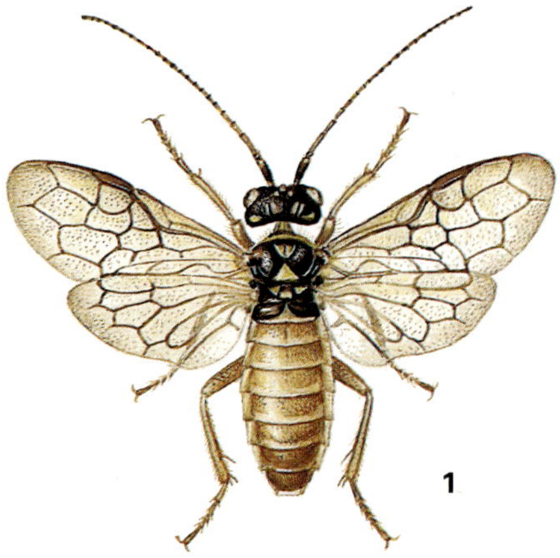
1

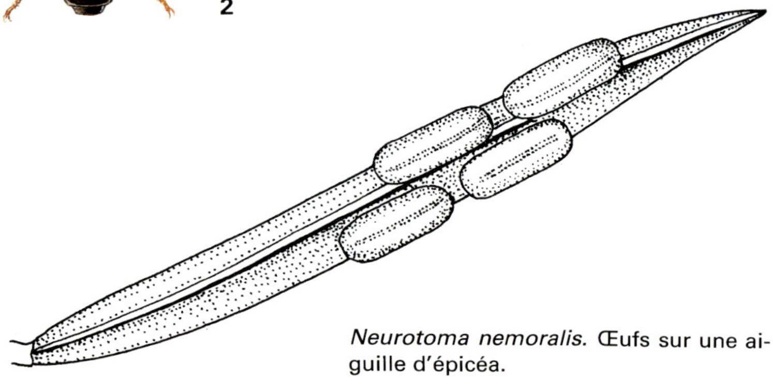
Neurotoma nemoralis. Œufs sur une aiguille d'épicéa.

Hyménoptères

Famille des *Siricidae* – Sirex

Grandes espèces remarquables, au corps cylindrique. La tête, assez carrée, est portée par un « cou » d'aspect normal. L'ovipositeur (tarière) des femelles peut être bref ou long. Les larves se développent dans le bois et les imagos sortent par un trou circulaire.

1 Sirex commun
Sirex juvencus L.
Siricidae

La femelle, qui mesure 15 à 30 mm de long, a l'abdomen noir à reflets violacés ; chez le mâle, la plupart des segments abdominaux sont jaune roussâtre. Cet insecte vit principalement dans les pinèdes, les pessières où les imagos survolent les clairières quand le temps est ensoleillé, entre juin et août (parfois jusqu'en septembre). Les mâles apparaissent deux à quatre semaines plus tôt que les femelles. Ces dernières pondent dans les pins de préférence, parfois dans l'épicéa ou le sapin. Ayant une courte tarière elles ne peuvent placer les oeufs à plus de 2–10 mm de profondeur. Elles les déposent par groupes de 1 à 3, le total variant de 350 à 500. Elles pondent aussi des oeufs non fécondés d'où ne sortent que des sujets mâles. Les oeufs sont enveloppés dans un mucus contenant des spores de champignons destructeurs du bois et que la femelle porte dans des poches abdominales appelées *mycetangia.* Quand les larves forent le bois, les spores germent et le mycélium facilite la décomposition du bois ; les larves le consomment. Leurs galeries s'élargissent de plus en plus mais elles les bouchent derrière elles avec de la sciure. Finalement, parvenues à environ 2 cm sous la surface du bois, les larves se préparent une logette où elles se nymphosent. Le développement exige deux à trois ans. Le Sirex commun est présent dans une grande partie de l'Europe, dans les régions tempérées d'Asie, dans le nord de l'Afrique et en Amérique du Nord. Il a été transporté dans la région australienne.

2 Sirex géant
Urocerus gigas L.
Siricidae

Diffère des espèces semblables par sa tête en grande partie noire. Mesurant 24 à 44 mm d'envergure, la femelle est l'un des plus gros Hyménoptères d'Europe ; le mâle est plus petit (12 à 32 mm). La coloration noire et jaune de cette espèce la fait redouter, mais elle est inoffensive et sa tarière n'est pas reliée à une glande à venin. Le Sirex géant vit dans les forêts de conifères, surtout dans les lieux ensoleillés où se trouvent des arbres abattus depuis peu. On le voit aussi dans les

2

maisons car il sort fréquemment des bûches. Il vole de juillet à l'automne en faisant entendre un bourdonnement grave. La femelle pond ses oeufs à une profondeur de 5 à 10 mm, généralement dans du bois non écorcé d'arbres récemment abattus (surtout épicéas, parfois sapins, pins sylvestres ou mélèzes). Elle choisit aussi des arbres vivants mais malades. Le nombre d'oeufs varie de 50 à 350 et ils sont déposés par groupes de 4 à 8. Simultanément, la femelle injecte des spores de champignons dans le bois ; le mycélium qui se développe tapisse les parois des galeries larvaires. Les larves restent d'abord à la périphérie du tronc puis s'enfoncent vers le centre avant de revenir près de la surface où elles préparent une chambre nymphale entre 1,5 et 5 cm de profondeur. Leur développement dure deux ou trois ans. Le Sirex géant existe dans une grande partie de l'Europe, dans les régions tempérées d'Asie et en Afrique du Nord.

Hyménoptères

Famille des *Cimbicidae* — Cimbex

Famille pas très importante réunissant des espèces de taille variée, trapues, caractérisées par leurs antennes assez courtes, en massue, et leur gros abdomen convexe dorsalement et aplati sur le dessous.

1 *Cimbex lutea* L.

Cimbicidae

Cimbex lutea mesure de 16 à 25 mm de long. Mâle et femelle diffèrent par la coloration, la seconde ayant l'abdomen jaune vif sauf les deux premiers tergites qui sont noirs, et une petite tache foncée au milieu du troisième tergite. Chez *C. connata,* espèce très voisine, les deux premiers tergites abdominaux et la majeure partie du troisième sont foncés et il y a une tache sombre au milieu du quatrième. Cette mouche à scie apparaît entre avril et juin dans les forêts de feuillus et les arbres qui bordent les routes. Les imagos ne vivent que sept à douze jours et les mâles se montrent plus tôt que les femelles. Avec leurs mandibules ils découpent des trous dans l'écorce des branches des arbres-hôtes (plusieurs saules et peupliers) afin d'obtenir la sève. La femelle pond environ 50 à 80 oeufs de 3 mm de long. Ayant pratiqué une incision dans une feuille, elle y ménage une sorte de poche mesurant 5 × 4 mm dans laquelle elle dépose un oeuf. Celui-ci est donc à l'abri des intempéries et des prédateurs. Les larves rongent les feuilles. En cinq ou six semaines elles atteignent leur taille définitive et mesurent environ 40 mm de long. A la fin de juin et en juillet elles s'entourent d'un cocon qui peut mesurer près de 4 cm. Elles hibernent dedans et s'y nymphosent au printemps. Le stade nymphal dure seulement onze à quinze jours. *C. lutea* vit dans une grande partie de la région paléarctique.

1

2

Famille des *Tenthredinidae* — Tenthrèdes proprement dites

Les espèces les plus typiques sont petites (environ 10 mm) ; leur coloration est terne ou bien agrémentée de vert, jaune, rouge ou blanc. En général, les antennes ont neuf articles (quatorze au maximum). Les femelles ont une « scie » courte et dentée (ovipositeur). Les larves, de type éruciforme, sont phytophages et certaines font des dégâts sensibles. Elles sont parfois grégaires. Elles se nymphosent dans un cocon situé dans la litière de feuilles mortes ou un peu au-dessous de la surface du sol. Bien qu'elles ressemblent aux chenilles, elles s'en distinguent par le grand oeil simple situé sur le côté de la tête. De nombreuses espèces sont communes et très abondantes et cette famille comporte beaucoup plus d'insectes que n'importe quelle autre du sous-ordre des Symphytes.

2 *Tenthredo amoena* Grav.
Tenthredinidae

Espèce facilement reconnaissable à sa coloration de guêpe, jaune et noire. Le premier segment abdominal et les cinquième à neuvième sont jaunes. *T. distinguenda,* qui lui ressemble fortement, diffère par des bandes jaunes sur les premier, cinquième et septième à neuvième segments ; chez *T. zonula* (**3**) commune, les premier, cinquième, huitième et neuvième segments sont jaunes. En été, cette tenthrède est fréquente sur les plantes fleuries (ombellifères) des prairies, jachères et du bord des champs. Distribution : surtout l'Europe occidentale, centrale et méridionale.

3

Hyménoptères

1 *Rhogogaster viridis* L.
Tenthredinidae

Espèce (longueur : 12 mm) reconnaissable à sa coloration vert pré et noir. Morte (en collection, par exemple) elle devient jaune. *R. picta* et *R. punctulata* lui ressemblent mais se distinguent de la façon suivante : *R. viridis* a une bande foncée sur le milieu de l'abdomen mais pas de taches foncées sur les côtés ; *R. punctulata* a deux séries de taches sur les côtés et *R. picta* est en grande partie noire avec des marques vertes. Par leur coloration ces insectes ressemblent aussi quelque peu aux membres du genre *Tenthredo ;* dans ce cas les yeux composés facilitent l'identification : si l'on prolonge les bords internes des yeux par des lignes imaginaires, elles se croisent sur le front chez les *Tenthredo,* mais sont presque parallèles et ne se croisent pas sur le front chez *Rhogogaster. R. viridis* est fréquent sur plusieurs plantes herbacées et arbrisseaux. Il est carnivore et mange divers insectes. Les larves sont phytophages, rongeant les feuilles des arbres, arbustes et de plantes herbacées (par exemple saules, peupliers, aulnes, renoncules, etc.). Distribution : une grande partie de la région paléarctique.

1

2 *Phymatocera aterrima* Klug
Tenthredinidae ▲

Espèce de taille moyenne (longueur : 8 à 9 mm), entièrement noire avec les ailes fumées. Elle vit dans les forêts, les jardins, les parcs où les imagos volent en mai sur de courtes distances seulement. Les larves se nourrissent sur le sceau-de-Salomon (surtout *Polygonatum verticillatum*) et le muguet. La femelle pond ses oeufs sens dessus dessous dans l'axe de la plante-hôte. Elle perfore la cuticule avec son ovipositeur, creuse une sorte de logette qu'elle referme après y avoir placé un oeuf ; elle dispose plusieurs oeufs les uns au-dessus des autres dans autant de cellules. Les oeufs, qui sont à l'abri des intempéries et des insectes prédateurs, sont entourés de nourriture que les larves mangeront. Celles-ci ne restent pas dans leur abri et se fraient un passage jusqu'à la surface d'une feuille. Elles sont grises, allongées, avec la tête foncée. Après la mue, la tête s'éclaircit puis s'assombrit de nouveau. Une feuille peut héberger un grand nombre de larves – généralement sur la face inférieure – qui en rongent le limbe et y font des trous qui s'agrandissent jusqu'à ce qu'il ne reste plus que la nervure centrale, capable de résister aux mandibules des insectes. Ayant atteint leur taille maximale, les larves s'enfoncent dans la terre, s'enferment dans un cocon et se nymphosent. Dans les jardins, elles attaquent le sceau-de-Salomon et peuvent l'endommager. Dans la nature, les larves n'ont aucune importance économique. *P. aterrima* existe en Europe centrale, méridionale et occidentale.

2

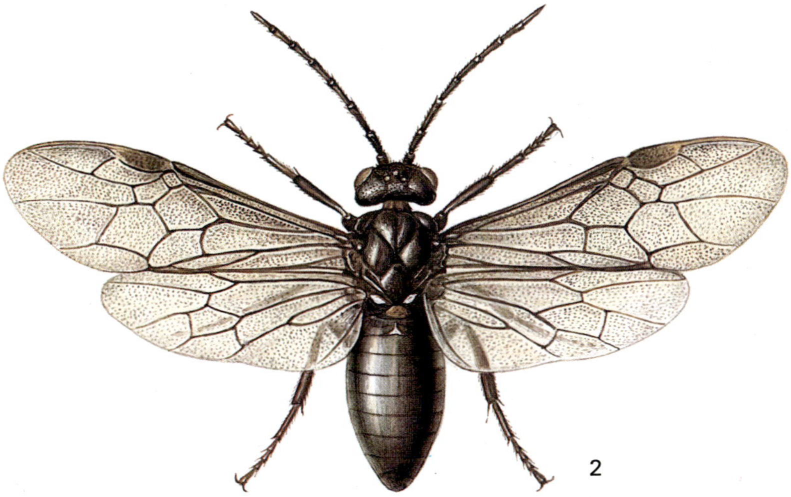

2

Famille des *Ichneumonidae* — Ichneumons

Les dimensions des membres de cette famille vont de 2 mm à 90 mm pour certaines femelles (longueur de l'ovipositeur comprise). Beaucoup sont roussâtres ou noires mais quelques espèces ont de vives couleurs. Leurs longues antennes ont plus de dix articles et l'extrémité des tibias médians porte deux éperons épineux. Les ailes antérieures ont un ptérostigma et parfois aussi une aréole (petite cellule spéciale). Les ichneumons vivent dans les bois, champs, prairies et jardins. Les imagos visitent les fleurs dont ils aspirent le nectar. Ces insectes ont une très grande importance car leurs larves parasitent les larves et nymphes d'autres insectes dont certains font des dégâts dans les cultures. On connaît plus de trois mille espèces d'ichneumons en Europe centrale mais on en découvre encore de nouvelles.

1 *Pimpla instigator* F.

Ichneumonidae ■

Espèce assez grande (l'imago mesure 10 à 24 mm de long). La femelle a une courte tarière. *P. instigator* vit en forêt où la femelle cherche les nymphes de divers insectes dans lesquelles elle pondra un oeuf. La larve vit aux dépens de la nymphe parasitée et en ronge les entrailles. Cet Ichneumonide parasite surtout des Lépidoptères, il suffit que les nymphes soient assez grandes et représentent une quantité de nourriture suffisante. Parmi les espèces parasitées on trouve donc des piérides, des disparates et lasiocampides parmi les papillons et des tenthrèdes cimbicides *(Cimbex femorata)* parmi les Hyménoptères. Les imagos hibernent. Dans les lieux humides ils se groupent sous l'écorce des vieux arbres ou de ceux qui ont été abattus. *P. instigator* vit dans une grande partie de la région paléarctique.

1

2 *Amblyteles armatorius* FÖRST.
Ichneumonidae

Seule espèce demeurant dans ce genre, toutes les autres ayant été placées dans d'autres genres. Les deux sexes diffèrent profondément par leur aspect et leur coloration. Le mâle est plus menu que la femelle et quand on les voit côte à côte dans une collection, on pourrait croire qu'il s'agit d'espèces différentes. Ils mesurent de 12 à 16 mm de long. Tous deux sont jaunes et noirs mais ces couleurs sont disposées différemment. Chez la femelle, tous les segments abdominaux sauf le premier sont rayés de jaune sur leur face dorsale ; sur les deuxième et troisième, ces rayures se trouvent à la base et ont une forme semi-circulaire alors que chez les autres elles sont à l'apex (extrémité à l'opposé de l'insertion). Chez le mâle, les deuxième et troisième segments ont une rayure jaune à leur base et les sixième et septième en ont une sur l'apex, les quatrième et cinquième étant noirs. Antennes et pattes sont également différentes. Les antennes de la femelle sont foncées à la base et au bout, celles du mâle ayant le dessus foncé et le dessous clair. La femelle a les tibias et les tarses roux alors que le mâle a les tibias jaunes. Les imagos visitent les fleurs et sont localement communs sur les Ombellifères fleuries. On les trouve en plaine et en montagne. Les femelles pondent leurs oeufs sur les chenilles de différentes noctuelles et hibernent dans des cachettes variées. *A. armatorius* vit en Europe occidentale et centrale et de là jusqu'au Caucase, en Iran, en Sibérie et au Japon.

Hyménoptères

Famille des *Braconidae*

Les *Braconidae* forment un vaste groupe d'insectes qui parasitent surtout des larves et des nymphes mais parfois aussi des insectes adultes. Ils exercent une fonction très importante dans la régulation des effectifs de nombreux autres insectes dont certains sont nuisibles aux cultures.

2

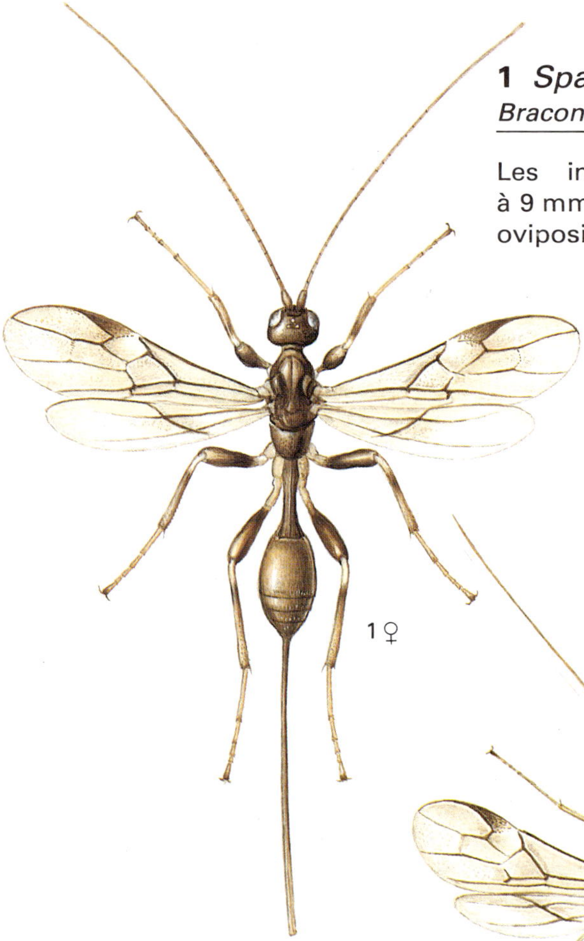

1♀

1 *Spathius exarator* L.

Braconidae ■

Les imagos mesurent de 5 à 9 mm de long. La femelle a un ovipositeur très fin, aussi long que son propre corps. On pourrait presque dire qu'il s'agit d'un insecte synanthrope car il vient fréquemment dans les maisons où se trouvent des charpentes et des meubles infestés par des Coléoptères xylophages, en particulier *Anobium punctatum.* On le voit de mai à septembre et aussi en hiver dans les maisons chauffées. Il se pose sur les meubles, les murs et grimpe le long des vitres. Sans voir les imagos on peut cependant reconnaître sa présence au fait que dans les meubles rongés par les Coléoptères les trous de sortie des imagos, situés près de ceux des ravageurs, sont d'un diamètre inférieur. Les larves de ce braconide parasitent celles de la Vrillette *(Anobium).* La femelle pond seulement quelques oeufs mais ils sont démesurés (environ 1,5 mm de long) par rapport à la taille de l'insecte. Ayant trouvé une pièce de bois infestée par des Vrillettes, la femelle enfonce lentement son ovipositeur tout en faisant vibrer son abdomen. Malgré sa finesse, cette tarière est extrêmement résistante et peut percer des bois aussi durs que le hêtre et le chêne. Quand elle rencontre une larve, la femelle l'étourdit et pond un oeuf sur elle.

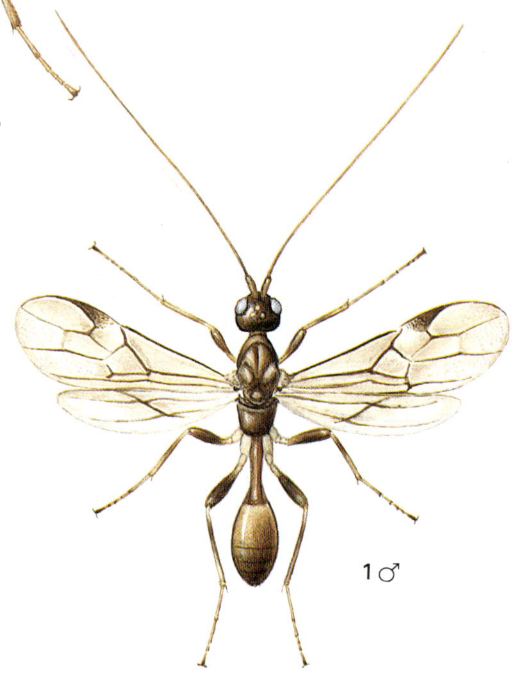

1♂

La larve de braconide éclôt peu après et ronge le « ver » jusqu'à ce qu'il n'en reste presque plus rien. Ayant atteint sa taille définitive elle s'enveloppe dans un cocon à l'extrémité de la galerie de la Vrillette et se nymphose. Quand l'imago éclôt, il perce le cocon et le bois pour sortir. Les braconides tuent jusqu'à 90 % des populations de Vrillettes, preuve de leur utilité. Cette espèce est présente dans une grande partie de l'Europe.

2 *Apanteles glomeratus* L.

Braconidae

Ce braconide (longueur : 3 ou 4 mm) parasite les chenilles de la Piéride du chou et d'autres papillons du même genre. La femelle pond jusqu'à 2 000 oeufs en groupes de 15 à 20 sur chaque jeune chenille. Les larves qui éclosent dans le corps de cette dernière se nourrissent de son sang (haemolymphe) et de son corps adipeux (partie de l'appareil excréteur). La chenille continue à grandir mais la présence des parasites se manifeste par un ramollissement de son corps dont l'extrémité postérieure s'épaissit. Finalement, elle quitte la plante-hôte et ne bouge plus. Entre-temps, les larves du braconide ont elles aussi grandi et quittent la chenille par les pores de sa cuticule. Elles se nymphosent autour du cadavre de leur hôtesse dans des cocons jaunes mesurant environ 4,5 mm de long. On croyait jadis que ces cocons étaient des « oeufs de chenille » et les jardiniers les écrasaient... Cet Hyménoptère est très utile mais l'usage intensif des insecticides a provoqué sa raréfaction. Il vit dans la région paléarctique mais a été introduit aux États-Unis au XIXe siècle pour la lutte biologique contre les chenilles.

Hyménoptères

Famille des *Cynipidae* — Cynips

Petits Hyménoptères remarquables par la complexité de leur cycle vital. Ils produisent des excroissances, appelées galles, qui se développent sur différents organes végétaux. La plupart des espèces sont caractérisées par l'alternance de générations asexuées et sexuées (phénomène appelé métagenèse), qui se développent chacune dans une galle particulière. Certains cynips ne font pas de galles et vivent en parasites ou commensaux dans celles d'espèces voisines. Dans la génération asexuée, une femelle non fécondée pond ses oeufs dans les tissus végétaux (souvent ceux d'un bourgeon) et des galles se forment à la suite des piqûres. La larve qui grandit dans chaque galle s'en nourrit et s'y nymphose. L'imago qui éclôt appartient à la génération sexuée formée de mâles et de femelles. Les femelles fécondées pondent elles aussi leurs oeufs dans des tissus végétaux où se forment des galles d'un autre type qui seront à l'origine d'une nouvelle génération asexuée. Normalement, on ne voit pas les imagos dans la nature mais les galles attirent l'attention et beaucoup se trouvent sur les chênes.

1 ♀

1 *Biorrhiza pallida* OLIV.
Cynipidae

Cette espèce engendre des galles plus ou moins globuleuses, qui se forment sur les rameaux des chênes et qui mesurent de 20 à 40 mm de diamètre. D'abord charnues, elles durcissent et renferment un grand nombre de cellules abritant des larves. L'autre type de galle pousse sur les racines de l'arbre. Les larves qui éclosent dans les galles aériennes se nymphosent dans celles-ci en juillet. Elles donnent naissance à une génération de mâles et de femelles. Les femelles fécondées s'enfoncent dans la terre, pondent sur les racines des chênes où des galles se développent en 16 à 18 mois. Les femelles non fécondées qui en sortent durant l'hiver de l'année suivante mesurent 6 mm de long et sont aptères. Elles grimpent sur les branches et pondent leurs oeufs dans les bourgeons. Le cycle complet dure deux ans.

2 *Cynips quercusfolii* L.
Cynipidae

Cette espèce produit des galles sphériques, semblables à des cerises, qui poussent sur les feuilles de chênes, et des galles sur les bourgeons. Les galles foliaires ont 10 à 20 mm de diamètre ou davantage. Elles sont fixées par un bref pédoncule à la nervure centrale ou à une grosse nervure latérale sur la face inférieure du limbe. Il y en a souvent plusieurs sur une même feuille. D'abord vertes, elles jaunissent ensuite et celles qui sont tournées vers le soleil deviennent rouges. Finalement, elles brunissent, se flétrissent et durcissent. Les galles des bourgeons mesurent environ 3 mm de long ; d'abord rouges, elles tournent au violet velouté. Les deux générations se succèdent en l'espace d'une année. Les femelles parthénogénétiques qui sortent des galles foliaires en hiver (décembre à février) mesurent 3 ou 4 mm et pondent leurs oeufs sur les bourgeons adventifs du tronc et des branches où se formeront les galles dans lesquelles apparaîtront les sujets sexués. Mâles et femelles quittent ces dernières en mai et juin et les femelles fécondées pondent sur les nervures des feuilles où croissent de nouvelles galles globuleuses. Cette espèce vit dans une grande partie de l'Europe et en Asie Mineure.

2

1

Hyménoptères

1 *Andricus kollari* HART.

Cynipidae

Chez cette espèce, on observe deux types de galles et deux types d'imagos. Les galles les plus connues sont dures, sphériques, et poussent sur les rameaux ; elles mesurent 10 à 25 mm de diamètre mais atteignent parfois 33 mm. D'abord vertes et nuancées de rose, elles deviennent beige ou brun et sont lisses. Deux ou trois se forment souvent les unes à côté des autres et parfois même se soudent, formant un ensemble irrégulier. On les trouve le plus souvent sur les chênes rabougris poussant sur les friches, au bord des chemins forestiers ou dans les clairières. L'autre type, qui est une galle hivernale des bourgeons, mesure seulement 2 ou 3 mm de long ; elle est d'un jaune grisâtre ou brunâtre et finement granuleuse. Plusieurs apparaissent sur un seul bourgeon, mais seulement sur le chêne tauzin *(Quercus cerris)*, alors que les galles sphériques croissent sur plusieurs autres espèces de chênes.

Le développement de l'insecte est complexe. Des galles sphériques, qui « mûrissent » en août, sortent toujours des femelles mesurant 4,8 à 6 mm de long ; elles percent un trou circulaire pour se libérer. Elles pondent des oeufs non fécondés sur les bourgeons du chêne tauzin et la génération suivante, qui se développe à l'intérieur, est sexuée. Ces galles « mûrissent » en avril et les imagos (mâles et femelles) apparaissent le même mois ou en mai. Les femelles de cette génération pondent sur les bourgeons où se formeront les galles d'été sphériques. *A. kollari* existe dans une grande partie de l'Europe, en Afrique du Nord et en Asie Mineure.

1

2

2 *Andricus fecundatrix* HART.

Cynipidae

Espèce souvent appelée *A. fecundator,* qui produit également deux sortes de galles. Les unes, en forme de pomme de pin, poussent sur les rameaux des chênes près des bourgeons latéraux ; très caractéristiques, elles sont localement communes. Elles sont d'abord vertes et leurs écailles sont appliquées mais ensuite elles deviennent brun jaunâtre et finalement brunes. Le « cône » long de 20 à 30 mm s'ouvre peu à peu. Il comprend environ 150 écailles de formes et de tailles différentes ; c'est l'enveloppe protectrice de la véritable galle qui se trouve à sa base, mesure 6 à 10 mm, est ovale et pointue à une extrémité. D'abord jaune verdâtre elle vire au brun roussâtre. La deuxième sorte de galle se développe sur les chatons mâles des chênes ; ovale, mesurant à peu près 2 mm, elle est verte puis brun clair.

Le cycle vital de cette espèce ressemble à celui des autres cynipides apparentés. De la galle qui se détache du cône et tombe à terre en automne sort, au deuxième printemps, une femelle qui aura donc hiberné deux fois. Cette femelle agame mesure 4,3 à 4,8 mm de long, pond des oeufs non fécondés dans les bourgeons floraux mâles des chênes. Les imagos qui sortent en juin des petites galles florales sont des mâles et des femelles mesurant 2 mm. Les femelles fécondées de cette génération pondent sur les bourgeons dormants qui se transforment en « cônes » au cours de l'été. Ce cynipide vit dans presque toute l'Europe et atteint le Moyen-Orient.

Hyménoptères

1 *Neuroterus quercusbaccarum* L.
Cynipidae

Cette espèce produit deux types de galles connues et fréquentes. Le premier mesure 5 mm de diamètre, a une forme lenticulaire et pousse sur la face inférieure des feuilles de plusieurs espèces de chênes, généralement à côté de plusieurs autres. La galle, fixée au limbe par un bref pédoncule, est généralement jaune, vert jaunâtre ou rouge et velue. Les autres galles qui hébergent la génération sexuée ont une forme et une situation tout à fait différentes. Sphériques, mesurant 5 à 8 mm de diamètre, elles poussent sur les feuilles et dans les chatons mâles. A l'automne, les galles « lenticulaires » tombent par terre avec les larves qu'elles abritent. Celles-ci hibernent et se nymphosent en mars de l'année suivante. Les imagos qui éclosent le même mois sont des femelles agames (parthénogénétiques) mesurant 2,5 à 2,8 mm de long. Elles pondent sur des bourgeons de chênes et les galles globuleuses qui se développent contiennent une nouvelle génération sexuée formée de mâles et de femelles qui sortent en juin et mesurent 2,5 à 2,9 mm. Les femelles pondent des oeufs fécondés sur la face inférieure des feuilles où apparaîtront les galles lenticulaires. Les deux générations se succèdent au cours d'une même année. Ce cynipide existe dans une grande partie de l'Europe, en Asie Mineure et en Afrique du Nord.

1

2

2

2 Cynips du rosier
Diplolepis rosae L.
Cynipidae

L'unique type de galles produit par cet insecte est très commun et très visible. On l'appelle couramment bédéguar. Le Cynips du rosier vit sur plusieurs espèces de roses et notamment l'églantier. Le bédéguar est une boule dont la taille et la coloration varient ; en général, elle pousse sur une feuille, un pétiole ou un jeune rameau, rarement sur une fleur ou un fruit. La galle elle-même est recouverte de longs filaments rameux qui lui donnent sa couleur. Souvent plusieurs de ces excroissances forment un amas atteignant la grosseur du poing. En automne, les galles se transforment en une masse sèche, brune, dure, qui reste sur la plante pendant tout l'hiver.

Le développement de ce cynipide est plus simple que celui des autres espèces. Il n'y a qu'un seul type d'imago. La croissance a lieu dans le bédéguar qui comporte plusieurs chambres contenant chacune une larve qui s'y nymphose à la fin de l'été. Les nymphes passent l'hiver enfermées dans la galle et les imagos sortent au printemps. En général, il s'agit uniquement de femelles mesurant environ 4 mm de long. Les mâles sont extrêmement rares (un pour plusieurs centaines de femelles). Les galles hébergent également des commensaux et des parasites – certains ressemblant aux cynipides – qui y trouvent des conditions favorables. *D. rosae* existe dans presque toute l'Europe.

Hyménoptères

Famille des *Scoliidae* – Scolies

Ces Hyménoptères, petits ou grands, noirs et jaunes ou noirs et roux, aiment la chaleur et sont remarquables en raison de leur comportement parental. Les larves parasitent celles d'autres insectes (Coléoptères).

1 Scolie
Scolia maculata DRURY
Scoliidae

L'un des plus grands Hyménoptères européens (longueur : 32 à 40 mm pour la femelle, le mâle étant un peu plus petit). La femelle se distingue aussi par sa tête plus grosse et plus large, ses antennes plus courtes à douze articles et six segments abdominaux visibles. Les antennes du mâle sont plus longues, ont treize articles et sur l'abdomen on peut voir sept tergites. Les imagos aiment la chaleur, volent en été et se posent sur les fleurs pour sucer le nectar. Leurs pièces buccales sont adaptées à cette fin mais les mandibules sont également bien développées. La Scolie visite seulement certaines fleurs comme le panicaut et certains chardons *(Onopordon)*. Dans le sud de l'Europe elle vient dans les parcs et se pose sur les arbres et buissons en fleurs. Elle se montre assez tôt le matin mais seulement s'il y a du soleil; dans le cas contraire elle reste cachée. La femelle a un comportement parental très élaboré.

Peu après l'accouplement, elle commence par chercher les larves d'un Coléoptère, le Rhinocéros *(Oryctes nasicornis)*. Rasant la terre dans les lieux favorables, elle se sert de ses antennes pour repérer ses hôtes. En ayant trouvé un, elle gratte la terre avec ses mandibules et ses pattes antérieures adaptées au fouissement, étourdit la larve pour l'empêcher de fuir et enfin creuse une chambre autour d'elle. La Scolie nettoie la larve et la débarrasse des particules de terre et des acariens avant de déposer un seul oeuf sur sa face ventrale. Peu après son éclosion, la larve de Scolie enfonce sa tête dans son hôte et commence à en aspirer les liquides internes. Son développement est rapide puisqu'il doit prendre fin avant que la larve de Rhinocéros se décompose. Elle dévore ses entrailles et forme un cocon tout autour, hiberne et se nymphose dans le cocon au cours du printemps suivant. Les imagos éclosent en été, les mâles en premier, les femelles après. Normalement il n'y a qu'une génération par an. *S. maculata* existe en Europe méridionale, dans le sud de l'Europe centrale, le Caucase, l'Asie centrale et en Afrique du Nord.

Famille des *Mutillidae*

Ces insectes sont caractérisés par un dimorphisme sexuel très marqué. Les femelles sont aptères mais les mâles ont des ailes ; en outre les premières ont un aiguillon et des antennes formées de douze articles alors que chez les mâles, dépourvus d'aiguillon, les antennes ont treize articles.

2 Mutille
Mutilla marginata BAER
Mutillidae

Cette Mutille mesure 10 à 15 mm de long. Elle vit sur les montagnes, leurs contreforts et est rare en plaine. En été elle est commune çà et là dans les lieux secs. Les femelles se déplacent dans la végétation, sur les chemins, alors que les mâles se tiennent sur les fleurs, en général les Ombellifères. Les deux sexes stridulent avec un organe situé sur l'abdomen. Comme celui de *M. europaea,* le développement de *M. marginata* a lieu dans les nids de bourdons. Distribution : une grande partie de la région paléarctique.

1

2 ♀

Famille des *Chrysididae* — Guêpes-coucous

Cette famille renferme quelques-uns des plus beaux Hyménoptères dont les couleurs métalliques brillantes sont sans équivalent chez les autres insectes. Beaucoup d'espèces sont multicolores et à la fois vertes, bleues, rouges et dorées. Les variations à l'intérieur des espèces sont considérables. Les guêpes-coucous ont une cuticule très chitinisée et particulièrement dure. En général, on ne voit que trois ou quatre segments de l'abdomen, dont la face inférieure est concave. L'insecte peut donc s'enrouler sur lui-même en cas de danger. Volant très rapidement les guêpes-coucous aiment beaucoup la chaleur ; on les voit souvent sur les murs et les rochers, les poutres, les clôtures exposées au soleil, etc. Elles se nourrissent du pollen des fleurs. Les guêpes-coucous se développent dans les nids d'autres guêpes (guêpes potières : *Eumenidae*), sphex *(Sphecidae)* et d'abeilles, dans lesquels la femelle pénètre de force pour y pondre. Carnivores, les larves se nourrissent de celles de leur hôte et se nymphosent dans ce nid.

1

1 *Chrysis nitidula* F.
Chrysididae

Actuellement cette espèce est plus souvent appelée *Chrysis iris.* La coloration de l'imago (longueur 7–13 mm) est essentiellement bleu verdâtre. La surface du corps est vert-bleu ou bleu foncé, la face vert clair. Le dessous du corps est bleu-vert, les pattes sont vert métallique à l'exception des tarses qui sont brun-noir. Le troisième article de l'antenne est de moitié plus long que le quatrième. Le centre du deuxième segment abdominal est marqué par une ligne brillante longitudinale. Cette guêpe-coucou préfère les lieux frais ; elle vit en montagne mais aussi en plaine. Les imagos sont visibles de juin à août. Les femelles volent autour des cabanes, granges, cherchant les nids de plusieurs guêpes potières et mégachiles du genre *Osmia,* dont les larves serviront d'hôtes à celles de *C. nitidula.* Espèce euro-sibérienne répandue en Europe depuis les Alpes jusqu'à la Suède méridionale.

2 *Chrysis ignita* L.
Chrysididae

Cette espèce, indubitablement la mieux connue de toute la famille, varie fortement quant à ses dimensions, sa coloration générale et la richesse des sculptures de ses téguments. Comme chez d'autres espèces, les dimensions de l'imago dépendent de la quantité et de la qualité de la nourriture de la larve et varient de 3,5 à 8 mm. La coloration est elle aussi très changeante. Les imagos se montrent du printemps à l'automne en plaine et en montagne. Ils visitent les plantes herbacées en fleurs, surtout les Ombellifères et se chauffent souvent au soleil sur les murs des maisons et sur les palissades en bois. Le développement a généralement lieu dans les nids en forme de bouteille des guêpes potières appartenant aux genres *Eumenes* et *Odynerus.* Parmi les hôtes on a également observé certains sphex *(Sphecidae)* des genres *Trypoxylon, Philanthus, Cerceris,* etc. et plusieurs abeilles solitaires faisant partie des *Colletidae* (genre *Colletes*), *Megachilidae* (genre *Osmia*) et *Anthophoridae* (genre *Anthophora*). Les larves de la guêpe-coucou vivent aux dépens de leurs hôtes et dévorent également le stock de nourriture mis à leur disposition. *Chrysis ignita* existe dans toute l'Europe, en Afrique du Nord et dans les régions tempérées d'Asie.

Cette guêpe-coucou peut être confondue avec d'autres espèces et notamment avec l'abondant *Hedychrum nobile.* La tête et le thorax sont vert-bleu, voire bleus, et l'abdomen rouge doré. Les deux espèces diffèrent par le sommet du troisième segment abdominal : celui de *Chrysis ignita* possède quatre dents bien nettes, tandis que *Hedychrum nobile* n'a que deux petites protubérances latérales.

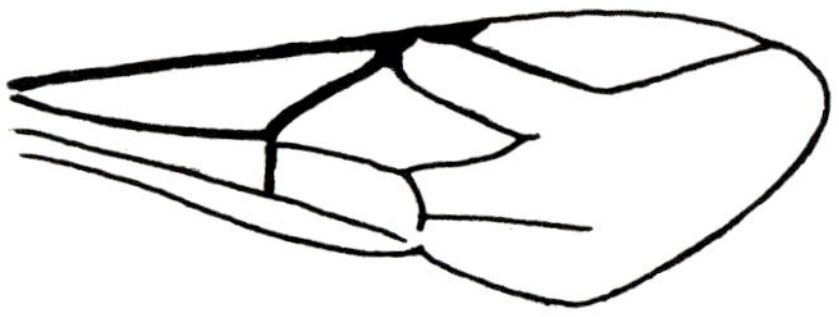

Chrysis ignita, aile antérieure.

2

Hyménoptères

Famille des *Formicidae* — Fourmis

Il y a trois catégories d'individus (castes) chez les fourmis : la (ou les) femelle (reine), les ouvrières et les mâles. Les ouvrières sont des femelles incomplètement développées et toujours dépourvues d'ailes. Les mâles sont ailés, quant aux femelles, elles se servent de leurs ailes pour le vol nuptial, après quoi elles s'en débarrassent. Certaines fourmis vivent surtout d'insectes et de miellat, d'autres surtout de ce dernier. Les larves sont nourries par les ouvrières. Les fourmis vivent dans des nids (fourmilières) de dimensions variées. Ceux de certaines espèces sont invisibles car ils se trouvent sous des pierres, des écorces, etc. D'autres bâtissent des nids souterrains que surmontent des amas d'aiguilles de conifères, de terre et de débris végétaux. Les reines (femelles fécondées) fondent une nouvelle colonie ou bien pénètrent dans le nid déjà construit par des fourmis de leur espèce ou d'une autre espèce. La colonie, de type matriarcal, peut avoir une seule reine (nid monogyne), plusieurs (nid oligogyne) ou des centaines, voire des milliers (nid polygyne).

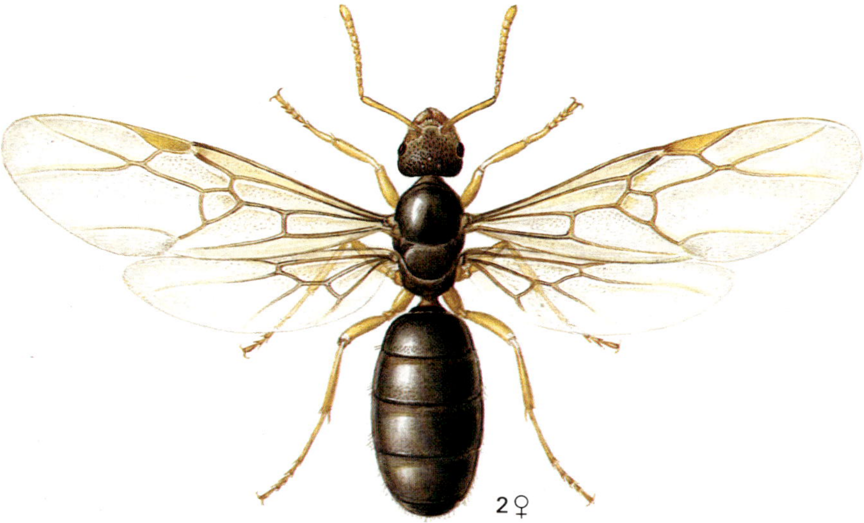

2♀

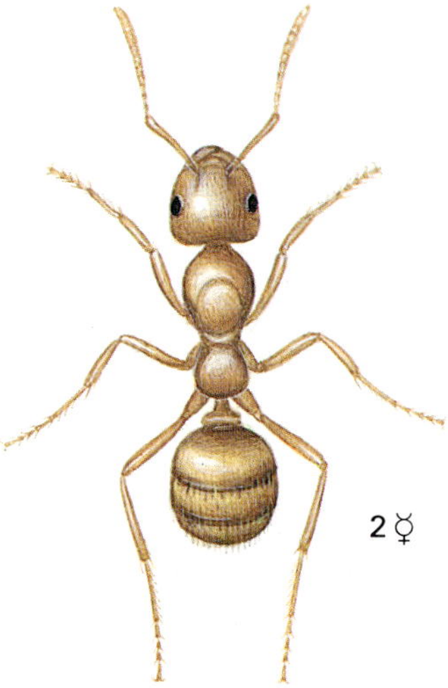

2☿

1 *Lasius fuliginosus* LATREILLE
Formicidae

Fourmi de taille moyenne (longueur : ouvrières, 4 à 6 mm ; femelles, 5 à 6,8 mm ; mâles, 3,8 à 5,2 mm), d'un noir brillant ; les ouvrières répandent une odeur typique. Cette fourmi vit dans les endroits secs des bois de feuillus et mixtes, des parcs et des vergers, etc. On la trouve surtout en plaine mais aussi jusqu'à plus de 1 200 m en montagne. Prédatrice, elle capture des insectes mais apprécie également le miellat des pucerons qu'elle va lécher sur les feuilles. Elle mange également le mycélium des champignons qui poussent dans ses nids. Les colonies, dont les nids ressemblent à des éponges, sont monogynes ou oligogynes. Le nid se trouve généralement dans un arbre creux, une souche et peut être occupé pendant vingt ans. Les fourmis établissent des « sentiers » fixes rayonnant tout autour et les suivent au cours de leurs expéditions de chasse. Il arrive très souvent que plusieurs nids soient proches et dans ce cas, des chemins les relient.

L'essaimage a lieu en juin et juillet. Les reines fondent de nouvelles colonies en entrant dans des nids de leur espèce et en se faisant accepter par leurs habitantes ou bien en pénétrant de force dans les nids d'autres espèces. Dans ce cas, elles pondent et font élever leurs larves par les ouvrières des nids occupés. Les colonies deviennent donc mixtes mais leurs propriétaires d'origine sont finalement évincées, meurent et *Lasius fuliginosus* les remplace entièrement. Enfin, il arrive qu'une colonie de *Lasius fuliginosus* se scinde en deux, ce qui aboutit également à la formation d'un nouveau nid. Cette espèce vit en Europe et en Asie.

2 *Lasius flavus* F.
Formicidae

Les ouvrières de cette espèce sont petites (longueur : 1,7 à 4 mm) et jaunes. Les mâles mesurent 3 à 4 mm et les femelles 7 à 9. Cette fourmi habite les lieux secs ou frais des prairies, jardins, lisières des bois, champs et le bord de l'eau, en plaine et en montagne. Elle se nourrit principalement de miellat et élève des pucerons mais il lui arrive de manger d'autres insectes. La colonie est monogyne. Le nid, sans forme définie, est fréquemment surmonté d'un monticule de terre atteignant 30 cm ou plus, mais se trouve aussi sous une pierre, dans une vieille souche ou sous une écorce. L'essaimage se produit en juillet et août, dans l'après-midi. La femelle fonde une nouvelle colonie de façon tout à fait indépendante. *Lasius flavus* existe en Eurasie, en Afrique du Nord et dans l'est de l'Amérique du Nord.

Hyménoptères

1 *Lasius niger* L.

Formicidae

C'est l'une des fourmis les plus communes. Les ouvrières mesurent 2 à 5 mm, les femelles 6,6 à 10 mm et les mâles de 3,5 à 4,7 mm. *Lasius niger* vit aussi bien en plaine qu'en montagne, dans les endroits humides ou secs. Elle habite les prairies, jardins, coupes forestières, murs des maisons et c'est elle qui envahit souvent les habitations au printemps. Elle se nourrit principalement du miellat rejeté par les pucerons et les cochenilles. Elle élève des pucerons, les enfermant dans des galeries en terre qui les protègent des insectes prédateurs. Elle-même capture d'autres insectes, visite les fleurs et, dans les maisons, recherche les aliments sucrés. La colonie est monogyne. Le nid se trouve généralement sous une pierre, dans la terre, une souche ou sous une écorce. Au-dessus des nids souterrains s'élève un monticule de terre traversé par des feuilles d'herbes. Ces nids et leurs superstructures sont criblés par de nombreuses galeries. *Lasius niger* essaime en juillet et août. Les essaims peuvent être très importants. La femelle fécondée ôte ses ailes et fonde une nouvelle colonie de façon indépendante ; s'étant enfermée dans une logette, elle y pond ses premiers oeufs et élève les larves qui en sortent. Distribution : une grande partie de l'Eurasie, le nord et le sud de l'Afrique, l'Amérique du Nord.

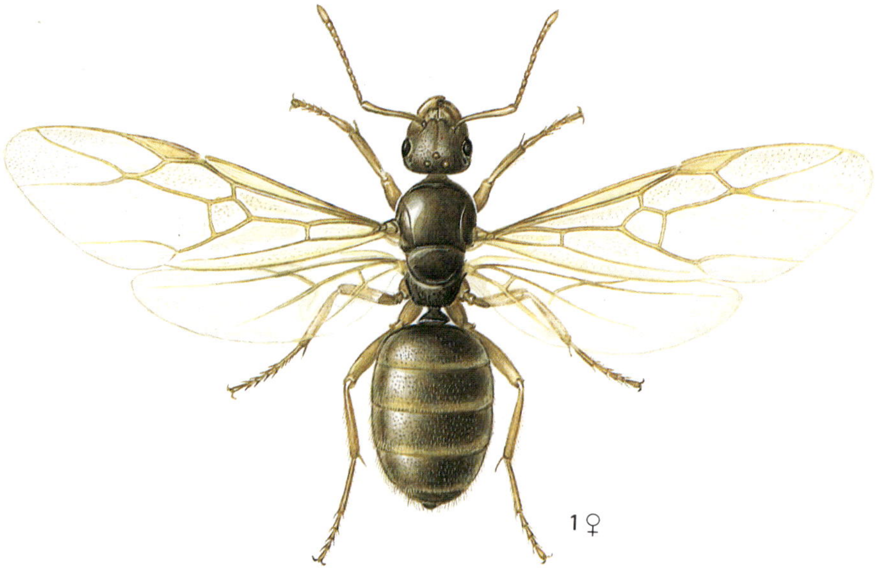

1 ♀

2 Fourmi rousse

Formica rufa L.

Formicidae ■

Par sa coloration, ses dimensions et l'aspect de son nid cette espèce ressemble très étroitement à *Formica polyctena,* plus commune et plus prédatrice et avec laquelle on la confond très souvent (voir page 430). Les ouvrières mesurent 6 à 9 mm, les mâles et les femelles environ 11 mm. La Fourmi rousse vit dans les bois, en plaine et en montagne. Carnivore, elle s'empare de toutes sortes d'insectes mais consomme aussi le miellat des pucerons, la sève, le suc des fruits et les graines riches en matières grasses. La colonie, généralement monogyne, vit dans un nid traversé de nombreuses

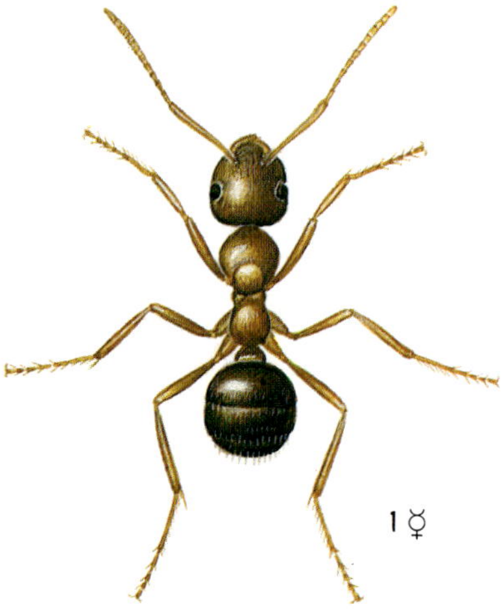

1 ☿

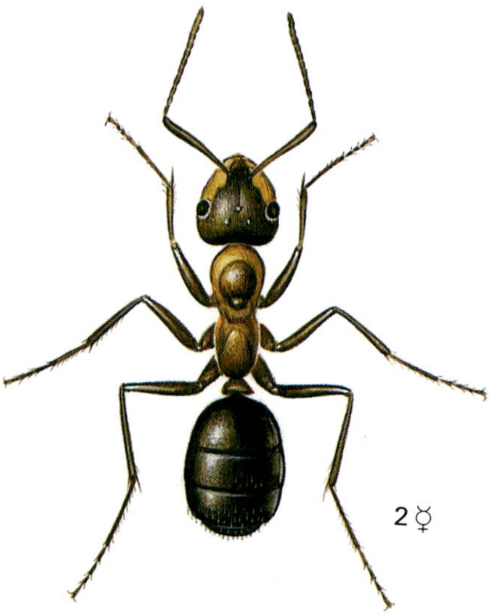

2 ☿

3

en montagne, jusqu'à 3 000 m dans les Pyrénées. Le nid est généralement construit dans une vieille souche, une branche, sous l'écorce ou dans la terre, sous une pierre. La colonie est le plus souvent monogyne mais parfois oligogyne, c'est-à-dire qu'elle compte plusieurs reines. L'espèce essaime entre juin et août. Les jeunes reines fondent les nouvelles colonies de façon entièrement indépendante. Toutefois, d'autres fourmis s'intéressent aux nids de *F. fusca*. Ainsi, *Polyergus rufescens* (**3**), la Fourmi amazone et d'autres espèces de *Formica* y créent leurs colonies. Les fourmilières de *F. fusca* sont souvent envahies par les Amazones qui sont rouge orangé clair et possèdent des mandibules en forme de sabre, mais sont incapables de nourrir leurs propres larves. En été, des colonnes de Fourmis amazones envahissent les nids de *F. fusca,* emportent les ouvrières et les nymphes, les placent dans leur nid et répètent cette razzia de temps à autre. *Formica fusca* vit en Europe, dans les régions tempérées d'Asie, en Afrique du Nord et en Amérique du Nord.

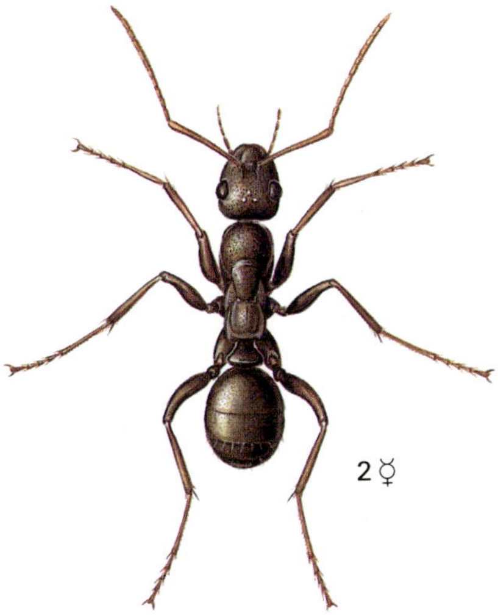

2 ☿

Hyménoptères

1 Fourmi charpentière
Camponotus ligniperda LATREILLE
Formicidae

1 ♂

Avec quelques autres espèces c'est l'une des plus grandes fourmis européennes : la femelle mesure 16 à 18 mm, les ouvrières 7 à 14 mm et les mâles de 9 à 12 mm. Elle ressemble étroitement à *Camponotus herculeanus,* qui a la même taille mais qui diffère par la couleur de la base de l'abdomen : chez *C. ligniperda,* elle est rousse à brun roux et faiblement velue, alors que chez *C. herculeanus,* elle est noire, terne et très velue. Tout récemment encore ces deux insectes étaient considérés comme des sous-espèces d'une même espèce. *C. ligniperda* se nourrit surtout du miellat des pucerons. Elle a une grande longévité puisque les ouvrières peuvent vivre dix ans et même plus. Pacifique, elle n'attaque pas l'homme.

Elle vit surtout dans les lieux dégagés, secs et ensoleillés sur le bord des forêts, dans les clairières, généralement à faible altitude. Le nid est construit dans la terre, sous une pierre ou dans le bois. Dans ce dernier cas les fourmis s'installent surtout dans les arbres morts, rarement dans les arbres vivants ou les vieilles souches. Les ouvrières creusent des galeries dans les anneaux de bois de printemps, plus mou, laissant le bois d'automne plus dur ainsi que les noeuds. Elles sont de tailles différentes et à côté des sujets normaux d'autres ont une grosse tête. L'essaimage a lieu en juin, au début de l'après-midi. Les jeunes femelles et les mâles quittent le nid pour leur vol nuptial. Les femelles fécondées se débarrassent de leurs ailes en quelques secondes et fondent une nouvelle colonie de façon indépendante, sans le concours d'une autre espèce. Elles s'enferment dans une logette, y pondent des oeufs mais en mangent une partie car leurs réserves nutritives sont épuisées. Après quoi elles élèvent les jeunes ouvrières qui forment la base de la nouvelle colonie. Cette espèce existe en Europe occidentale, centrale et septentrionale, en Asie Mineure, dans le Caucase et en Amérique du Nord.

1

Famille des *Myrmicidae*

Les membres de cette famille sont caractérisés par leur pétiole (partie du corps reliant la partie antérieure à celle postérieure du corps) formé de deux articles et par la possession, chez les ouvrières et les femelles, d'un aiguillon qui peut infliger des piqûres douloureuses.

2 *Myrmica rubra* L.
Myrmicidae

L'ouvrière mesure 4 à 5 mm, la femelle 4,5 à 6 mm et le mâle 4,5 à 5 mm de long. Espèce capable de vivre dans des milieux très variés comme les prairies, les champs, les jardins et les bois. Elle se nourrit surtout de liquides sucrés, collecte le miellat des pucerons, suce le nectar des fleurs, grignote des bribes de fraises mais mange aussi des graines ; il est rare qu'elle attaque d'autres insectes. La colonie est monogyne. Le nid se trouve sous une pierre ou une brique, voire sous une vieille tuile ; parmi les autres emplacements on compte les vieilles souches, les touffes d'herbes, la mousse, l'espace compris entre une écorce et le bois. Les fourmis dressent parfois un petit monticule au-dessus. L'espèce essaime en juillet et août mais mâles et femelles ailés apparaissent dès le mois de mai dans le nid. Les jeunes reines fondent des colonies sans l'intervention d'une autre espèce. *M. rubra* existe dans presque toute l'Europe (dans le sud en montagne), en Asie tempérée et au Japon.

2

Famille des *Eumenidae* — Guêpes potières, eumènes

Les eumènes sont étroitement apparentées aux guêpes sociales et sont parfois tenues pour une sous-famille des *Vespidae.* Elles ont la même coloration jaune et noire et, au repos, tiennent leurs ailes repliées longitudinalement. Les mâles ont des antennes de 13 articles et 7 tergites abdominaux, tandis que chez les femelles les antennes ont 12 articles et 6 tergites seulement sont visibles. Ne vivant pas en communautés, ces guêpes n'ont pas d'ouvrières. Elles nichent solitairement et construisent des nids variés pour leur progéniture ; elles déposent un oeuf et y ajoutent des larves d'insectes qu'elles ont paralysées et qui serviront de nourriture. Leurs larves sont en effet carnivores alors que les adultes vivent sur les fleurs.

1 *Eumenes pomiformis* F.
Eumenidae

Espèce très proche d'*E. subpomiformis* à laquelle elle ressemble fortement, les différences se situant dans quelques articles des antennes. Le mâle (longueur : 10 à 11 mm) est plus petit que la femelle (11 à 16 mm). Comme chez les autres eumènes, les dessins jaunes de l'abdomen sont très variables. *E. pomiformis* vit en plaine et en montagne et les imagos sont visibles du printemps à l'automne. La femelle construit un nid très soigné ressemblant un peu à une amphore grecque car il est renflé avec une petite ouverture et un bref goulot. Il est fait en terre humidifiée par la salive de l'insecte qui lui donne la consistance adéquate. Ce nid peut être collé sur la face inférieure d'une pierre, dans une fente de rocher, sur une feuille ou la tige d'une plante. L'unique larve se développe à l'intérieur. L'oeuf est suspendu par un filament au plafond de la cellule et au-dessous, sur le plancher, la mère dispose un nombre variable de petites chenilles qu'elle a piquées et qui sont devenues insensibles ; elles restent vivantes, ne se décomposent pas mais se débattent quand même quand on les touche. Après avoir ainsi rempli le nid, la guêpe l'obture. La larve mange ces provisions et se nymphose dans le nid mais ce n'est pas toujours une eumène qui sort car une guêpe-coucou *(Chrysis)* la parasite souvent. Si la *Chrysis* réussit à pondre son oeuf dans celui de l'eumène, ce dernier ne se développera pas. Cette eumène existe dans toute l'Europe, une grande partie de l'Asie, l'Afrique du Nord et l'Amérique du Nord.

2 *Ancistrocerus nigricornis* CURT.
Eumenidae

Le genre *Ancistrocerus* comprend quelques espèces qui se ressemblent beaucoup et que l'on plaçait auparavant dans le genre *Odynerus ;* leur identification est assez difficile. Le mâle mesure 8 à 10 mm de long, la femelle de 9 à 13 mm. Les imagos ont 5 ou 6 bandes jaunes sur l'abdomen et les fémurs noirs ; la face inférieure des antennes est rousse. Chez le mâle, les deux articles terminaux des antennes sont très petits et le dernier est recourbé en crochet. Les imagos survolent les prairies et les clairières. La femelle capture de petites chenilles, les paralyse et les place dans le nid qu'elle a préparé pour sa progéniture. Distribution : une grande partie de l'Europe et de l'Asie.

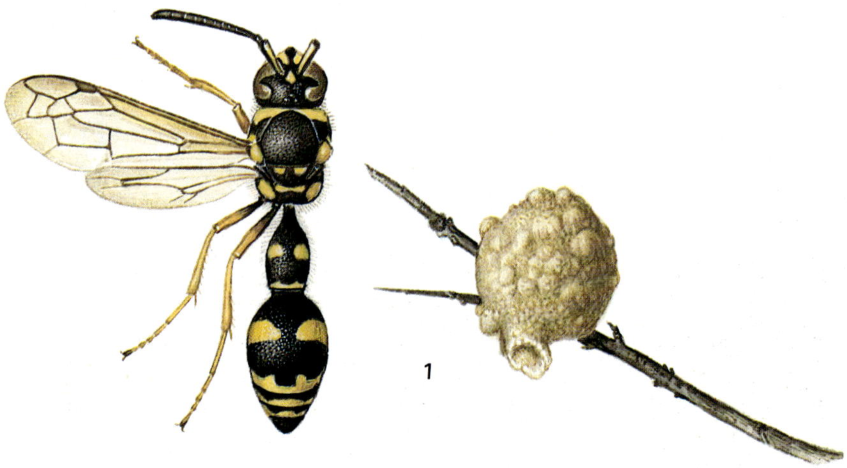

1

2

Famille des *Vespidae* — Guêpes proprement dites

Au repos les vraies guêpes ont les ailes pliées dans le sens de la longueur ; elles sont en outre caractérisées par leur coloration généralement jaune et noire. Les mâles ont des antennes de 13 articles et 7 tergites abdominaux visibles ; chez les femelles, les antennes ont 12 articles et on ne voit que 6 tergites. Femelles et ouvrières ont un aiguillon dont les mâles sont dépourvus. Après avoir hiberné, les reines construisent leur nid au printemps mais il sera agrandi et complété par les ouvrières de la colonie. Ces nids sont faits d'un papier formé de particules de bois mâchées avec de la salive. Sauf chez les polistes, le nid possède une enveloppe externe et contient plusieurs étages de cellules. Chaque rayon se compose de cellules hexagonales de dimensions différentes : les ouvrières et certains mâles se développent dans de petites cellules, les femelles et le reste des mâles dans de plus grandes. La reine pond un oeuf par cellule, mais celle-ci servira plusieurs fois. Les ouvrières nourrissent les larves avec des aliments qu'elles mâchent au préalable. Il s'agit surtout de mouches et de larves. Durant cette période les guêpes jouent un rôle bénéfique. Les mâles et les femelles éclosent en été. Les femelles fécondées hibernent tandis que les mâles et les ouvrières meurent tous avant le début de l'hiver.

2

1

1 Frelon
Vespa crabro L.
Vespidae ■

L'une des plus grandes guêpes sociales d'Europe : les femelles mesurent 25 à 35 mm, les mâles et les ouvrières sont un peu plus petits. Deux formes colorées sont connues en Europe ; chez *Vespa crabro crabro* la face dorsale du métathorax est noire alors que chez *V. c. germana* elle porte un dessin roux en forme de V. Le Frelon vit dans les bois et les forêts, les chênaies, les parcs et les jardins. On le voit souvent près des habitations mais il ignore l'homme. Les reines qui ont hiberné apparaissent au milieu d'avril. Les ouvrières volent jusqu'à la mi-octobre. Le Frelon vole le jour mais aussi la nuit ainsi que par temps humide et légèrement venteux. Prédateur il capture des mouches qui forment environ 90 % de son régime. Il se nourrit aussi de liquides sucrés et visite les arbres blessés, les tilleuls en fleurs, les fruits mûrs.

Il niche dans une cavité, par exemple dans un vieil arbre creux, dans un trou de rocher ou même dans le recoin obscur d'un grenier. Le nid est fabriqué en papier formé de particules du bois d'arbres à feuilles caduques. La jeune reine le place souvent à proximité de l'endroit où elle a hiberné mais n'utilise pas une

2

seconde fois un ancien nid. Un nid de taille moyenne a la même grosseur que la tête d'un homme ; cachées par une forte enveloppe externe, les cellules, au nombre de 1 500 environ, sont réparties sur cinq niveaux. Le nid est ouvert à sa base de sorte que les insectes peuvent entrer et sortir facilement ; les déchets sont évacués par le même orifice. Le Frelon vit dans une grande partie de l'Europe, mais pas au nord du 63e parallèle. Il existe aux États-Unis et au Canada. Cet insecte a une activité bénéfique.

1

2 Guêpe commune
Vespula vulgaris L.
Vespidae ■

L'une des guêpes les plus fréquentes. Les ouvrières mesurent 11 à 14 mm de long, les femelles 16 à 19 mm et les mâles 13 à 17 mm. Elle vit dans les forêts, les prairies, les parcs, les jardins, au voisinage de l'eau. Elle pénètre dans les maisons en été et en automne. Prédatrice, elle chasse d'autres insectes, surtout des mouches mais aime aussi le nectar des fleurs, les fruits mûrs tombés. Dans les maisons, les confitures, le miel et les gâteaux l'attirent souvent. Son nid est placé dans un lieu obscur, généralement sous terre. Construit en papier formé de bois pourri, il renferme de 7 000 à 10 000 cellules disposées sur huit à dix niveaux. Chaque rayon mesure environ 20 cm de diamètre. Cette guêpe vit dans toute l'Europe, les régions tempérées d'Asie, l'Amérique du Nord et l'Amérique centrale ainsi que l'Australie. Elle est très utile surtout quand elle nourrit ses larves.

Hyménoptères

1 Guêpe germanique
Vespula germanica L.
Vespidae ■

Elle ressemble fortement à la Guêpe commune mais les ouvrières et les femelles des deux espèces se distinguent par la coloration de leur clypéus, jaune et noir : chez la Guêpe germanique, il y a trois points noirs tandis que chez la Guêpe commune, il y a une tache noire en forme de fer de hallebarde ou d'ancre. Les ouvrières mesurent 12 à 16 mm de long, les femelles 17 à 20 mm et les mâles 13 à 17 mm. La Guêpe germanique est très répandue. En été et en automne, on la voit souvent dans les maisons, les épiceries, les boulangeries et pâtisseries car elle recherche des aliments sucrés. Quand le temps est ensoleillé, les reines sortent de leur abri hivernal dès le milieu de mars. Les ouvrières sont visibles depuis l'été jusqu'à la mi-novembre parfois, selon le temps. Comme la Guêpe commune, cette espèce a donc une assez grande longévité. Elle est également prédatrice et se nourrit surtout d'insectes (notamment de mouches, moustiques et chenilles) mais recherche aussi les liquides et substances sucrées naturelles (nectar des fleurs, fruits très mûrs) ou fabriquées par l'homme. Elle place son nid dans les prairies, les pelouses, les landes, près des chemins des champs. Il est généralement installé sous terre, parfois à la surface, mais toujours dans l'obscurité (par exemple, dans un trou de mur, dans une brique creuse, un nichoir destiné aux oiseaux, etc.). Le papier servant à sa confection est tiré de particules de bois sec prélevées sur des poteaux télégraphiques, des piquets de clôture, des troncs d'arbres, etc. De couleur grise il diffère nettement de celui de la Guêpe commune qui est jaune ocre. Quand il est terminé, il abrite derrière son enveloppe environ 7 500 cellules, parfois plus, disposées en 7 à 8 rayons mesurant chacun 20 cm de diamètre. A la belle saison, un nid est occupé par quelque huit mille ouvrières et plusieurs centaines de mâles et de femelles. *Vespula germanica* existe sur les cinq continents. En Europe, elle manque seulement dans le nord de la Finlande et de la Scandinavie.

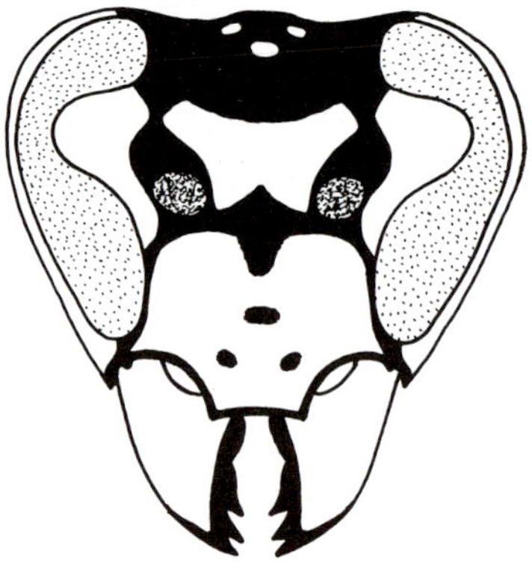

Tête de *Vespula germanica,* vue de face (3 points sur le clypéus).

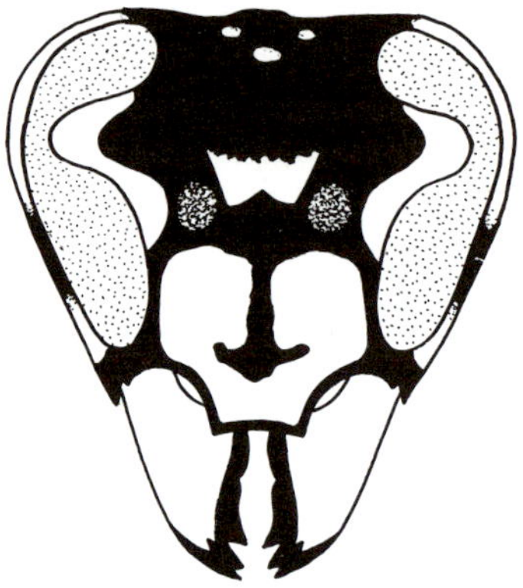

Tête de *Vespula vulgaris,* vue de face (tache en forme d'ancre sur le clypéus).

2 Guêpe rousse
Vespula rufa L.
Vespidae

Cette guêpe est reconnaissable à la coloration des deux premiers segments de son abdomen qui sont jaunes, noirs et roux. Les ouvrières mesurent 10 à 14 mm de long, les femelles 16 à 20 mm et les mâles 13 à 16 mm. La Guêpe rousse vit surtout dans les régions vallonnées mais existe aussi en plaine. On la trouve dans les jardins mais elle ne pénètre pas dans les maisons. Les reines qui ont hiberné sortent tôt de leurs quartiers d'hiver puisque si

le temps est ensoleillé on peut les voir dès la fin de mars. Les ouvrières volent de juin à septembre et cette faible longévité distingue la Guêpe rousse des Guêpes commune et germanique. Carnivore, la Guêpe rousse chasse toutes sortes d'insectes mais se nourrit aussi de nectar des fleurs, en particulier celles des Ombellifères, du framboisier et de la symphorine. Cette dernière lui offre une nourriture abondante qui attire aussi d'autres guêpes et bourdons. Elle apprécie également le miellat des pucerons et les sucs des fruits. Le nid est à faible profondeur dans la terre et communique avec l'air libre par un étroit passage dont l'orifice est caché dans l'herbe. Le papier dont il est fait a une couleur grise ; il mesure environ 15 cm de diamètre et contient seulement trois ou quatre rayons de cellules (quelques centaines au total). Distribution : toute l'Europe y compris le nord de la Finlande et la Scandinavie ; en Europe méridionale, dans les montagnes.

2

1 *Dolichovespula saxonica* F.
Vespidae ■

Les ouvrières de cette espèce mesurent 11 à 14 mm de long, les femelles 15 à 18 mm et les mâles 13 à 15 mm. Cette guêpe vit surtout dans les régions boisées et vallonnées. Les reines qui ont hiberné apparaissent seulement à la fin de mai et les ouvrières volent à partir de juillet. Les individus sexués se montrent en août alors que la colonie est déjà mourante. Il s'agit donc d'une espèce ayant une faible longévité. Comme les précédentes elle est à la fois carnivore et nectarivore. Elle vole même quand le temps est venteux et que la pluie ne tombe pas trop fort. N'étant pas agressive elle doit être protégée car elle chasse beaucoup d'insectes indésirables.

Le nid est construit à l'air libre mais très souvent aussi à proximité des habitations. La reine le place à l'abri du vent, de la pluie et des rayons du soleil. Le plus souvent, il est suspendu au plafond, dans une mangeoire à gibier faite en bois ou dans une cabane forestière ; on le trouve aussi dans les greniers, les nichoirs pour oiseaux, sous une grosse branche ou bien dans un tas de bois, par terre sous une touffe d'herbes. Il est de couleur grise mais avec des lignes plus claires sur l'enveloppe, ce qui prouve l'hétérogénéité des matériaux employés pour sa confection. Ses dimensions sont également variables. L'entrée est située dessous mais est assez grande pour permettre aux guêpes de pénétrer à grande vitesse. Ce nid renferme quatre ou cinq rayons dans les cellules – 1 300 environ – qui ont les bords légèrement relevés. Distribution : toute l'Europe, mais dans le nord ne va pas aussi loin que *Dolichovespula norvegica,* espèce voisine.

1

1

2

Liliacées, les saules et d'autres plantes. En automne elle visite les fruits pourris tombés par terre. Elle est absolument inoffensive et très utile.

Son nid, dépourvu d'enveloppe protectrice, ne comporte qu'un seul rayon de cellules. Gris clair il compte quelques dizaines de cellules ayant la même longueur et disposées horizontalement. Il est fixé par un pilier sur une pierre, un rocher, une bûche, une branche d'arbrisseau, la tige d'une plante herbacée, etc. L'ensemble est imprégné d'une substance sécrétée par les glandes salivaires, qui le renforce et le protège. Il se trouve à proximité de la terre car les Polistes aiment l'humidité. Cette guêpe vit surtout dans le centre et le sud de l'Europe ; elle manque dans le nord.

2 Poliste
Polistes nimpha CHRIST.
Vespidae ■

Plus svelte que les guêpes typiques, la Poliste a l'abdomen très rétréci à ses deux extrémités, antérieure et postérieure. A la base des ailes postérieures se trouve un petit lobe qui n'existe pas chez les guêpes typiques. Les ouvrières mesurent environ 14 mm de long, les femelles 16 mm et les mâles de 12 à 15 mm. Femelles et ouvrières diffèrent nettement de celles de *Polistes gallicus*, espèce très semblable, par le dernier segment abdominal qui est noir audessous (chez *P. gallicus* il est jaune). Cette guêpe vole du printemps à l'automne. Elle chasse d'autres insectes et absorbe aussi le nectar des fleurs, en particulier celui des Ombellifères, mais on peut la voir sur des

3

Famille des *Sphecidae* — Sphex, guêpes fouisseuses

La famille des *Sphecidae* réunit des espèces aux dimensions variées. Les femelles sont généralement plus grandes et plus massives que les mâles ; les premières ont un aiguillon alors que les seconds en sont dépourvus. Enfin, les antennes des femelles ont 12 articles, celles des mâles en ayant 13 en général. Toutes les guêpes fouisseuses aiment la chaleur et sont très sensibles aux changements de température ; elles ne fréquentent pas les milieux humides. Les imagos se nourrissent du nectar des fleurs. La plupart des espèces nichent dans la terre des lieux sablonneux ou argileux ayant une végétation assez riche pour faire vivre les insectes qui servent d'aliments aux larves. Le comportement parental des *Sphecidae* est absolument remarquable. Sous sa forme la plus simple, il comprend une succession d'actes bien précis : la femelle creuse une galerie menant à une chambrette après quoi elle capture une proie, la paralyse, la traîne dans le nid, pond un oeuf dessus, ferme le nid et s'en va. Paralysé l'insecte ne peut s'échapper et reste frais et comestible durant un certain temps. Chez certaines espèces la femelle continue à prendre soin des larves et renouvelle leur stock de nourriture. Les nids des *Sphecidae* sont parfois complexes. D'autres sont placés dans les tiges des plantes ou dans le bois mort où les guêpes utilisent souvent les galeries des insectes xylophages.

1 Ammophile
Ammophila sabulosa L.
Sphecidae

Le mâle (longueur : 16 à 23 mm) mesure quelques millimètres de moins que la femelle. On le reconnaît à ses antennes de 13 articles et à la ligne noire présente sur la face dorsale de son abdomen. Les imagos visitent des plantes comme le thym, l'épilobe, la scabieuse, la bruyère, les chardons, etc. On les voit au printemps et en automne. A la saison de la reproduction, la femelle cherche un emplacement favorable et creuse un nid sommaire dont elle camoufle soigneusement l'entrée. Elle y entasse de la nourriture sous forme de chenilles à peau glabre. Chacune est paralysée par quelques coups d'aiguillon dans l'abdomen et est transportée dans le nid (la guêpe les tient avec ses mandibules et ses pattes antérieures). La chenille est posée devant l'entrée, la guêpe pénètre dans le nid et la traîne à l'intérieur

après quoi elle pond un oeuf sur son corps et referme l'ouverture avec de la terre. La larve d'Ammophile éclôt peu après et dévore progressivement la chenille paralysée. Ayant atteint sa taille définitive au bout d'une dizaine de jours, elle s'enveloppe dans un cocon et se nymphose. Distribution : toute la région paléarctique.

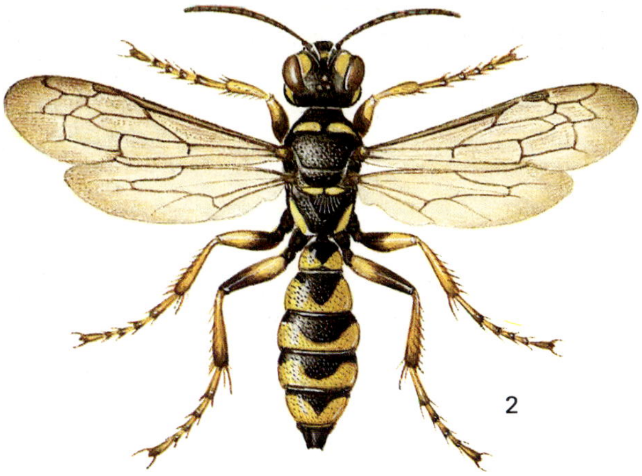

2

2 *Cerceris arenaria* L.
Sphecidae

Sa coloration noire et jaune la fait ressembler à une guêpe sociale. Toutefois, les segments abdominaux sont comprimés latéralement et au repos l'insecte ne replie pas ses ailes longitudinalement. La femelle mesure 11 à 15 mm de long, le mâle environ 3 mm de moins. Cette espèce thermophile vit dans les endroits sablonneux. Les imagos se posent volontiers sur les fleurs d'épilobe, de chardons, de panicaut et de mélilot. Ils volent de mai à septembre, nichent dans les talus, surtout ceux qui se trouvent à proximité des jeunes pinèdes parasitées par des charançons. Les guêpes paralysent les larves de ceux-ci et les portent dans leur nid où elles seront dévorées par leur progéniture. Distribution : une grande partie de l'Europe et le nord-est de l'Afrique.

Hyménoptères

Famille des *Andrenidae*

Tout récemment encore l'Abeille domestique, les bourdons et toutes les abeilles solitaires étaient réunis dans une seule famille, celle des *Apidae*, mais de nouvelles études sur la morphologie, le développement et le genre de vie de ces insectes ont conduit les entomologistes à les répartir entre sept familles distinctes. Avec les *Colletidae* et les *Halictidae*, les *Andrenidae* sont des abeilles primitives ayant des caractères communs. Les pièces buccales des *Andrenidae* comportent une courte langue ; leur appareil collecteur qui se trouve sur les tibias et les tarses, inclut également de grands poils sur les hanches, les trochanters et la face postérieure du métathorax. En règle générale, ces abeilles nichent dans la terre et ne cherchent pas de matériaux particuliers pour leur nid. Elles préparent des cellules communiquant avec l'air libre par une galerie. La femelle y place du pollen et du nectar, pond et referme la cellule. Elle meurt avant l'éclosion de la nouvelle génération dont le développement prend fin au printemps de l'année suivante.

1

1

1 *Andrena armata* GMEL.
Andrenidae ■

Abeille solitaire mesurant environ 14 mm de long et dont la fourrure épaisse, colorée, peut la faire confondre avec un petit bourdon. Elle apparaît au début du printemps (au milieu d'avril) et cesse de vivre dès la seconde quinzaine de mai. On la voit dans les parcs, les jardins et leurs environs et elle devient de plus en plus abondante dans les agglomérations. Elle joue un rôle important pour la pollinisation des pommiers, cerisiers, pruniers et groseilliers, mais visite aussi l'hellébore, les potentilles, les fleurs d'érables, de saules, etc. Elle est beaucoup plus craintive que l'Abeille domestique. Elle niche dans la terre, assez souvent dans celle des chemins fréquentés dans les jardins et les parcs. Plusieurs nids sont souvent situés à proximité les uns des autres. *A. armata* existe dans le nord-ouest et le centre de l'Europe ainsi que dans les Balkans.

2 Andrène bicolore
Andrena bicolor F.
Andrenidae ■

Toute petite abeille assez terne, mesurant seulement 8 à 10 mm de long. Elle est en grande partie brune et sa taille correspond à celle de nombreuses autres espèces du même genre. C'est l'une des abeilles solitaires les plus précoces puisqu'elle vole en avril si le soleil brille ; elle visite alors les premières fleurs printanières. Elle est très commune sur les touffes de tussilage, pétasite, pulmonaire, passerage, Liliacées et sur les chatons de saule marsault où elle récolte le pollen avec beaucoup de zèle. Il y a deux générations par an. Les membres de la seconde apparaissent en juillet-août et visitent les fleurs, notamment celles des Campanulacées, vipérine, thym et framboisier. Une galerie mesurant environ 1 m de long conduit au nid. Cette espèce est parasitée par *Sphecodes pellucidus* (famille des *Halictidae*). En raison de son abondance, elle joue un grand rôle pour la pollinisation. Distribution : une grande partie de l'Europe et de l'Asie, l'Afrique du Nord.

Hyménoptères

1 *Halictus simplex* BLÜT.
Halictidae

Cette petite abeille (longueur : 10 à 11 mm) ressemble à mainte autre espèce de sa famille et de celle des *Andrenidae*. On s'apercevra de son appartenance au groupe des abeilles primitives d'après la nervure basale de ses ailes antérieures qui est incurvée. Extérieurement, les femelles de cette espèce ressemblent si fortement à celles d'*Halictus eurygnathus* qu'il est très difficile de les en distinguer. Les mâles sont reconnaissables à la forme de leurs mandibules qui sont élargies à la base chez *H. simplex* mais pas chez *H. eurygnathus*. Espèce très commune, qui vole en été et fréquente tout particulièrement les chardons et le bleuet. Elle niche dans la terre. Les mâles meurent après l'accouplement mais les femelles survivent à l'hiver.

Famille des *Melittidae*

Cette famille est intermédiaire entre les abeilles primitives et les autres groupes. Ses membres ont une grande langue pointue, une « brosse » de poils sur les pattes postérieures et des poils raides sur l'abdomen.

2 *Dasypoda hirtipes* F.
Melittidae

Également appelée *D. plumipes*, cette espèce mesure de 12 à 15 mm de long. Les poils collecteurs de la femelle sont jaune doré et très longs ; ils se trouvent sur le tibia et le premier article du tarse des pattes postérieures. Leur nombre et leur densité permettent à l'insecte de collecter beaucoup de pollen plus rapidement et plus aisément que la plupart des autres abeilles, comme on peut s'en rendre compte en considérant la quantité amassée pour la progéniture à venir. Les imagos aiment la chaleur et en été (juillet, août) ils sont parfois abondants. Ils visitent les fleurs des Composées, notamment les épervières, la chicorée et le bleuet. Malgré leur charge de pollen, les femelles volent rapidement. Souterrain, le nid est creusé dans un talus sablonneux et communique avec l'extérieur par une galerie d'environ 60 cm de long de laquelle partent cinq ou six conduits horizontaux prenant fin chacun par une cellule. Ce nid est préparé par la femelle seule. Ayant choisi un site, elle s'enfonce dans le sable, revenant périodiquement à la surface pour rejeter les déblais ; à cette fin, elle marche à reculons et lance le sable avec de vifs mouvements de ses pattes antérieures, les postérieures, velues, jouant le rôle de balais. Le résultat de son activité est bien visible sous forme d'un sillon dans le sable avec un amas de déblais de chaque côté.

Le développement a lieu dans les cellules du nid, où la femelle a transporté une provision de pollen aggloméré en petite boule. Pour empêcher qu'il moisisse, il est supporté par trois petits piliers de sable qui facilitent en permanence la circulation de l'air. Un oeuf est alors déposé sur la boule de pollen, et l'entrée de la cellule ainsi que celle de la galerie sont bouchées avec du sable. Les larves mangent le pollen, hibernent et se nymphosent au cours du printemps suivant. Dans les lieux favorables, cette abeille niche parfois en colonies. Distribution : toute la région paléarctique.

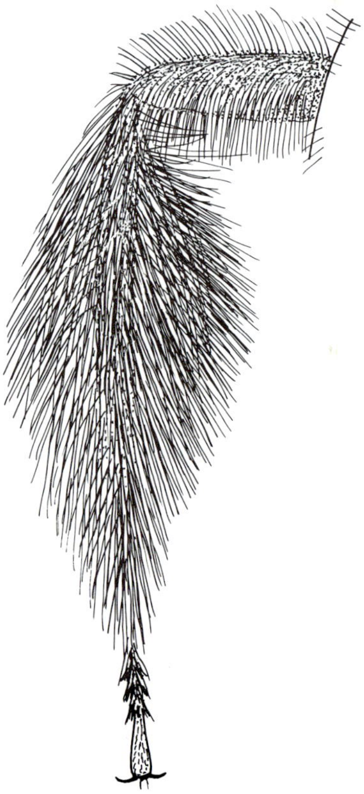

Dasypoda hirtipes. Patte postérieure recouverte de longs poils.

2

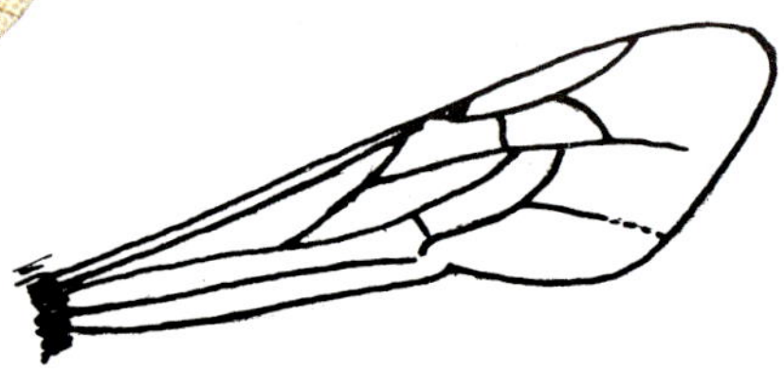

Dasypoda hirtipes, aile antérieure.

1

Hyménoptères

Famille des *Anthophoridae*

La famille des *Anthophoridae* réunit des espèces aux dimensions variées. Elles ont une courte langue. Chez les espèces qui construisent un nid, les poils collecteurs se trouvent sur le tibia des pattes postérieures. Elles nichent dans la terre, dans les tiges des plantes ou dans le bois mort, souvent en colonies. En revanche, les espèces parasites ne font pas de nid et laissent à d'autres abeilles solitaires (généralement celles du genre *Andrena*) le soin d'élever leur progéniture. Il y a davantage d'espèces parasites que d'espèces se reproduisant de façon indépendante.

1 *Thyreus orbatus* F.
Anthophoridae

Cette abeille foncée est l'un des nombreux anthophores parasites. Le mâle (longueur : 8,5 à 11 mm) est un peu plus petit que la femelle (10 à 11 mm). Les imagos qui volent en été butinent les fleurs. Les femelles ne font pas de nid car leur descendance est élevée par *Anthophora pubescens* et *A. quadrimaculata*. Distribution : une grande partie de l'Europe.

2 Xylocope
Xylocopa violacea L.
Anthophoridae

L'une des plus grandes et des plus grosses abeilles solitaires d'Europe. L'imago qui mesure 20 à 23 mm de long ressemble fortement à *Xylocopa valga*, également de couleur sombre. On peut identifier les femelles d'après la longueur de leurs articles antennaires : chez *X. violacea*, la longueur du troisième égale celle des 4e, 5e et 6e pris ensemble, alors que chez *X. valga*, elle correspond à celle des 4e et 5e articles seulement. Les mâles seront différenciés d'après la coloration de leurs antennes : elles sont jaunes chez *X. violacea* et noires au-dessous de l'extrémité chez *X. valga*. Le Xylocope aime la chaleur ; il fréquente de préférence les lieux secs, ensoleillés mais on le trouve aussi ailleurs. Les imagos hibernent et apparaissent dès le mois de mai. L'espèce est plus abondante dans les régions que l'homme n'a pas trop bouleversées, mais on l'observe aussi dans les jardins des villes (par exemple, à Vienne, Bratislava, etc.). Elle visite les saules, la vipérine, la coronille et beaucoup d'autres plantes.

Le comportement parental est très élaboré. La femelle prépare un ou plusieurs nids dans une vieille souche ou un arbre creux. Au bref tunnel d'accès succède un nid vertical atteignant 30 cm qui, généralement, prend fin par un trou de sortie situé à angle droit. Le nid est divisé en cellules superposées, séparées par des cloisons en sciure de bois collée. Chaque cellule mesure environ 2 cm de haut et 1,5 cm de diamètre. La femelle y place un tas de pollen qui servira de nourriture à la larve qui grandira et se nymphosera dans cette logette. Si les parois sont minces, les imagos percent, à l'éclosion, un trou latéral, mais si elles sont trop épaisses, ils sortent par le puits en ouvrant les cloisons et en passant par le tunnel d'accès. Les Xylocopes nichent généralement à l'endroit où ils ont vu le jour, c'est pourquoi les sites favorables sont occupés pendant des années. Le Xylocope vit en Europe occidentale et méridionale ; en Europe centrale, il atteint au nord le Main, la Lahn et la Slovaquie.

2

1

Hyménoptères

Famille des *Apidae* — Abeille domestique, bourdons

Toutes les abeilles étaient jadis placées dans la famille des *Apidae*. Aujourd'hui, celle-ci a été démantelée et ne comprend plus que les espèces typiques comme l'Abeille domestique et les bourdons.

Abeille domestique, Abeille mellifique

Apis mellifera L.

Apidae ■

On l'appelle aussi *Apis mellifica*. Ses sociétés comportent trois castes, la reine (femelle fécondée) qui mesure 16 à 22 mm de long, les mâles ou faux-bourdons (longueur : 14 à 18 mm) et les ouvrières, femelles inféconde (longueur : 12 à 15 mm). L'Abeille domestique est connue et élevée depuis des millénaires. En Europe, elle est complètement domestique mais peut quand même vivre dans la nature. Parmi les races les plus appréciées, on compte celle de *Carinthie*. A la différence des colonies de guê-

pes et de bourdons qui durent seulement un été, celles de l'Abeille domestique vivent pendant de longues années. La population d'un nid s'élève à 40 000–80 000 individus à la tête desquels se trouve l'unique reine qui est leur mère. Les abeilles se nourrissent de nectar et de pollen que les ouvrières récoltent inlassablement et apportent à la ruche où le pollen est stocké et le nectar transformé en miel après évaporation et action de ferments produits par les abeilles. La reine et les faux-bourdons sont nourris par les ouvrières car ils ne butinent pas. Les rayons de la ruche sont en cire, sécrétée par des glandes spéciales de l'abdomen des ouvrières. Ils sont formés de cellules hexagonales qui servent pour partie de lieu de stockage et pour partie de berceau destiné à la progéniture.

La reine pond dans des cellules vides ; celles des futures reines sont plus grandes et celles des faux-bourdons plus larges que celles des ouvrières qui représentent l'immense majorité de la population. Seuls quelques mâles, ceux qui fécondent la reine, jouent un rôle important pour la perpétuation de l'espèce. La première des jeunes reines qui éclosent tue celles qui n'ont pas encore quitté leur cellule. Quand cet événement se produit, la vieille reine quitte la ruche et près de la moitié des ouvrières la suivent. Ces abeilles se groupent en essaim qui fondera une nouvelle colonie. Les ouvrières qui éclosent en été vivent seulement quatre à cinq semaines, celles qui voient le jour en automne hibernent et ont donc une longévité supérieure. Au cours de leur existence, les abeilles remplissent diverses fonctions et leur activité dépend de celle des glandes pharyngiennes et des glandes cirières abdominales qui fonctionnent à des moments précis de leur vie. Durant ses premiers dix jours de vie, l'ouvrière nettoie et nourrit. A la fin de cette période, elle commence ses premiers vols d'exploration ; dans les dix jours qui suivent, elle s'occupe surtout de construire, nettoyer la ruche et concentrer le nectar, après quoi, pendant peu de temps, elle garde l'entrée de la ruche et enfin passe ses derniers dix jours à recueillir nectar et pollen. Ce dernier est prélevé sur les fleurs par les brosses situées sur les pattes et est transporté dans les « corbeilles », dépressions creusées dans les tibias. A la fin de sa vie l'abeille butineuse communique avec ses soeurs au moyen de mouvements particuliers appelés « danses ». C'est Karl von Frisch, prix Nobel, qui a découvert et expliqué ce « langage ».

Les abeilles passent l'hiver dans la ruche. Les ouvrières se pressent en boule compacte avec la reine au milieu ; la température est maintenue entre 20 °C et 36 °C. Quand les premiers perce-neige, tussilages et saules fleurissent, les abeilles commencent à sortir de la ruche.

Sous-famille des *Bombinae*

Les bourdons *(Bombinae)* forment une sous-famille très homogène des *Apidae*. Mis à part ceux du genre *Psithyrus*, ce sont des insectes sociaux chez lesquels existent trois castes différant par leur morphologie, leur taille et leur coloration (reine, ouvrières et mâles). Les reines et les ouvrières ont des antennes de 12 articles et un aiguillon ; les mâles ont 13 articles antennaires et sont dépourvus d'aiguillon. Reines et ouvrières ont, en outre, des corbeilles à pollen sur leurs pattes postérieures. Ces insectes forment des colonies éphémères puisqu'elles sont créées chaque année par des reines qui ont hiberné. Le nid est souterrain ou bien se trouve juste au-dessous de la surface ou encore au ras de terre, par exemple dans une touffe d'herbes, dans la mousse, dans un mur, etc. Ayant choisi le site, la reine prépare un amas de pollen, pond un oeuf dessus et construit une sorte de pot en cire dans lequel elle place du nectar. Elle élève toute seule les premières ouvrières mais bientôt celles-ci la remplacent et dès lors elle se met à pondre. Les jeunes reines et les mâles apparaissent en été. A l'automne, la colonie meurt à l'exception des jeunes reines fécondées qui hibernent. Les espèces du genre *Psithyrus* ne font pas de nid, n'ont pas d'ouvrières et confient l'élevage de leur progéniture aux ouvrières d'une espèce du genre *Bombus*. Les bourdons mangent du nectar et du pollen. Ils jouent un rôle très important pour la pollinisation des arbres fruitiers, du trèfle, de la luzerne et de nombreuses autres plantes comme les ronces, les framboisiers, la myrtille, la canneberge, etc.

1 *Bombus agrorum* F.

Apidae, Bombinae ■

Actuellement cette espèce est appelée *B. pascuorum*. Elle vit dans les endroits secs ou humides, prairies, champs, haies, parcs, jardins, en plaine et en basse montagne. Les femelles sortent tôt au printemps, quant aux mâles ils font partie des derniers bourdons que l'on voit tardivement en automne sur les chardons. Au printemps, ce bourdon visite les saules marsaults, anémones, pulmonaires et corydales. Plus tard on le voit sur la sauge, les orties, le thym, les ronces, les chardons, le trèfle, etc. Il joue un rôle très important pour la pollinisation des arbres fruitiers.

Bombus agrorum est un insecte dépourvu d'agressivité, peu exigeant quant au choix d'un site de nidification puisque la reine l'installe dans la mousse, les feuilles mortes, un champ de trèfle, un nichoir abandonné même s'il est à grande hauteur sur un arbre, un abri à bestiaux, une grange, le mur d'une maison, etc. Ce nid abrite en moyenne cent à deux cents cellules. Les premières ouvrières sont très petites en raison de l'absence d'une nourriture suffisante pour les larves dont elles sont issues. Distribution : toute l'Europe et l'Asie.

2 *Bombus pomorum* L.

Apidae, Bombinae ■

La coloration de cette espèce ressemble à celle d'autres bourdons ; les sujets typiques sont noirs sauf la majeure partie de l'abdomen couverte de poils roux. Les femelles mesurent 20 à 24 mm, les mâles de 18 à 20 mm de long. Ce bourdon fréquente les régions chaudes en plaine ; on le voit dans les prairies, champs, bois et jardins. Les femelles qui ont hiberné apparaissent à la fin d'avril ou en mai. Cet insecte suce le nectar des Labiées et des Composées et contribue à la pollinisation des champs de trèfle. Le nid, souterrain, se trouve souvent dans un talus ou un ancien nid de campagnol. L'entrée est camouflée et surveillée par des ouvrières. *B. pomorum* existe dans une partie de l'Europe (il manque dans le sud et le nord) et en Sibérie.

2

1

Bourdon des pierres

Bombus lapidarius L.

Apidae, Bombinae ■

Ce bourdon est l'un des plus remarquables et peut-être l'un des plus communs en Europe. Les femelles mesurent 24 à 27 mm de long, les mâles 14 à 18 mm. Leur coloration diffère quelque peu : les premières ont une épaisse fourrure de poils noirs sauf sur les derniers segments abdominaux qui sont revêtus de poils roux. Les mâles sont également noirs avec le bout de l'abdomen roux, mais en plus ils ont des poils jaunes sur le front et une bande jaune sur le thorax. D'autres espèces européennes, comme *Bombus mastrucatus* et *B. ruderarius*, ont la même coloration et il faut faire appel à d'autres caractères pour les identifier. Les grosses femelles de *B. lapidarius* peuvent être confondues avec celles de *Psithyrus rupestris,* de taille voisine et de coloration semblable. On les séparera de la façon suivante : *P. rupestris* a des ailes brun foncé opalescentes, à reflets violets et des tibias postérieurs renflés et velus ; chez *B. lapidarius,* les tibias sont glabres, brillants et possèdent une corbeille. Enfin, les *Psithyrus* ont un corps plus luisant et moins velu.

Le Bourdon des pierres vit dans toutes sortes de milieux : on le voit dans les champs, les bois, les prairies et les jardins. Très commun en plaine et jusqu'à environ 800 m, il s'élève jusqu'à 2 000 m dans les Alpes. Les femelles qui ont hiberné sortent de leur abri au début du printemps et visitent les premières fleurs de façon assidue car elles ont longuement jeûné. Elles

butinent les corydales, primevères et pissenlits ; en forêt, elles fréquentent les clandestines *(Lathraea)* ; plus tard les ouvrières viennent sur les ronces, bourraches, tilleuls, chardons et beaucoup d'autres plantes herbacées et ligneuses.

Avec *B. agrorum, B. hortorum* et *B. silvarum*, le Bourdon des pierres est l'un des principaux agents pollinisateurs du trèfle. Le nid est souterrain ou placé dans un abri à l'extérieur. Son emplacement est assez variable et on le trouve par exemple dans une ancienne galerie de mulot, un tas de vieux chiffons dans un grenier, un recoin de lucarne d'une cave, un amas de paille (dans une étable) ou un nichoir pour oiseaux. La colonie comprend environ 300 insectes. Les ouvrières manifestent parfois une tendance au cannibalisme car elles prennent des oeufs et les mangent. Ce comportement a également été observé chez d'autres bourdons. Bien avant l'hiver, les mâles, la vieille reine et les ouvrières périssent. Les futures reines se réfugient dans un trou du sol, en forêt ou dans un terrain non cultivé. Elles creusent une petite galerie débouchant dans une logette dont elles ferment l'entrée avec de la terre et des débris végétaux et passent la mauvaise saison en état d'hibernation. Le Bourdon des pierres existe dans une grande partie de l'Europe, atteignant la Laponie dans le nord.

Hyménoptères

1 Bourdon terrestre
Bombus terrestris L.
Apidae, Bombinae ■

Il ressemble si étroitement à *Bombus lucorum* que la distinction des deux espèces est très difficile. La femelle mesure de 20 à 24 mm de long, le mâle de 18 à 20 mm. Ce bourdon, commun dans les bois, les prairies, les champs, les jardins, en plaine et en montagne, est aussi l'un des plus précoces. Les femelles qui ont hiberné apparaissent en effet peu après les premiers signes de l'arrivée du printemps, dès la fin de mars quand le temps est ensoleillé. Les femelles et les mâles de la nouvelle génération volent à partir de la fin de juillet et on peut encore voir des mâles butiner à la fin d'octobre. Le Bourdon terrestre visite les arbres fruitiers en fleurs, les framboisiers, myrtilles, airelles rouges, trèfles, ancolies, bourraches, lamiers, sauges, mélampyres, chardons et d'autres plantes fleuries. La récolte des myrtilles et des fruits d'airelle rouge dépend largement de l'abondance de cet insecte qui place son nid à une grande profondeur dans la terre (parfois à plus d'un mètre). Souvent, il utilise une ancienne galerie de mulot ou de taupe. Le nid est tapissé de mousse et d'herbes sèches trouvées sur place. Sa situation le protège des gelées printanières qui mettent en danger les colonies des autres bourdons. Un nid abrite environ 500 bourdons, autrement dit une population relativement très importante. Distribution : toute l'Europe, l'Asie Mineure et l'Afrique du Nord. On devrait favoriser la reproduction de cet insecte en lui offrant des abris artificiels.

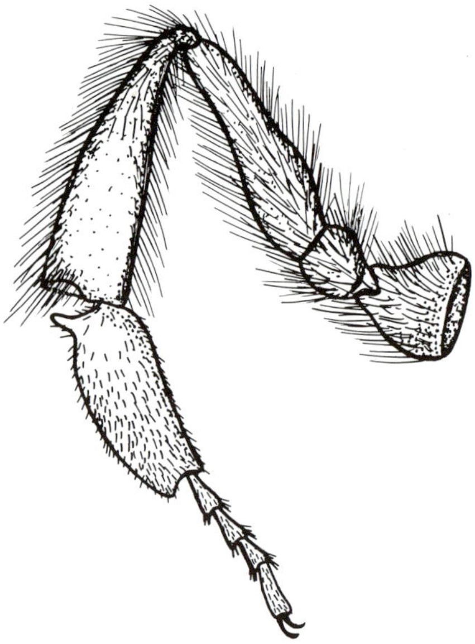

Patte postérieure de bourdon avec corbeille à pollen.

1

2 *Psithyrus rupestris* F.

Apidae, Bombinae

Patte postérieure de *Psithyrus rupestris,* très velue et sans corbeille à pollen.

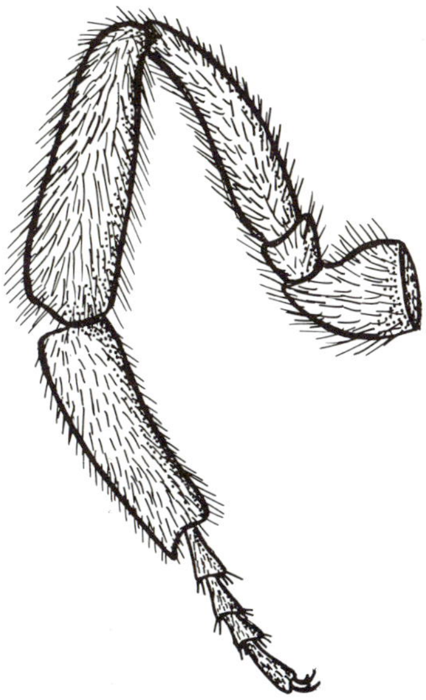

Par ses dimensions et sa coloration, cette espèce est presque identique au Bourdon des pierres (*Bombus lapidarius* – voir page 454). En effet, la femelle est noire avec le bout de l'abdomen roux mais il y a parfois une bande jaune sur son thorax (elle est toujours présente chez le mâle) ; ses ailes ont des reflets violets. Les femelles mesurent de 18 à 25 mm de long, les mâles de 10 à 18 mm. Ce bourdon vit au bord des forêts, dans les terres incultes et les champs de trèfle. Les femelles qui ont hiberné se montrent en mai ou en juin et les sujets de la nouvelle génération sont visibles à partir du mois d'août. *P. rupestris* est incapable d'édifier un nid et de maintenir en vie une colonie car il n'a pas d'ouvrières mais seulement des mâles et des femelles. Il en résulte que les femelles cherchent des nids de *Bombus lapidarius* et essayent de pénétrer dans les colonies déjà assez fortes. Si elles y parviennent, elles pondent leurs oeufs à l'intérieur et leurs larves seront nourries par les parents d'adoption, c'est-à-dire les ouvrières du Bourdon des pierres qui les traiteront comme s'il s'agissait de leur propre descendance. Les larves de *P. rupestris* se nymphosent dans le nid de leurs hôtes et en été, mâles et femelles éclosent et s'envolent. La vieille femelle et les jeunes mâles meurent avant la fin de l'automne et seules les jeunes reines passent l'hiver comme de règle chez les bourdons et les guêpes vivant en société. Distribution : nord, ouest et centre de l'Europe.

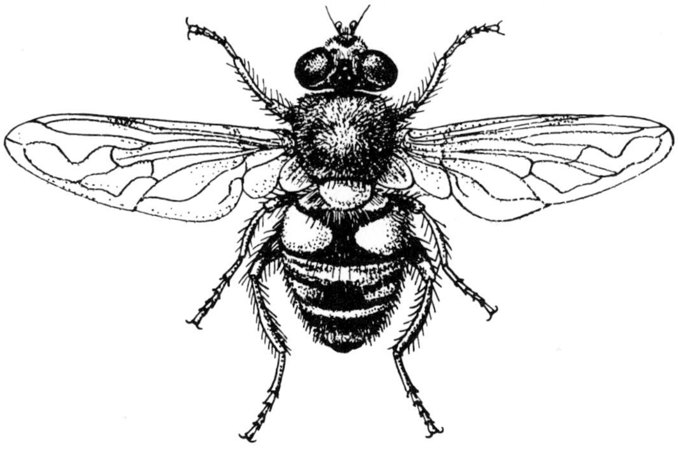

Diptères

Les Diptères, couramment appelés mouches et moustiques, appartiennent au grand groupe des insectes mécoptéroïdes et, avec les Mécoptères (panorpes) dérivent d'ancêtres communs aujourd'hui disparus. Diptères signifie « qui a deux ailes » ; en effet, chez ces insectes seule la première paire d'ailes membraneuses est développée, la seconde étant réduite à deux petits organes de l'équilibre appelés haltères. L'existence d'une seule paire d'ailes permet un vol plus rapide et plus prolongé ; c'est ainsi que les *Oestridae* volent plus vite que tous les autres insectes. La taille des Diptères varie entre 1 et 60 mm de long. La majorité ont des pièces buccales suceuses presque réduites au labium (lèvre inférieure) mais chez les espèces qui se nourrissent de sang et chez celles qui sont prédatrices, les mandibules ressemblent à des stylets et les maxilles (mâchoires) sont cachées dans l'étui formé par la trompe. Les yeux composés sont très volumineux et chez les mâles en particulier ils occupent souvent toute la partie frontale de la tête (yeux holoptiques) ; sinon, ils sont séparés par le front (yeux dichoptiques).

Les larves, entièrement apodes, sont donc dépourvues de pattes et de fausses pattes. Celles des espèces les plus primitives ont une tête (elles sont dites hémicéphales), mais chez la plupart elles possèdent seulement des pièces buccales rétractiles de type suceur et sont dites acéphales. Comme les imagos, les larves se nourrissent en suçant des liquides d'origine animale ou végétale. D'après la structure de leurs antennes on divise les Diptères en deux sous-ordres, les Nématocères dont les antennes sont longues et les Brachycères chez lesquels elles sont brèves. Les Diptères nématocères du type moustique ou tipule ont des antennes formées d'au moins 30 articles égaux ; chez les Brachycères, plus évolués, le troisième article antennaire est élargi et les autres articles du *flagellum* forment un appendice étroit, segmenté, ou une *arista* ayant l'aspect d'une soie. Les Diptères ont des métamorphoses complètes. Selon la façon dont ils se développent on distingue le type othorrhaphe où l'imago sort de l'enveloppe nymphale par une ouverture dorsale en forme de T disposé longitudinalement et le type cyclorrhaphe, plus évolué, où la larve se nymphose dans la dernière enveloppe qui se durcit et forme un puparium. Celui-ci se fend à sa partie antérieure selon une ligne en forme d'anneau quand l'imago éclôt. Les Diptères constituent un groupe très important qui réunit des insectes d'aspect varié vivant dans presque tous les milieux. Certains ressemblent à d'autres insectes comme les abeilles, guêpes, bourdons et fourmis. On estime le nombre total des espèces dans le monde à 100 000, dont 8 000 environ appartenant à 107 familles, existent en Europe centrale. En France, il y a également près de 8 000 espèces.

Aphaniptères — Puces

Ordre d'insectes hématophages très spécialisés et secondairement aptères, les puces sont très proches des Diptères dans la classification. Les imagos, qui mesurent de 1 à 6 mm de long, se ressemblent fortement et sont réputés pour leur aptitude au saut. Les larves, apodes, minces, se nourrissent au voisinage des hôtes, dans des substances organiques, des nids d'oiseaux ou à l'intérieur des maisons. Elles se nymphosent dans un cocon gluant. On connaît au moins 1 500 espèces de puces qui, dans leur majorité, parasitent un hôte particulier. On en connaît une centaine d'espèces en Europe centrale.

Diptères

Famille des *Trichoceridae*

Petits Diptères nématocères ressemblant à de minuscules tipules. Les ailes sont densément nervurées puisque 12 nervures atteignent leur bord. La petite tête porte des antennes de 16 articles ; il y a trois ocelles sur le vertex et la suture mésonotale transversale a la forme d'un V. La plupart des espèces volent à la fin de l'automne et en hiver, formant de petits essaims. Minces et cylindriques, les larves ont une tête bien développée ; elles vivent dans des débris végétaux. Sur les quelque cent espèces connues dans le monde, dix existent en Europe centrale et deux en France.

1 *Trichocera hiemalis* De Geer
Trichoceridae

Petite espèce gris noirâtre, mesurant 7 à 8 mm de long, dont les yeux sont velus. Les ailes, transparentes, sans marques, ont de fines nervures poilues et, à la base, une deuxième nervure anale très courte, fortement incurvée. Les imagos apparaissent en automne, quand la température de l'air commence à baisser. En hiver, si elle dépasse légèrement 0 °C, ils entrent en activité et volent longuement à faible hauteur en essaims. Étant donné que les insectes montent et descendent de façon non coordonnée, le groupe a la forme d'une longue colonne. *T. hiemalis* fait partie des quelques insectes actifs en hiver (parmi les autres nous citerons ceux des genres *Chionea* et *Boreus*). En été, les larves se nourrissent de débris. La pupe est du type *obtecta* (ailes et pattes cachées). Distribution : espèce euro-sibérienne largement répandue, très commune en Europe occidentale et centrale.

Famille des *Tipulidae* — Tipules

Il s'agit généralement de grands insectes dépassant 40 mm de long, aux pattes extrêmement longues, fragiles, et aux grandes ailes marquées de façon particulière. Leur petite tête est surmontée d'antennes assez courtes et filiformes, parfois dentées ou pectinées et comptant le plus souvent 13 articles. Les plus grandes des tipules volent mal. La plupart fréquentent les lieux humides et ombragés à proximité de l'eau. Pour le reste, les tipules ressemblent un peu aux *Trichoceridae*. Leurs larves, cylindriques, assez grosses, ont une petite tête (elles sont hémicéphales) et portent à l'extrémité postérieure du corps une touffe d'appendices tubuleux. Elles vivent dans les sols frais, les feuilles mortes, le bois pourri, voire dans l'eau. Sur un total de plus de 3 300 espèces, plus de 130 vivent en Europe centrale et 180 en France.

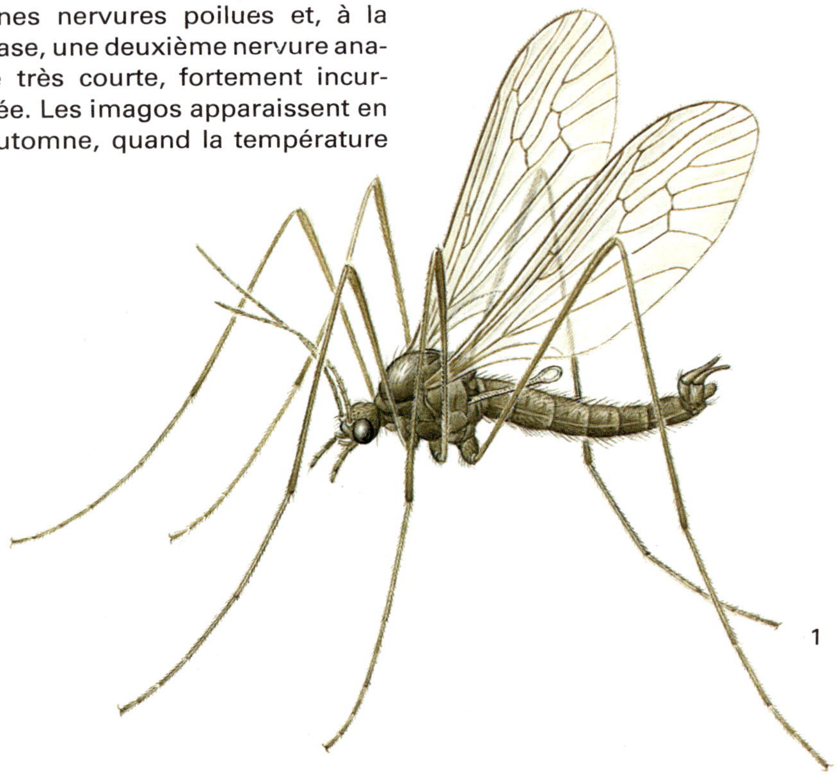

1

Tipule
Tipula oleracea L.
Tipulidae ▲

Le mâle (longueur : 15–16 mm) est plus petit que la femelle qui atteint 26 mm. Le corps est brun ou gris ; le long du bord antérieur des ailes se trouvent des marques brun foncé bordées postérieurement par une bande longitudinale médiane d'un blanc laiteux et opalescent. Cette espèce a deux générations par an en Europe centrale. Les imagos apparaissent à la fin d'avril et en mai. La femelle dépose ses oeufs sur la luzerne, le trèfle et d'autres Papilionacées. La deuxième génération vole en août et en septembre et les larves passent l'hiver. Quand celui-ci est doux, elles continuent à se nourrir, se retirant dans la terre pendant la journée et sortant le soir pour ronger les plantes. Très voraces, elles peuvent faire des dégâts dans les jardins et les prairies. Les imagos ne volent que si le temps est calme, avant le coucher du soleil et le matin. Espèce européenne très commune dans les régions au climat tempéré. Plus longue mais très semblable, *T. paludosa* (**2**) est souvent plus nuisible que l'espèce précédente.

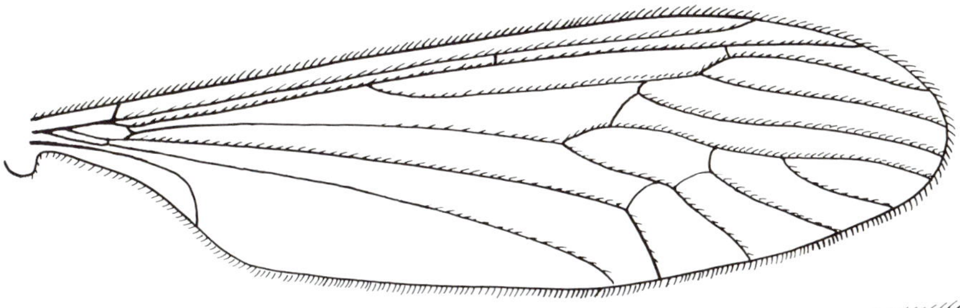

Aile du genre *Trichocera.*

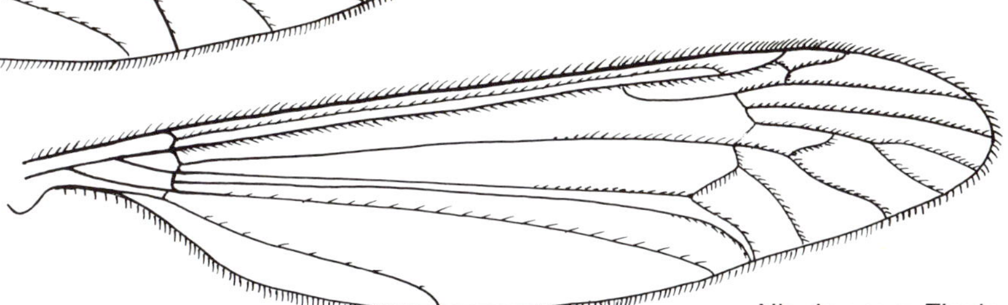

Aile du genre *Tipula.*

Famille des *Culicidae* – Moustiques

Les moustiques mesurent de 3 à 6 mm de long et sont caractérisés par leur petite tête, leurs gros yeux, leurs antennes à 15 articles, leurs pièces buccales de type piqueur-suceur et leur trompe très fine. Les mâles aspirent les sucs végétaux pour se nourrir tandis que les femelles – sauf rares exceptions – prélèvent du sang dans le corps des mammifères et des oiseaux. Elles poursuivent leurs hôtes dans les maisons, les étables, etc. Les oeufs sont pondus sur l'eau. Les larves ont une tête petite mais bien développée, un thorax large et un appareil respiratoire particulier (siphon) situé à l'extrémité postérieure du corps. Les nymphes sont très remuantes et, comme les larves, viennent à la surface de l'eau pour respirer. Leur thorax est encore plus large que celui des larves. La majorité des quelque 2 500 espèces de cette famille vivent sous les tropiques et plus de 50 existent en Europe centrale (une quarantaine en France).

Nymphe de moustique (genre *Culex*).

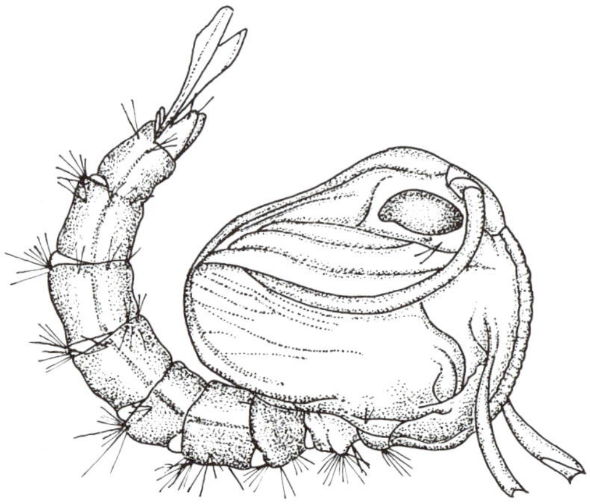

Moustique
Culex molestus Forskal
Culicidae ▲

Mesurant 4 à 5 mm de long, ce moustique est parfois considéré comme une sous-espèce de *Culex pipiens* (**1**), mais ces espèces diffèrent par plusieurs détails morphologiques et par leur biologie (la femelle de *C. pipiens* doit absorber du sang avant de pondre et pique seulement les oiseaux, alors que celle de *C. molestus* peut commencer à pondre sans avoir aspiré du sang et pique surtout l'homme). Dans la nature, *Culex molestus* est actif de mai à octobre et seules les femelles hibernent. Progressivement toutefois il s'est installé près des habitations et des agglomérations humaines, et s'y montre toute l'année. Ses larves se sont habituées à vivre dans les réservoirs souterrains, les chaufferies, etc. Elles peuvent vivre dans une eau très polluée et même, en hiver, dans l'eau chaude qui goutte des tuyaux. Elles s'y nymphosent de sorte que des adultes éclosent même en hiver. Le développement est très rapide : à 20 °C, le stade larvaire dure deux semaines et la nymphose deux ou trois jours. Les oeufs se forment en six jours dans les ovaires des femelles qui n'ont pas absorbé de sang et en 4, 5 jours dans ceux des sujets qui en ont bu. *C. molestus* peut être très importun en ville, dans les grands immeubles et les hôpitaux. Les femelles piquent l'homme surtout la nuit. Distribution : toute l'Europe (l'espèce est plus commune dans les régions tempérées et subtropicales) et l'Afrique du Nord. A été transporté en Amérique du Nord.

1

Larve de moustique (genre *Culex*).

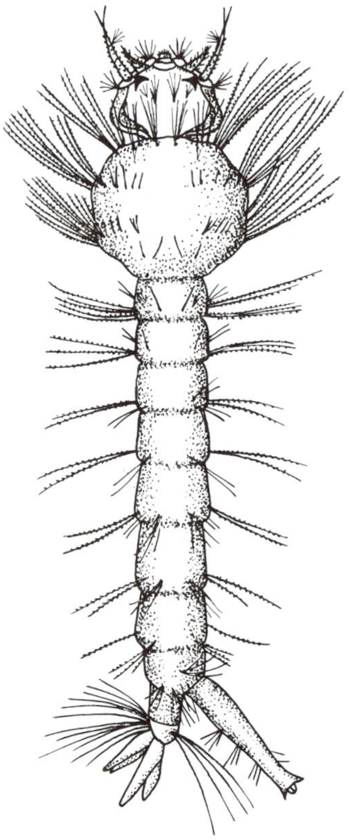

2

Famille des *Anisopodidae*

Mouches grises ou gris jaunâtre mesurant 5 à 10 mm de long ; leurs ailes sont tachetées de brun, leurs antennes ont 16 articles et leurs grandes pattes ont des éperons sur les tibias. Les ailes ont une cellule médiane. Les larves se développent dans les substances végétales en décomposition et dans les excréments. En Europe centrale, cette famille n'est représentée que par le seul genre *Sylvicola*, avec cinq espèces, comme en France.

2 *Sylvicola fenestralis* Scop.
Anisopodidae

Mouche jaune roux à brune (longueur : 5 à 7 mm) dont le thorax est traversé par trois bandes noires longitudinales. Les ailes sont nettement marquées de brun foncé. Insecte très commun — notamment en plaine — dans l'herbe des jardins et sur les lisières des bois. Elle se groupe parfois en petits essaims. On voit souvent les adultes sur les fenêtres. Les larves se développent surtout dans les pommes de terre pourries et autres végétaux en putréfaction. Distribution : toute l'Europe.

Famille des *Bibionidae* — Bibions

Ces mouches (longueur : 4 à 13 mm) ont de grosses pattes et des antennes relativement courtes formées de 8 à 16 articles serrés. Les yeux sont holoptiques chez les mâles et dichoptiques chez les femelles. Le corps est pelucheux ; en vol les longues pattes oscillent comme chez les *Empididae*. Les mâles sont plus petits et généralement plus foncés que les femelles qui sont souvent brun roux. Les ailes, transparentes ou fumées, sont dépourvues de marques et de cellule médiane. Cylindriques, brunes ou noires, pourvues d'un tégument coriace, les larves portent souvent des excroissances épineuses et ont une tête bien développée. Elles se nourrissent d'humus, de substances végétales en décomposition ou de petites racines et se tiennent généralement en groupes. Elles hibernent dans la terre et se transforment en nymphes au printemps. Plus de 30 espèces vivent en Europe centrale et 25 en France.

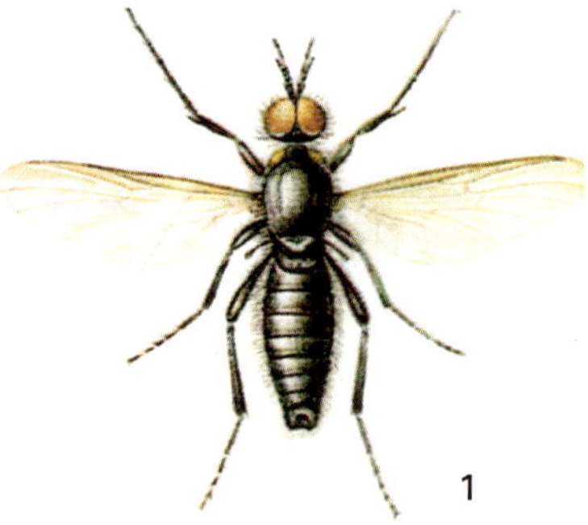
1

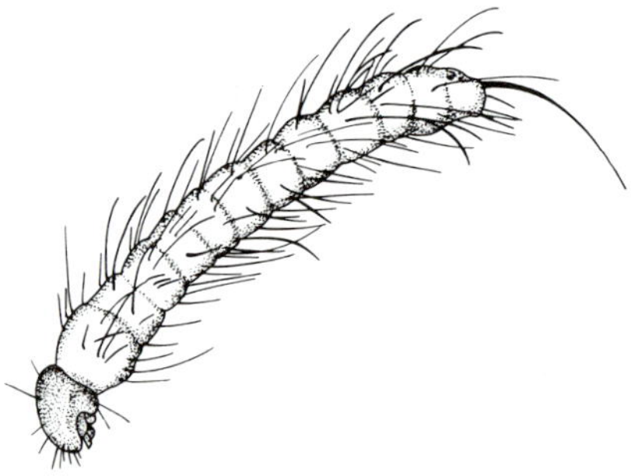
Jeune larve de *Bibio marci*.

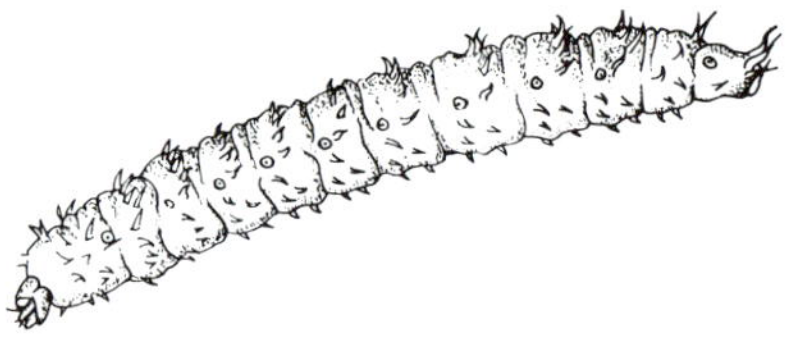
Larve de *Bibio marci* (taille définitive).

1

1 Bibion de Saint-Marc
Bibio marci L.
Bibionidae ▲

Grande mouche noire (longueur : 8 à 10 mm) chez laquelle la femelle a la même coloration que le mâle mais est plus longue et a des ailes d'un brun de suie (chez le mâle seul leur bord antérieur est foncé). Espèce fréquente en plaine et en basse montagne. Les imagos sont visibles du milieu d'avril à la fin de mai dans les jardins, les vergers, au bord des bois et dans les champs parsemés de boqueteaux. C'est cependant à l'époque où les arbres fruitiers fleurissent que l'on rencontre cette espèce en grand nombre. Les mâles volent en essaims, attendant l'éclosion des femelles. Pendant l'accouplement, les deux partenaires se tournent le dos ; ils s'unissent dans l'espace et ensuite tombent dans la végétation où on peut encore les voir ensemble car la copulation dure jusqu'à plusieurs heures. La femelle pond une centaine d'oeufs (maximum) dans la terre. Les larves restent groupées jusqu'à ce qu'elles se transforment en nymphes. Elles hibernent au deuxième stade, à très faible profondeur, et au printemps, quand la neige fond, sont souvent entraînées en très grand nombre par l'eau. Les dégâts qu'elles commettent dans les cultures (notamment le blé en herbe) ne deviennent visibles qu'au printemps. Cependant elles jouent aussi un rôle positif important car elles contribuent à la formation de l'humus. En avril elles se nymphosent dans une logette souterraine communiquant avec la surface par un passage qu'emprunteront les imagos.

Espèce répandue dans toute l'Europe et qui pénètre aussi en Asie centrale. Chez *Bibio hortulanus,* caractérisée par une biologie, un habitat et une distribution très voisins, le mâle est entièrement noir mais la femelle a le thorax et l'abdomen roux à roux jaunâtre ; cet insecte diffère aussi par son corps revêtu de poils blancs et ses ailes d'un blanc laiteux. Quand il prolifère, il fait des dégâts dans les cultures sous châssis et les jardins.

2 *Penthetria holosericea* Meig.
Bibionidae

Mouche d'un noir de poix (longueur : 7 à 9 mm), chez laquelle le mâle a des ailes atrophiées alors que celles de la femelle sont normales. Leur nervation permet de distinguer les membres du genre de ceux des genres *Bibio* et *Dilophus.* Les imagos ne volent pas. A la fin d'avril et en mai, ils apparaissent par terre et sur la végétation, souvent en grands groupes. On les voit surtout dans les lieux humides, près de l'eau et dans les bois clairs. Presque noires, les larves hérissées de longs appendices épineux, vivent dans l'humus (sous la surface) ou sous des pierres. Elles sont généralement groupées. Elles mangent des végétaux pourrissants et de petites racines. Distribution : espèce largement répandue dans toute l'Europe.

Famille des *Psychodidae* — Phlébotomes

Minuscules Diptères nématocères, dont les représentants européens mesurent rarement plus de 5 mm d'envergure (pour cette famille, on a coutume de préciser l'envergure des ailes et non pas la longueur du corps). Ils sont couverts de poils fins et denses. Au repos les ailes sont pliées en toit au-dessus de l'abdomen, en sorte que les insectes ressemblent à de tout petits papillons de nuit. La tête porte de longues antennes ayant le plus souvent 14 à 16 articles ; le corps et les ailes sont très velus. Les secondes sont lancéolées, traversées par dix nervures longitudinales qui en suivent la forme et vont jusqu'au bord. Ces mouches préfèrent les lieux humides et ombragés. Elles se tiennent sur la végétation riveraine mais quelques-unes, par exemple les *Phlebotominae,* qui sont hématophages, vivent près de l'homme. Les larves se développent surtout dans l'eau riche en matières organiques, même si elle est très polluée, ainsi que dans la terre et les excréments. Au moins 100 espèces vivent en Europe centrale et 20 en France.

1 *Psychoda alternata* Say
Psychodidae ▲

Toute petite mouche gris noirâtre ou brun foncé (envergure : 2 à 3 mm), au corps et aux ailes entièrement velus. Les imagos se montrent d'avril à novembre, en pleine nature et aussi dans les usines de traitement des eaux et dans les habitations où ils fréquentent les pièces obscures et humides, les salles de bains, les toilettes. On les trouve également sur les fenêtres. Avec leurs ailes à demi repliées en toit ils évoquent des *Psychidae* (papillons) en miniature. Les larves se nourrissent de détritus en putréfaction et sont nombreuses dans les filtres biologiques des stations d'épuration des eaux usées ; souvent elles pullulent à tel point qu'on est obligé de nettoyer ces filtres. Elles tolèrent les eaux les plus sales. Les activités humaines ont fait de cet insecte une espèce cosmopolite.

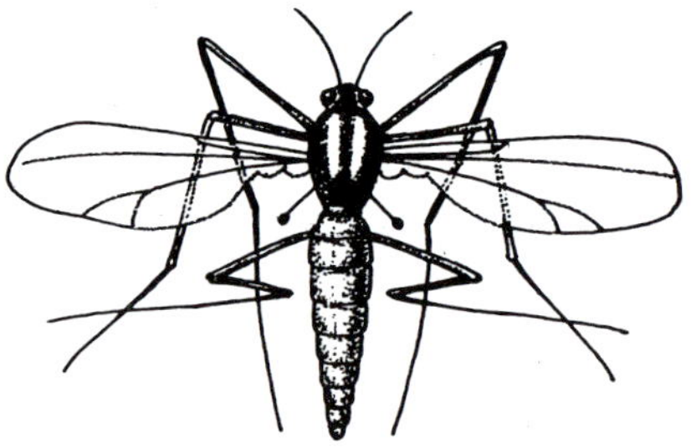

Imago de *Mikiola fagi.*

Famille des *Cecidomyidae* — Cécidomies

Ces très petits Diptères nématocères (longueur : 2 ou 3 mm en général) ont de larges ailes membraneuses couvertes de poils minuscules ; la nervation est réduite à 3 ou 4 nervures longitudinales. Les yeux, du type holoptique, sont réunis par une sorte de « pont » au-dessus des antennes elles-mêmes en forme de chapelet (moniliformes) et composées de 6 à 30 articles. Les larves sont phytophages ou zoophages. Les premières occasionnent souvent des galles (cécidies) sur les plantes et beaucoup font des dégâts en agriculture. Un grand nombre des quelque 550 espèces vivant en Europe centrale peuvent être identifiées d'après leur plante-hôte et la forme des galles. L'on en compte environ 1 000 espèces en France.

2 Galle du hêtre
Mikiola fagi Htg.
Cecidomyidae

Mesurant 3,5 à 4 mm cet insecte est l'un des plus grands membres de la famille. Il a de longues antennes. Les imagos se montrent très tôt au printemps et sont fréquents dans les hêtraies, les bois mixtes, surtout en montagne. La femelle pond ses oeufs sur les hêtres dont les bourgeons s'ouvrent. Les larves provoquent sur la face supérieure des feuilles la formation de galles très visibles, en forme de gouttes et ayant une extrémité pointue. Elles endommagent surtout les tout jeunes arbres dans les pépinières. Elles passent l'hiver dans les galles tombées sur la litière. En Europe, la répartition de cette espèce correspond à celle du hêtre. Elle a été transportée en Amérique du Nord.

1

2

Famille des *Rhagionidae*

Groupe de mouches brachycères primitives, petites ou moyennes (en Europe leur longueur varie de 3 à 20 mm). Le corps est jaune, souvent marqué de noir, ou entièrement foncé ; dans les deux cas il est glabre. Les ailes sont parfois pourvues de marques foncées. Prédatrices, blanches ou jaunâtres, les larves ont des pièces buccales rétractiles et vivent dans la terre humide. Les imagos sont eux aussi carnivores. Ils se tiennent fréquemment la tête en bas sur le tronc des arbres au bord des routes. Pendant longtemps on a cru que dans cette position ils étaient à l'affût de leurs proies mais en réalité il s'agit de mâles qui attendent des femelles. Moins de 450 espèces sont connues dans le monde, dont une trentaine en Europe centrale et cinquante en France.

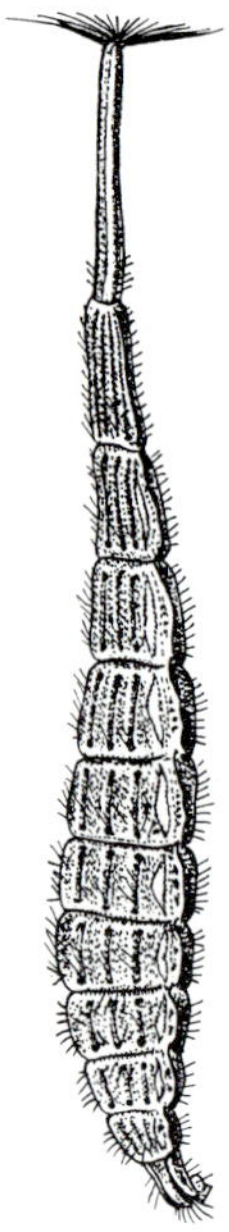

Larve de *Stratiomys chamaeleon.*

1 *Rhagio tringarius* L.
Rhagionidae

Grande espèce mesurant 8 à 14 mm. Elle a des ailes transparentes, sans marques sombres ; en revanche elle présente un ptérostigma jaunâtre. Le thorax est gris avec les bords et des lignes longitudinales claires ; le scutellum est jaune, ainsi que l'abdomen (au milieu de chaque segment se trouve une petite tache noire). Les pattes sont entièrement jaunes. Dans les régions chaudes d'Europe centrale, cette mouche vole de la fin de mai à septembre. On rencontre les imagos partout sur les buissons, au bord des prairies et des bois, dans les jardins, où ils se posent sur les feuilles, attendant le passage d'autres insectes qu'ils capturent et dont ils aspirent les liquides internes. Dans les Alpes, l'espèce existe jusqu'à plus de 2 000 m. Elle est commune dans les jardins, les parcs, pénètre souvent dans les maisons où elle se pose sur les fenêtres. Les larves vivent dans le sol humide des prairies, bois et jardins. Elles se nourrissent essentiellement de larves d'autres Diptères. Espèce euro-sibérienne connue dans toute l'Europe ; dans le nord, elle atteint le cercle polaire arctique.

1

Famille des *Stratiomyidae*

Ces mouches, généralement très colorées, ont un abdomen

aplati et mesurent de 2 à 20 mm de long. Elles sont noires avec des dessins jaune vif, vert, blanc ou bien entièrement bleues ou d'un vert métallique. Les imagos sucent le nectar des fleurs tandis que les larves mangent les débris organiques en décomposition, dans le sol ou les tas de compost, sous l'écorce des arbres ou dans l'eau. Elles sont aplaties, allongées, pas très remuantes et ont une cuticule très épaisse. Au total, on connaît environ 1 500 espèces dont près de 70 vivent en Europe centrale et une centaine en France.

2 Stratiome

Stratiomys chamaeleon L.

Stratiomyidae

Mesurant de 12 à 16 mm de long, c'est l'une des plus grandes et des plus communes de la famille. Sur son corps noir se détachent le scutellum et les taches latérales jaunes de l'abdomen ; il y a également deux grandes épines jaunes près du scutellum. Les imagos volent de juin au début de septembre, surtout près de l'eau et fréquentent principalement les Ombellifères en fleurs. Espèce commune dans les prairies et qui dépasse 2 000 m dans les Alpes. Elle vole très rapidement. La femelle pond jusqu'à 600 oeufs ou même plus en amas sur la face inférieure des feuilles de plantes aquatiques. Les larves, gris foncé et aplaties dorsoventralement, ont l'extrémité du corps effilée, le dernier segment se terminant par un long tube respiratoire. Elles vivent parmi les plantes aquatiques dans les eaux stagnantes peu profondes (parfois aussi dans la vase) et se nourrissent de feuilles et d'algues en décomposition, peut-être aussi de minuscules crustacés. Au bout de trois ans elles se nymphosent dans l'eau. Les pupes sont enfouies dans la dernière enveloppe larvaire et flottent à la surface au printemps. Espèce euro-sibérienne, commune en Europe sauf dans le nord. A l'est elle atteint la Chine.

Diptères

Famille des *Tabanidae* — Taons, tavans

Diptères brachycères de taille moyenne ou grande (5 à 30 mm de long). Les mâles, holoptiques, diffèrent des femelles par leur taille généralement inférieure et leur coloration particulière ; ils se nourrissent exclusivement de liquides végétaux et boivent beaucoup d'eau. Les femelles sont dichoptiques, plus grandes et à quelques exceptions près piquent l'homme et d'autres vertébrés pour en boire le sang. Elles sont particulièrement agressives au milieu de la journée quand le temps est beau, chaud et sans vent. On les trouve seulement dans les milieux ouverts. Elles transmettent un certain nombre de maladies graves, surtout dans les régions tropicales et subtropicales. Les larves prédatrices sont effilées aux deux extrémités ; elles ont des pièces buccales rétractiles et vivent dans la terre humide ou l'eau. Elles hibernent mais, dans l'eau, restent actives durant la mauvaise saison. La plupart des 3 500 membres de cette famille vivent dans l'hémisphère Sud et près de 70 en Europe centrale (100 en France).

1

2

Antenne de *Chrysops caecutiens*.

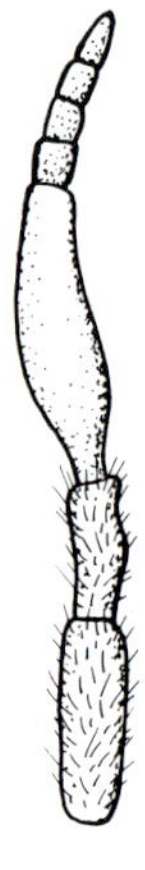

3

1 Chrysops aveuglant
Chrysops caecutiens L.
Tabanidae ▲

Petite espèce (longueur : 7 à 10 mm) dont les ailes portent des marques foncées. Les antennes noires ont trois grands articles et leur longueur dépasse la largeur de la tête. Le mâle est presque entièrement noir. La femelle, plus grosse, a des yeux dichoptiques qui, chez l'insecte vivant, sont d'un vert émeraude à violet avec des taches noires et séparés par le large front gris (voir l'illustration de *Chrysops relictus*. – **2**). Les deux premiers segments abdominaux sont jaunes, tachés de noir, et les pattes sont uniformément noires. Espèce estivale très commune, vivant surtout en plaine à proximité de l'eau où se développent les larves. Les mâles se tiennent sur la végétation mais par les très chaudes journées d'été on les voit au-dessus des mares où ils s'abreuvent. Les femelles piquent les hommes et les gros mammifères. A la différence des autres espèces elles sont encore très actives le soir après le coucher du soleil. Les larves, verdâtres, vivent généralement dans l'eau. Distribution : toute l'Europe et l'Asie.

3 *Hybomitra bimaculata* Macq.
Tabanidae ▲

Belle espèce (longueur : 13 à 17 mm) dont les côtés de l'abdomen sont tachetés de roux (chez le mâle, tous les segments abdominaux sont ainsi marqués ; chez la femelle, il s'agit seulement des deuxième et troisième). Les antennes sont courtes et gris noirâtre. Les yeux de la femelle sont séparés par le front qui est étroit. Chez l'insecte vivant ils sont vert émeraude et traversés par trois lignes roussâtres. Cette espèce apparaît surtout à la fin du printemps et plus précisément dans la première moitié de juin. Elle est fréquente dans les plaines, les régions boisées riches en étangs. Les mâles volent au lever du soleil en petits essaims dans les coupes, les clairières, attendant les femelles qui viennent d'éclore et s'accouplent avec elles dans l'espace. Les oeufs, noirs, sont pondus en petits groupes sur des plantes aquatiques. Brun roussâtre, les larves vivent dans la vase ou parmi les plantes aquatiques poussant près des rives. Elles passent l'hiver et restent actives sous la glace. Au printemps, elles se nymphosent dans les touffes d'herbes des berges. Les femelles piquent les hommes, les chevaux et les vaches. Distribution : l'ensemble de la région paléarctique, des îles Britanniques au Japon.

Diptères

1 Taon des boeufs
Tabanus bovinus L.
Tabanidae ▲

Un des plus grands membres de la famille en Europe centrale et occidentale, ce taon mesure de 19 à 24 mm de long. Il a l'abdomen brun, le thorax gris noirâtre et de courtes antennes. Chez la femelle les yeux sont séparés par le front étroit et sont dépourvus de marques. Chez l'insecte vivant ils sont brun foncé et faiblement teintés de vert. Ceux du mâle, holoptiques, recouvrent presque toute la tête. De la fin de mai à septembre les imagos se tiennent dans les prairies proches de l'eau où paissent des troupeaux. Ils volent rapidement et déploient une activité intense au milieu du jour. La nuit, ils se posent sur les plantes herbacées ou sur les troncs d'arbres. Les femelles aspirent le sang des bestiaux (vaches et chevaux) et s'approchent de l'homme mais ne le piquent jamais et se posent rarement sur sa peau. C'est surtout au lever du jour que l'on voit les mâles ; ils volent sur place, les ailes vibrantes, attendant le passage des femelles récemment écloses. Par les chaudes journées d'été ils boivent l'eau des mares, des étangs et des lacs, surtout après leur long vol nuptial. Les femelles pondent sur des plantes ou des piquets en bois à côté de l'eau. Elles déposent les oeufs en petits tas noirs. Blanc jaunâtre, les larves vivent dans la vase ou la terre des berges ; elles sont très voraces, hibernent et se nymphosent sur les rives en mai ou en juin.

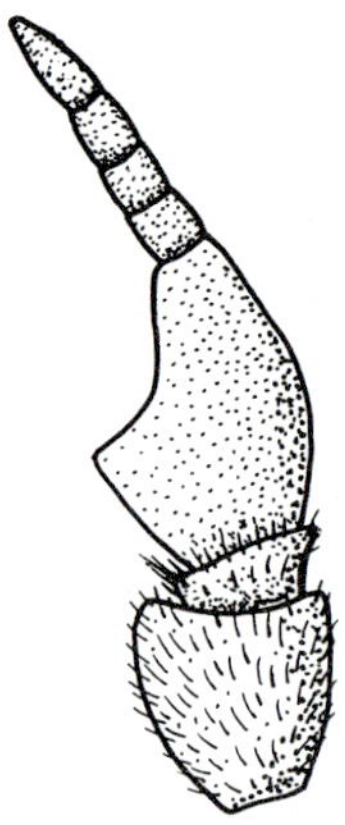

Antenne de *Tabanus bovinus*.

Cette espèce existe dans toute l'Europe, y compris le nord de la Scandinavie ; à l'est, elle atteint les monts Altaï. Elle vit aussi en Afrique du Nord.

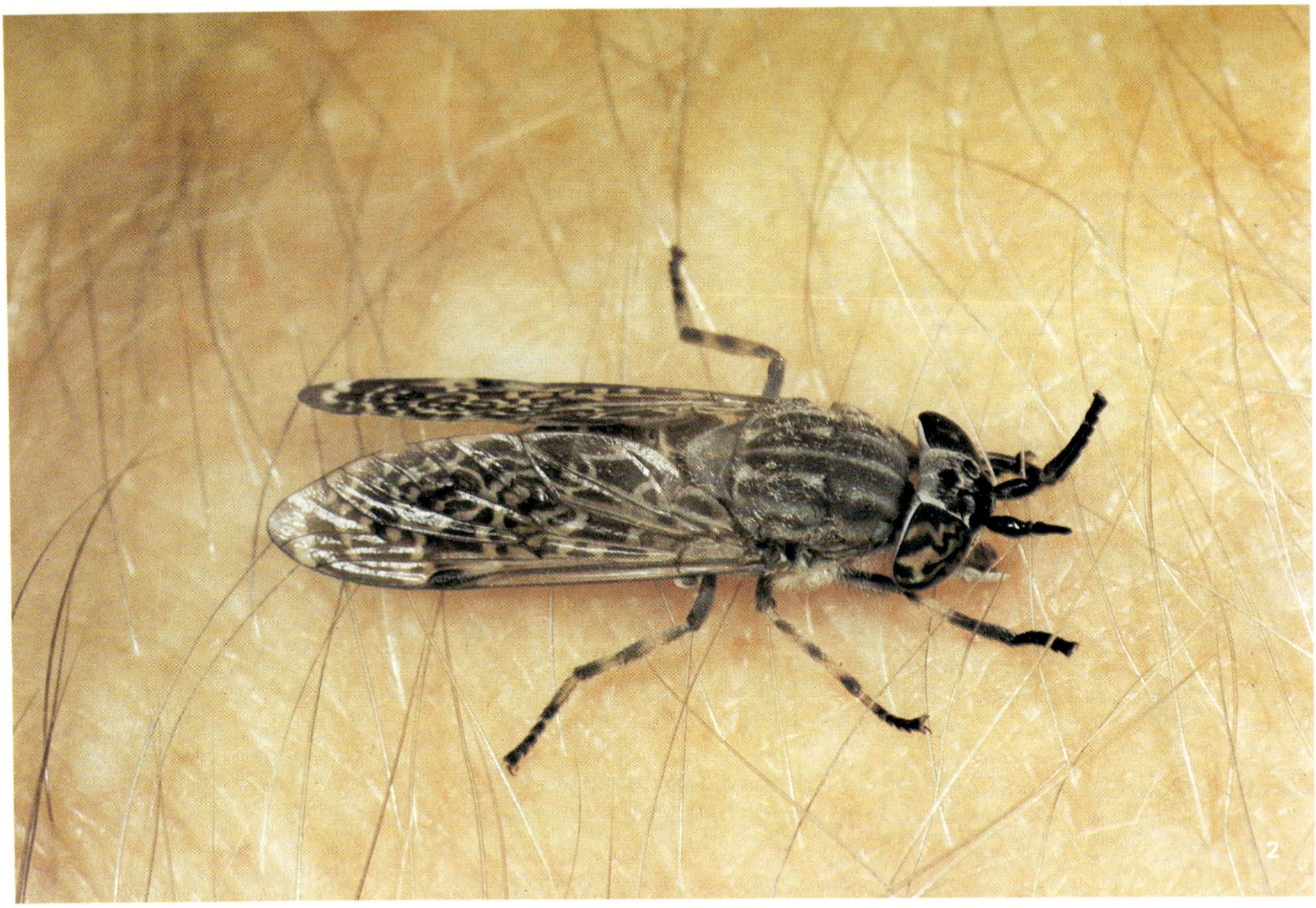

2 Taon des pluies
Haematopota pluvialis L.
Tabanidae ▲

Avec ses 8 à 12 mm de long, c'est l'un des plus petits membres de la famille. Gris noirâtre, finement saupoudré de gris olive, il a sur les côtés de l'abdomen des taches gris clair arrondies. La femelle diffère de celles des espèces voisines par la profonde échancrure située avant l'extrémité du premier article des antennes ; ses yeux sont foncés, traversés de zigzags métalliques et sont séparés par le large front gris clair marqué de deux taches noires veloutées. Le mâle est plus petit et plus foncé. Ce taon, le plus commun de la famille, se trouve en abondance principalement à la fin de l'été. Les imagos ne volent pas très rapidement et ne quittent guère les lieux où les larves se développent. Les femelles volent silencieusement, se posent sur leurs victimes et les piquent immédiatement. Elles s'en prennent à l'homme, aux chevaux, vaches et à d'autres vertébrés plus petits. Elles sont actives jusqu'à la tombée du jour, par mauvais temps et même quand il ne pleut pas trop fort, d'où le nom de l'espèce. Dans les lieux marécageux, humides et près de l'eau, elles sont souvent si abondantes qu'elles deviennent une véritable plaie pour l'homme. A leur piqûre succède fréquemment une réaction cutanée. Les mâles sucent le nectar des fleurs. L'accouplement a lieu en vol, dans les essaims, en terrain découvert et non boisé. D'un blanc jaunâtre, les larves vivent dans la terre non loin de l'eau, dans les prairies humides mais aussi sur les pentes des collines. Elles hibernent sous la surface, sont très prédatrices et attaquent tous les petits animaux qu'elles rencontrent. Elles se nymphosent au printemps et au début de l'été.

Espèce très largement répandue dans toute la région paléarctique. En Europe, elle est plus commune dans les régions tempérées et froides ; dans ces dernières elle atteint la partie la plus septentrionale de la Laponie.

Antennes d'*Haematopota pluvialis* (femelle en haut, mâle en bas).

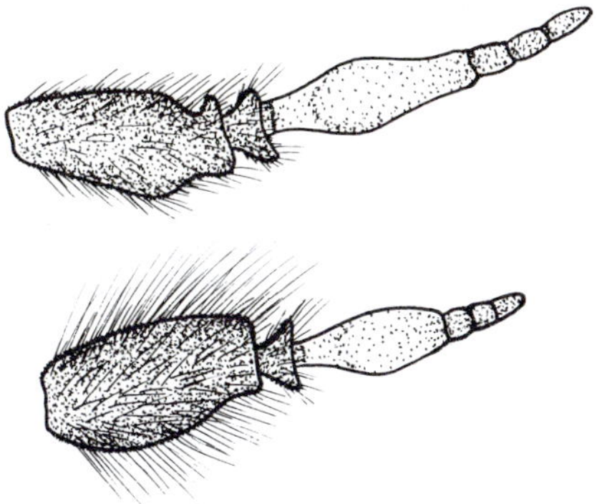

Famille des *Bombyliidae* — Bombyles

Diptères brachycères dont les représentants d'Europe centrale mesurent 3 à 16 mm. Ces mouches ont un corps aplati dorso-ventralement, épais et court. Certaines espèces sont brunes, couvertes de poils pelucheux et ont une longue trompe (bombyles proprement dits, genre *Bombylius*). D'autres ont une pilosité clairsemée ou presque nulle, sont noires et ont une courte trompe (genre *Anthrax*). Les bombyles proprement dits se montrent surtout au printemps dans les lieux secs et chauds. Ils aspirent le nectar avec leur grande trompe tout en volant sur place comme des sphinx. Les larves dévorent ou parasitent des Hyménoptères, des larves de Diptères (surtout des *Tachinidae*) et différents Orthoptères ou des chenilles. Sur les quelque 3 400 espèces connues, plus de 50 vivent en Europe centrale et 150 en France.

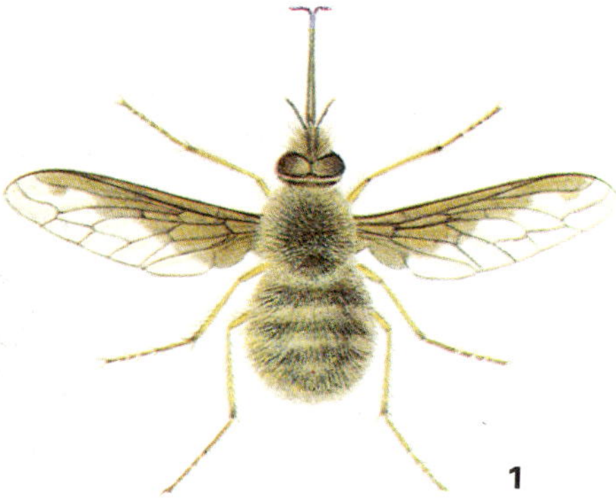
1

1 Bombyle
Bombylius major L.
Bombyliidae

Le plus grand bombyle d'Europe centrale (longueur : 8 à 16 mm sans compter la longue trompe). Son corps est revêtu d'une pilosité dense, brune à jaune. La moitié antérieure des ailes est brun foncé tandis que le large bord externe et la moitié postérieure sont transparents. Vole dès le début du printemps au-dessus des clairières ensoleillées où la végétation est basse. Décrit des cercles, fait du vol sur place et aspire le nectar avec sa trompe. La femelle pond dans les nids des abeilles solitaires du genre *Andrena.* Au premier stade, la larve est mince comme un ver, très remuante et jaune rougeâtre ; elle mange le pollen stocké dans les cellules des abeilles, mais au bout de deux ou trois semaines

1

3

s'intéresse aux larves et les dévore ; elle grossit, devient blanche et se transforme en asticot inactif. C'est la nymphe qui hiberne. Distribution : toute la région paléarctique, y compris l'Afrique du Nord, jusqu'au Japon. Également en Amérique du Nord.

2 Anthrax

Anthrax trifasciata MEIG.
Bombyliidae

Cette mouche mesure 6,5 à 11 mm de long et 7 à 12 mm d'envergure. Comme toutes les espèces du même genre elle est surtout noire, a l'abdomen nettement aplati, une très courte trompe et des ailes brun noirâtre. Elle diffère des espèces voisines par les taches claires de son abdomen. Elle est répandue dans les régions sèches et chaudes et on la rencontre surtout en été sur les chemins champêtres, les pentes en terrain calcaire et sur les lisières de forêts. Les imagos se tiennent à terre ou sur des fleurs. Quand on les dérange ils s'envolent, vont un peu plus loin et se posent à nouveau. Les larves parasitent diverses abeilles (genres *Osmia, Megachile*), des guêpes *(Odynerus, Hoplomerus, Cemonus)* et des criquets *(Calliptamus)* ainsi que les nymphes des méloés *(Meloidae).*

Espèce méridionale, commune dans le sud de l'Europe, en Transcaucasie, Asie Mineure et Asie centrale. En Europe, sa limite septentrionale correspond approximativement au 50e parallèle. Une autre espèce commune, *Hemipenthes morio* (**3**) s'avance un peu plus vers le nord. Elle vit dans les mêmes milieux, se montre également en été mais se distingue par sa taille supérieure (elle atteint 14 mm de long).

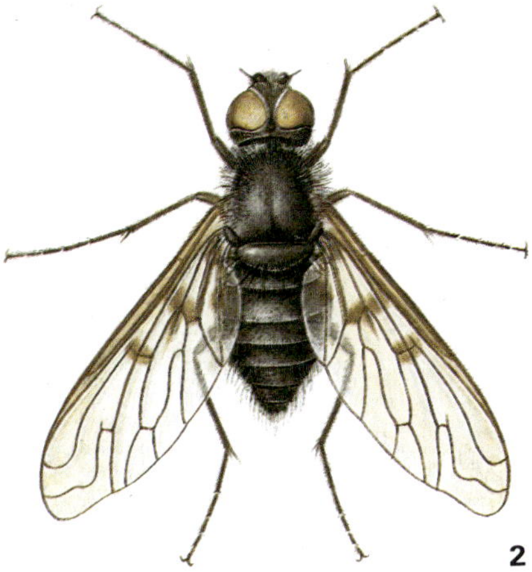

2

Famille des *Asilidae* – Asilides

Les *Asilidae* sont des Diptères brachycères dont les dimensions varient entre 5 et 27 mm de long. Ces mouches sont généralement très velues ou couvertes de soies épaisses, mais rarement glabres. Leurs yeux sont dichoptiques chez les deux sexes. On les distingue facilement des membres des familles voisines *(Rhagionidae, Therevidae)* d'après la dépression interoculaire du vertex, leur trompe épaisse et leur « barbe » (présente aussi chez les espèces glabres). Elles ont des pattes très puissantes avec lesquelles elles capturent d'autres insectes tout en volant. Imagos et larves sont prédateurs, les premiers préférant les lieux chauds et sablonneux en montagne et dans les forêts, tandis que les larves vivent dans la terre ou le bois pourri. Sur plus de 4 800 espèces connues, un peu plus de 100 vivent en Europe centrale et 200 en France.

1 *Machimus atricapillus* Fall.
Asilidae

Espèce d'un brun noirâtre mesurant 14 à 18 mm de long. Son thorax et son abdomen sont bronzés et le premier porte deux lignes longitudinales d'un noir mat. Le genre *Machimus* comprend un certain nombre d'espèces très semblables qu'il est difficile de distinguer. *M. atricapillus* est surtout reconnaissable à sa grande protubérance faciale surmontée de soies noires et située au-dessous des antennes. Les imagos volent de juillet à septembre dans différents milieux de plaine et de montagne, prairies, lisières des forêts, jardins. Ils se posent souvent sur les feuilles, les billes de bois, attendant le passage d'une proie qu'ils capturent en vol. Dérangés, ils reviennent généralement à leur poste d'observation. Ils aspirent longuement les liquides internes de leur victime et l'emportent souvent (en vol) d'un endroit à l'autre. Prédatrices elles aussi, les larves de couleur blanche vivent dans la terre, y passent l'hiver et se nymphosent au début de l'été. Distribution : toute l'Europe y compris le Caucase ; existe aussi sur les îles Canaries.

1

2 *Laphria flava* L.
Asilidae

La longueur de cette espèce varie entre 12 et 14 mm mais la femelle est toujours un peu plus grande que le mâle. Les sept espèces de *Laphria* présentes en Europe centrale sont de grosses mouches prédatrices très velues. *Laphria flava* est d'un noir brillant à l'exception de la partie postérieure du thorax, de tout l'abdomen et des pattes (sauf les fémurs) revêtus d'une épaisse pilosité rousse ou jaune roussâtre. Le mâle est facilement reconnaissable à son volumineux appareil reproducteur noir et brillant. Les imagos volent de mai à septembre, surtout dans les clairières, le long des chemins et sur les lisières des forêts, en plaine et en montagne. Aux heures les plus chaudes des journées ensoleillées, ces mouches se tiennent aplaties sur les souches, bûches, vieilles planches ou grosses pierres, attendant le passage d'une proie. Très méfiantes, elles s'envolent rapidement si on les inquiète et ne reviennent pas au point de départ pendant un certain temps. Prédatrices, elles se servent de leur forte trompe capable de percer l'épaisse cuticule des Hyménoptères et des Coléoptères. Le soir venu elles se posent sur la végétation pour y passer la nuit. De grande taille les larves se développent dans le bois pourri, les débris ligneux présents sous les écorces et se nourrissent de larves d'autres insectes. Distribution : toute l'Europe y compris la Scandinavie; en U.R.S.S., présente en Asie centrale et en Sibérie.

Famille des *Empididae*

Famille très spécialisée de mouches brachycères dont la longueur varie entre 2 et 12 mm. Certaines sont prédatrices et ont une courte trompe épaisse mais des pattes antérieures et postérieures adaptées à la capture des proies. D'autres, qui sucent le nectar, ont généralement une trompe très longue. Chez certains groupes, elles ne sont carnivores qu'à l'époque des accouplements. Les mâles volent en essaims, portant une proie en guise de « cadeau de fiançailles »; les femelles l'acceptent durant la copulation car il s'agit d'une nourriture riche en protéines. A l'origine, ce « présent » faisait peut être partie du cérémonial rituel de l'accouplement ou bien servait à la femelle de critère de reconnaissance d'un mâle de son espèce. Les larves prédatrices vivent dans la terre, le bois pourri ou dans l'eau. On connaît environ 2 100 espèces dont plus de 350 vivent en Europe centrale et 450 en France (en comptant les *Hybotidae,* voir description à la p. 480).

1 *Empis livida* L.
Empididae

Grande espèce mesurant 7 à 10 mm, ayant une très longue trompe jaune, de courtes antennes et des ailes transparentes. Le corps du mâle est brun jaunâtre, celui de la femelle étant gris. Tous deux ont trois raies longitudinales noires sur le thorax et les pattes brun jaunâtre. *E. livida* est commune en plaine ; avec l'altitude elle se raréfie et fait défaut en montagne. Les imagos volent en été, visitant les fleurs et la végétation proche des chemins, celle des jardins et des lisières de bois. A l'inverse d'espèces analogues, les mâles ne forment pas d'essaims stables. Ils capturent d'autres insectes de leur taille ou plus grands. Après avoir volé en groupe, ils offrent leur butin à une femelle qui cherche activement un partenaire pourvu d'un « cadeau ». Matin et soir les sujets des deux sexes se tiennent sur les fleurs, en particulier celles des Ombellifères et des scabieuses.

Prédatrices, les larves sont blanches et ont des pièces buccales rétractiles ; elles vivent dans la terre, de l'été à la fin du printemps suivant. Distribution : toute l'Europe comme *Empis tessellata,* entièrement brun foncé et un peu plus grand (atteint 12 mm). Existe jusqu'en Finlande et en Scandinavie.

1

bout des feuilles des buissons et des arbres ou dans les hautes herbes, guettant les insectes qui passent près d'eux. Ils se précipitent sur leur proie et la maintiennent avec leurs pattes et leur trompe. Actives toute la journée jusqu'au coucher du soleil, ces mouches capturent toutes sortes d'insectes, y compris des Hyménoptères dont elles percent les téguments rigides avec leur robuste trompe, après quoi elles en aspirent les liquides internes. Présente partout, cette mouche est plus fréquente dans les lieux ombragés et humides. On ne connaît pas encore sa larve ni sa pupe. Distribution : toute l'Europe, de la péninsule Ibérique à la Scandinavie.

2 *Medetera tristis* ZETT.

Dolichopodidae ■

Petite mouche noire (longueur : environ 2 mm) à faibles reflets métalliques. L'identification des quelque quarante espèces du genre *Medetera* présentes en Europe centrale est toujours très difficile. En été, les imagos se posent sur les troncs d'arbres, appuyés sur leurs pattes, l'avant du corps et la tête dressés. Ils courent ou voltigent de-ci de-là avant de revenir au même endroit. Ils se nourrissent d'autres insectes. Guidées par leur odorat, les femelles pondent leurs oeufs dans les galeries des larves de scolytes (*Scolytidae,* Coléoptères). Les larves se développent dans ces tunnels cachés sous l'écorce. Distribution : régions tempérées et froides de l'Europe ; manque dans le sud.

Famille des *Dolichopodidae*

Famille réunissant des mouches de taille variable (1,5 à 8 mm de long), d'un vert ou d'un jaune métalliques. Les courtes antennes sont insérées très haut sur la tête ; le corps est entièrement revêtu de fortes soies. La nervation des ailes caractérise les membres de cette famille (voir l'illustration – **2**). Prédateurs, les imagos se tiennent surtout dans les endroits humides, sur la végétation du bord de l'eau, sur les berges ou même dans l'eau. Ils volent souvent audessus des petites mares comme les *Empididae*. Les larves, généralement prédatrices, vivent dans la terre humide, le bois pourri ou sous l'écorce ; il leur arrive aussi de creuser des galeries dans les plantes. Sur plus de 4 000 espèces, au moins 300 vivent en Europe centrale et 400 en France.

2

Famille des *Syrphidae* — Syrphes

Diptères cyclorrhaphes, brachycères, de taille moyenne à grande (3 à 20 mm, et même 40 mm pour les espèces tropicales). Ces mouches ont généralement une coloration assez vive, souvent noire et jaune et sont plus ou moins densément velues. Leurs couleurs imitent celles des guêpes, abeilles ou bourdons, mais les membres de la sous-famille des *Cheilosiinae* sont noirs. Malgré des différences morphologiques bien nettes entre les espèces, il est facile de dire à quelle sous-famille elles appartiennent en examinant la nervation des ailes. Les imagos sont diurnes, aspirent le nectar et la sève. Les larves sont phytophages, saprophages ou bien mangent des pucerons. Elles vivent dans les végétaux pourrissants, dans les nids des Hyménoptères sociaux, l'eau polluée et parfois aussi dans les fourmilières (espèces myrmécophiles). La plupart des quelque 4 600 espèces vivent dans la région néotropicale et 350 en Europe centrale (450 en France).

1 Éristale, Mouche-pourceau
Eristalis tenax L.
Syrphidae

Grande espèce mesurant 15 à 19 mm de long et ressemblant à une abeille par sa forme et sa coloration. On la reconnaît à ses antennes brunes et à ses aristae nues, sans poils. L'abdomen est

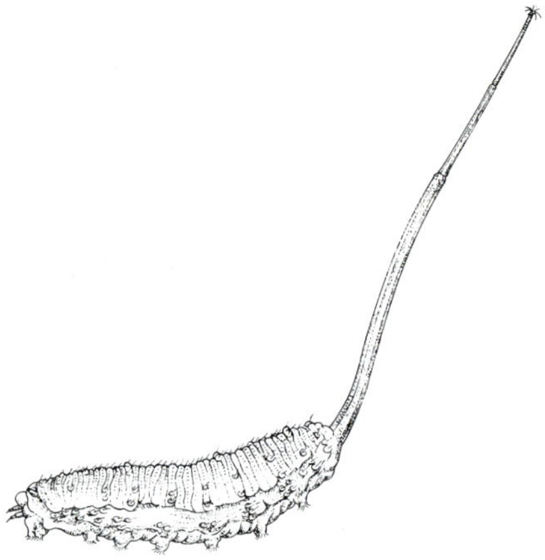

Larve d'*Eristalis tenax*.

brun foncé ou noir brillant avec une tache jaune de chaque côté du deuxième segment. Le mâle est plus clair que la femelle. Les ailes sont complètement transparentes et la tache centrale foncée, caractéristique des au-

2

tres espèces du genre *Eristalis*, fait défaut. L'Éristale vole de mars à novembre mais ses populations sont particulièrement fortes à la fin de l'été et en automne. Quelques imagos hibernent et se montrent en hiver dans les maisons. L'espèce existe presque partout, en plaine et en montagne, souvent en grand nombre sur les fleurs. Elle préfère les lieux humides proches de l'eau. Appelées « vers à queue de rat », les larves sont brunes ou gris noirâtre, cylindriques, ridées et possèdent un très long tube respiratoire à l'extrémité du corps. Ce siphon pourvu de spiracles au bout est en partie rétractable. Sans lui la larve atteint 2,5 cm de long. La larve de l'Éristale vit généralement dans les eaux putrides et les liquides fortement pollués par des matières organiques. Elle se développe aussi dans les réservoirs d'eau, les fosses à purin et les latrines. Avant de se nymphoser elle sort de l'eau et on peut alors la voir au bord des tas de fumier et fosses à purin. Elle se métamorphose dans un puparium formé par sa dernière peau durcie. Espèce cosmopolite.

2 *Eoseristalis intricarius* L.

Syrphidae

Du point de vue systématique cette espèce (longueur : 9 à 12 mm) est voisine d'*Eristalis tenax* mais son corps est très velu. Elle ressemble davantage aux espèces du genre *Volucella* avec lesquelles on la confond souvent. La tête est noire, garnie de poils roux sur le front et de poils blancs sur les joues. Les antennes, foncées, prennent fin par une arista jaune orangé garnie de longues soies ; le thorax est noir, le scutellum jaune et l'abdomen noir, couvert de poils roux. Une bande foncée, indistincte, traverse le milieu des ailes. De mai à octobre, cette mouche visite les fleurs dans les jardins, les prairies, les steppes, au bord des chemins forestiers et dans les bois d'arbres à feuilles caduques. Ses larves saprophages vivent dans l'eau. Insecte répandu dans toute l'Europe et en Sibérie occidentale ; atteint le Caucase au sud-est.

Diptères

1 *Myathropa florea* L.
Syrphidae

Espèce assez grande (longueur : 12 à 15 mm) dont les yeux sont recouverts de petits poils gris jaunâtre denses. Les courtes antennes ont une arista nue. Cette syrphe a, sur le thorax, un dessin jaune évoquant la forme d'un crâne ; le scutellum est jaunâtre et l'abdomen jaune est marqué de noir. Les pattes sont noires à l'exception du haut des fémurs et de la base des tibias qui sont jaunes. Les ailes, transparentes, sont dépourvues de toute marque. Espèce très commune en plaine et en moyenne montagne entre mai et septembre. Elle se montre dans les jardins, les prairies et au bord des bois de feuillus. Dans la journée les imagos se tiennent sur les Ombellifères des clairières ; au printemps on les voit souvent sur les buissons en fleurs, par exemple le prunellier et l'aubépine. Les larves mangent des substances végétales en décomposition. On les trouve dans les mares, les petits étangs encombrés par une grande quantité de débris végétaux, mais elles vivent aussi dans les trous des arbres (en particulier ceux des hêtres) où l'eau de ruissellement et des feuilles pourrissantes subsistent. Cette espèce existe dans toute l'Europe, y compris le nord ; à l'est elle atteint la Crimée et le Caucase.

2 Volucelle
Volucella pellucens L.
Syrphidae

Grande syrphide (longueur : 15 à 16 mm) caractérisée comme les autres membres du genre *Volucella* par sa tête assez pointue en avant ; elle a une grande arista antennaire couverte de longs poils et une nervation alaire typique. La face est en grande partie jaune, les antennes sont orange et les poils des aristae sont noirs. Les ailes, transparentes, sont jaunâtres à la base et possèdent une tache médiane foncée bien nette ; les pattes sont noires. On reconnaît cette volucelle à son abdomen noir dont le deuxième segment entièrement jaune blanchâtre contraste avec les autres. Le thorax est noir, le scutellum brun roux.

A partir du mois de mai et durant tout l'été cette mouche abonde sur les fleurs des prairies, jardins, lisières forestières, parcs, surtout en plaine. Les imagos sont particulièrement actifs au milieu des journées chaudes et ensoleillées ; on les voit alors sur les fleurs de sureau et des Ombellifères blanches et, dans les clairières des forêts, sur diver-

1

2

ses espèces de chardons. Les larves vivent dans les nids de bourdons *(Bombus)* et de guêpes *(Vespula)*. On affirme souvent dans les livres qu'elles sont prédatrices et dévorent les larves de leurs hôtes, mais des études récentes ont montré qu'elles sont surtout saprophages et mangent des débris pourrissants de végétaux ainsi que du pollen et des Hyménoptères morts. Autrement dit, elles sont également nécrophages.

Espèce euro-sibérienne présente jusqu'au Japon. *Volucella bombylans*, sa proche parente, a la même distribution et ses larves vivent également dans les nids de bourdons. Par leur forme, leur coloration et leur pilosité, les imagos ressemblent très étroitement à leurs hôtes, les bourdons, et on connaît deux variantes de couleur imitant le Bourdon des pierres *(Bombus lapidarius)* et le Bourdon terrestre *(B. terrestris)*. *Volucella bombylans* ressemble aussi à une autre syrphe, *Eoseristalis intricarius,* avec laquelle on la confond souvent ; en réalité, la nervation, l'abdomen plus large et plus plat et la tache foncée des ailes plus évidente l'en distinguent bien.

Aile de *Volucella pellucens.*

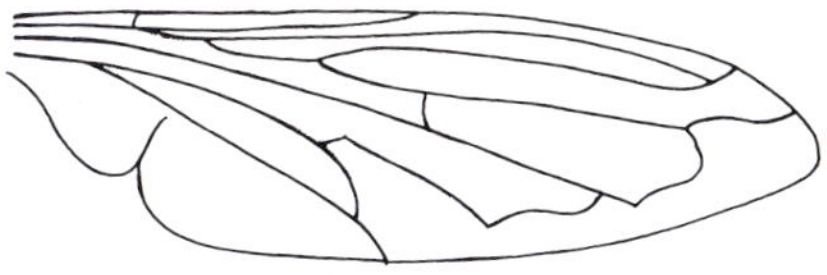

Diptères

1 *Syritta pipiens* L.

Syrphidae

Petite espèce (longueur : 6 à 9 mm) ayant un corps allongé, cylindrique, et des fémurs postérieurs très velus avec des épines sur leur face inférieure. Les mâles sont plus petits que les femelles et ont des yeux holoptiques alors que chez les femelles les yeux sont dichoptiques. Les antennes, courtes et jaune orange, ont une arista glabre. Le corps est presque glabre. Le thorax est d'un noir brillant, l'abdomen noir a des taches jaunes sur les côtés et enfin les ailes n'ont pas de marques. En Europe, c'est l'une des syrphes les plus communes, même dans les régions froides. Les imagos sont visibles d'avril à octobre et les différentes générations se superposent, les effectifs dépendant de la latitude et du temps. On les trouve en grand nombre sur les fleurs des jardins, champs, lieux boisés et prairies, en plaine et en montagne. Dans les régions tempérées d'Europe on observe deux maxima de fréquence, l'un au milieu d'avril et l'autre à la fin de juillet et au début d'août.

Les larves d'un blanc sale sont revêtues d'une pilosité claire et rase. Elles mesurent de 9 à 12 mm de long et environ 3 mm de diamètre. Leurs trois derniers segments ont des appendices latéraux charnus et, à l'extrémité du corps, le bref tube respiratoire foncé, très rigide, ne dépasse pas la longueur des deux derniers segments abdominaux. *Syritta pipiens* fait partie d'un vaste groupe de syrphes saprophages dont les larves mangent des débris végétaux. On les trouve fréquemment dans les tas de compost, les légumes pourrissants, les oignons moisis, mais la femelle dépose parfois ses oeufs sur les excréments, de sorte que les larves sont coprophages dans ce cas. Distribution : région holarctique ; très commune partout en Europe.

1

2

2 *Episyrphus balteatus* De Geer
Syrphidae ■

Mouche de taille moyenne (longueur : 8 à 12 mm), jaune et noire, ayant un long abdomen aplati dorso-ventralement. La tête est en grande partie jaune, les antennes sont de la même couleur avec une arista brune et les yeux (holoptiques chez le mâle) sont nus. Le thorax, d'un vert métallique, est traversé par des lignes claires indistinctes et le scutellum est jaunâtre. L'abdomen est jaune à brun jaunâtre, les ailes sont transparentes, sans aucun dessin et les pattes sont jaunes. D'avril à octobre, cette espèce se montre presque partout dans les forêts de feuillus et de conifères, ainsi que dans les jardins, où elle visite les fleurs. Les années où les pucerons pullulent elle abonde elle aussi dans les plaines. Quand le temps est ensoleillé et chaud, on la voit tourner au-dessus de la végétation, s'éloigner quelque peu et revenir. Il y a quatre à cinq générations par an.

Carnivores, les larves se nourrissent uniquement de pucerons près desquels elles se tiennent, sur les feuilles des arbres et des arbrisseaux. D'un point de vue économique elles sont très utiles puisqu'elles s'attaquent à près de 40 espèces différentes de pucerons. Distribution : toute la région paléarctique ; dans le nord cette mouche est commune car ses populations sont constamment renouvelées chaque année par des migratrices venues d'Europe centrale et méridionale.

Diptères

1 *Scaeva pyrastri* L.
Syrphidae ■

Grande espèce d'un noir brillant sauf des demi-lunes jaunes sur l'abdomen. Les yeux sont velus. Les courtes antennes brun noirâtre sont pointées vers le bas et ont une arista nue. Le front et la face, d'un jaune cireux, ont une position proéminente sur la grosse tête. Le thorax a des reflets métalliques. Le scutellum et les pattes sont jaunes. On distinguera aisément cette mouche des autres *Scaeva* à la forme des grandes taches jaune soufre ou verdâtres présentes sur les côtés des segments abdominaux deux à quatre. Les imagos sont visibles d'avril à octobre. En Europe centrale les femelles fécondées hibernent. Espèce franchement migratrice car chaque année les populations du nord de l'Europe sont renouvelées par des sujets venus d'Europe centrale, qui donnent naissance à une nombreuse descendance. Dans le centre et le sud du continent, les différentes générations se superposent au cours de l'année. Les imagos fréquentent les fleurs dans les prairies, sur les lisières des bois, dans les vergers, les jardins, en plaine et en montagne, où les migrateurs sont prépondérants. Les larves mangent des pucerons et peuvent être observées du printemps à la fin de l'été, principalement sur les arbres mais aussi sur les arbrisseaux et les plantes herbacées. Très rapaces, elles vivent aux dépens d'une vingtaine d'espèces de pucerons dont plusieurs sont des ravageurs des cultures. Espèce holarctique ; commune dans la région paléarctique et en Amérique du Nord.

1

2

2 *Sphaerophoria scripta* L.
Syrphidae ■

Mouche de taille moyenne (longueur : 9 à 12 mm) caractérisée par son abdomen très long, mince, cylindrique, noir et jaune. Les yeux sont nus, la tête est jaune. Les courtes antennes jaunes sont inclinées vers le bas et leur arista brun noirâtre est assez courte et glabre. Le thorax, d'un noir assez terne, porte des dessins jaune vif. Comme chez tous les *Sphaerophoria*, l'abdomen est allongé, cylindrique et incurvé vers le bas comme une faucille. Les ailes sont transparentes et nettement plus courtes que l'abdomen. Espèce très commune de mai à septembre dans les champs, les jardins, le long des chemins champêtres et forestiers et dans les clairières herbeuses. Les imagos se posent sur les fleurs ou décrivent des cercles au-dessus de la végétation. Quand ils sont posés, on les reconnaît facilement à la courbure de leur abdomen. Espèce migratrice ; les femelles d'Europe centrale se dirigent vers le nord jusque dans le sud de la Scandinavie. Blanc jaunâtre ou verdâtre, les larves mangent des pucerons. Elles vivent sur les feuilles des arbres et des buissons, près des colonies de pucerons et sont utiles en détruisant ces derniers. Elles hibernent et se nymphosent au printemps dans un puparium jaune soufre tout à fait caractéristique. Les années où les pucerons pullulent, cette mouche ne tarde pas à se multiplier elle aussi. Distribution : espèce holarctique ayant la même répartition que la précédente.

Famille des *Conopidae*

Cette famille rassemble des Diptères cyclorrhaphes de taille petite à moyenne (longueur : 2,5 à 20 mm). Les petites espèces sont souvent d'un gris noirâtre terne mais la majorité sont brillamment colorées. Par leurs teintes noires, jaunes et rousses, les espèces de la sous-famille des *Conopinae* imitent des guêpes tandis que les *Myopinae* ressemblent aux abeilles. Les deux sexes ont des yeux dichoptiques. Les imagos fréquentent surtout les fleurs où ils s'accouplent. Les larves endoparasites se développent dans le corps des guêpes, abeilles et parfois des criquets et sauterelles. Sur environ 650 espèces connues, environ 70 vivent en Europe centrale (75 en France).

1 *Conops flavipes* L.

Conopidae ▲

Longue de 9 à 13 mm, cette mouche est en grande partie noire et légèrement luisante. Le bord postérieur des deuxième et troisième segments abdominaux est traversé par une bande jaune vif et les derniers sont gris chez le mâle (voir l'illustration) mais noirs chez la femelle. Sur la face inférieure du cinquième segment abdominal de la femelle se trouve un long appendice (thèque) avec lequel elle s'accroche à l'insecte qui servira d'hôte à ses oeufs. Ses longues antennes noires prennent fin par un style et la grande trompe est fine et pointée en avant. Espèce très commune, que l'on voit de juin à septembre. Les imagos fréquentent des milieux variés surtout en plaine ; on les trouve souvent dans les prairies humides, au bord des bois et dans les jardins. Contrairement à la plupart des membres de cette famille ils ne recherchent pas les lieux secs. Ils volent rapidement et quand ils se posent sur les fleurs des Ombellifères ou des scabieuses dont ils sucent le nectar, ils tiennent les ailes légèrement ouvertes. Ils sont craintifs et s'envolent facilement.

Les larves se développent dans le corps des bourdons (genre *Bombus*) et des abeilles maçonnes (genre *Osmia*). Les femelles se tiennent sur la végétation à proximité du nid de leurs hôtes et se précipitent sur toute abeille qui passe, l'attrapent en plein vol avec leur thèque et déposent rapidement un oeuf sur son abdomen. Tout se passe si vite qu'on le remarque à peine et l'abeille poursuit son vol. La larve de la mouche lui dévore les entrailles, mue deux fois et entame le thorax. Avant de se nymphoser dans un puparium, elle tue son hôte. La pupe hiberne dans le cadavre de ce dernier et l'imago sort à la fin du printemps suivant ou bien en été. Espèce commune dans toute l'Europe. Elle atteint la Sibérie orientale et vit aussi en Amérique du Nord.

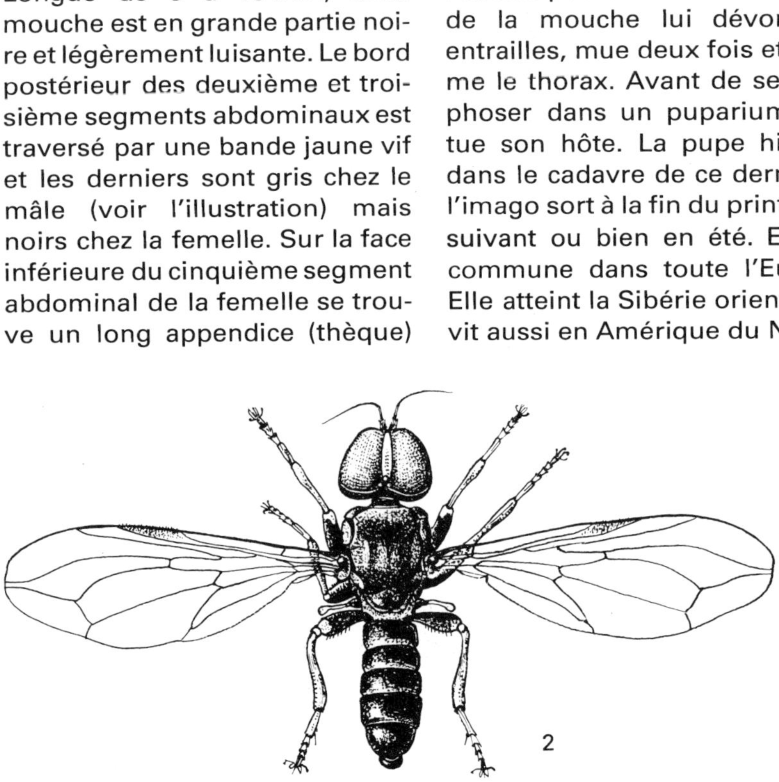

2

Famille des *Pipunculidae*

Cette famille comprend des espèces noires à gris foncé, souvent glabres, longues de 2 à 5 mm, exceptionnellement jusqu'à 9 mm (sous-famille des *Nephrocerinae*). La tête est grosse, presque sphérique, très mobile, et paraît uniquement formée, ou presque, par les yeux. Les ailes sont longues, transparentes. Les larves se développent à la manière des endoparasites dans les larves et le corps des cigales, surtout des cercopes et des cicadelles. L'unique larve de la mouche se développe à l'intérieur de l'hôte et le quitte avant de se nymphoser. Sur un total de 550 espèces, environ 80 vivent dans la zone tempérée de l'Europe centrale.

2 *Pipunculus campestris* LATR.

Pipunculidae ▲

L'espèce, pas très grande, d'un noir brillant, est comme saupoudrée de brun-gris (envergure : 4,5–6,2 mm). Les imagos sont très abondants pendant une longue période depuis la fin d'avril jusqu'en octobre ; les jours chauds, sans vent, ils volent lentement dans la végétation et au-dessus des feuilles d'arbres, semblables à de petites éristales. Les larves se développent dans les cicadelles (famille des *Cicadellidae*). C'est une espèce holarctique, répandue dans toute l'Europe, à l'est jusqu'en Extrême-Orient, et en Amérique du Nord.

1

Diptères

1 Mouche charbonneuse
Stomoxys calcitrans L.
Muscidae ▲

Mouche de taille moyenne (longueur : 5,5 à 7 mm), dont la grande trompe est tendue en avant. Les ailes, transparentes, sont déployées latéralement au repos et ceci, avec la longueur de la trompe, différencie cette mouche de la Mouche domestique et d'autres membres de la famille des *Muscidae*. La Mouche charbonneuse est visible presque toute l'année et apparaît souvent massivement durant l'été. L'imago, la larve et la pupe peuvent hiberner mais dans les régions chaudes de l'Europe le développement se poursuit même en hiver, par exemple dans les étables où l'espèce est particulièrement abondante. Elle pénètre aussi dans les maisons proches des écuries, étables et quand le temps est chaud et ensoleillé, se pose sur les murs. Mâle et femelle sucent le sang. Cette mouche pique les vaches et moins souvent les chevaux ; en été elle attaque aussi l'homme dans les champs et les fermes.

Blanc jaunâtre, les larves sont plus minces que celles de la Mouche domestique et mesurent au maximum 8 à 11,5 mm. Les oeufs (au nombre de 400 parfois) sont pondus en groupes de 20 à 25 dans le fumier. Les larves, saprophages, vivent généralement dans le fumier des étables et des écuries, la paille ou le foin humides, mais aussi dans les poulaillers, les clapiers et les pigeonniers. Elles fréquentent le fumier répandu dans les champs à condition qu'il y ait suffisamment de paille. Leur développement est rapide en été puisqu'en moyenne il dure quatre ou cinq semaines pour une génération. Les imagos ont une grande importance médicale et épidémiologique ; ils prennent de petites quantités de sang mais, en passant d'un hôte à l'autre, peuvent transmettre diverses maladies comme le charbon, la tularémie, la typhoïde, des trypanosomiases et l'anémie pernicieuse du cheval. En outre elles servent d'hôtes intermédiaires à plusieurs vers intestinaux. Distribution : espèce cosmopolite.

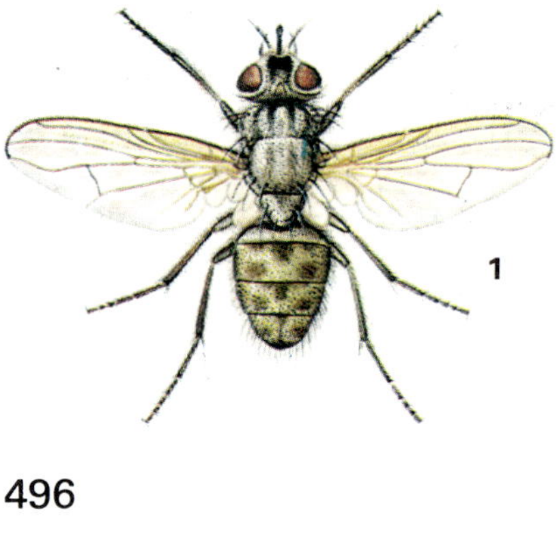

1

Famille des *Scatophagidae* – Scatophages

Les imagos, qui mesurent 3 à 12 mm ont une épaisse pilosité jaune ou brune mais certains sont noirs et presque glabres. Ces mouches sont prédatrices et aspirent les sucs internes d'autres insectes (principalement d'autres mouches). On les voit souvent sur les fleurs ou, en grand nombre, sur les excréments. Elles recherchent les lieux humides et ombragés. Les larves sont coprophages, saprophages ou prédatrices mais certaines creusent des galeries dans les feuilles ou le chaume des herbes. La plupart des 500 espèces connues vivent dans l'hémisphère Nord. Soixante environ existent en Europe centrale et 150 en France.

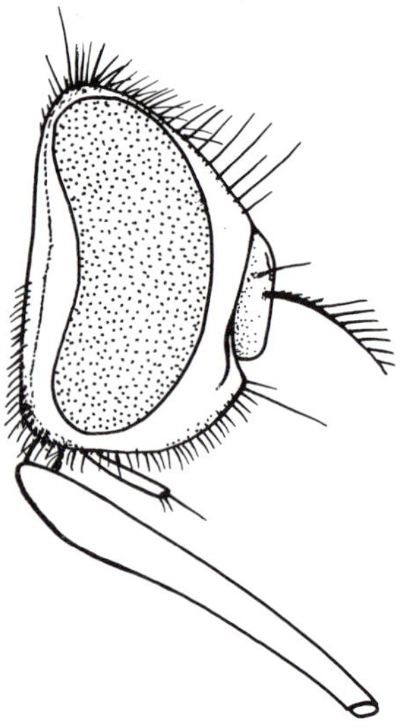

Trompe de *Stomoxys calcitrans*.

2 Scatophage du fumier
Scatophaga stercoraria L.
Scatophagidae

Grande espèce (longueur : 6 à 12 mm) dont le corps allongé, aplati, est revêtu de nombreux poils jaune roussâtre chez le mâle et grisâtre chez la femelle. Les antennes sont noires et chez les deux sexes les yeux sont séparés par un large front. Les imagos, dont il y a deux générations annuelles, volent d'avril à octobre. Les pupes passent l'hiver dans la terre, enfermées dans un puparium brun foncé. Au printemps ces mouches fréquentent les fleurs dans les prairies, capturant d'autres insectes et notamment des chironomes et de petites mouches. Elles se rassemblent aussi sur les excréments, en général les bouses de vache, ainsi que le crottin de cheval et les excréments humains. Les larves, blanc jaunâtre, se nourrissent surtout d'autres larves de Diptères présents dans les excréments. La Scatophage du fumier est très commune en plaine et en montagne. Distribution : espèce holarctique présente aussi en Afrique du Nord. Au nord, elle manque seulement dans les toundras et la zone polaire.

Famille des *Calliphoridae*

Mouches cyclorrhaphes de taille moyenne à grande (longueur : de 5 à près de 20 mm) en ce qui concerne les espèces d'Europe centrale. Elles sont en général d'un vert doré, vert ou bleu métallisé, cependant quelques-unes sont ternes et jaunâtres. On peut quelquefois reconnaître leur appartenance à cette famille par la structure de l'appareil copulateur des mâles. Les imagos se tiennent sur les fleurs (surtout celles des Ombellifères), les substances organiques en décomposition, la viande, le fumier ou les excréments sur lesquels les femelles pondent leurs oeufs. Les larves, blanchâtres, sont saprophages ; elles peuvent vivre en parasites dans les blessures ouvertes des vertébrés et quelques-unes sont hématophages. Un certain nombre d'espèces sont synanthropes et ont beaucoup d'importance du point de vue médical. On connaît plus de 1 500 espèces de *Calliphoridae*, dont une soixantaine existent en Europe centrale et environ 350 en Europe occidentale.

1 Mouche bleue
Calliphora vicina Rob.-Desv.
Calliphoridae ▲

Espèce d'un bleu métallique (longueur : 5 à 12 mm) dont l'abdomen porte quelques points gris indistincts et le thorax quelques rayures. On la distingue de *Calliphora vomitoria*, très proche parente, par ses joues *(genae)* rousses, garnies de poils noirs et par ses ailes sur lesquelles la basicosta (segment basal de la nervure costale) est brun jaunâtre. *C. vomitoria* est un peu plus grande, ses joues ont des poils roux et la basicosta est noire. Les imagos de la Mouche bleue, espèce typiquement synanthrope, sont visibles presque toute l'année (sauf en hiver) car plusieurs générations se succèdent. Ils pénètrent fréquemment dans les maisons, se posent sur la viande, fraîche ou avariée, les fruits et les substances organiques en décomposition. Les larves se développent dans la viande pourrie et se nymphosent dans la terre ; le puparium brun a la forme d'un tonnelet. La femelle pond dans les cadavres mais aussi dans les blessures ouvertes des animaux et, le cas échéant, de l'homme. Distribution : cosmopolite.

Famille des *Tachinidae* — Tachinaires

Ces mouches, grises ou vivement colorées, ont le corps et plus particulièrement l'abdomen, revêtus de fortes soies. Elles mesurent de 2 à 20 mm. Les larves parasitent surtout d'autres insectes et de ce fait beaucoup sont très utiles. Les femelles pondent leurs oeufs directement sur l'hôte ou à proximité ; dans ce cas les larves doivent se déplacer vers celui-ci. Plus de 5 000 espèces sont connues et près de 500 vivent en Europe centrale.

2 *Echinomyia fera* L.
Tachinidae ■

Grande tachinaire mesurant 9 à 14 mm de long. Les côtés de l'abdomen portent des taches brun roux ou jaunâtres à reflets argentés ; il y a de fortes soies raides à l'extrémité de l'abdomen. Espèce abondante, largement répandue. On voit les imagos de mai à septembre sur les fleurs (surtout celles des Ombellifères). Cette mouche est fort utile car ses larves sont endoparasites des chenilles du Disparate *(Lymantria dispar)*, de la Nonne *(Lymantria monacha)* et de la Noctuelle du pin *(Panolis flammea)*. L'espèce est particulièrement abondante dans les forêts où ces papillons pullulent. Les femelles pondent leurs oeufs près des hôtes ; les larves qui éclosent rapidement percent le tégument des chenilles et les dévorent de l'intérieur. Distribution : la région paléarctique.

Diptères, Aphaniptères — Puces

Famille des *Hippoboscidae* — Hippobosques

Cette famille réunit des mouches hématophages très spécialisées, qui parasitent les oiseaux et les grands mammifères. Ces insectes sont très plats (les espèces d'Europe centrale mesurent de 2,5 à 9 mm) et leur corps brun ou verdâtre est glabre. Ils peuvent être ailés en permanence ou temporairement, avoir des ailes atrophiées ou bien être aptères. Les pattes sont munies de griffes qui facilitent la prise sur le corps des hôtes. Les larves se développent dans le corps de la femelle et sont mises au monde peu de temps avant la nymphose. On connaît environ 150 espèces ; 20 vivent en Europe centrale et occidentale.

1 Mouche du Cerf
Lipoptena cervi L.
Hippoboscidae

Mouche brune (longueur : 4,5 à 5 mm) au corps très aplati. Ses ailes transparentes qui mesurent environ 6 mm de long, ont une nervation très réduite. Cette espèce vit en plaine et en montagne. Malgré son nom elle pique souvent l'homme. Il n'y a qu'une seule génération annuelle et les imagos se montrent entre août et octobre. Les femelles se tiennent principalement sur le Cerf noble et le Chevreuil, généralement dans le pelage de la face inférieure du corps. Elles se débarrassent de leurs ailes, passent l'hiver sur leur hôte et au printemps mettent au monde les larves qui se nymphosent immédiatement à terre. Les imagos de la nouvelle génération éclosent à la fin de l'été. Bien que cette mouche suce le sang de ses hôtes, elle ne joue pas un grand rôle des points de vue économique et médical. Distribution : toute la région paléarctique. On l'a transportée en Amérique du Nord.

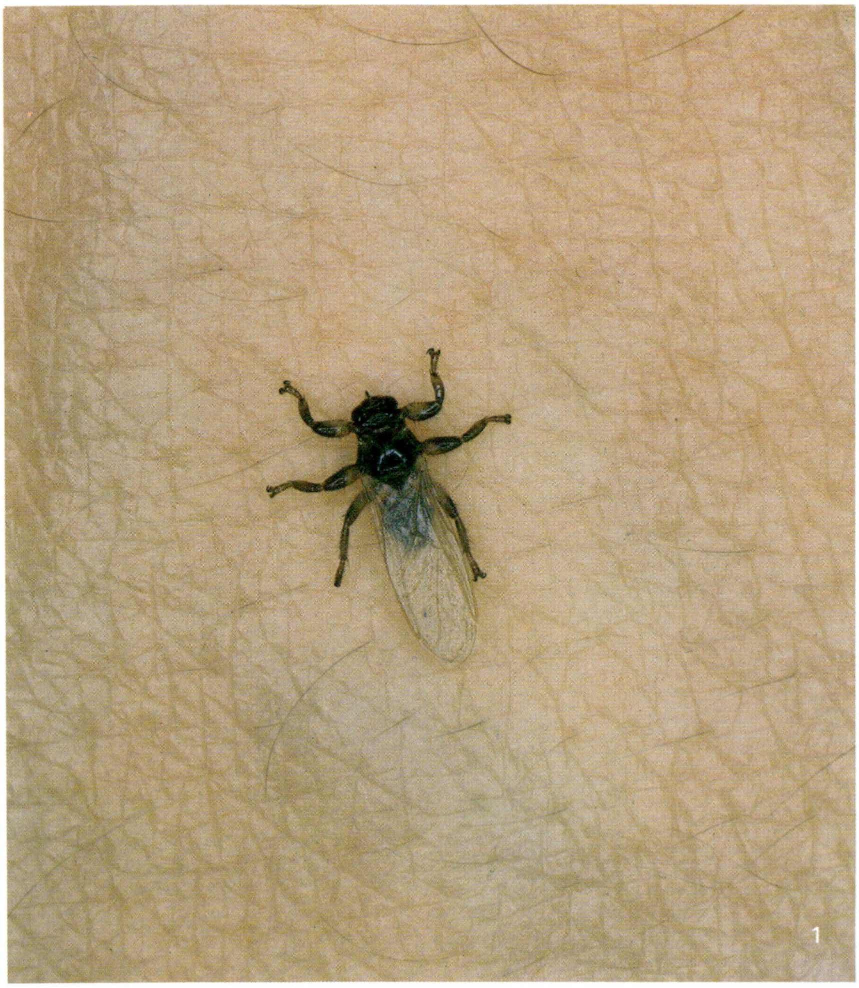
1

Famille des *Pulicidae*

Les puces, qui mesurent jusqu'à 4 mm de long, ont le corps pourvu ou non de peignes formés de petites épines plus ou moins nombreuses. Plusieurs espèces sont cosmopolites et ont une grande importance du point de vue sanitaire. Six existent en Europe centrale.

2 Puce de l'homme
Pulex irritans L.
Pulicidae ▲

Puce brun foncé ou noir (mâle : 2 à 2,5 mm de long ; femelle : 2,5 à 3,5 mm), dont le corps est glabre et dépourvu de peigne sur la tête et le thorax. Deux espèces voisines, *Ctenocephalides canis*, la Puce du chien et *C. felis*, la Puce du chat, ont au contraire un peigne génal (sur les joues) et un autre sur le prothorax. La tête est renflée sur le front et il y a deux soies en avant des antennes. Le développement et le nombre des générations dépendent du climat et du milieu. *Pulex irritans* est l'espèce qui s'attaque le plus souvent à l'homme, mais elle peut également parasiter les animaux domestiques et sauvages, s'installer dans leur nid ou sur les tas d'ordures. La femelle pond environ 400 oeufs en petits groupes et ceci en l'espace de un à trois mois. Si la ponte a lieu sur un hôte, les oeufs tombent par terre. Dans les maisons, les larves se développent entre les lames de parquet, dans les lits, sous les meubles et dans les niches des animaux de compagnie. Elles se nourrissent de matières organi-

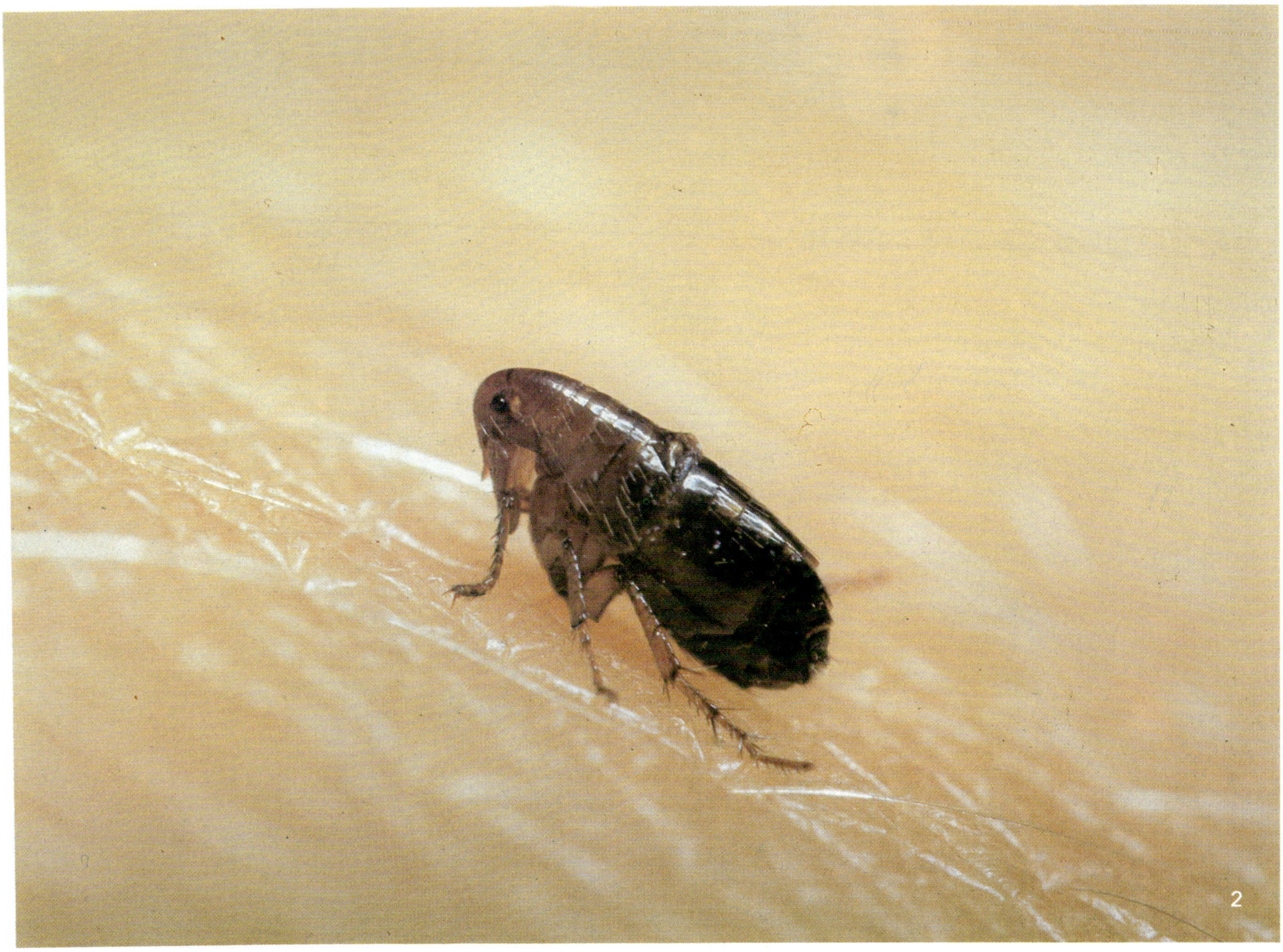

2

ques. Les larves du troisième stade se nymphosent dans un cocon gluant sur lequel l'imago récemment éclos, attend le passage d'un hôte. Les puces réagissent aux stimuli mécaniques et, dans les pièces inoccupées, celles qui viennent d'éclore se précipitent ensemble sur tout hôte qui passe. Le cycle complet du développement dure de quatre à cinq semaines en été et six à sept en hiver mais peut être étalé sur un an. Les imagos sont particulièrement nombreux à la fin de l'été et au début de l'automne. En Europe centrale, la longévité d'une puce adulte est en moyenne de trois ou quatre mois, mais en l'absence de nourriture l'insecte peut subsister un an et demi. C'est la raison pour laquelle les maisons où l'on a éliminé des puces et qui sont restées vides un certain temps doivent à nouveau être désinfectées quand on y revient. Les piqûres de puces sont douloureuses et provoquent un gonflement et une rougeur de la peau, qui persistent plusieurs jours. La Puce de l'homme aspire le sang à toute heure du jour et de la nuit et souvent plusieurs fois de suite. Elle est non seulement importune mais aussi vecteur de maladies bactériennes comme la peste ; elle sert aussi d'hôte intermédiaire pour certains ténias. Distribution : espèce cosmopolite.

Tête de la Puce de l'homme, *Pulex irritans*.

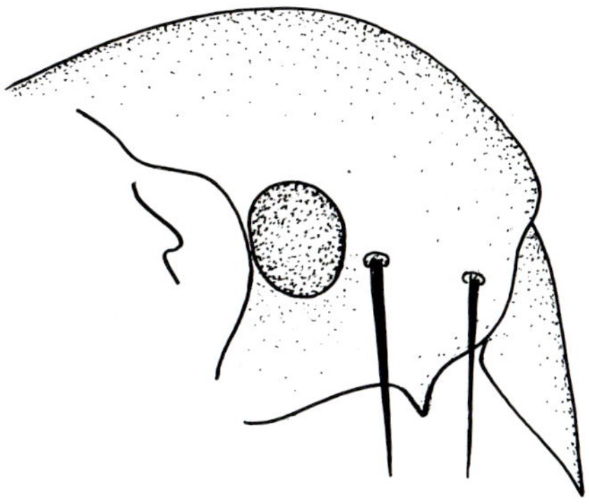

Tête de la Puce du chien, *Ctenocephalides canis*.

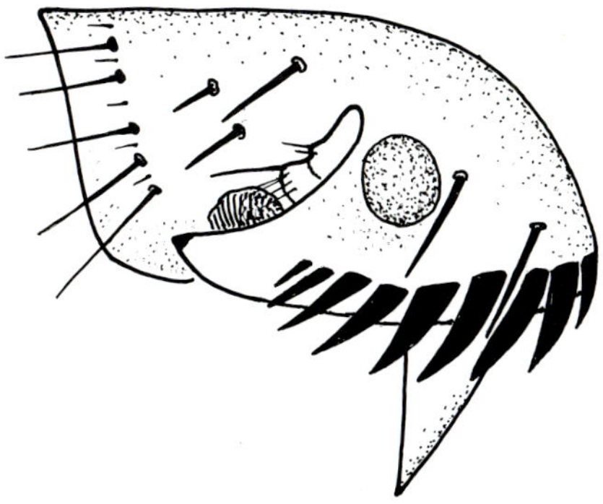

Orientation bibliographique

Ouvrages généraux

Beiderbeck, R., Koevoet, I. : **Pflanzengallen am Wegesrand,** Franckh'sche, Stuttgart, 1979

Brauns, A. : **Taschenbuch der Waldinsekten,** G. Fischer, Stuttgart, 1964

Grassé, P. (édit) : **Traité de Zoologie,** (Insecta, vol. 9, 10), Masson, Paris, 1949–1951

Imms, A. D. : **A general textbook of Entomology.** 10e éd. **Science paperbacks,** Vol. 2. **Classification and biology,** Chapman & Hall, Londres, 1977

Jeannel, R. : **Introduction à l'entomologie,** N. Boubée, Paris, 1949

Linsenmaier, W. : **Insectes du monde,** Stock, Paris, 1973

Martinez, M. : **Chasser et collectionner les insectes,** Solar, Paris, 1983

Paulian, R. : **Atlas des larves d'insectes de France,** N. Boubée, Paris, 1971

Reichholf-Riehm, H. : **Les Insectes,** Solar, Paris, 1984

Robert, P.-A. : **Les Insectes** (2 vol.), Delachaux & Niestlé, Neuchâtel-Paris, 1946

Westphal, E., Bronner, R., Michler, P. : **Découvrir et reconnaître les galles,** Delachaux & Niestlé, Neuchâtel-Paris

Wigglesworth, V. B. : **The life of insects,** Weidenfeld & Nicolson, Londres, 1964

Ouvrages relatifs aux insectes d'Europe

Coléoptères

Auber, L. : **Atlas des Coléoptères de France, Belgique, Suisse** (2 vol.), N. Boubée, Paris, 1965–1966

Balfour-Browne, F. : **British water beetles** (3 vol.), Ray Society, Londres, 1940–1958

Chatenet, G. du : **Guide des Coléoptères d'Europe,** Delachaux & Niestlé, Neuchâtel-Paris, 1986

Freude, H., Harde, K. W., Lohse, G. A. : **Die Käfer Mitteleuropas** (11 vol.), Krefeld, 1964–1983

Harde, K. W., Severa, F. : **Der Kosmos-Käferführer,** Franckh'sche, Stuttgart, 1984

Office central de Faunistique. Faune de France, Volumes 20, 38, 39, 40, 41, 44, 48, 50, Librairie de la Faculté des sciences, Paris.

Perrier, R. : **La faune de la France illustrée,** V. et VI., **Coléoptères,** Delagrave, Paris, 1971–1974

Portevin, G. : **Histoire naturelle des Coléoptères de France** (4 vol.), P. Lechevalier, Paris, 1929–1935

Reitter, E. : **Fauna Germanica. Die Käfer des deutschen Reiches** (5 vol.), Stuttgart, 1908–1916

Sainte-Claire Deville, J., Méquignon, A. : **Catalogue raisonné des Coléoptères de France,** Société Entomologique de France, Paris, 1935

Staněk, V. : **Encyclopédie des insectes : Coléoptères,** Gründ, Paris

Villiers, A. : **Faune des Coléoptères de France,** I : **Cerambycidae,** P. Lechevalier, Paris, 1978

Zahradník, J. : **Käfer Mittel- und Nordwesteuropas,** P. Parey, Hambourg-Berlin, 1985

Diptères

Brauns, A. : **Untersuchungen zur angewandten Bodenbiologie. Terricole Dipterenlarven ; Puppen terricoler Dipterenlarven,** Musterschmidt, Göttingen, 1954

Chvála, M., Lyneborg, L., Moucha, J. : **The horse flies of Europe,** Copenhague, 1972

Colyer, C. N., Hammond, C. O. : **Flies of the British Isles,** Warne, Londres, 1968

Hennig, W. : **Die Larvenformen der Dipteren,** Akademie Verlag, Berlin, 1948

Lindner, E. : **Die Fliegen der Palaearktischen Region,** Schweizerbart, Stuttgart, 1924–1976

Séguy, E. : **Atlas des Diptères de France, Belgique, Suisse,** N. Boubée, Paris, 1951

Séguy, E. : **La Biologie des Diptères, Encyclopédie entomologique,** P. Lechevalier, Paris, 1950

Séguy, E. : **La Faune de la France illustrée,** VIII : **Diptères,** Delagrave, Paris

Séguy, E., Pierre, C., Kieffer, J.-J., Falcoz, L., Goethgebuer, M., Parent, O. : **Office Central de Faunistique. Faune de France, Diptères,** Vol. 6, 8, 11, 12, 13, 14, 15, 23, 28, 35, 36, Librairie de la Faculté des Sciences, Paris

Hémiptères

Perrier, R. : **La Faune de la France illustrée,** IV : **Hémiptères, Anoploures, Mallophages, Lépidoptères,** Delagrave, Paris, 1979

Southwood, T. R. E., Leston, D. : **Land and water bugs of the British Isles,** Warne, Londres, 1959

Villiers, A. : **Atlas des Hémiptères,** N. Boubée, Paris, 1977

Hyménoptères

Berland, L. : **Atlas des Hyménoptères de France,** (2 vol.), N. Boubée, Paris, 1976

Berland, L. : **La Faune de la France illustrée,** VII : **Hyménoptères,** Delagrave, Paris, 1981

Bernard, F. : **Les Fourmis (Hymenoptera Formicidae) d'Europe occidentale et septentrionale. Faune de l'Europe et du Bassin méditerranéen,** Masson, Paris, 1968

Chauvin, R. : **Le monde des fourmis. Un univers de science-fiction,** Plon, Paris, 1969

Diemer, I. : **Bienen,** Franckh'sche, Stuttgart, 1986

Free, J. B., Butler, C. G. : **Bumble-bees,** Collins, Londres, 1959

Frisch, K. von. : **Vie et moeurs des abeilles,** Albin Michel, Paris, 1955 et 1969

Gösswald, K. : **Die rote Waldameise im Dienste der Waldhygiene,** Lünebourg, Metta Kinau, 1951

Hess, G. : **Abeilles. Petits atlas Payot** (N° 42), Payot, Lausanne

Kutter, H. : **Formicidae. Insecta Helvetica,** 6, 1977

Ramade, F. : **Le Peuple des fourmis** (Que sais-je, N° 1153), Presses Universitaires de France, Paris, 1965

Zahradník, J. : **Bienen, Wespen, Ameisen. Die Hautflügler Mitteleuropas,** Franckh'sche, Stuttgart, 1985

Lépidoptères

Auber, J. : **Papillons d'Europe** (2 vol.), Delachaux & Niestlé, Neuchâtel-Paris

Carter, D. J. : **The observer's book of caterpillars,** Warne, Londres, 1979

Ford, R. L. E. : **The observer's book of larger moths,** Warne, Londres, 1969

Forster, W., Wohlfahrt, T. A. : **Die Schmetterlinge Mitteleuropas** (5 vol.), Stuttgart, 1954–1981

Herbulot, C. : **Atlas des Lépidoptères de France,** 2 et 3, N. Boubée, Paris, 1965–1967

Higgins, L. G., Riley, N. D., Rougeot, P. C. : **Guide des papillons d'Europe (Rhopalocères),** Delachaux & Niestlé, Neuchâtel-Paris, 1971

Le Cerf, F. : **Atlas des Lépidoptères de France,** I : **Rhopalocères,** N. Boubée, Paris, 1944

Lhomme, L. : **Catalogue des Lépidoptères de France et de Belgique,** 1923

Merz, E., Pfletschinger, H. : **Die Raupen unserer Schmetterlinge,** Franckh'sche, Stuttgart, 1982

Novák, I., Severa, F. : **Le multiguide nature des papillons d'Europe,** Bordas, Paris, 1983

Perrier, R. : **La Faune de la France illustrée,** IV : **Hémiptères, Anoploures, Mallophages, Lépidoptères,** Delagrave, Paris, 1979

Rostand, J. : **La vie des vers à soie,** Gallimard, 1943

Rougeot, P. C. : **Les Bombycoïdes (Lepidoptera, Bombycoidea) de l'Europe et du Bassin méditerranéen,** I : **Faune de l'Europe et du Bassin méditerranéen** (Vol. 5.), Masson, Paris, 1971

Rougeot, P. C., Viette, P. : **Guide des papillons nocturnes d'Europe et d'Afrique du Nord. Hétérocères (partim),** Delachaux & Niestlé, Neuchâtel-Paris, 1978

Seitz, A. : **Die Gross-Schmetterlinge der Erde** (24 vol.), Lehmann, Stuttgart, 1906–1953

Spuler, A. : **Die Schmetterlinge Europas** (4 vol.), Nägele, Stuttgart, 1908–1910

Stokoe, W., J. : **The observer's book of butterflies,** Warne, Londres, 1966

Névroptères

Berland, L. : **Atlas des Névroptères de France, Belgique, Suisse,** N. Boubée, Paris, 1962

Odonates

Aguesse, P. : **Les Odonates de l'Europe occidentale, du Nord de l'Afrique et de îles atlantiques. Faune de l'Europe et du Bassin méditerranéen,** 4, Masson, Paris, 1968

Aguilar, J. d', Dommanget, J.-L., Préchac, R. : **Guide des libellules d'Europe et d'Afrique du Nord,** Delachaux & Niestlé, Neuchâtel-Paris, 1985

Corbet, P. S. : **A biology of dragonflies,** Londres, 1962

Corbet, P. S., Longfield, C., Moore, N. W. : **Dragonflies,** Collins, Londres, 1960

Jurzitza, G. : **Unsere Libellen,** Franckh'sche, Stuttgart, 1978

Robert, P.-A. : **Les Libellules (Odonates),** Delachaux & Niestlé, Neuchâtel-Paris, 1958

Rostand, J. : **La Vie des libellules (Les livres de nature),** Stock, Paris, 1935

Orthoptères

Chopard, L. : **Atlas des Aptérygotes et Orthoptéroïdes de France,** N. Boubée, Paris, 1965

Harz, K., Kaltenbach, A. : **Die Orthopteren Europas/The Orthoptera of Europe,** 3 vol., Dr W. Junk, 1969–1976

Ragge, D. R. : **Grasshoppers, Crickets and Cockroaches of the British Isles,** Warne, Londres, 1965

Tauscher, H. : **Unsere Heuschrecken,** Franckh'sche, Stuttgart, 1986

Trichoptères

Malicky, H. : **Atlas of european Trichoptera. Atlas europäischer Köcherfliegen. Atlas des Trichoptères d'Europe,** Dr W. Junk, 1983

Index des noms français

Index des noms latins